Mark Mathabane:
Kaffern Boy
Ein Leben in der Apartheid

Aus dem Englischen von
Constanze Elsner und Monika Seeger

Deutscher
Taschenbuch
Verlag

Im Text ungekürzte Ausgabe
Juni 1988
4. Auflage August 1991
Deutscher Taschenbuch Verlag GmbH & Co. KG, München
© 1986 Mark Mathabane
Titel der amerikanischen Originalausgabe:
Kaffir Boy
Macmillan Publishing Comp., New York 1986
© der deutschsprachigen Ausgabe:
1986 Franz Ehrenwirth Verlag GmbH & Co. KG, München
ISBN 3-431-02915-9
Umschlaggestaltung: Celestino Piatti unter Verwendung
eines Fotos (IFA-Bilderteam/Oertl)
Gesamtherstellung: C. H. Beck'sche Buchdruckerei, Nördlingen
Printed in Germany · ISBN 3-423-10913-0

Das Buch

Über die Politik der Apartheid in Südafrika wird in Fernsehen und Presse viel geredet und geschrieben. Aber was bedeuten all die verwendeten Begriffe für ein menschliches Leben in diesem Land? »Als ich in Alexandra aufwuchs«, schreibt Mathabane, »bedeuteten sie Haß, Bitterkeit, Hunger, Qual, Terror, Gewalt, Furcht, zerschlagene Hoffnungen und Träume.« Mathabane macht den Leser zum erschütterten Augenzeugen seiner Kindheit und des verzweifelten Kampfes ums Überleben in einer Welt der ständigen Bedrohung. Nur ein Zufall hat ihn davor bewahrt, in den Strudel von Gewalt und Kriminalität hineingerissen zu werden. Er hatte das Glück, daß seine Mutter gegen alle Widerstände durchsetzte, daß ihr Sohn Mark die Schule besuchen konnte. Der Wendepunkt in Mathabanes Leben tritt ein, als der Elfjährige in den Dienstherren seiner Großmutter zum ersten Mal Weißen begegnet, die keine Rassisten sind, den »Kaffern Boy« wie einen Menschen behandeln und ihm unter anderem einen Tennisschläger schenken. Durch den »weißen« Sport kann er der Welt der Townships entrinnen. Glück und sein Talent verschaffen Mark Mathabane ein Tennis-Stipendium in den USA, was ihm auch dazu verhilft, seine afrikanische Herkunft aus einer neuen Perspektive zu sehen und den Abstand zu gewinnen, dieses ungewöhnlich lebendige und ergreifende Dokument seiner Kindheit zu verfassen und damit gegen den Rassismus in seinem Heimatland zu kämpfen. Das Buch erhielt 1987 den amerikanischen Christopher-Preis und stand auf verschiedenen Bestseller-Listen.

Der Autor

Mark Mathabane wurde 1960 in Alexandra, dem Schwarzen-Getto von Johannesburg, geboren. Ein Tennis-Stipendium an einem amerikanischen College verschaffte ihm 1978 die Möglichkeit, Südafrika zu verlassen und in den USA zu studieren. Nach seiner Graduierung 1983 ging er nach New York, wo er unter anderem ein gefragter Gesprächspartner zum Thema Südafrika war. Er lebt heute in Ithaca und lehrt an der Cornell University.

Inhalt

Dieses Buch ist jener Handvoll weißer Südafrikaner gewidmet, die mir dazu verholfen haben, mich als menschliches Wesen zu fühlen, jenen Menschen, mit denen ich die Hoffnung teile, eines Tages ein Südafrika ohne Apartheid erleben zu können, sowie Stan und Marjorie Smith, die an mich glaubten und mir ein zweites Leben schenkten, indem sie mir Gelegenheit gaben, meine Träume zu verwirklichen.

Eine besondere Widmung geht an meine Familie und an die Millionen meiner schwarzen Brüder und Schwestern, die als Sklaven im Gefängnis der Apartheid zurückbleiben mußten. Weil sie mich gelehrt haben zu kämpfen und zu überleben, rufe ich ihnen »*Amandla! Awethu!*« (Die Macht ist unser!) zu; laßt uns nicht ruhen, bevor wir unser Ziel erreicht haben und in unserer Heimat in Würde leben können.

Das Wort *Kaffer* ist arabischen Ursprungs. Es bedeutet »Ungläubiger«. In Südafrika wird es von vielen Weißen abwertend für Schwarze benutzt. *Kaffer* ist das Äquivalent für *Nigger*. Ich wurde häufig »Kaffer« genannt.

Abgesehen von den Mitgliedern meiner Familie, Stan und Marjorie Smith, Arthur Ashe, Wilfried Horn, Owen und Jennifer Williams und Ray Moore sind alle Personen frei erfunden. Jede Ähnlichkeit mit lebenden Personen wäre rein zufällig.

Vorwort

Ich werde immer wieder gebeten zu erklären, wie es war, als Schwarzer unter dem südafrikanischen System des legalisierten Rassismus – bekannt als Apartheid – aufzuwachsen und wie ich ihm entfliehen und in die USA entkommen konnte. Dieses Buch ist die ausführlichste Antwort, die ich darauf geben kann.

Nicht einmal im Traum hätte ich daran gedacht, daß ich jemals ein amerikanisches College besuchen, dessen Studentenzeitung redigieren, mit Ehren graduieren, als Journalist arbeiten und ein Buch schreiben würde. Nein, daran habe ich nicht gedacht, damals während des täglichen Kampfes ums Überleben und um eine andere Identität als die des eingeschüchterten Bürgers »vierter Klasse«, die mir die Apartheid aufzwingen wollte.

Wie hätte ich auch davon träumen können – ich, der Sohn von Analphabeten, die es sich nicht leisten konnten, mein Schulgeld zu zahlen, ja nicht einmal die Miete für unsere schäbige Hütte, und denen es nicht möglich war, ordentliche Mahlzeiten auf den Tisch zu bringen? Wie hätte ich davon träumen können, zu einer Zeit, in der Schwarze in Alexandra unter ständigem Polizeiterror zu leiden hatten, unter der Drohung von Deportation in noch ärmere Stammesreservate? Wie hätte ich davon träumen können, als mir das Leben – knapp zehn Jahre alt – unter den unmenschlichen Bedingungen im Getto nicht mehr lebenswert erschien; oder als ich 1976 in die Schülerunruhen von Soweto verwickelt wurde, in deren Verlauf Hunderte von schwarzen Studenten von der Polizei getötet wurden, und nach deren Ende Tausende aus ihrer Heimat flohen, um Gefängnis und Folter zu entkommen?

In *Kaffern Boy* habe ich all diese Geschehnisse wieder aufleben lassen, so gut ich mich an sie erinnern kann. Ich habe versucht, ein Bild meiner Kindheit und Jugend in Alexandra zu malen, jenem schwarzen Getto von Johannesburg, in das hinein ich geboren wurde und in dem ich 18 Jahre lang gelebt habe. Gelebt in der Hoffnung, daß der Rest der Welt irgendwann verstehen wird, daß man das Apartheid-Regime nicht reformieren kann – es muß abgeschafft werden.

Über die Politik der Apartheid ist viel geredet und geschrieben worden; über die Zwangsumsiedlung schwarzer Gemeinden von ihrem angestammten Land; über die *Influx-Control-* (Zuzugs-Kontroll-) und Paßgesetze, die allein festlegen, wo Schwarze leben, arbeiten, eine Familie gründen und begraben werden dürfen; über das Wanderarbeiter-System, das schwarze Männer zwingt, elf Monate des Jahres von ihren Familien getrennt zu sein; über das Auseinanderbrechen schwarzer Familien in den Gettos, weil der Gesetzgeber versucht, ein sogenanntes »weißes Südafrika« zu schaffen; über die brutale Unterdrückung der schwarzen Mehrheit, die für gleiche Rechte kämpft. Aber was bedeuten all diese Begriffe für ein menschliches Leben?

Als ich in Alexandra aufwuchs, bedeuteten sie Haß, Bitterkeit, Hunger, Qual, Terror, Gewalt, Furcht, zerschlagene Hoffnungen und Träume – und damit genau das, was sie auch heute noch für Millionen schwarzer Kinder bedeuten, die in den Gettos Südafrikas gefangen sind, in dem nicht endenwollenden Alptraum eines rassistischen Systems. In den Gettos kämpfen schwarze Kinder von ihrem ersten Atemzug an ums Überleben. Und so wie Babys sich an die Mutterbrust gewöhnen, gewöhnen diese Kinder sich vom Tag ihrer Geburt an daran, die Polizei, die Armee sowie jegliche Art von Autorität zu hassen.

In meiner Kindheit repräsentierten diese Vollzugsbeamten weißer Privilegien und Launen eine düstere Macht, die mich nach Gutdünken vernichten konnte; eine Macht, die meine Eltern einmal dazu zwang, mitten in der Nacht zu fliehen, um einer Verhaftung wegen Zuwiderhandlung gegen die Paßgesetze zu entgehen, um sie dann ein andermal doch nackt aus dem Bett zu zerren, weil sie die Erlaubnis, wie Mann und Frau zusammenzuleben, nicht eingeholt hatten. Eine Macht, die meinen Vater durch wiederholte Verhaftungen und dadurch, daß sie ihm das Recht absprach, seinen Lebensunterhalt in Würde zu verdienen, zu einem verbitterten Mann werden ließ. Eine Macht aber auch, die seinen Stolz nicht brechen konnte, die ihn aber dazu brachte, gerade die Menschen zu verletzen, die er am meisten liebte – indem er nämlich um seiner »Entmannung« zu widerstehen, sich lieber verhaften ließ anstatt zu fliehen.

Die internationale Filmindustrie mit ihren schauerlichen Schilderungen weißer Gewalt tat und tut das Ihre, um den Eindruck weißen Terrors und weißer Macht zu verstärken. Unzählige schwarze Kinder, oft die Produkte kaputter Familien in hoffnungsloser Armut, wurden und werden durch diese Filme aus der Bahn geworfen und in ein Leben voller Kriminalität und Gewalt getrieben. So verwundert es wohl nicht, daß die schwarzen Gettos eine der höchsten Mordraten der Welt aufweisen, und daß die südafrikanischen Gefängnisse zu den überfülltesten gehören. Es war purer Zufall, daß ich nicht als *tsotsi* (Dieb, Räuber, Gangster) endete. Aber es war gewiß kein bloßer Zufall, daß ich mich, bis ich zehn Jahre alt war, weigerte, auch nur einen Fuß in die Welt der Weißen zu setzen.

Der Wendepunkt kam, als ich eines Tages – in meinem elften Lebensjahr – meine Großmutter zu ihrer Arbeit bei einer weißen Familie begleitete und dabei Menschen kennenlernte, die nicht in die Klischees paßten, mit denen ich aufgewachsen war und mit denen jedes schwarze Kind aufwächst: Durch den virulenten Rassismus, dem sie tagtäglich ausgesetzt sind, resigniert und entmenschlicht, können schwarze Eltern ihre Kinder auch gar nichts anderes lehren. Es übersteigt nämlich ihre Vorstellungskraft, daß Weiße, wie ich sie in der Familie, für die meine Großmutter arbeitete, traf, überhaupt existieren. Doch es gibt sie. Diese Familie, die ich das Glück hatte, kennenzulernen, versorgte mich mit »illegalen Büchern« wie *Die Schatzinsel* und *David Copperfield,* deren Inhalte mir eine neue Wirklichkeit enthüllten und zugleich den Beginn meiner Revolte gegen die Bantu-Erziehung markierten, die mir bislang die Grenzen meiner Ambitionen aufgezeigt und meinen Platz im Leben Südafrikas vorherbestimmt hatte.

Mit 13 entdeckte ich das Tennisspiel, einen Sport, so »weiß«, daß die meisten Schwarzen mich für verrückt erklärten, weil ich davon überzeugt war, darin bestehen zu können; und andere Schwarze mich deswegen für einen »Onkel Tom« hielten. Für mich jedoch bedeutete meine Begegnung mit dem Tennis die verstärkte Erkenntnis dessen, was ich in meinem jungen Leben schon einmal zuvor hatte erfahren dürfen, die Erkenntnis nämlich, daß nicht alle 4,5 Millionen Weißen in Südafrika durch die Bank Rassisten sind. Als ich dann älter wurde und begann, die Weißen besser zu verstehen – ihre Ängste und Bedürfnisse, ihre Unwissenheit und ihre fehlinterpretierten Glaubensgrundsätze – und als sie auch mich zu begreifen begannen, erkannte ich, daß Weiße auf einigen Gebieten ebenso ein Opfer der Apartheid sind wie wir. Und daß es das *System* ist, das ausgerottet werden muß – und nicht das Volk. Diese neugewonnene Geisteshaltung half mir, das Grauen zu überwinden, in das mein Leben 1976 durch die Soweto-Proteste gestürzt wurde. Ein »Tennis-Stipendium« für ein amerikanisches College, das der Profi-Spieler Stan Smith für mich in die Wege geleitet hatte, erwies sich 1978 schließlich als mein Paß in die Freiheit.

In *Kaffern Boy* geht es aber auch darum, wie ich mich, um den eisernen Klauen der Apartheid zu entkommen, von den Stammestraditionen meiner Vorfahren lösen mußte. Das war ein schwieriges und schwerwiegendes Unterfangen, beinhaltet mein afrikanisches Erbe doch viel Wertvolles, das ich – hätte ich frei wählen können – gern bewahrt und in Ehren gehalten hätte. Wie andere Menschen überall auf der Welt kenne ich das brennende Verlangen zu erfahren, wo ich herkomme, um dadurch vielleicht besser verstehen zu können, wer ich bin und wo mein Platz auf dieser Welt ist. Doch die Apartheid hatte meine Herkunft und deren Traditionen längst verwässert, sie zu Werkzeugen der Unterdrückung und Indoktrination verfälscht. Ich erkannte bereits in jungen Jahren, daß die Apartheid das Stammes-System benutzt, um einen Keil zwischen mich und meine schwarzen Brüder und Schwestern zu treiben und die Rassentrennung zu rechtfertigen, um mir auf diese Weise gleiche Rechte zu verweigern und die Macht und die Privilegien der Weißen festzuschreiben; um mich unterwürfig und fügsam und damit weiterhin ausbeutbar zu halten. Ich verstand instinktiv, daß ich jedes Stammesgefühl ablegen mußte, wenn ich meine eigene Identität erkämpfen und dadurch meinen Wünschen und Ambitionen gerecht werden wollte, mich *jedem* Mann – ob schwarz, ob weiß – ebenbürtig zu fühlen. Gleichzeitig war mir aber auch klar, daß ich durch die Loslösung aus alten Traditionen Gefahr laufen würde, meine Wurzeln zu verlieren. Es war ein Sprung ins kalte Wasser.

Das Leben in den USA hat mir die Möglichkeit eröffnet, meine afrikanische Herkunft aus einer neuen Perspektive zu betrachten, Südafrika kritisch zu sehen und zu erleben, was es bedeutet, wie ein Mensch behandelt zu werden. Mein Leben in den USA hat mir weiterhin ermöglicht, die Grundsätze der Demokratie nicht nur kennenzulernen, sondern sie zu begreifen und sie mir somit dienlich zu machen: einen Bleistift zu benutzen, um gegen Unrecht und Rassismus in meinem Heimatland zu kämpfen.

Meine Familie lebt weiterhin in Alexandra, immer noch unter den gleichen unmenschlichen Bedingungen, die ich in diesem Buch beschreibe. Die jungen Leute meiner Generation sind militanter geworden, die Methoden der Unterdrückung vielfältiger und raffinierter, und die schwarzen Schulen und Gettos sind zu Zentren gesellschaftlicher Proteste und blutiger Konflikte mit Polizei und Militär geworden. Für Südafrika ist die dunkelste Stunde angebrochen und all seine Söhne und Töchter haben mehr denn je eine Verantwortung, eine Pflicht: sie dürfen nichts unversucht lassen, damit am Ende die Gerechtigkeit triumphiert.

Für ihre Unterstützung und Ermutigung, die sie mir beim Schreiben dieses Buches haben zukommen lassen, möchte ich an dieser Stelle gern Edward T. Chase und Dominick Anfuso danken, meinen Lektoren bei Macmillan, sowie Fifi Oscard und Kevin McShane, meinen Agenten.   New York, 1986

Als Christ war ich immer der Überzeugung, daß Begriffe wie »Apartheid« oder »getrennte Entwicklung« etwas Unverzeihliches ausdrücken. In der Verfolgung dessen, was sicherlich der schrecklichste Traum auf dieser Welt ist, sind diese Formulierungen gegenüber dem Leid einzelner, die ihr Land, ihr Heim, ihren Beruf verlieren, äußerst indifferent.

Albert Luthuli, Friedensnobelpreisträger des Jahres 1960

> »Erhebt Euch wie Löwen nach dem Schlummer
> In unüberwindbarer Zahl –
> Werft die Ketten zu Boden wie den Tau
> Der sich im Schlaf auf Euch gelegt hat –
> Ihr seid viele – sie sind wenige.«
> Percy Bysshe Shelley, *The Mask of Anarchy*

Die Grenzen der Tyrannei werden durch die Standhaftigkeit derer festgelegt, die sie zu unterdrücken sucht.

Frederick Douglass

Gebt mir von allen Freiheiten die Freiheit zu wissen, mich ausdrücken zu können und frei nach meinem Gewissen zu reden.

John Milton

Teil I

Die Straße nach Alexandra

WARNUNG

DIESE STRASSE FÜHRT DURCH BANTU-LAND, ÜBER DAS DER
AUSNAHMEZUSTAND VERHÄNGT IST. JEDE PERSON, DIE DIE-
SES GEBIET BETRITT, HAT DIE VERFOLGUNG VON ZUWIDER-
HANDLUNGEN GEGEN DEN BANTU-(STÄDTISCHE REGIONEN)
KONSOLIDIERUNGSVERTRAG VON 1945 UND DEN LOCA-
TION-REGULATION-ACT DER STADT JOHANNESBURG SELBST
ZU VERANTWORTEN.

Überlebensgroß sind die Schilder, auf denen in riesigen Lettern diese
Mahnung geschrieben steht. Man trifft auf sie an jeder Straße, die nach
Alexandra führt, wo ich geboren und aufgewachsen bin – und auch an
sämtlichen Zugängen eines jeden schwarzen Gettos in Südafrika. Diese
Schilder sollen Weiße davon abhalten, die Welt der Schwarzen zu
betreten. Die Folge davon ist, daß 90 Prozent der weißen Bevölkerung
Südafrikas durchs Leben gehen, ohne je direkt mit den unmenschlichen Bedingungen in Berührung zu kommen, unter denen die Schwarzen das ihre fristen.

Obwohl der weiße Mann Südafrikas nie Fuß in ein schwarzes Getto
gesetzt hat, nimmt er sich das Recht, gegenüber dem Rest der Welt zu
behaupten, er wisse, was für die Schwarzen gut sei und was ein
schwarzes Kind benötige, um heranzuwachsen. Lauthals rühmt sich
das Regime, »seinen Schwarzen« in Südafrika dazu verholfen zu
haben, gut genährt und auch insgesamt besser dran zu sein, als ihre
freien Brüder und Schwestern im übrigen Afrika. Aber das Lob, das
der weiße Mann sich selbst erteilt, hat er nicht verdient. Seine Aussa-
gen entsprechen nicht der Wahrheit.

Der weiße Mann von Südafrika kennt weder mich, noch kennt er die
Umstände, unter denen ich geboren wurde und 18 Jahre lang leben
mußte. Ihm und jedem anderen Weißen, der – ob durch Warnschilder
oder Schuldbewußtsein – davon abgehalten wird, ein Südafrika, wie
ich es kenne, mit eigenen Augen zu betrachten, möchte ich diese Welt,
die einmal die meine war, mit Worten nahebringen und mit Worten
versuchen, ihn nachempfinden zu lassen, was ich fühlte, wenn er mich
– ob zu verletzen oder aus Gedankenlosigkeit – *Kaffern Boy* nannte.

Alexandra, der Hauptschauplatz meines Berichtes, war 1962 auf Beschluß der südafrikanischen Regierung auf die »Todesliste« gesetzt worden. Es wurde zur Vernichtung freigegeben, weil Weiße Anspruch auf das Land erhoben hatten, auf dem dieses Getto gebaut worden war. Während ich dieses Buch schrieb, war es soweit: die Hälfte Alexandras wurde dem Erdboden gleichgemacht. Zweifelsohne wäre es der totalen Zerstörung anheimgefallen, hätten nicht Bischof Desmond Tutu, der Friedensnobelpreisträger des Jahres 1984 und eine Gruppe kirchlicher Würdenträger eingegriffen und einen Aufschub erreicht.

Aber auch das, was von Alexandra übriggeblieben ist, können Sie unmöglich verfehlen: Sie müssen nur, etwa zehn Meilen nördlich von Johannesburg, nach einer quadratmeilengroßen Grube Ausschau halten, über der ständig eine Smogglocke hängt. Diese Grube ist die einzige Vertiefung inmitten einer Enklave grünender, luftiger, großzügig gestalteter weißer Vororte, die melodiöse Namen wie Northcliff, Rosebank, Lower Houghton, Bramley, Killarney und Edenvale tragen.

Das Alexandra meiner Kindheit und Jugend war ein Slumviertel, das mit Ausnahme einiger weniger einfacher Häuser aus baufälligen Hütten bestand, die von Rinnsteinen und ungepflasterten Straßen, auf denen sich ein Schlagloch an das andere reihte, unterteilt waren. Die Straßen waren durchnumeriert – von der First bis zur 23rd Avenue. In der First Avenue, hinter ihren Krämerläden und Werkstätten, den Haupt-Einkaufszentren des Gettos, wohnten die Inder, von denen die ersten 1860 als Dienstboten nach Südafrika gekommen waren, um auf den Zuckerrohrfeldern des Natal zu arbeiten. Die Inder bildeten die Creme von Alexandras in Quarantäne lebender »Gesellschaft«.

In der zweiten, dritten und vierten Avenue hausten in erster Linie Farbige, Mulatten – jene »Rasse«, die neun Monate, nachdem 1652 die ersten weißen Siedler ohne Frauen nach Südafrika gekommen waren, »geboren« wurde. Auf den restlichen Straßen Alexandras sah man fast ausschließlich in schwarze Gesichter, die kohlrabenschwarzen Gesichter der Vollblutafrikaner. Die meisten dieser Schwarzen waren arm wie Kirchenmäuse. In Südafrika gibt es eine Redensart, wonach schwarz zu sein gleichbedeutend damit ist, immer am Ende der Schlange zu stehen, wenn irgendetwas von Wichtigkeit verteilt wird. Schwarz zu sein ist der Fluch, als Bodensatz der Gesellschaft betrachtet und behandelt zu werden. Ausgestoßen zu sein, selbst in dem Land ihrer Geburt, ließ die Schwarzen zu einer zornigen und verbitterten Schicht werden.

Das Alexandra meiner Kindheit und Jugend war einer der ältesten Slums am Witwatersrand – dem Gebiet, in dem schwarze Minenarbeiter Tag und Nacht schufteten, um dem Erdinnern jenes Gold zu entreißen, das dem weißen Mann in Südafrika einen der weltweit höchsten Lebensstandards beschert. Viele der ersten Siedler Alexandras kamen aus den Stammesreservaten, in denen sie ihren Lebensunterhalt nicht mehr länger gewährleistet sahen; sie suchten sich Arbeit in der »Stadt des Goldes«, und Arbeit gab es damals reichlich: in den Minen, in den Fabriken und in den Häusern der Weißen. Aus diesem Grund blieben die Schwarzen auch dort. Einige von ihnen kauften ein Stück Land, gründeten eine Familie und nannten Alexandra *home, sweet home*. Viele legten ihre Stammeskleidung ab und ließen sich von der westlichen Zivilisation umarmen – einer Lebensweise, von der ihnen mehr als 350 Jahre weißer Unterdrückung vorgegaukelt hatten, daß sie besser sei als ihre. So kam es, daß Alexandra Mitte der fünfziger Jahre eine Bevölkerung von über einhunderttausend Schwarzen, Farbigen und Indern zählte – auf einer einzigen Quadratmeile zusammengepfercht.

Meine Eltern waren, etwa eine Generation nach den ersten Siedlern, ebenfalls aus ihren Stammesreservaten nach Alexandra gekommen. Mein Vater war ursprünglich in dem sogenannten Homeland der Vendas beheimatet gewesen, der nordwestlichen Ecke des Transvaal. Vendas Status ist unabhängig, aber diese Unabhängigkeit ist eine trügerische. Sie wurde Venda 1979 durch das Regime in Praetoria aufgezwungen und kein Land außer Südafrika erkennt sie an. Damit gab es zu dieser Zeit – mit Transkei und Botswana – drei dieser Archipele der Armut, des Leidens und der Korruption, in denen Schwarze ihre »politischen Rechte« ausüben sollten. Seit ihrer »Unabhängigkeit« haben die Venda-Leute unter der Knute des Praetoriahörigen Diktators Patrick Mphephu zu leiden, der durch schier unerträgliche Unterdrückung und Brutalität zwei verlorenen Wahlen zum Trotz an der Macht blieb.

Meine Mutter ging aus Gazankulu weg, dem Stammesgebiet der Tsongas im nordöstlichen Transvaal, das ebenfalls in die »Unabhängigkeit« gepreßt wurde. Kennengelernt haben sich meine Eltern in Alexandra, wo sie bald darauf auch heirateten. Gleich nach der Hochzeit mieteten sie eine Hütte in einem der verwahrlosten Höfe des Gettos. In dieser Hütte kam ich zur Welt. Wenige Monate vor meiner Geburt, am 21. März 1960, hatte in Sharpeville ein Ereignis stattgefunden, das die Weltöffentlichkeit erregt hatte: anläßlich einer friedlichen Protestkundgebung gegen die Paßgesetze hatten südafrikanische Polizisten 69 unbewaffnete Demonstranten niedergemetzelt – in den Rükken geschossen –, als sie sich in Sicherheit bringen wollten. Die Paßgesetze, deretwegen diese Menschen ihr Leben verloren, regeln, wo sich im sogenannten »weißen Südafrika« Schwarze aufhalten dürfen. Und die Paßgesetze waren es, durch die mir in diesen weit zurückliegenden Tagen meiner Kindheit und Jugend zum ersten Mal bewußt wurde, was es in Südafrika bedeutet, ein *Kaffern Boy* zu sein ...

2   Es war in den frühen Morgenstunden an einem bitterkalten Wintertag 1965. Ich lag auf einem Bett aus Pappdeckeln unter dem Küchentisch und spähte durch ein großes Loch in der Decke in die unheimliche Dunkelheit, die mich umgab. Ich war hellwach und völlig verängstigt. Die ganze Nacht über hatten mich Alpträume geplagt – Scharen schwarzer Menschen, um die herum ekelerregende Kreaturen gekrochen waren, hatten tot in Pfützen roten Blutes gelegen. Zwei Wochen lang, seit dem Tag meines fünften Geburtstags, ging das nun schon so, daß ich nachts aus Träumen dieser Art hochschreckte. Beim erstenmal hatte ich meine Mutter geweckt und mich von ihr trösten lassen; seitdem aber hielten mich die drohenden Worte meines Vaters, ihren Schlaf nicht noch einmal wegen eines schlechten Traumes zu stören, davon ab. Bis auf das Schnarchen meiner dreijährigen Schwester Florah, die neben mir unter der Decke lag, und dem Quieken von Ratten in irgendwelchen Kartons war es still in unserer Hütte. Aus Furcht vor weiteren Alpträumen blieb ich wach. Ich lugte durch das Loch in der Decke in bebende Schwärze. Die Dunkelheit schien mit Leben erfüllt.

Irgendwann hörte ich meinen Vater erwachen und wenig später in der Schlafkammer mit meiner Mutter streiten. Ich vernahm seine strenge Stimme. Beim *Kikilihoo* (Hahnenschrei) war es fünf Uhr, Zeit für meinen Vater, zur Arbeit zu gehen. Er ging immer um diese Zeit zur Arbeit – und heute morgen hatte er meine Mutter gescholten, weil sie versäumt hatte, einen *scufftin* (Imbiß) für ihn bereitzustellen. Dann erschien Vater, eine flackernde Talgkerze in der einen, einen abgetragenen Stetson-Hut in der anderen Hand. Schweigend bereitete er seinen *scufftin* aus den Überresten des gestrigen *pap'n vleis* (Maisbrei und Fleisch). Dann packte er den *scufftin* in altes Zeitungspapier, nahm den Familien-*waslap* (Waschlappen), tauchte ihn in einen Wasserbecher und wischte sich das Gesicht ab. Das restliche Wasser trank er. Minuten später war Vater auf dem Weg zur Arbeit – nicht allerdings, bevor ich ihn gebeten hatte: »Vergiß' nicht unsere Fish and Chips, Papa.«

»Fish and Chips gibt es morgen. Heute ist Donnerstag, Zahltag ist Freitag.«

»Auf Wiedersehen, Papa.«

»Schlaf weiter.«

Kaum war er durch die Tür, betrat meine Mutter die Küche. Sie war nur mit ihrer dünnen Unterwäsche bekleidet und trug den Nachttopf in der Hand. Der Nachttopf tropfte und verströmte einen üblen Geruch, ähnlich dem, der immer dann die Luft im Hof verpestete, wenn unsere Nachbarn urinnasse Laken und Pappdeckel über den Zaun hängten, um sie von der sengenden Afrikasonne trocknen zu lassen.

»Wohin gehst du, Mama?«

»Zum Abort.«

»Diese schlimmen Träume sind wiedergekommen, Mama.«

»Ich bin bald wieder da.«

Sie blies die Kerze aus, um sie vor dem Herunterbrennen zu bewahren, nahm ein Streichholzheftchen und ging. Ich dämmerte zwischen Schlaf und Wachsein dahin. Wohl an die zwanzig Minuten vergingen ohne irgendein Zeichen von ihr. Ich fühlte mich beklommen in der Dunkelheit, so schloß ich die Augen, zog mir die Decke über den Kopf und war, eh' ich mich versah, im Traumland. Ich konnte nur kurze Zeit geschlafen haben, als meine Mutter durch die Tür stürmte und mir atemlos zurief: »Steh auf, Johannes! Steh schnell auf!« Gleichzeitig langte sie unter den Tisch und schüttelte mich heftig ...

»Huh?« murmelte ich schlaftrunken. Obwohl ich auf sie reagiert hatte, war ich noch nicht richtig wach. Ich glaubte vielmehr zu träumen.

»Steh auf! Steh auf!« wiederholte sie und zerrte an der zerschlissenen Decke, in die Florah und ich gehüllt waren. Erst als mit lautem Knall eine Tür zuschlug, erwachte ich vollends. Von diesem Augenblick an begannen sich die Ereignisse zu überschlagen. Ich vergaß, daß ich mich immer noch unter dem Tisch befand und wollte aufstehen. Mein Kopf krachte gegen die Tischplatte. Ich heulte auf vor Schmerz, weinte aber nicht; mein Vater hatte mir eingebleut, daß Männer und Jungen niemals weinen – *niemals*. Alsdann begann ich, auf Händen und Knien unter dem Tisch hervorzukriechen; um mich herum war es so dunkel, daß ich die Richtung verlor und nun mit dem Kopf gegen einen der Betonklötze prallte, die den wackeligen Tisch stützten. Ich stieß einen Schrei aus und zuckte zurück, von dem stechenden Schmerz ganz benommen. Halb erschien mir das alles wie einer meiner bösen Träume, doch das Brennen meiner Wange war Wirklichkeit. Ich suchte weiter nach einem Weg unter dem Tisch hervor, schließlich wollte ich wissen, wohin meine Mutter so plötzlich verschwunden war und warum sie mich so vehement geweckt hatte. Endlich hatte ich es geschafft! Ich lehnte mich für einen Augenblick gegen den Tisch und wartete darauf, daß der hämmernde Schmerz in meinem Kopf nachließ.

In diesem Moment ertönte von draußen eine Reihe schrecklicher Geräusche. Sirenen heulten, Menschen schrien, Holz splitterte und Fensterscheiben zersprangen, Kinder wimmerten, Hunde bellten, Fußtritte polterten. Ich war verwirrt; niemals zuvor hatte ich einen solchen Radau gehört. Schreckliche Angst überwältigte mich.

»Mama, wo bist du?« schrie ich, während ich mit einer Hand um mich tastete und mit der anderen die Tischplatte umklammert hielt. Ich hatte keine Ahnung, ob meine Mutter wieder nach draußen gegangen oder noch im Haus war.

»Hier drüben«, wisperte es irgendwo hinter mir. Es war die Stimme meiner Mutter. Sie klang so schwach, daß ich die Worte kaum verstehen konnte. Ich wandte den Kopf und strengte meine Augen an, um auszumachen, wo sie sich befand – aber ich sah nichts als Dunkelheit. Wo war meine Mutter? Warum war es so dunkel? Was bedeuteten die schrecklichen Laute draußen? Dann ging meine Phantasie mit mir durch. Der stockdunkle Raum schien mit einem Male von Voodoo-Geistern erfüllt, die ich aus den Märchen meiner Mutter kannte; Geister, die nur darauf warteten sich auf mich zu stürzen, wenn ich mich auch nur einen Schritt von der Stelle rühren würde.

»Mama, wo bist du?« schrie ich wieder, fühlte, wie immer größere Furcht in mir hochkroch.

»Ich bin hier drüben«, antwortete die körperlose Stimme von irgendwoher aus der Dunkelheit.

Ich wirbelte herum und sah eine Kerze auf mich zukommen. An der Tür zur Schlafkammer verhielt sie kurz. Nun sah ich meine Mutter, den Körper gebeugt wie ein Tier, das sich furchtsam zusammenkauert. Sie warf einen überlangen Schatten an die fleckige, weißliche Wand. Sie stahl sich zu mir herüber, der ich wie festgewurzelt stand, und reichte mir das flackernde Licht. Ich solle die Kerze ganz niedrig halten und vom Fenster wegbleiben, wies sie mich an.

»Was ist los, Mama?«

»Nicht so laut«, beschwor sie mich, einen Finger an die Lippen gelegt. Sie trug immer noch nichts außer ihrer Unterwäsche, aber nun warf sie einen zerlumpten schwarzen Schal um, der auf einem Stuhl in der Nähe gelegen hatte. Doch der Schal bedeckte ihr Blöße kaum. Deshalb griff sie unter den Küchentisch, zog die zerrissene Decke hervor und schlang sie sich um. Dann breitete sie den Schal über die Pappdeckel und die Zeitungen, unter denen Florah schlief.

»Was ist los, Mama?«

»Peri-Urban ist da!«

»Peri-Urban!« Ich rang nach Luft und erstarrte vor Schreck, als ich den Namen der verhaßten Polizei-Einheit von Alexandra hörte. Für mich gab es – außer dem weißen Mann – nichts, was auch nur annähernd so furchteinflößend war; nicht einmal der *bogeyman* (der »Schwarze Mann«, als den ihn weiße Kinder kennen) ängstigte mich so. Erinnerungen an vorangegangene Konfrontationen mit der Polizei ließen mich vor Angst zittern. Ob wohl die beiden fetten, schwarzen Polizisten mit ihren *sjamboks* (Tierpeitschen, die benutzt werden, um den Schwarzen die Apartheid einzuprügeln) und Gummiknüppeln wieder die Tür aufbrechen würden? Und würde der eine, der mit dem hochgezwirbelten Bart, mir wieder zähnefletschend drohen: »Los, Junge, sprich! Oder ich lasse dich meinen *sjambok* spüren!«, mir dann ins Gesicht spucken und mir den Gummiknüppel auf den Kopf hauen, weil ich mich weigerte zu verraten, wo meine Eltern sich versteckt hielten? Und würde der große, weiße Mann mit dem karottenroten Haar, der einen Arbeitsanzug trug, wieder an den Türpfosten gelehnt, eine mir unbekannte Melodie pfeifen und Florah und mich allein dadurch in Panik versetzen, daß er uns anstarrte?

»W-wo s-sind s-sie?« stammelte ich.

»Draußen. Hab' jetzt keine Angst. Sie sind noch irgendwo in der Nachbarschaft. Ich war auf dem Abort, als der Alarm kam.« »Als der Alarm kam« – das bedeutete, daß Menschen über Zäune sprangen, verzweifelte Versuche unternahmen, der Polizei zu entkommen.

Ich nickte, war nun hellwach. Nackt, frierend und vor Angst schlotternd stand ich mitten im Zimmer. Meine Mutter nahm mir die Kerze aus der Hand und befahl mir, mich anzuziehen. Ich holte meine zerlumpten Khaki-Shorts unter dem Küchentisch hervor und schlüpfte schnell hinein. Der Höllenlärm draußen steigerte sich von Minute zu Minute; die Razzia, so schien es, trieb ihrem Höhepunkt zu. Das Stück Sacktuch, das ein Loch im Fenster verdecken sollte, flatterte in einem plötzlichen Windstoß. Die Kerze flackerte, ging aber nicht aus. Ich fühlte etwas Warmes in der Leistengegend, etwas Nasses, das meine Beine hinunterrann, versuchte, den Fluß des Urins zu stoppen, indem ich die Schenkel zusammenpreßte. Zu spät. Um meine nackten Füße herum hatte sich eine Pfütze gebildet. Mit den Zehen verwischte ich sie. Meine Mutter gab mir die Kerze und rannte zum Tisch in der Ecke. Während sie lief, sagte sie, ohne mich anzuschauen: »Paß gut auf deinen Bruder und deine Schwester auf, wenn ich weg bin, ja?«

»Ja, Mama.« Ich wußte, sie mußte fort, mußte vor der Polizei fliehen und uns Kinder allein lassen, wie sie es schon so oft getan hatte. Sie hatte jetzt den Tisch erreicht und begann, tief darüber gebeugt, fieberhaft nach etwas zu suchen.

»Wo ist mein Paß?« fragte sie nervös. »Bring die Kerze 'rüber. Halt sie niedriger! Weg vom Fenster!« Während ich die Kerze, inzwischen zu einem Stummel heruntergebrannt, zu ihr brachte, ertönte draußen in der Dunkelheit ein Schrei. Ich erschrak, stolperte und fiel kopfüber hin. Meine Mutter fing mich auf und half mir auf die Beine. »Wo ist mein Paßbuch? Wo ist es?« bohrte sie weiter. Ich wußte es nicht; ich konnte nicht antworten; ich konnte nicht denken; mein Gehirn war völlig leer. Mutter packte mich bei den Schultern, schüttelte mich und rief hektisch:

»Wo ist es? Wo ist es? Oh, Gott! Wo ist es, Kind? Wo ist das Buch? Beeil dich, denk nach, bevor sie mich·finden!«

»Welches Buch?« fragte ich.

»Das kleine Buch, das ich dir und deiner Schwester gestern abend gezeigt habe. Denk nach!« Sie starrte mich angsterfüllt an. Ich wußte keine Antwort, war völlig durcheinander. So sehr ich mich auch anstrengte, ich konnte ihr nicht helfen. Eine dunkle Macht hatte von meinem Gedächtnis Besitz ergriffen und jede Erinnerung getilgt. Eine Macht, von der ich mich nicht befreien konnte.

»Erinnere dich an das kleine schwarze Buch mit meinem Bild darin. Wo ist es?« Meine Mutter gab nicht auf. Sie packte und schüttelte mich wieder und wieder, bat und bettelte.

Der Lärm draußen hatte sich inzwischen zu einem entsetzlichen Crescendo gesteigert. Jetzt ertönten in rascher Folge mehrere Gewehr-schüsse, danach Rufe wie »Fangt den Kaffer! Er kann nicht weit sein, er ist verwundet!« Irgendwie mußte mich das Geschrei wieder zur Besinnung gebracht haben. Mir fiel plötzlich ein, wo das kleine, schwarze Buch meiner Mutter war: ich hatte es am Vorabend unter dem Stapel von Pappdeckeln auf dem Fußboden versteckt, weil ich gehofft hatte, es am nächsten Tag aus dem Haus schmuggeln und meinen Freunden zeigen zu können. Wir hatten beim Spielen schon die Pässe der anderen Mütter angeschaut und herauszufinden versucht, welche auf dem Bild am schönsten war.

»Es ist unter dem Tisch, Mama«, gab ich mein Wissen stolz weiter.

Meine Mutter dankte ihren Ahnen. Eilig lief sie zur anderen Seite des Tisches, griff darunter und rollte Florah von den feuchten Pappdek-keln. Auf der nackten Erde fand sie ihr kleines schwarzes Buch. Ich stieß einen Seufzer der Erleichterung aus, als ich sah, wie sie es in den Ausschnitt ihres Unterhemdes stopfte.

Der nackte, zerbrechlich wirkende Körper meiner Schwester, die nun auf dem bloßen Boden lag, zitterte in der Eiseskälte, die unter der Tür hereinkroch. Florah hustete, stöhnte auf – es war ein langgezoge-ner, krächzender Laut; doch sie schlief weiter. Meine Mutter legte eilends die Pappe zurück, rollte Florah wieder darauf und deckte sie mit Zeitungen, Pappe und dem Schal zu. Von draußen drangen erneut Schreie herein, die von dem Splittern eingeworfener Fenster und dem Krachen von Türen, die unter Polizistentritten barsten, begleitet wurden. Das Bellen tückischer Polizeihunde und das Trampeln ren-nender Füße erfüllten den frühen Morgen. Rufe wie »*Mbambe! Mbambe!*« (Greift ihn! Packt ihn!) folgten den schrillen Trillern von Polizeipfeifen.

Meine Mutter war auf dem Weg ins Schlafzimmer, als ein gleißender Lichtstrahl ins Zimmer fiel und sie traf. Im Nu war sie hinter der Tür verschwunden und blieb dahinter versteckt. Entsetzt ließ ich die Kerze fallen. Ihr heißes Wachs ergoß sich über meine Füße. Das blendende Licht erlosch Sekunden später. Das Zimmer war wieder in tiefe Dunkelheit getaucht. Ich tastete gerade nach der Kerze, als die Küche erneut in ein grelles Licht getaucht wurde. Plötzlich war es taghell.

Meine Mutter kroch hinter der Schlafkammertür hervor und schlich auf Zehenspitzen zur Küchentür. Als sie sich ihr näherte, begann mein einjähriger Bruder George lauthals zu schreien. Er schlief mit Mutter und Vater in dem einzigen Bett, das wir besaßen. Sein Gebrüll zerriß die Stille des Hauses und ließ meine Mutter mitten im Schritt innehalten; sie wirbelte herum und flüsterte mir zu: »Geh, beruhige deinen Bruder.«

»Ja, Mama«, entgegnete ich. Doch ich bewegte mich nicht. Ich konnte nicht. Eine übermächtige Angst vor etwas Unbekanntem hinderte mich daran, von der Stelle zu kommen.

»Ich bin kurze Zeit weg«, flüsterte meine Mutter, die nun an der Tür stand, die sie verstohlen einen Spalt breit öffnete. Ihren in die Decke gehüllten Körper hielt sie tief gebückt, ihr Kopf berührte fast den Boden. Sie zögerte einige Augenblicke, bevor sie durch die Öffnung spähte. Ein unablässiger Strom von Schreien drang herein. Es war so laut, daß ich den Weltuntergang nahe wähnte. Durch den Türspalt sah ich Polizisten mit Stablampen und etwas, das aussah wie die Keulen von Steinzeitmenschen. Die Polizisten liefen suchend zwischen den Hütten auf der anderen Straßenseite herum.

»Vergiß nicht, die Tür fest hinter mir zu verriegeln«, sagte meine Mutter, den Blick auf die Straße gerichtet. Wieder fielen Gewehrschüsse; neue Schreie und Rufe ertönten irgendwo in der Nähe.

»Geh nicht, Mama!« flehte ich. »Bitte, geh nicht! Laß uns nicht allein, bitte, bitte!«

Sie antwortete nicht. Stattdessen öffnete sie die Tür ein wenig weiter und zwängte sich langsam durch den Spalt, bis sie halb drinnen und halb draußen war. In der Schlafkammer plärrte George ohne Unterlaß. Ich haßte es, wenn er so krakeelte, weil sein Brüllen meine eigenen Gefühle von Verwirrung, Angst und Hilflosigkeit nur zu deutlich widerspiegelte und meine Furcht greifbarer machte.

»Laß ihn am Daumen lutschen«, sagte meine Mutter noch, »hab

keine Angst. Ich bin bald wieder da.« Dann war sie gegangen. Als ich beobachtete, wie sie hinter den Hütten wegtauchte und von der ominösen Dunkelheit mit ihren gespenstischen Geräuschen verschluckt wurde, war sie kaum noch die Mutter, die ich kannte und liebte. Sie war vielmehr ein schwarzgekleideter Geist, ein verzweifelter Flüchtling auf dem Weg zu seinem geheimen Versteck irgendwo dort draußen in der tintenschwarzen Nacht.

Ich warf unverzüglich die Tür zu, verriegelte sie dreifach, blies die Kerze aus und hastete in die Schlafkammer, wo mein Bruder wie am Spieß brüllte. Just in dem Moment, in dem ich die Schlafkammertür aufriß, wurde ich von einer neuen, noch schlimmeren Welle der Furcht erfaßt, die mich zur Eingangstür zurückrennen ließ. Mir war plötzlich eingefallen, wie die Polizei eines Morgens, während einer anderen Razzia, unsere Tür aufgebrochen hatte, obwohl sie verriegelt gewesen war. Diesmal mußte ich die Tür verbarrikadieren. Das würde sie aufhalten. Ich begann, Gegenstände aus der Küche zusammenzutragen und sie vor der Tür aufzuhäufen – eine halb mit Trinkwasser gefüllte Tonne, den halbgefüllten Kohlenkasten, mehrere Stühle. Befriedigt und überzeugt davon, daß die Hütte nun uneinnehmbar sei, ging ich in die Schlafkammer und sprang auf das Bett neben dem vergitterten Fenster.

»Halt den Mund, du Dummkopf!«, herrschte ich meinen Bruder an, doch der lärmte weiter. Ich stammelte die Beschwörungsformel »Draußen ist ein weißer Mann«, die bei kleinen schwarzen Kindern normalerweise den gleichen Effekt erzielt wie »Draußen ist der Schwarze Mann« angeblich bei den weißen. Normalerweise – aber nicht bei George. Also steckte ich meinen Daumen in seinen weit aufgerissenen Mund, wie meine Mutter es mir geraten hatte. Er biß fest zu. Ich jaulte auf, packte seine Füße, wirbelte ihn herum und versohlte ihm den Hintern.

»Tu das nie wieder!«

Er verfiel in einen hysterischen Schreikrampf. Wieder griff ich nach seinen kleinen Füßen, schüttelte ihn gewaltig und beschwor ihn, endlich mit dem Geplärre aufzuhören. Doch er brüllte weiter. Ich schrie ihn wieder an; das machte es nur noch schlimmer. In meiner Verzweiflung zog ich an seinen Ohren, kniff ihn grün und blau. Er fuhr fort in seinem Schreikonzert. Voller Verzweiflung gab ich meine Versuche, ihn zu beruhigen, für den Augenblick auf. In meinem Kopf drehte sich alles. Ich hatte keine Ahnung, was ich jetzt tun sollte.

Ich schaute zum Fenster. Draußen wurde es hell. Ich sah zwei schwarze Polizisten, die auf der anderen Straßenseite eine Tür aufbrachen. Eine halbnackte, hysterisch kreischende, pechschwarze Frau wurde von einem lachenden, fetten, schwarzen Polizisten, der mit dem Gummiknüppel auf ihre Scham einschlug, aus einem Außenabort abgeführt. Der Krach draußen hatte sich zwar etwas gelegt, doch ich konnte immer noch hören, wie Türen und Fenster zertrümmert wurden, Hunde bellten und Kinder schrien. Ich riß George hoch und hielt ihn vor das Fenster in der Hoffnung, er würde schon verstehen, warum ich wollte, daß er Ruhe gäbe; auch das half nichts. Er schrie ununterbrochen weiter und wand sich wie ein Wurm. Ich ließ den Blick durch den halbdunklen Raum schweifen, er verharrte an einer schweren, schwarzen Decke, die schlaff vom Bett hing. Aha! Schnell ergriff ich sie und zog sie über Georges Kopf. Das dämpfte das Geschrei. Mit beiden Händen hielt ich die Decke fest, während er sich weiter wand. Das klappte! Obwohl er nicht aufgehört hatte zu kreischen, konnte ich ihn kaum noch hören. Er zappelte und zappelte, und ich drückte die Decke fester und fester auf sein Gesicht. Nicht eine Sekunde lang dachte ich daran, daß ich meinen Bruder ersticken könnte. Endlich stellte er das Brüllen ein. Ich wartete ab, schaute wieder nervös zum Fenster.

Plötzlich wurde ich gewahr, wie sich die Schlafkammertür öffnete und schloß. Erschreckt ließ ich die Decke los und wandte meinen Kopf zur Tür. Da stand Florah. Angst blitzte in ihren Augen, dann stürzte sie schreiend und wild mit den Armen rudernd auf mich zu. Kaum am Bett angelangt, begann sie ungeduldig an der Decke zu zerren.

»Wo ist Mama?! Ich will Mama! Wo ist Mama?!«

»Halt den Mund«, brüllte ich. »Geh schlafen, sonst verprügel ich dich!«

Sie ging nicht.

»Ich habe Angst«, quengelte sie. »Ich will zu Mama!«

»Halt den Mund, du dummes Ding!« fuhr ich sie erneut an. »Der weiße Mann ist draußen, und wenn du nicht friedlich bist, kommt er dich holen und frißt dich auf!« Das hätte ich nicht sagen sollen; meine Schwester geriet außer sich. Sie warf sich über den Rand des Bettes und versuchte, sich ganz hinaufzuziehen. Voller Wut schlug ich ihr ins Gesicht; sie strauchelte, fiel aber nicht runter, sondern riß weiter an der Decke. Diesmal entschiedener. Auch mein Bruder hob wieder zu brüllen an. Mein Kopf war heiß vor Verwirrung und Verzweiflung; ich wußte nicht, was ich noch tun sollte; ich wünschte, meine Mutter wäre da; ich wünschte, die Polizei würde vom Erdboden verschluckt werden.

Immer noch konnte ich das Trampeln von Füßen, das Schreien der Kinder und das Bellen der Hunde hören, deshalb hievte ich meine Schwester schnell aufs Bett; mir war klar geworden, daß sie um nichts in der Welt allein in die Küche zurückgehen würde. Wir kuschelten uns auf dem schmalen Bett aneinander. Die Steine, die das Gestell stützten, wackelten, als würde das Bett jeden Moment zusammenbrechen. Ich hielt den Atem an. Es fiel nicht zusammen. Vorsichtig hüllte ich uns in die Decke ein. Nun sah ich nichts außer Dunkelheit. Auch draußen war es still. Dann begann das Getöse erneut. Der Lärm drang durch die verriegelte Tür, durch die Barrikade, durch die Küche, durch die Decke, durch die Dunkelheit und in meine Ohren, obwohl ich sie mir mit den Fingern zuhielt. Es war, als ob das Bett in der Mitte des Höllenschlundes stünde. In meinem Kopf schwirrten viele Fragen. Was passierte dort draußen? Waren die bellenden Hunde Polizeihunde? Wer schoß auf wen? Beteiligte sich *msomi* (legendäre schwarze Gangsterbande der fünfziger und frühen sechziger Jahre, mafiaähnlich organisiert) an der Schießerei? Mir war oft erzählt worden, daß Polizeihunde Schwarze auffressen, wenn Weiße es ihnen befahlen – fraßen sie diesmal Leute auf? Gesetzt den Fall, meine Mutter war gefaßt worden, würden die Polizeihunde auch sie auffressen? Und was geschah mit meinen Freunden?

Ich bebte vor Neugier – und vor Furcht. Sollte ich zum Küchenfenster gehen, um herauszufinden, was auf den Straßen vor sich ging? Meine Schwester hatte ins Bett gemacht, es fühlte sich feucht und kalt an. Kindliche Wißbegierde siegte schließlich über die Angst. Ich sprang aus dem Bett und schlich auf Zehenspitzen zum Küchenfenster. Ich hatte die Schlafkammertür kaum erreicht, als ich meine Schwester wimmern hörte.

»Wohin gehst du? Ich fürchte mich.« Ich schaute über die Schulter und sah Florah sprungbereit auf der Bettkante sitzen. Sie wollte mir folgen.

»Halt den Mund und schlaf weiter!«

»Ich komme mit dir.« Sie setzte die kleinen Füße auf den Boden.

»Wage es bloß nicht, oder ich peitsche dich aus!«

Sie winselte und zog sich die Decke über die Ohren. Langsam öffnete ich die Schlafzimmertür, sorgsam darauf bedacht, dem Lichtstrahl zu entgehen, der nach wie vor durch den unverhängten Teil des Fensters fiel. Ich erreichte das Fenster. Was nun? Ein Stück Sacktuch war über den unteren Teil des Fensters gebreitet, in dem verschiedene Scheiben fehlten. Ein Stein, der irgendwann nachts von der Straße hereingeschleudert worden war, hatte sie zerbrochen. Mein Vater hatte sie nicht ersetzt, sondern herabhängenden Stoff als Deckung benutzt, wenn in der Nachbarschaft eine Razzia abgehalten wurde.

Mit wachsender Erregung schob ich mich ans Fenster, stellte mich auf die Zehenspitzen und griff nach dem Sacktuch. Sorgfältig schob ich es zur Seite – so wie ich es bei meinem Vater gesehen hatte – und spähte auf die Straße, auf der Suche nach möglichen Gefahren. Mein Kopf war halb drinnen, halb draußen, als mein Blick auf die beiden riesigen schwarzen Polizisten fiel, die aus einer Hütte auf der gegenüberliegenden Straßenseite kamen. Sie gesellten sich zu zwei anderen, die neben einem weißen Mann am Tor eines der Höfe standen. Der Weiße trug eine Pistole im Halfter um die Hüften, so wie man es aus Filmen kennt. Jetzt begann er auf und ab zu rennen, brüllte und gab mit Armbewegungen Anweisungen. Auf dem Hof befand sich noch ein weiterer weißer Mann. Er trug ebenfalls eine Waffe. Er überwachte eine Gruppe von etwa zehn schwarzen Polizisten, die halbnackte Männer und Frauen aus den Hütten zusammentrieben. Lautes Kindergeschrei drang aus vielen der Behausungen.

Diese Szene fesselte mich. Plötzlich deutete der weiße Mann am Tor in die Richtung unserer Hütte. Zwei schwarze Polizisten sprangen auf und liefen über die Straße auf mich zu. Ein dritter schloß sich ihnen an. Mir stockte der Atem. Lähmende Angst hatte mich ergriffen und bewegungsunfähig gemacht. Nicht einmal den Kopf, der aus dem Fenster schaute, konnte ich zurückziehen. Mein Gehirn war leer; ich schloß die Augen; mein Herz klopfte wild, ich spürte es irgendwo im Hals. Ich hörte, wie die drei schwarzen Polizisten miteinander sprachen, während sie über die Straße kamen.

»Das ist Nummer 37.«

»Ja, aber ich glaube nicht, daß wir irgendjemanden von der *Msomi*-Gang da drinnen finden.«

»*Umlungu* (der weiße Mann) denkt, daß sich einige dort verstekken könnten. Wenn wir sie nicht finden, können wir immer noch schnelles Geld verdienen. Der Hof ist ein Zufluchtsort für Leute ohne Paß.«

»Ach, ich glaube, daß inzwischen alle abgehauen sind. Schau dir diese kaputten Türen an.«

»Es gibt ein paar, die immer noch geschlossen sind.«

»Na gut, dann laß uns reingehen.«

Mit einem Schlag war da – ganz nah – ein gewaltiges Donnern, als wäre etwas Schweres zu Boden gefallen, und ich hörte, wie George vor Schmerzen schrie. Augenblicklich öffnete ich die Augen, sah die drei Polizisten, nur wenige Schritte von der Tür entfernt. Sie waren stehengeblieben und schauten einander fragend an. Schnell zog ich den Kopf zurück, kauerte mich unter das Fenster. Ich hatte Angst, entdeckt zu werden, würde ich mich vom Fleck rühren. Die Polizisten sprachen miteinander:

»Hast du das gehört?«

»Ja, da schreit ein Baby.«

»Ich wette mit dir, daß sie es allein gelassen haben.«

Jetzt rannte meine Schwester, die Arme über den Kopf geschlagen, schreiend aus dem Schlafzimmer.

»Yowee, Yowee!« heulte sie. »Johannes, komm her und sieh! Schau dir das an!«

Ich starrte sie an, war unfähig, mich zu bewegen, wollte es auch gar nicht.

»E-es ist G-george«, stammelte Florah mit tränenerstickter Stimme; »B-blut, t-tot, B-blut, t-tot!« Ihr Gesicht war angstverzerrt. Sie kam zu mir herüber und begann an meiner Hand zu ziehen. Sie wollte, daß ich mir meinen Bruder ansehe. Offenbar war sie überzeugt, daß George verblutete. Meine Lippen formten sich zu einem kaum hörbaren, wütenden »Hau ab« und »Halt die Klappe«. Auf Florah machte das keinen Eindruck. Da hämmerte jemand an die Tür. In der Verwirrung, die folgte, hörte ich ärgerliche Stimmen:

»Es gibt keinen Grund, da hineinzugehen. Ich habe die Nase voll von schreienden Säuglingen.«

»Ich auch.«

»Ich wette, da ist außer den verdammten Kindern niemand drin.«

»Du hast mir gerade das Wort aus dem Mund genommen.«

»Dann laß uns zu den Lastwagen zurückgehen. Es gibt noch mehr

Straßen, die wir durchsuchen müssen. Hier ist ohnehin nichts mehr zu holen.«

Damit gingen sie. Es stellte sich heraus, daß George aus dem Bett gefallen und mit dem Kopf gegen den Steinstoß geknallt war, der es abstützte. Mein Bruder hatte einen tiefen Kratzer auf der Stirn. Die Wunde schwoll an und blutete stark. Mit einer Ecke der Decke wischte ich seine Stirn ab, bis die Blutung zum Stillstand gekommen war. Dann kauerten wir Geschwister ganz still beieinander, bis meine Mutter wiederkam. Sie hatte sich die drei Stunden, die sie fortgewesen war, in einem Graben versteckt gehalten.

3   An diesem Abend ging in der Nachbarschaft das Gerücht um, daß Peri-Urban bald eine weitere Razzia unternehmen würde, um die Gegend endgültig »zu säubern«, weil die Razzia von diesem Morgen – nach Polizei-Maßstäben – nicht erfolgreich verlaufen war. Diese rasch aufeinanderfolgenden Razzien markierten – so besagten die Gerüchte weiter – den Beginn der jährlichen »Operation Säuberungs-Monat«. Das war der Monat, in dem Hunderte schwarzer Polizisten, angeführt von weißen Offizieren, das gesamte Getto von Alexandra durchkämmten – Straße für Straße und Hof für Hof – immer auf der Suche nach Leuten, deren Paßbuch nicht in Ordnung war, nach Gangstern, Prostituierten, und nach schwarzen Familien, die ohne amtliche Erlaubnis im *township* (Getto-Bezirk) lebten, sowie nach den Besitzern illegaler Schnapsbuden und solchen Personen, die nach den Bestimmungen des *Influx Control Law* »unerwünscht« waren. Ich verstand damals noch nicht, was diese Namen und Begriffe bedeuteten, obwohl ich gehört hatte, daß viele unserer Nachbarn gegen diese »Bestimmungen« verstießen.

In dieser Nacht schliefen wir mit dem Gedanken an eine unmittelbar bevorstehende Razzia ein, einem Gedanken, der wie eine schwarze Wolke drohend über der ganzen Gegend hing.

»Wir werden vor Tagesanbruch verschwinden müssen«, hatte ich meine Mutter zu Vater sagen hören, als wir uns fürs Bett fertigmachten, »so daß wir, wenn die Streife kommt, schon weg sind.« Ich hatte gespürt, wie Florah sich vor Angst versteift hatte. Mir war es genauso ergangen. Meine Mutter hatte versucht, uns zu beruhigen.

»Schenk den Gerüchten keinen Glauben, Frau«, hatte mein Vater in einem Anflug von Autorität gesagt. »Es wird keine Razzia geben. Die Polizei war doch heute schon da. Die Leute haben bloß Angst. Sie haben immer Angst. Und sie werden immer Angst haben.«

»Aber jeder sagt, daß die Polizisten kommen«, hatte meine Mutter insistiert. »Wir stehen am Beginn der ›Operation Säuberungs-Monat‹, weißt du das nicht?«

»Frau«, hatte mein Vater ernst entgegnet, »ich sagte dir doch, es wird keine Razzia geben. Das ist doch nur wieder ein dummes Gerücht.«

Doch die Razzia kam. Kurz nach Mitternacht, als alle fest schliefen, schnarchten und träumten, begann die Invasion der Polizei in der Nachbarschaft.

»*Macht auf!*« Fäuste hämmerten an die Küchentür. »*Hier ist Peri-Urban!*«

Eine Zeitlang glaubte ich zu träumen, weil plötzlich von draußen das gleiche Inferno an Geräuschen hereindrang wie gestern. Hunde bellten, Menschen schrien, riefen und rannten. Sirenen schrillten. Kinder brüllten. Türen und Fenster zerbarsten. Füße trampelten. Ich warf mich herum wie in einem Alptraum, doch das anhaltende Hämmern und die Fußtritte an der Tür überzeugten mich, daß dies die Wirklichkeit war.

»*Macht auf oder wir rennen die Tür ein!*«, verlangten die Polizisten nur noch lauter.

Langsam kroch ich unter der Decke hervor; die darunterliegenden Zeitungsseiten raschelten laut; ich fühlte, wie sich meine Magengrube zusammenzog, als wäre da ein Eisblock eingebettet, der nun meine Gedärme einfror. Meine Schwester bewegte sich. Sie wimmerte leise. Ich befahl ihr, sie solle still sein.

»*Macht auf!*«

Ich verlor die Kontrolle über meine Blase und in Sekundenschnelle waren Pappdeckel, Zeitungen und Decke naß. Ich rieb mir den Schlaf aus den Augen und versuchte, in der Dunkelheit irgendwelche Gegenstände auszumachen. Doch die Dunkelheit war undurchdringlich, allgegenwärtig; je länger ich in sie hineinstarrte, desto schwärzer wurde sie; ich wollte schreien, doch meine Stimmbänder waren wie gelähmt. Plötzlich flammte der Strahl einer Taschenlampe durch den unverhängten Teil des Fensters. Irgendwo in der Nähe splitterte Glas.

Ich wünschte mir, unsichtbar zu sein, wünschte mir, daß der Boden sich auftun und mich verschlingen würde – zumindest so lange, bis dies hier vorbei wäre.

»*Macht auf!*« bellte eine Stimme durch das Fenster. »*Wir wissen, ihr seid da drin!*«

Von Angst geschüttelt, erreichte ich die Schlafzimmertür. Ich legte mein Ohr an das Holz und hörte meine Mutter und meinen Vater aufgeregt miteinander flüstern. Also waren beide noch da. Wie wollten sie bloß entkommen?

»Mama«, wisperte ich eindringlich und klopfte leicht an die Tür, »die Polizei ist da.«

»Johannes, bist du's?« flüsterte meine Mutter zurück.

»Sie sind da, Mama. Was soll ich tun?«

»Laß sie noch nicht rein.«

»Aber sie brechen die Tür auf, Mama.«

»Öffne noch nicht.«

»Sie brechen sie auf, Mama.«

Stille.

Sollte ich die Tür aufmachen? Die Polizisten würden sich mit Gewalt Einlaß verschaffen, und wenn ich nicht freiwillig öffnete, würden sie ihrer Wut gewiß freien Lauf lassen, sobald sie drinnen waren; ich erinnerte mich gut, wie sie mich beim letzten Mal vertrimmt hatten. Doch meine Mutter und mein Vater versuchten, sich zu verstecken, und wenn ich die Polizisten zu früh hereinließ, würden sie meine Eltern mitnehmen; ich erinnerte mich genau, wie sie beim letzten Mal abgeführt worden waren. Was sollte ich nur tun?

Das Hämmern und die Fußtritte an der Tür hatten meine Schwester aufgeweckt. Immer noch unter dem Tisch, begann sie laut zu weinen. Nach Sekunden, die mir wie Ewigkeiten erschienen, entriegelte ich die Tür. Sie sprang weit auf, zwei riesige Polizisten stürmten in die Küche und blendeten mich mit dem Strahl ihrer Taschenlampen. Bevor ich noch wußte, wie mir geschah, hatte mich einer von ihnen brutal in die Seite getreten, einen Tritt verpaßt, der mich gegen eine Kiste in der Ecke warf. Der Aufprall war so heftig, daß ich fast das Bewußtsein verlor. Sterne tanzten vor meinen Augen. Ich griff nach dem Kistenrand und versuchte mich hochzuziehen; ich schaffte es nicht; meine Knie hatten sich in Wackelpudding verwandelt, mein Blick war verschwommen und mein Kopf hämmerte, als hätte ihn ein Axthieb getroffen. Während ich mich bemühte, meine fünf Sinne zu sammeln, warf mich ein weiterer Tritt zu Boden. Diesmal fiel ich flach aufs Gesicht. Beim Fallen streifte mein Kiefer die stumpfe Seite einer Axt, die aus der Kiste herausragte. Ich spürte einen brennenden Schmerz. Blut sprudelte aus Nase und Mund. Einige Zähne waren locker. Ich vergaß alle von meinem Vater aufgestellten Regeln, daß Männer und Jungen niemals Tränen zeigen, und begann haltlos zu heulen. Ja, ich bat meinen Angreifer sogar um Verzeihung für alles, was ich ihm angetan haben könnte. Mit blutigen Händen umklammerte ich seine Beine. Er stieß mich weg. Wieder verlor ich die Kontrolle über meine Blase. Ich war starr vor Angst. Schweißperlen, mit Blut gemischt, bedeckten meinen Körper. Meine trüben Augen versuchten, meinen Angreifer auszumachen. Ich mußte ihn sehen, um auf seine nächste Attacke vorbereitet zu sein. Doch außer Schatten, die wie Geister durch den Raum zu schweben schienen, sah ich nichts. Da, ein Griff, der meine linke Achselhöhle wie in einen Schraubstock einklemmte und mich hochriß. Ich kreischte auf: »Mama!«

»Halt's Maul!« zischte der Polizist, der sich – ein Abbild des Terrors – vor mir auftürmte. Er rüttelte mich heftig, den Strahl seiner Taschenlampe auf meine Augen gerichtet. Ich war geblendet. Er stieß mich mit dem Rücken gegen die Steinwand, befahl mir, den Mund zu halten, sonst . . .

»Warum hast du so lange gebraucht, die verdammte Tür zu öffnen?« wollte er wissen.

»Der hat genug, Solly«, erklang eine tiefe Stimme irgendwo im Raum. »Er hat genug, laß ihn in Ruhe.«

»Tu das nicht nochmal, verstanden?« schnauzte der, der mich schüttelte. Er hielt die Taschenlampe nun so dicht an meine Augen, daß ich das Gefühl hatte, sie würden verbrennen. Ich konnte nur noch blinzeln.

»I-ich w-will's n-nicht w-wieder t-tun«, stotterte ich und hielt den Atem an.

»Wo sind deine Eltern?« zischte mein Angreifer.

»I-ich w-weiß n-nicht.« Ich glaubte, meine Eltern unter allen Umständen schützen zu müssen.

»Du lügst mich an, Junge!«

»Laß ihn in Ruhe, Solly. Wir werden sie schon finden«, sagte der Mann mit der tiefen Stimme verdrossen.

Mein Angreifer ließ von mir ab. Wie ein nasser Sack plumpste ich zu Boden, außer mir vor Angst. Ich strich mir über die Wange; sie blutete stark und war geschwollen; meine Ohren dröhnten, ich vermeinte, Stammestrommeln zu hören. Mein Kopf schien nicht zu meinem Körper zu gehören. Er saß wie eine tote Last auf dem Torso. Ich hustete und spuckte. Mein Speichel war blutig, der Körper naß und schlüpfrig; Schweiß, Urin und Blut mischten sich. Benommen lehnte ich mich gegen die Kiste und beobachtete das Geschehen um mich herum ungläubig und in der Hoffnung, daß dies nur ein Traum sei – ein böser Traum, einer meiner Alpträume. Wie erleichternd wäre es, unversehrt aufzuwachen und festzustellen, daß dies alles nicht passiert sei.

Die Benommenheit schwand. Ich war wieder in der Lage, den Kopf zu heben und sah, wie die beiden Polizisten die Küche durchsuchten, Stühle, Kisten, Kartons, Dosen, Töpfe, Geschirr, Lumpen, Pappe durch die Gegend warfen oder mit Fußtritten zur Seite schleuderten. Sie suchten unter dem Tisch, hinter dem Schrank, hinter der Tür, in den Ecken – überall. Sie schimpften darüber, wie schäbig alles sei und fluchten, weil der „Krempel" ihre Suche behinderte. Nachdem sie in der Küche niemanden gefunden hatten, gingen sie zur Schlafzimmertür, vor der meine heulende Schwester kauerte. Ich glaubte, mein Herz bliebe stehen. Meine Haut juckte und mein Hals schnürte sich zu. Ich fühlte einen dicken Klumpen Angst die enge Kehle hinunter in meinen Magen sacken.

Einer der Polizisten packte Florah und schleuderte sie zur Seite – weg von der Tür. Meine Schwester jaulte hysterisch auf. Sie war völlig außer sich, schlug wild um sich. Ihre Augen waren tränenverquollen. Sie entdeckte mich und rannte auf mich zu. Harn lief ihre Beine entlang. Der Polizist, der sie beiseite gestoßen hatte, verstellte ihr nun den Weg, die langen Arme ausgestreckt. So glich er einem Urvogel, der seine Schwingen ausbreitet. Nun fletschte er die glänzenden Zähne.

»Was glaubst du, wo du hingehst, du kleiner Bastard!«

Meine Schwester warf sich herum, tauchte unter den Tisch und rollte sich zu einem Bündel schreiender, hilfloser, nackter Angst zusammen; da war nichts, was ich tun konnte, um sie oder mich zu beschützen. Der Polizist ging zum Tisch und wedelte mit dem Gummiknüppel vor Florahs Gesicht herum. Er hieß sie schweigen, sonst . . . Meine Schwester nahm das gar nicht mehr wahr, sie brüllte

weiter. Der Polizist ließ sie in Ruhe, ging hinüber zu dem zerbrochenen Fenster, um hinauszuschauen. Der andere Polizist versuchte
derweil, die Schlafkammertür zu öffnen; offensichtlich hatten meine
Eltern sie von innen verriegelt.

»Macht auf!« Er rüttelte an der Tür. »Öffnet oder wir brechen die
Tür auf! Wir wissen, daß ihr da drin seid!« Dann hielt er inne,
sichtlich in der Erwartung, daß sein Befehl ausgeführt werden würde.
Er wurde es nicht. Wieder drehte er am Türknauf, aber die Tür blieb
verschlossen. Nun hämmerte er mit den Fäusten dagegen, setzte auch
seine stahlbeschlagenen Stiefel ein.

»He, du Bastard«, der Polizist, der aus dem Fenster geschaut hatte,
wandte sich mir zu und verlangte zu wissen, wer in der Schlafkammer
sei.

»Mein Bruder«, antwortete ich leise.

»Sprich lauter! Und wer noch?«

»Ich weiß es nicht.«

»Du lügst schon wieder, Junge«, fauchte er und kam mit drohend
erhobenem Gummiknüppel auf mich zu. »Deine Eltern sind da drin,
oder? Es hat keinen Sinn, sie zu decken, Junge, weil wir sie finden
werden. Und wenn wir sie finden«, er lächelte teuflisch, »kriegst du
'ne Tracht Prügel.«

Ich blieb stumm, war aber auf das Schlimmste gefaßt.

»Willst du jetzt aufhören, mich anzulügen, Junge?« Er fuchtelte
mit dem Gummiknüppel vor meinem Gesicht herum.

Ich wollte irgendetwas sagen, suchte verzweifelt nach einer Ausrede; mein Mund öffnete sich weit, doch ich brachte keinen Ton
heraus. Der Polizist hob den Gummiknüppel, ich schloß die Augen
und erwartete den Schlag; aber er kam nicht. Statt dessen befahl der
Polizist seinem »Kameraden«, »das verdammte Ding« einzutreten.
Der andere war offenbar schon dabei, das zu tun – er war bereits
einige Schritte zurückgetreten. Nun warf er sich mit der Schulter
gegen die Tür, die Scharniere barsten. Wahre Ströme von Schweiß
rannen mir übers Gesicht. Ich war kaum fähig zu atmen. Die Polizisten hatten beim Durchsuchen der Küche so gründliche Arbeit geleistet, daß ich keinen Zweifel hegte, daß sie meine Eltern finden würden. Es gab ja auch keine Möglichkeit, wie sie hätten fliehen können.
Das winzige Fenster war vergittert und es gab nur diese eine Tür; die
aber war die ganze Zeit verschlossen gewesen.

»Da ist jemand unter dem Bett«, rief der Polizist aus dem Schlafzimmer. In seiner Stimme schwang Triumph.

»Zerr ihn raus«, rief der Polizist aus der Küche, während er seinen Posten verließ, um in Richtung Schlafzimmer zu gehen. Er schaute mich an und grinste breit.

»Komm da raus, Alter! Raus! Raus!«

»Beeil dich, Alter! Komm da raus!« sagte der Polizist im Schlafzimmer ungeduldig. »Mach schnell, wir haben schließlich nicht den ganzen Tag Zeit!«

»Ich komme, *nkosi* (Herr)«, winselte mein Vater. Sie hatten ihn gefunden. Meine Mutter war mit Sicherheit die nächste. Was würde mit uns Kindern geschehen, wenn sie beide – Vater und Mutter – mitnahmen?

»Wer ist da sonst noch drin?«

»Wo ist deine Frau, Alter?«

Vorsichtig näherte ich mich der Schlafzimmertür. Immer auf der Hut. Ich durfte keine Aufmerksamkeit erregen.

»Ich hab dich gefragt, wo deine verdammte Alte ist?« wurde die Frage wiederholt.

»Sie ist zur Arbeit gegangen, *nkosi*«, sagte mein Vater wehleidig. Er stand nackt und mit hängendem Kopf mitten im Schlafzimmer. Zu seiner Rechten war ein alter, schäbiger Kleiderschrank; zu seiner Linken das Rollbett mit der Strohmatratze, auf der der brüllende George lag; vor dem Bett gab es noch einen alten, braunfleckigen Tisch, an den sich der Vernehmungsbeamte lehnte, während er den Strahl seiner Taschenlampe über den Körper meines Vaters wandern ließ. Mein Vater blinzelte hilflos.

»Um diese Zeit in der Nacht?« Die Frage kam langsam, verriet spöttisches, ungläubiges Staunen.

»Ja, *nkosi*. Sie schläft dort, wo sie arbeitet. Sie ist ein Dienstmädchen in Edenvale.«

Der Vernehmungsbeamte murmelte etwas vor sich hin und sagte dann: »Komm, zeig deinen Paß.«

Mein Vater griff nach seinem zerschlissenen Overall, der am Fußende des Bettes lag, fischte ein schmales, rechteckiges, schwarzes Buch aus der Gesäßtasche und reichte es dem Polizisten. Der blätterte es schnell durch. Mit ausdrucksloser Miene musterte er meinen Vater von oben bis unten und sagte dann: »Das verdammte Ding ist nicht in Ordnung, oder?«

»Ja, *nkosi*, ich weiß das ganz genau. Ich habe meine Kopfsteuer nicht gezahlt. Ich wollte das tun.«

»Es geht nicht nur um die Kopfsteuer, verdammt nochmal, Alter. Da stimmt vieles nicht. Das weißt du doch!«

»Ja, *nkosi*«, wimmerte mein Vater. »Ich weiß das ganz genau. Ich wollte auch das in Ordnung bringen.«

»Außerdem sehe ich hier, daß du deine Stammessteuer nicht bezahlt hast. Hattest du vor, das ebenfalls in Ordnung zu bringen?« fragte der Polizist sarkastisch.

»Ja, *nkosi*.« Meinem Vater stand der Schweiß auf der Stirn.

»Und der Stempel auf Seite 15 besagt, daß du eine Frau hier in der Stadt haben sollst«, stellte der Polizist hämisch fest und schaute uns Kinder an, während er mit dem schwarzen Buch vor dem Gesicht meines Vaters herumfuchtelte. »Was hast du dazu zu sagen, heh? Wie willst du das in Ordnung bringen, heh?«

Mein Vater schien sprachlos. Seine ausgedörrten Lippen teilten sich, er versuchte etwas zu sagen, gab aber keinen Laut von sich. Er senkte den Kopf und barg das Gesicht in den schwieligen Händen. In diesem Augenblick schien er um tausend Jahre gealtert. Er bot einen mitleiderregenden Anblick. Den Polizisten beeindruckte das nicht. Er wollte meinen Vater demütigen, stieß den Gummiknüppel spielerisch gegen seinen Penis. Lähmendes Entsetzen befiel mich.

»Alter«, sagte der Polizist und warf den Kopf höhnisch zurück, »du bist ein alter Mann, nicht wahr?« Mein Vater, damals erst um die dreißig, nickte. »Du scheinst so hochbetagt wie mein Vater, obwohl ich mich angesichts deiner Unverantwortlichkeit schäme, ihn mit dir zu vergleichen. Warum ist dein Paß nicht in Ordnung? Meiner ist es. Aber egal. Schau, als alter Mann, der du bist, solltest du wieder in Bantustan sein. Mein Vater ist dorthin zurückgegangen und lebt in Frieden. Was machst du immer noch in der Stadt? Wenn du keinen Ärger haben willst, solltest du gehen!«

Der Polizist bestätigte damit meine Vermutung: er gehörte zu denen, die gerade erst aus einem der Stammesreservate gekommen waren. Männer wie er wurden von den Behörden besonders gern als Polizisten eingesetzt. Sie galten als »wild« und hegten einen unbändigen Haß gegen die städtischen, »zivilisierten« Schwarzen; sie gaben nichts auf schwarze Solidarität und gehorchten der weißen

Autorität blind. Die Macht, die ihnen das Polizistsein gegenüber der eigenen Rasse gab, gefiel ihnen.

»Ich arbeite, *nkosi*«, sagte mein Vater. »Es gibt keine Arbeit in Bantustan.«

»Keine Arbeit in Bantustan?« Der Polizist lachte. »Was ist mit Viehzüchten? Oder hast du in der Stadt vergessen, wie man das macht?«

Mein Vater antwortete nicht, er starrte auf den Boden.

»Da ist vieles nicht in Ordnung mit deinem Paß, und du kannst jederzeit abgeschoben werden, ist dir das klar?«

»Ja, *nkosi*, das weiß ich ganz genau.«

»Was glaubst du denn, was wir nun mit dir tun sollten?«

Mein Vater zwang sich zu einem schwachen Lächeln. Es kam nicht spontan – mein Vater lächelte nie. Es war ein bitteres Lächeln, ein passives Akzeptieren der Machtposition der Polizisten. Es erlosch rasch, mein Vater senkte den Blick wieder. Er wirkte – das paßte gar nicht zu ihm – kraftlos und zerknirscht, weit entfernt von dem starken, resoluten und absoluten Herrscher des Hauses, den ich kannte, dem Vater, dessen Wort Gesetz war. Er tat mir leid. Der Polizist hielt ihm immer noch den Paß unter die Nase, beugte sich dann vor und flüsterte meinem Vater etwas ins Ohr.

Der andere Polizist lehnte immer noch am Türpfosten. Er genoß offenbar die Demütigung meines Vaters. Die emotionale und physische Nacktheit meines Vaters zeigte ihn mir erstmals in einem anderen Licht – er erschien mir fremd. Da stand ein Mann, den ich nicht kannte. Ihn so zu sehen, trieb mir Tränen in die Augen, doch ich kämpfte verzweifelt dagegen an. Ich kann nicht weinen, sagte ich mir, ich würde nicht weinen, ich durfte nicht weinen – nicht vor den Augen dieser schwarzen Bestien. Zum erstenmal in meinem Leben verspürte ich auch Haß und blinde Wut. Aber es war kein gewöhnlicher Haß, keine gewöhnliche Wut; es war etwas viel Tiefergehendes, viel Dunkleres, Furchterregenderes, etwas, was ich nicht erklären konnte. Wie ich so dastand und sie beobachtete, konnte ich fühlen, wie Haß und Wut sich in mein fünfjähriges Hirn brannten, sich einbrannten, für immer und ewig.

»Beeil dich, Alter!« sagte der Vernehmungsbeamte, während mein Vater nervös an seinem Overall herumzupfte, »wir haben nicht den ganzen Tag Zeit. Hast du's oder hast du's nicht?« fragte er. Aha, er wollte ein Bestechungsgeld aus meinem Vater herausholen.

»*Nkosi*, ich bitte Sie«, wimmerte mein Vater. Die eingefallenen

Schultern vorgebeugt, hielt er den Overall noch immer in der Hand. »Ich habe kein Geld«, flüsterte er.

»Nichts?«, schrie der Polizist. Er war erstaunt; die schwarzen Polizisten waren daran gewöhnt, in solchen Fällen Bestechungsgelder zu kassieren.

»Nichts, *nkosi*«, erwiderte mein Vater und fuhr sich mit der rechten Hand langsam durch sein widerborstiges Haar. »Nicht einen Cent. Ich habe keine Arbeit. Ich war gerade gestern wegen der Erlaubnis unterwegs, mich um eine Arbeit bewerben zu dürfen.«

»Na gut«, sagte der Polizist mißbilligend und hielt meinem Vater das schwarze Buch vors Gesicht. »Du hattest deine Chance. Du hast sie ausgeschlagen. Jetzt beeil dich, zieh deine Sachen an und komm mit. Für dich heißt es ›Nummer Vier‹, Alter.«

»Aber die Kleinen . . .«

»Das geht mich verdammt nochmal nichts an«, warf der Polizist scharf ein. »Erzähl das dem Magistratsgericht. Jetzt beeil dich und zieh dich an!«

Mein Vater sprang in seinen Overall. Handschellen wurden ihm angelegt.

»Geh, beruhige deinen Bruder«, sagte er, als er sah, wie ich ihn anstarrte. Ich ging nicht. Ich beobachtete regungslos, wie sie meinen Vater durch die Eingangstür abführten, das Haupt gebeugt, die Hände gefesselt, seine Selbstachtung gesunken, sein männlicher Stolz zerstört. Ich fragte mich, wohin sie ihn bringen würden; welch unverzeihliche Sünde er begangen hatte, daß man ihn dafür einsperren mußte; und ich fragte mich, in welche Kategorie von Dämonen die beiden Polizisten wohl gehörten. In meinen Augen hatten sie nichts Menschliches. Obwohl ich sie mehr fürchtete als andere Ungeheuer, unterdrückte ich die Panik, die in mir aufstieg. Denn der Haß, der in mir aufgeflammt war, war noch größer als die Furcht und besiegte sie.

Ich mußte herausfinden, wohin sie meinen Vater bringen würden und was draußen vor sich ging. Deshalb folgte ich ihnen und vergaß darüber völlig meine Mutter. Ich befahl meiner Schwester, die an der Tür stand und »Papa! Papa!« schrie, ins Haus zurückzugehen. Ich kam gerade rechtzeitig, um zu sehen, wie die beiden Polizisten – meinen Vater in der Mitte – einen steinigen Weg hinaufgingen, der in einen der Höfe hinausführte. Da sah ich noch mehr schwarze Polizisten, die schwarze Männer und Frauen aus den Hütten führten. Die meisten

Gefangenen waren halbnackt, die wenigsten angezogen. Mehrere Kinder, zwei und drei Jahre alt, standen in Tränen aufgelöst, vor eingeschlagenen, zersprengten Türen und beschworen ihre Mütter und Väter, doch zurückzukommen. In der Mitte des Hofes wurde ein alter Mann, der zu langsam war, von einem schwarzen Polizisten mit Tritten zur Eile getrieben; eine Frau wurde von einem anderen schwarzen Polizisten brutal getreten, weil sie angeblich stur war; einer anderen Frau wurde ein weinender Säugling aus den Armen gerissen. Einige weiße Männer in Safari-Anzügen und Drillichen liefen, die Waffen im Anschlag, in Höhe des Eingangtores herum, brüllten Befehle und überwachten den Auftrieb. Ich ging ihnen aus dem Weg, indem ich mich hinter den Baracken versteckt hielt. Auch hier sah ich Hütten mit zertrümmerten Fenstern und eingeschlagenen Türen. Ihr Inneres war ein totales Durcheinander; es sah so aus, als hätte ein Tornado gewütet. Am gegenüberliegenden Tor hatte sich eine Gruppe von Jungen auf einer Veranda versammelt. Sie bildeten einen Halbkreis und blickten gebannt auf die Straße.

Die Dämmerung brach an, doch die Sterne glänzten noch schwach am blassen östlichen Himmel. PUTCO-Busse dröhnten in der Entfernung, trugen ihre Last schwarzer Menschen zur Arbeit in die weiße Welt. Ich gesellte mich zu den Jungen. Meine Augen wanderten die Straße hinauf und hinunter. Ein großer Strom schwarzer Männer und Frauen, mit Handschellen gefesselt – ihre Zahl ging in die Hunderte – rollte langsam durch die enge Gasse. Die Menschenmenge, wie eine Viehherde zusammengetrieben, wurde von einer großen Anzahl schwarzer Polizisten und etwa einem Dutzend Weißer – einige von ihnen hielten scharfe Polizeihunde an der Leine – flankiert. Mit gesenkten Köpfen marschierten die Gefangenen auf eine Reihe von etwa zehn Polizei-Lastwagen und Lieferwagen zu, die weiter unten an der Straße geparkt waren. Aus den Höfen, die der Zug passierte, kamen immer neue Leidensgenossen dazu, füllten die Reihen derer auf, die ohnehin schon die Straßen verstopften. Es hatte den Anschein, als sei die gesamte Bevölkerung Alexandras verhaftet worden.

Wie ich da stand, den Mund vor Staunen offen und voller ängstlicher Vorahnungen, und beobachtete, wie die gefesselten Männer und Frauen gestoßen, angerempelt, getreten und wie Wäschebündel in die Last- und Lieferwagen geworfen wurden, sah ich aus den Augenwinkeln einen dickbäuchigen, schwarzen Polizisten, der einen nackten

Mann mit knochigen, langen, dünnen Beinen aus dem Außenabort eines Hofes auf der anderen Straßenseite holte. Der Mann bettelte um die Erlaubnis, sich etwas zum Anziehen holen zu dürfen. Der fette Polizist wollte sich daraufhin fast ausschütten vor Lachen. Er boxte ihm den Gummiknüppel in den Rücken, während er ihm sagte, daß es schließlich nicht seine Schuld sei, daß er ihn nackt verhaftet habe.

»Zieh dir das nächste Mal was an, bevor du dich versteckst, Bruder«, spottete er.

Die Jungen um mich herum kicherten beim Anblick des nackten Mannes, der da, die schwieligen Hände schützend zwischen den knochigen Beinen, die Straße hinuntergetrieben wurde. Ich blieb still. Ein großer, schwarzer Mann, der am Tor eines Hofes stand – einer der wenigen Erwachsenen, der, wahrscheinlich weil es an seinen Papieren nichts zu beanstanden gab – übriggeblieben war – sah den Nackten. Er rannte rasch in sein Haus und kam, mit einem zerschlissenen Overall winkend, wieder heraus. Er warf ihn über die *donga* (Kanal) und das Kleidungsstück landete in der Mitte der Straße, wenige Schritte von dem sich nähernden Polizisten und seinem nackten Gefangenen entfernt. Widerwillig und unter Rufen wie »Beeil dich, wir haben nicht den ganzen Tag«, die wohl die Gruppe weiblicher Gefangener beeindrucken sollten, erlaubte der Häscher seinem Opfer, den Overall aufzunehmen. Der dürre Mann zog sich mitten auf der Straße an.

Inzwischen standen die mit der ersten Gruppe Verhafteter randvoll gepackten Lastwagen mit laufendem Motor bereit. Viele der gefesselten Männer und Frauen, Polizisten und Hunde aber blieben in den Straßen zurück. In Minutenschnelle fuhren weitere Lastwagen heran, und als die Verladung endlich abgeschlossen war, stob der Konvoy in einer großen Staubwolke davon. Einige der schwarzen Polizisten hielten sich an die Seitenteile der Wagen geklammert und hingen dort, wie Wäsche auf der Leine.

Als die Gruppe sich aufgelöst hatte, begannen einige der Jungen in leisem, gedämpften Ton zu sprechen.

»Sie haben meinen Vater abgeholt.«

»Sie haben meine Mutter und meinen Vater mitgenommen.«

»Sie haben meinen Bruder abgeholt.«

»Sie haben meine Schwester abgeführt.«

»Sie haben meine ganze Familie abgeholt.«

»Sie haben meinen Onkel und meine Tante abgeholt.«

Mutter! Wo war meine Mutter? Die ganze Zeit über hatte ich nicht an sie gedacht. Ich erinnerte mich daran, daß sie von den Polizisten nicht gefunden worden war, als sie die Hütte durchsucht hatten, und lief nach Hause zurück, so schnell ich konnte. Ich mußte sie suchen. Ich fand meinen Bruder und meine Schwester noch immer weinend, doch ich beachtete sie nicht.

»Mama! Wo bist du?« rief ich, mitten im Schlafzimmer stehend.

»Sie sind weg.«

Keine Antwort.

Ich rief noch einmal nach ihr. Der Kleiderschrank quietschte und aus seinem Inneren tönte eine Stimme: »Sind sie weg?«

Wie vom Donner gerührt machte ich einen Satz nach hinten, die Augen in furchtsamer Überraschung geweitet.

»Mama, bist du das?« Vorsichtig näherte ich mich dem Kleiderschrank.

»Ja, laß mich raus!«

»Mama, bist du da drinnen?« Ich fragte das nur, um wirklich sicher zu sein, daß ich ihre Stimme gehört hatte. Ich konnte nicht fassen, wie es ihr gelungen war, sich in einem so winzigen Schrank zu verstecken. Selbst meine Schwester hatte Schwierigkeiten, sich dort hineinzuquetschen, wenn wir Verstecken spielten.

»Ja, laß mich raus!«

»Er ist verschlossen, Mama. Wo ist der Schlüssel?«

Meine Mutter sagte, daß mein Vater ihn hätte. Ich erzählte ihr, daß Vater nicht da sei. Einen Momentlang schwieg sie und sagte mir dann, ich solle auf dem Tisch nachschauen. Ich tat es; kein Schlüssel. Ich sagte es ihr. Sie antwortete, ich solle dort nachschauen, wo mein Vater sich versteckt hatte. Die flackernde Kerze in der Hand, kroch ich unters Bett, in die Ecke, in der mein Vater sich verborgen gehabt hatte, doch ich fand keinen Schlüssel. Wo war er nur? Hatte mein Vater ihn versehentlich mitgenommen? Wie sollte ich meine Mutter nur herausholen? »Da ist kein Schlüssel, wo Papa war, Mama!« rief ich unter dem Bett hervor.

»Guck nochmal!« – Pause – »Und diesmal gründlich!«

Bevor ich die Suche fortsetzte, spuckte ich zweimal auf meine rechte Handfläche und verteilte den Speichel mit dem linken Zeigefinger, wobei ich darauf achtete, wohin der meiste Speichel floß. Er ging nach rechts. Nun sprach ich die Beschwörungsformel, die Mutter mich gelehrt hatte: »Geister der Ahnen! Geister der Ahnen! Führt mich zu dem, was ich suche, wo es auch sein mag!« Ich konzentrierte meine Suche auf die rechte Seite des Bodens unter dem Bett. Da war kein Schlüssel. Ich wurde nervös.

»Da ist kein Schlüssel, Mama.«

Sie trug mir auf, ihn überall zu suchen. Ich begann das Haus zu durchwühlen und fand, als ich die zerrissene Strohmatratze umdrehte, ein paar alte, rostige Schlüssel in einem Loch. Ich steckte einen nach dem anderen in das Schloß des Kleiderschrankes; sie paßten nicht. Schließlich ging ich in meiner Verzweiflung in die Küche, ergriff die schwere Holzaxt und trug sie ins Schlafzimmer, entschlossen, den Kleiderschrank zu zerhacken, um meine Mutter freizubekommen. »Mama, soll ich die Tür zerhacken, um dich rauszuholen?« fragte ich. Florah, die neben mir stand, kreischte vor Entsetzen, als ich die Axt hob.

»Nein«, kam es aus dem Innern des Schrankes.

»Was soll ich dann tun?«

»Such noch einmal!«

»Wo? Ich habe überall gesucht.«

»Schau nochmal unters Bett!«

»Ich habe dort schon nachgeschaut. Da ist nichts.«

»Such nochmal genau!«

»Bitte schau nochmal nach, Johannes«, bat meine Schwester. »Ich helfe dir suchen.«

»Halt den Mund, du!«

Widerwillig lehnte ich die Axt gegen die Schranktür und kroch noch einmal unter das Bett. »Im Namen der Ahnen«, murmelte ich. »Wo ist der Schlüssel?« Ich war nun überzeugt, daß mein Vater ihn mitgenommen hatte. Wenn ich recht behielte, was dann? Dann würde meine Mutter mir erlauben müssen, die Tür zu zerhacken. Schließlich war mein Vater stolz darauf, daß ich Holz hacken konnte, wie ein Mann.

Ich weiß nicht, was mich bewog, zwischen den Steinen nachzuschauen, die ein Bein des Bettes stützten. In einem der Zwischenräume fand ich einen langen, glänzenden Schlüssel und mehrere *Farthings* (¼ Penny-Münzen), die ich einsteckte. Der Schlüssel glitt leicht ins Schloß. Ich drehte ihn zweimal nach rechts und bewegte den Knauf; beides ging. Die Tür schwang auf. Meine Mutter, nur mit ihrer

Unterwäsche leicht bekleidet, wand sich aus der Kammer, in der Kleider gehangen hätten, hätten wir welche besessen, die das Aufhängen wert gewesen wären. Sie reckte ihre lahmen Glieder, bog den Kopf zurück und den Rücken durch. Dann zog sie sich an und beruhigte meinen Bruder, indem sie ihm die Brust gab. Anschließend machte sie sich daran, in das Durcheinander, das die Polizisten angerichtet hatten, wieder eine gewisse Ordnung zu bringen.

Mein Vater büßte sein Paßvergehen mit zwei Monaten Zwangsarbeit auf der Kartoffel-Farm eines weißen Mannes.

4   Nach diesem Erlebnis empfand ich Peri-Urban als tägliche akute Bedrohung meines Lebens. Im Unterschied zu früher, wo ich geglaubt hatte, daß die Polizei *tsotsis* und andere Gangster jagt und illegale Schnapsbuden auseinandernimmt, lebte ich fortan ständig in der Erinnerung an ihre Brutalität. Nicht eine Sekunde lang konnte ich vergessen, was ich nun über Peri-Urban wußte: daß sie Schwarze auf der Straße anhält und Pässe verlangt, und daß sie nachts wie ein Heuschreckenschwarm in die Nachbarschaft einfällt und Kinder und Erwachsene in Angst und Schrecken versetzt. Es verging kaum eine Woche ohne Razzia, kaum eine Woche, ohne daß weiße und schwarze Polizisten den Hof stürmten.

Sie kamen grundsätzlich ohne Vorwarnung. Zu jeder Tages- und Nachtzeit. Ihre Überfälle wurden mehr und mehr ein Teil meines Lebens. In der Realität und in meinen Träumen. Oft genug schreckte ich mitten in der Nacht schreiend aus dem Schlaf hoch und war fest überzeugt davon, daß Peri-Urban und ihre grauenerregenden Hunde mir auf den Fersen seien. Ich spürte das grelle Licht ihrer Stablampen in meinen Augen und glaubte, daß sie gekommen waren, um mich zu töten. Weil in unserer Gegend – so wußte es ein Gerücht – so viele Menschen ohne ordentliche Papiere lebten, galt dieser Bezirk für die Behörden als »Krisenherd«. Kein Wunder also, daß sich die Razzien häuften und ich, gerade sechs Jahre alt, mit der Furcht im Nacken aufwuchs. Wir schrieben das Jahr 1966.

In den folgenden Monaten versuchten meine Eltern mir beizubringen, gewisse Schlüsse aus den Verhaltensweisen der Polizei zu ziehen. Sobald sich erkennen ließ, daß eine Razzia der Peri-Urban bevorstand, sollte ich blitzschnell reagieren und meine Eltern warnen oder mir irgendetwas einfallen lassen, was die Polizisten davon abhalten könnte, unsere Hütte zu durchsuchen. Andere Kinder – drei, vier und fünf Jahre alt – wurden ähnlich instruiert. Wir alle sollten uns, wenn wir draußen spielten, nicht nur mit uns und unseren Freunden beschäftigen, sondern gleichzeitig als Wachposten fungieren. Wann immer die Polizei auftauchte, trollten sich meine Spielkameraden schleunigst nach Hause. »Mama, Mama, die Polizisten kommen! Die Polizisten kommen!« war ein Ruf, der häufig zu vernehmen war.

Aber er kam nie von mir. Mein Zusammenstoß mit der Polizei hatte in meinem Gedächtnis unauslöschliche Narben hinterlassen. Der bloße Anblick von Polizeiwagen genügte, um mich alles vergessen zu machen, was meine Eltern mir beigebracht hatten. Übrig blieben nur meine Instinkte, die mich zur sofortigen Flucht veranlaßten. Ich war gezwungen, mich zu verstecken, wenn ich nicht plötzlich einem Polizisten gegenüberstehen und unweigerlich von ihm Prügel beziehen wollte. Als Wachposten also war ich eine absolute Null. Aber bei den Razzien, die nun Schlag auf Schlag stattfanden, hätte ich so oder so nicht viel ausrichten können. Daß die Polizei kommen würde, war so sicher wie der Sonnenaufgang. Das einzige, was wir Schwarzen nicht wußten – und nicht wissen konnten, weil wir es nicht wissen sollten – war, *wann* und *wieviel Mann hoch* Peri-Urban in unser Viertel einfallen und es durchkämmen würde.

Dennoch gelang es meiner Mutter jedesmal mit schlafwandlerischer Sicherheit im letzten Moment zu entkommen. Sie schien den richtigen Riecher zu haben und alarmierte auch meinen Vater.

»Ich fühle, daß Peri-Urban uns in dieser Woche heimsuchen wird«, sagte sie.

»Schon wieder?« fragte mein Vater. »Willst du nicht endlich aufhören, verrückt zu spielen, Frau? Sie waren doch erst letzte Woche hier, wie sollten sie da schon wieder kommen? Du vergißt wohl, daß außer uns noch andere Leute in Alexandra leben?«

»Denk, was du willst«, erwiderte Mutter. »Aber sag später nicht, ich hätte dich nicht gewarnt. Das letzte Mal konntest du es dir auch nicht vorstellen – und was ist passiert? Wenn du nicht schon zur Arbeit gegangen wärst, hätten sie dich gepackt – wie das Mal davor, als du mir auch nicht vertraut hast und sie dir zwei Monate Zwangsarbeit aufgebrummt haben. Doch egal, ich bin nicht die einzige, der man nicht glaubt, daß sie weiß, wann sie kommen. Viele andere Frauen wissen es ebenfalls und warnen ihre Männer vergebens.«

»Habt ihr Frauen euch schon mal überlegt, ob es nicht sein kann, daß die Polizei nur deshalb so oft auftaucht, weil *ihr* immer an sie denkt ...?« Das war wieder Vater.

»Woran sollten wir sonst denken?« kam daraufhin Mutters Gegenfrage, auf die sie nie eine Antwort bekam.

Die Reaktion meines Vaters war typisch für die Männer unseres Hofes. Während meine Mutter und die Nachbarinnen nach neuen Fluchtwegen suchten, grinsten Vater und die anderen Männer überlegen und gaben sich den Anschein, als sei gar nichts. Lange Zeit über konnte ich das Verhalten der Männer einfach nicht begreifen. Erst, als ich eines Tages ein Gespräch der Frauen belauschte, erfuhr ich, warum ihre Männer sich so benahmen: Sie wollten nicht als Feiglinge dastehen. Ein Mann, der vor anderen Männern weglief, war kein Mann. Sollte das Weibervolk doch wegrennen – sich in Gräben oder Erdlöchern, auf dem Abort, auf Dächern oder Bäumen verstecken oder stundenlang irgendeine Straße hinauf- und herunterlaufen, bis die Polizei wieder verschwunden war – Männer hatten auszuharren und Mut zu beweisen, doch davon verstanden Frauen nichts.

Die Polizei erschien, wann immer meine Mutter es voraussagte. Und zwar mit tödlicher Sicherheit. Viele der Männer, die nicht auf die Warnungen der Frauen reagiert hatten, wurden von Peri-Urban im Schlaf überrascht und ließen sich widerstandslos abführen. Einige der Männer – manchmal auch mein Vater – zahlten stattliche Bestechungsgelder, damit man sie ungeschoren ließ. Hin und wieder gelang es meinem Vater, Peri-Urban samt und sonders zu entgehen, da ein Großteil der Razzien während Vaters Abwesenheit stattfand: Seit seiner letzten Verhaftung hatte er eine Arbeit angenommen, zu der er bereits um drei Uhr früh aufbrach und von der er erst abends, gegen acht, neun Uhr wieder nach Hause kam. Bis dahin war meistens alles schon gelaufen.

Andere Männer hatten kein solches Glück – und viele von ihnen besaßen auch kein Geld mehr, mit dem sie die Polizisten »besänftigen« konnten, weil jeder Pfennig, den sie gehabt hatten, bereits für Bestechungsgelder draufgegangen war. Diese Männer wurden dann in Lastwagen zur »Nummer Vier« gekarrt, dem berühmt-berüchtigten Johannesburger Gefängnis für Schwarze. Wiederholungstäter und alle diejenigen, deren Paßvergehen als schweres Delikt kategorisiert wurde, wurden ohne Umschweife gleich ins Modderbee verfrachtet, eine hochgesicherte Besserungsanstalt in einem Außenbezirk von Kempton Park. Ich hörte oft zu, wenn die Frauen darüber sprachen. Modderbee, so sagten sie, sei »eine Hölle«, die »schwarze Männer zu Tieren« mache, wie stark oder trotzig sie auch sein mochten. Modderbee war der schlimmste aller Schrecken. So verwunderte es mich nicht, daß meine Mutter fast jede Nacht vor dem Zubettgehen die Geister ihrer Ahnen anrief und sie anflehte, dafür zu sorgen, daß niemals der Tag kommen möge, an dem mein Vater nach Modderbee geschickt werden würde.

Dennoch wurde ich das beklemmende Gefühl nicht los, daß alle Gebete meiner Mutter nichts nützten. Und daß nichts, aber auch absolut gar nichts Peri-Urban davon abbringen könnte, unser aller Leben zu bedrohen. Aber ich wollte es genau wissen. »Können Gebete die Polizei von uns fernhalten?« nahm ich mir eines Tages ein Herz, meine Mutter zu fragen.

»Nein«, antwortete sie.

»Warum betest du dann?«

»Ich weiß es auch nicht«, sagte sie und zuckte mit den Schultern.

Mit der Zeit gewöhnte ich mich daran, daß die Angst mein ständiger Begleiter war, und abgesehen vom täglichen Polizeiterror verlief das Leben meiner Familie – wie das aller Nachbarn – Woche für Woche im selben, monotonen Rhythmus.

Jeden Dienstag kamen die fahrenden Schlachter mit Eselskarren oder Handwagen hausieren. Sie boten große Knochen, an denen noch Fleischfetzen hingen, Schweinefüßchen, *mohudu* (Lunge) und sonstige Innereien feil. Zudem errichteten schwarze Frauen in Stammestracht an den Ecken der staubigen Straßen Stände und verkauften dort geröstete Maiskolben, gekochte Yamwurzeln, Spinat und Hühnerfüße. Der Kundenstamm der Straßenhändlerinnen rekrutierte sich hauptsächlich aus Wanderarbeitern, deren Frauen in den Stammesgebieten zurückgeblieben waren.

Mittwochs fuhr der »Chinamann« in seinem glänzenden amerikanischen Schlitten vor. Er suchte die Spieler auf, um neue Wetten anzunehmen und benachrichtigte die Gewinner des letzten *fah-fee*.

An Donnerstagen wurden die Gärtnerjungen und Küchenmädchen, die bei den Weißen arbeiteten, erwartet. Sie trugen ihren Sonntagsstaat und verbrachten ihren freien Tag bei ihren Familien in den Townships.

Freitag war Zahltag für die Schwarzen. Da wurden sie für ihre Plackerei in der weißen Welt bezahlt. Nicht immer allerdings konnten sie ihr Entgelt nach Hause bringen. Es konnte ihnen nämlich durchaus passieren, daß sie von *tsotsis* oder anderen Halunken überfallen und ihres mühsam erschufteten Hungerlohns beraubt wurden. Opfer, die ihren Wochenverdienst nicht kampflos aufgeben wollten, riskierten, zu Tode geprügelt oder erstochen zu werden, was oft genug vorkam.

An den Wochenenden wurde gefeiert. Dabei war es gang und gäbe, sich mit Bantu-Bier oder westlichem Alkohol, den die Schnapsbuden verkauften, vollaufen zu lassen. Beim Saufen versuchten die Schwarzen von Alexandra – meine Eltern machten da keine Ausnahme – die Last der vergangenen Woche zu ertränken und so für eine kleine Weile die Härte und die Hoffnungslosigkeit des schwarzen Lebens zu vergessen und Kraft zu sammeln für die Woche, die vor ihnen lag.

Montage bedeuteten für die Bewohner des Gettos den *babalazi*, den »Montagskater«, den sie sich mit dem verzweifelten Versuch, am Samstag und Sonntag ihre Alltagssorgen fortzuspülen, eingehandelt hatten. Montage bedeuteten ebenfalls, daß die Schwarzen von Alexandra wieder hart arbeiten mußten, in der Welt der Weißen.

5   Eines Nachts brach die baufällige Hütte, in der wir hausten, über unseren Köpfen zusammen. Wie durch ein Wunder wurde niemand verletzt. Tags darauf zogen wir in eine andere Baracke um, die ähnlich gebaut war wie die alte. Sie bestand ebenfalls aus zwei Zimmern und maß etwa viereinhalb mal viereinhalb Meter. Durch die zerbrochenen und mit Pappe abgedichteten Scheiben der beiden winzigen Fenster blickte man auf die unbeleuchtete, ungepflasterte Straße voller Schlaglöcher. Abgedeckt wurde der dünne Bau aus bröckeligen, luftgetrockneten Ziegeln durch ein leckes Dach aus rostigem Zink. Die von Termiten zerfressene Holztür war zu niedrig für einen normal großen Menschen. Um die Hütte zu betreten oder zu verlassen, mußten sich die Erwachsenen tief bücken. Der Fußboden bestand aus ein paar Zementstücken. Damit glich unsere Hütte Dutzenden Hütten, die unregelmäßig über das armselige Fleckchen Land verstreut

waren, das sich Hof 35 nannte und auf dem es weit und breit kein Stückchen Grün gab.

In dieser neuen Behausung wurde mein Bruder George von der Mutterbrust entwöhnt. Bevor wir jedoch seinen Übergang vom Säugling zum Kind zelebrieren konnten, mußte meine Mutter die entsprechenden Vorbereitungen treffen und ich sah ihr amüsiert dabei zu. Sie rieb sich die Brust mit Rotem Pfeffer ein, dann holte sie George zum Stillen. Arglos näherte er seinen Mund der Brust, die Nahrung verhieß, um mit einem gellenden Schrei augenblicklich zurückzuschrekken. Der scharfe Pfeffer brannte auf seinen Lippen und er brüllte wie am Spieß. Diese Prozedur, die für George eine Tortur gewesen sein muß, wiederholte sich, so oft er Hunger hatte. Nach einigen Tagen schließlich hatte er offensichtlich begriffen, was los war und machte nicht einmal mehr den Versuch zu saugen, sondern wandte seinen Kopf angewidert ab. Das war's. Mein kleiner Bruder – zu diesem Zeitpunkt knapp zwei Jahre alt – war entwöhnt. Mein Vater kaufte ein kleines, weißes Hühnchen und meine Mutter braute Bier. Dann luden meine Eltern ein paar Verwandte ein, um Georges Entwöhnung gebührend zu feiern. Daß er mit dem Tag des Festes offiziell kein Säugling mehr war, hatte natürlich für ihn Konsequenzen: von nun an mußte er neben Florah und mir auf dem Fußboden in der Küche schlafen.

Kurz danach begann mein Vater, ihn die Stammesbräuche zu lehren, so wie er sie mich gelehrt hatte. Mein Vater gehörte zu einer sporadisch zusammentreffenden Gruppe schwarzer Familien, die ihre Stammestraditionen nicht abgelegt hatten, sondern sie in Ehren hielten und nach deren Gesetzen auch ihre Kinder erzogen.

Geboren und aufgewachsen in einem Stammesreservat, war mein Vater beseelt von der Hoffnung, daß die Weißen eines Tages aus Südafrika abziehen würden und die Schwarzen zu ihrer traditionellen Lebensweise zurückkehren könnten. Einerseits war es wohl ein eigenartiger, ihm angeborener Stolz, der ihn an dieser Illusion festhalten ließ, andererseits war es seine sture Blindheit, die er all den Dingen gegenüber an den Tag legte, die nicht von seinem Willen beeinflußbar waren.

Ungeachtet seiner Träume war mein Vater der festen Überzeugung, daß wir irgendwann in das Stammesreservat zurückkehren würden. Um uns auf diesen Tag vorzubereiten, hielt er es für notwendig, uns

Glauben, Werte und Rituale seines Stammes nicht nur nahezubringen, sondern regelrecht einzuhämmern. Damit wir uns bei der Rückkehr ins Reservat problemlos einfügen würden, unternahm mein Vater alles Menschenmögliche, uns zu seinen Ebenbildern zu machen. Er führte das Haus streng nach den Stammesgesetzen und ließ keine Abweichungen zu, und ganz gewiß nicht von seinen Kindern.

Das Stammesbewußtsein meines Vaters gipfelte in der Durchführung von Ritualen, die sich auf alle Lebensbereiche bezogen. Da gab es zum Beispiel Rituale, die das Haus vor Bösewichtern beschützen, den Hunger bannen, gegen Krankheit feien, Peri-Urban fernhalten, den Arbeitsplatz sichern und uns Glück und ihm einen höheren Verdienst bringen sollten. Die meisten der Rituale – und es gab unendlich viele von ihnen – gingen über meinen Verstand. Obwohl sie mir einerseits großen Respekt einflößten, verängstigten sie mich auch wieder. Vor allem aber erschienen mir alle irgendwie unsinnig. Parallel zu der Zeit, da mein Vater sich bemühte, uns Stammesgefühl und Stammesrituale einzutrichtern, lernten wir nämlich auch andere, moderne Lebensweisen kennen: Wir trafen beim Spielen auf Kinder, deren Eltern die Stammeskleidung abgelegt und sich in die Umarmung der westlichen Welt begeben hatten. Da mir die neuzeitlichen Denkweisen wesentlich verständlicher erschienen, unternahm ich den Versuch, mich gegen Vaters altmodische Erziehung zur Wehr zu setzen. Allerdings kam ich damit nicht weit: Vater hatte mir sehr schnell mit der Peitsche klargemacht, wer in unserer Familie das Sagen hatte. Wann immer ich mit dem Gedanken spielte, mich den verhaßten Ritualen erneut zu widersetzen, schüchterten mich die finsteren Blicke meines Vaters schnell wieder ein.

Alles an ihm flößte mir Furcht ein, sobald ich ihn nur sah: sein kurzer, ausgemergelter Körper mit der weichen, straffen, kohlrabenschwarzen Haut; die hohen breiten Wangenknochen; der schmale, ungleichmäßige Mund, der nur dazu bestimmt schien, höhnische Bemerkungen hervorzustoßen; die breite Nase mit den immer leicht bebenden Nüstern; die kleinen, blutunterlaufenen Augen, die niemals weinten; die enganliegenden Ohren und die breite, hohe Stirn.

Aus Angst vor meinem Vater und auch aus Angst davor, daß sich die Geister meiner Ahnen, wie Vater mir gedroht hatte, schrecklich an mir rächen würden, nahm ich als Kind Nacht für Nacht an den von Vater geleiteten Ritualen teil. Neben den Ritualen, die das Wohlwollen der

Geister meiner Ahnen erflehten, regulierten unumstößliche Stammes-
gesetze unser tägliches Leben.

Eines Abends brach ich absichtlich eines davon.

George, Florah und ich saßen in der Küche auf dem Boden neben
der Kohlenpfanne und aßen aus einer gemeinsamen Schüssel *pap'n
vleis*. Plötzlich wurde ich vom Teufel geritten: Ich redete beim Essen!

»Das lasse ich nicht zu in meinem Haus!« brüllte mein Vater und
erhob sich von dem Tisch, an dem er allein gesessen hatte, um unser
Mahl zu überwachen. »Du hast schließlich nicht zwei Münder, daß du
dir einen solchen Luxus leisten kannst!« Drohend kam er auf mich zu.
Er wirkte plötzlich riesengroß, als er so vor mir stand – die dünnen
Lippen seines galligen Mundes zu einem sarkastischen Grinsen verzogen.

Verängstigt ließ ich mein *pap'n vleis* stehen und flüchtete mich zu
meiner Mutter, die im Schlafzimmer war.

»Bring ihn her, Frau!« schrie mein Vater durch die Tür, während er
den Gürtel aus Rohleder aus seinem Hosenbund zog. »Ich will ihm
beibringen, wie man ordentlich ißt.«

Ich begann zu heulen, wußte ich doch genau, daß ich gleich entsetzliche Prügel bekommen würde.

Meine Mutter brachte mich in die Küche. »Er wird's nicht wieder
tun. Er ist doch noch ein Kind«, bat sie für mich, »du weißt doch, was
für ein kurzes Gedächtnis Kinder haben.« An diesem Punkt hörten
George und Florah mit dem Essen auf und verfolgten die Szene mit
versteinerten Mienen. »Red keinen Blödsinn«, schnauzte mein Vater.
»Er ist alt genug, zu wissen, wie er zu essen hat.« Er zerrte mich von
Mutters Schoßzipfel weg und langte mir eine. Mutter warf sich zwischen uns. Er stieß sie weg und drohte auch ihr Prügel an. Ich habe
diese Mahlzeit nie beendet; schluchzend warf ich mich auf unser Bett
aus Pappdeckeln. Meine Schenkel brannten wie Feuer, wo der Gürtel
Striemen hinterlassen hatte!

»Ich hasse Vater«, erklärte ich meiner Mutter am nächsten Tag, als
ich meine Wunden leckte. »Wenn ich groß bin«, fügte ich hinzu,
»werde ich ihn töten. Das verspreche ich dir.«

»Sag so etwas nicht!«, herrschte sie mich an.

»Ich werde es tun«, erwiderte ich trotzig, »wenn er mich nicht in
Ruhe läßt.«

»Er ist doch dein Vater.«

»Er ist *nicht mein Vater!*«

»Halt deinen dummen Mund!« Meine Mutter holte zum Schlag aus.

»Warum prügelt er mich dann?« protestierte ich. »Andere Väter schlagen ihre Kinder nicht.«

Meine Freunde gaben schließlich immer damit an, daß ihre Väter nie Hand an sie legten.

»Er versucht, dich zu erziehen. Er möchte, daß du einmal so wirst, wie er.«

»Ich? Niemals!« Ich schüttelte mich voller Abscheu. »*Niemals* werde ich so sein wie er! Warum sollte ich auch!?«

»Nun, in den Stämmen wachsen alle Söhne auf, um einmal so zu werden wie ihre Väter.«

»Wir leben aber nicht bei einem Stamm.«

»Das ändert nichts daran, daß wir zu einem Stamm *gehören.*«

»Ich nicht«, sagte ich. Um die Gelegenheit zu nutzen, versuchte ich, das Gespräch auf Rituale zu bringen und fuhr nach einer Pause fort: »Ist das der Grund dafür, daß Papa darauf besteht, daß wir die Rituale vollziehen?«

»Ja.«

»Aber andere Leute tun das doch nicht.«

»*Alle* Menschen vollziehen Rituale, Herr Mathabane«, sagte meine Mutter. »Du merkst es bloß nicht, weil sie's anders machen als wir. Sogar die Weißen haben ihre Rituale.«

»Wozu brauchen Menschen Rituale, Mama?«

»Sie vollziehen Rituale, weil sie in Stämme hineingeboren wurden. Und in jedem Stamm werden jeden Tag Rituale vollzogen. Sie sind einfach Teil des Lebens.«

»Aber wir leben doch nicht bei einem Stamm«, hielt ich noch einmal dagegen. »Papa soll damit aufhören.«

Meine Mutter lachte. »So einfach ist das nicht. Dein Vater ist bei einem Stamm aufgewachsen, wie du weißt. Er ist erst in die Stadt gekommen, als er schon erwachsen war. Man ändert sich nicht mehr, wenn man älter ist. Ich vollziehe die Rituale doch auch, weil ich bei einem Stamm großgeworden bin. Ihre Bedeutung, Kind, wird auch dir klarwerden, wenn du älter bist. Hab Geduld.«

Doch ich wollte keine Geduld haben. Ich haßte die Rituale meines Vaters und wußte, daß ich sie immer hassen würde. Und das allein schon deshalb, weil sie mich zur Zielscheibe des Spottes machten. Für

meine Freunde war die Tatsache, daß mein Vater seine Stammeskleidung trug, ohnehin ein ständiger Anlaß zum Frozzeln. Für sie war
mein Vater genauso komisch wie die Eingeborenen in Tarzan-Filmen.
Jedesmal, wenn sie mich deshalb auslachten, schämte ich mich in
Grund und Boden und hätte am liebsten geheult. Um meinen Freunden klarzumachen, wie sehr ich mich von der Lebensweise meines
Vaters distanzierte, sprach ich in ihrer Gegenwart nie mehr *Venda*, die
Stammessprache meines Vaters. Statt dessen begann ich, *Zulu* zu
sprechen und *Sotho* und *Tsonga*, die Dialekte meiner Freunde. Das
wirkte, und bald hänselten sie mich nicht mehr. Dann aber bekam
mein Vater Wind davon.

»Mein Junge«, begann er, »wer ist hier der Herr im Haus?«

»Du, Papa«, erwiderte ich mit zitternder Stimme.

»Wessen Sohn bist du?«

»Deiner und Mamas.«

»Wessen?«

»Deiner.«

»Das ist schon besser. Nun sag mir, welche Sprache ich spreche.«

»*Venda.*«

»Und welche spricht deine Mutter?

»*Venda.*«

»Und welche Sprache solltest du sprechen?«

»*Venda.*«

»Wie kommt es dann, daß du in anderen Zungen redest? Bist du ein
Prophet?« Bevor ich noch antworten konnte, hatte er mich gepackt
und gründlich versohlt. Er drohte mir, meine Zunge herauszuschnei-
den, wenn er mich jemals wieder eine andere Sprache als *Venda*
sprechen hören sollte. Als zusätzliche Strafe wurde die Anzahl der
Rituale, denen ich beiwohnen mußte, erhöht. Dafür haßte ich meinen
Vater noch mehr, als für seine Schläge.

6   Im Sommer des Jahres 1966 wechselte die »weiße« Firma
in Germiston, einer »weißen Stadt«, die mehr als eine Busstunde
südöstlich von Johannesburg liegt, ihren Besitzer, und damit war mein
Vater seinen Job als Arbeitssklave, den er dort gehabt hatte, los. Nur
vorübergehend allerdings, hatte es geheißen. Sein *baas* (Boss) hatte

ihm versprochen, daß man ihn wieder beschäftigen werde, sobald der neue Besitzer die Firma umorganisiert hätte. In den ersten Wochen seiner Arbeitslosigkeit blieb mein Vater zu Hause und wartete darauf, zurückgeholt zu werden. Aber als immer mehr Zeit verstrich und nichts dergleichen geschah, nahm mein Vater an, daß er gefeuert worden war und beschloß, sich nach einem anderen Job umzusehen. Bevor er jedoch eine neue Arbeit finden konnte, mußte er zum BAD dem (Bantu-Department), dem heutigen Department für Kooperation und Entwicklung) nach Johannesburg fahren, um dort die Erlaubnis einzuholen, sich überhaupt Arbeit suchen *zu dürfen*.

An dem Tag, an dem Vater sich am frühen Morgen auf den Weg zum BAD gemacht hatte, spielte ich nachmittags draußen Fußball. Da kam Florah kreischend aus unserer Hütte gerannt. Sie schrie, daß etwas Schreckliches passiert sei und daß ich sofort nach Hause kommen sollte. Als ich die Hütte betrat, erlebte ich meine Mutter, wie ich sie noch nie zuvor gesehen hatte. Sie lief in der winzigen Küche auf und ab, rang die Hände und murmelte immer wieder:

»Es kann nicht sein! Es kann nicht sein! Nicht mein Mann! Nicht mein Mann!« Sie sprach mit sich selber. Nicht mit meinen Geschwistern oder mit mir. Ihre Stimme war voll Verzweiflung und Hilflosigkeit.

»Was ist mit Papa passiert, Mama?« fragte ich ängstlich und klammerte mich an sie. Vielleicht war er tot?

Mutter verstummte. Eine Weile lang sagte sie kein Wort. Dann nahm sie all ihre Kraft zusammen und erzählte mir unter Tränen, daß mein Vater am Morgen an der Bushaltestelle nach Johannesburg verhaftet worden war – weil er keine Arbeit nachweisen konnte.

»Woher weißt du das, Mama?« fragte ich.

»Von einem Mann, der dabei war«, schluchzte sie. Nach und nach holte ich die Einzelheiten aus ihr heraus. Während mein Vater zusammen mit anderen auf den Bus nach Johannesburg gewartet hatte, waren dort plötzlich mehrere Polizeiwagen vorgefahren. Sekunden später hatten die Polizisten, die aus den Autos gesprungen waren, die Haltestelle abgeriegelt, woraufhin die Menschen, die dort standen, voller Panik geflohen waren oder es zumindest versucht hatten. Mein Vater, so hatte der Augenzeuge meiner Mutter berichtet, war geschnappt worden, als er über einen Zaun springen wollte. Sein Paßbuch sei geprüft und der »Arbeitslos-Stempel« gesichtet worden. Daraufhin habe man ihn abgeführt. Sein »Verbrechen« – Arbeitslosigkeit – war eines der schlimmsten, deren man einen Schwarzen bezichtigen konnte.

Meine Mutter schickte mich los, die Angehörigen meines Vaters zu holen. Sie hoffte, daß einer von ihnen einen Weg wußte, wie man ausfindig machen konnte, wo Vater war und wie man ihn da rausholen konnte. Die Verwandten kamen. Helfen konnten sie nicht – so wenig wie unsere Nachbarn. »Was machen sie jetzt mit ihm?« fragte ich meine Mutter. Sie sagte, ich solle mir keine Gedanken machen; Vater käme nach Hause, sobald er die auf Arbeitslosigkeit ausgesetzte Vier-Wochen-Haft verbüßt hätte. Die vier Wochen vergingen. Vater kam nicht zurück. Das war sehr beunruhigend. Meine Mutter weinte Nacht für Nacht, wir Kinder heulten mit. Eine weitere Woche verstrich. Immer noch kein Vater, immer noch keine Nachricht von ihm. Mittlerweile vermutete meine Mutter das Schlimmste – nämlich daß Vater in Modderbee gelandet sei. Und in dem Maße, in dem ihre Hoffnung, daß er bald zurückkäme, schwand, wuchs ihre Sorge um unsere Existenz.

»Ohne euren Vater stehen uns schwere Zeiten bevor, Kinder.«

Wir verstanden nicht, was sie meinte. Wir weinten und wurden nur noch verängstigter, als wir es ohnehin schon waren.

Angesichts seiner Abwesenheit und nicht zuletzt wegen des nagenden Hungers, der mich quälte, schmolz der Groll, den ich gegen meinen Vater hegte. Jetzt, da er spurlos verschwunden war, wartete ich Tag und Nacht auf ihn. Es hätte mir auch gar nichts ausgemacht, wenn er mir bei seiner Rückkehr neue Verbote entgegengebrüllt hätte. Sogar der Gedanke an all die Rituale, die ich dann bestimmt wieder hätte vollziehen müssen, störte mich nicht. Ich sehnte mich ganz einfach danach, ihn wiederzuhaben. Doch die Tage vergingen, ohne daß er kam. Jedesmal, wenn ich andere Kinder mit ihren Vätern sah, mußte ich weinen. Erst sein Fernbleiben hatte mir bewußt gemacht, daß ich ihn sehr lieb hatte.

Eines Abends, ungefähr zwei Monate nachdem ich Vater zuletzt gesehen hatte, fragte ich meine Mutter: »Wann wird Papa wiederkommen?«

»Ich weiß nicht«, antwortete sie traurig. »Kann sein, daß er lange, lange fortbleibt.«

»Warum wird er so oft verhaftet?«

»Weil sein Paßbuch nicht in Ordnung ist.«

»Warum bringt er es nicht in Ordnung?«

»Das kann er nicht.«

»Warum nicht?«

»Du bist zu jung, das zu verstehen.«

»Was ist ein Paßbuch, Mama?« Ich wußte, daß ein Foto drin war und ahnte, wozu man einen Paß benötigte. Aber seine wirkliche Bedeutung zu verstehen, davon war ich weit entfernt.

»Ein Paß ist ein wichtiges Buch, das wir Schwarzen immer in Ordnung halten und jederzeit bei uns tragen müssen.« Sie holte ihr Paßbuch und zeigte es mir. Ich erinnerte mich daran, daß ich es schon oft gesehen hatte. Und doch, wann immer ich es sah, hatte ich das Gefühl, es sei das erste Mal. Das Paßbuch hatte etwas an sich, was mir Angst einjagte. Es vermittelte mir ein Gefühl der Hilflosigkeit, obwohl ich nicht hätte sagen können, warum. Es schien nur ein Buch zu sein, und doch war es wohl sehr viel mehr. Wie ich später herausfand, hing die gesamte Existenz eines Schwarzen von eben diesem Paß ab.

»Aber ich bin doch auch schwarz und habe keinen Paß, Mama«, stellte ich mit meiner kindlichen Naivität fest. »Und mich nimmt die Polizei doch auch nicht mit.«

»Du wirst einen Paß bekommen, wenn du 16 bist.«

»Werden sie mich dann auch wegbringen, wie Papa?«

»Sei still, du fragst zuviel.«

Diese letzte Verhaftung meines Vaters veränderte unser Leben drastisch. Wie Mutter es vorausgesagt hatte. Frühstück und Mittagessen fielen völlig aus, und *pap'n vlais* war von nun an ein seltener Luxus. Meine Mutter, die aus irgendeinem mir unbekannten Grund keine Erlaubnis bekam, in Johannesburg zu arbeiten, konnte es sich nicht einmal leisten, Tee und Brot zu kaufen. Es gab viele Tage, an denen wir überhaupt nichts zu essen hatten und die langen Abendstunden damit verbrachten, uns und die leeren Töpfe anzustarren und darauf zu warten, daß die Sonne unterging, während George, Florah und mir bei dem Gedanken an frühere Abende das Wasser im Munde zusammenlief.

Jeder weitere Tag brachte uns dem Hungertod näher. Ich begann, unter Ohnmachtsanfällen zu leiden. Den ersten bekam ich, als ich draußen spielte. Plötzlich verschwamm alles um mich herum, meine Knie wurden wackelig und dann wurde mir schwarz vor Augen. Ich fiel um wie ein Holzklotz. Meine Freunde rannten in panischem

Schrecken davon, wie sie mir später gestanden. Obwohl Ohnmachtsanfälle wie dieser für mich bald nicht mehr die Ausnahme, sondern die Regel waren, hatte ich jedesmal das Gefühl, ich müsse sterben. Und jedesmal kam meine Mutter zu mir nach draußen gerannt, um mich ins Leben zurückzuholen. Mal goß sie einen Eimer kaltes Wasser über meinen Kopf, mal schlug sie mit dem Handrücken gegen meine Wangen, und wenn ich garnicht zu mir kommen wollte, tat sie beides.

Wie sich bald herausstellen sollte, hatten meine blackouts aber auch eine gute Seite. Anfangs zumindest. Immer dann nämlich, wenn ich in der Nähe eines Ladens ohnmächtig umkippte, drückte mir der Inhaber Süßigkeiten oder Obst in die Hand, sobald ich wieder zu mir kam. Folglich empfand ich es als äußerst angenehm, in der Nähe eines Ladens in Ohnmacht zu fallen. Als sich meine Anfälle vor Geschäften jedoch zu häufen begannen, war es aus damit, daß ich von den Krämern »Trostpflaster« erhielt.

Einmal fragte ich meine Mutter, ob wir denn keine Ersparnisse hätten. »Nicht einen Cent«, antwortete sie, »wir haben immer nur von der Hand in den Mund gelebt.« Als mein Vater noch da war, erklärte sie, habe er all sein Geld für Essen, für die Miete und für den Bus ausgegeben – und auch dafür, Polizisten zu bestechen. Ich schlug vor, daß sie irgendwo Geld borgen solle.

»Bei wem?« fragte sie.

»Bei den Nachbarn.«

Sie brach in schallendes Gelächter aus, das sich in ein wahnsinniges Lachen verwandelte, und sie hörte lange nicht wieder damit auf.

»Zeig mir mal irgendeinen Schwarzen in diesem Land, der auch nur einen Penny übrig hat«, brachte sie schließlich hervor. »Zeig ihn mir – und ich hole dir deinen Vater zurück.«

Die lange Haftstrafe meines Vaters brachte uns einen Alptraum nach dem anderen. Ohne sein Einkommen konnten wir die Miete für unsere schäbige Baracke nicht länger zahlen. Eines Nachmittags tauchte der Vermieter, ein fetter, grauhaariger *Mosotho*, bei uns auf. Er fackelte nicht lange, sondern sagte klipp und klar, daß wir zum Ende der Woche raus müßten, wenn wir nicht bis dahin die Miete, die wir ihm schuldeten, beglichen hätten. Gleichzeitig gab er uns zu verstehen, daß er bereits eine lange Liste von Leuten habe, die nur darauf warteten, unsere Hütte zu übernehmen – und das zu jedem Preis. Er hatte nicht gelogen. Seit sich herumgesprochen hatte, daß wir die Miete nicht länger zahlen konnten, war ein nicht abreißenwollender Strom von Wohnungssuchenden bei ihm aufgetaucht. Meine Mutter bat und bettelte, daß er uns wenigstens einen Monat Aufschub gewähren möge, weil eine Zwangsräumung automatisch dazu führen würde, daß unsere gesamte Familie aus Alexandra abgeschoben würde und ins Stammesreservat zurück müßte.

»Wir haben dort niemanden, zu dem wir zurückkehren könnten«, sagte sie weinend. »Dies ist das einzige Zuhause, das wir haben, das wir kennen. Bitte, lassen Sie uns bleiben. Wir werden es bestimmt irgendwie schaffen, das Geld aufzutreiben.«

Der Vermieter wurde weich. Er setzte uns eine neue Zahlungsfrist. Bis Ultimo sollten wir dann die drei Monatsmieten begleichen, die wir im Rückstand waren. Von diesem Tag an war meine Mutter täglich von morgens bis abends unterwegs, um zu versuchen, etwas zu essen und Geld für die Miete aufzutreiben, und George, Florah und ich waren fast immer allein. Eines Tages, als Mutter – wie meistens – nicht daheim war, stürmten plötzlich zwei hühnenhafte, muskulöse, kampflustige Zulu-Krieger ins Haus. Sie waren mit Speeren und *pangas* (Macheten) bewaffnet und verlangten, unseren Vater zu sehen.

»Er ist nicht da.« Ich hielt den Atem an. George und Florah begannen zu weinen.

»Eure Mutter?«

»Auch nicht.«

Die beiden schauten sich in der Küche um, dann gingen sie ins Schlafzimmer. Kurz darauf kamen sie zurück und fuchtelten mit ihren Waffen derart wild vor unseren Nasen herum, daß George, Florah und ich uns angsterfüllt aneinanderklammerten.

»Sag ihnen, daß wir da waren, wenn sie zurückkommen!«

Ich nickte. Ohne ein weiteres Wort begannen die Eindringlinge dann, unsere Hütte auseinanderzunehmen. Sie schleppten unser kümmerliches, altersschwaches Mobiliar heraus – Tisch und Stühle, den Spind aus dem Schlafzimmer, alles – und erklärten dann, daß damit die Ehrenschuld getilgt sei, die unser Vater bei ihnen habe. Als Mutter wiederkam, berichtete ich ihr, was geschehen war. Sie sah keine Möglichkeit, die Möbel auszulösen und konnte den Vorfall auch nicht der Polizei melden, weil das bedeutet hätte, daß sie ihr Paßbuch hätte vorzeigen müssen. Als meine Mutter so dasaß und über unsere hoffnungslose Lage nachdachte, rollten ihr Tränen über die Wangen. »Und das«, sagte sie und schaute mir ins Gesicht, »ist erst der Anfang.«

Kurze Zeit später wurden George und Florah krank. Es war ein geheimnisvolles Leiden. Sie waren ausgemergelt und teilnahmslos. Ihre kleinen Bäuche waren so angeschwollen, daß ich fürchtete, sie würden jeden Moment platzen. Ihre zerbrechlichen Körper waren mit blutenden und eiternden Wunden und Entzündungen übersät. Ihre Haare hatten sich zu einem eigenartigen Orange-Rot verfärbt. Manchmal, wenn ich mit einem Stück Pappe versuchte, die Schmeißfliegen von ihren fiebrigglänzenden, halbgeschlossenen Augen, den schleimbedeckten Nasen und den ausgedörrten Lippen zu verjagen, glaubte ich, ihre winzigen, leeren Eingeweide erkennen zu können. Wenn ich meinen Bruder und meine Schwester da auf dem feuchten Zementfußboden liegen sah und miterlebte, wie sie sich vor Schmerz krümmten, weinte ich. Manchmal befanden sich lebendige Würmer in ihrem blutigen Stuhl. Das markerschütternde Husten meiner Geschwister ließ nicht nur sie selbst, sondern auch meine Mutter und mich keinen Schlaf finden. Jedesmal, wenn Mutter etwas Eßbares organisiert hatte und es George und Florah zukommen ließ, erbrachen sich die Kleinen. Daß sie so litten, verlängerte meine Tage und Nächte ins schier Unerträgliche und verdüsterte sie noch mehr, als sie es ohnehin schon waren.

Die einhundert Cents, die die Klinik verlangte, besaß meine Mutter nicht. Selbst der Medizinmann, unsere letzte Hoffnung, erklärte sich nicht bereit, meinen Bruder und meine Schwester auf Kredit zu behandeln. So versuchte sie selbst, die beiden mit viel Hingabe, Mut und Liebe gesundzupflegen. Als Medizin dienten ihr Kräuter, die Granny ihr einmal gegeben hatte. George und Florah kämpften mit einer Zähigkeit um ihr Leben, die typisch für afrikanische Kinder ist. Doch ich fragte mich manchmal, wozu.

Mein Vater war im September verhaftet worden und nun, zwei Tage vor Weihnachten, verkündete Mutter uns Kindern eine weitere Nachricht, die wie eine Bombe einschlug:

»In diesem Jahr wird es keine Weihnachtsfeier geben.«

»Was?« brüllte ich. Mir war, als hätte Mutter gerade ein Todesurteil über einen völlig Unschuldigen gefällt.

Zu Weihnachten war es auch bei den Schwarzen Sitte, dieses Fest zu begehen, indem sie all ihre Kinder mit in den Indischen Laden an der

First Avenue nahmen. Dort wurden die Kleinen mit billigen Fetzen neu eingekleidet. Manche von ihnen – und die konnten sich besonders glücklich schätzen – bekamen sogar Schuhe oder Sandalen Die neuen Kleider wurden dann an Weihnachten und am Neujahrstag getragen, wenn die Familien vollzählig durch die Straßen promenierten, um jedermann ihren »Reichtum« zu demonstrieren. Hühnchen, Ziegen, Schafe, Schweine oder sonstiges Vieh wurden an diesen Feiertagen in den Haushalten geschlachtet. Welches dieser Tiere auf den Tisch kam, war einerseits abhängig vom Wohlstand, andererseits vom jeweiligen religiösen Brauch einer Familie. Gleichgültig, ob man sich ein ausladendes oder nur ein bescheidenes Fest leisten konnte: Weihnachten wurde gefeiert. Verwandte kamen von nah und fern, es wurde gebakken und für die Kinder wurde eimerweise Limonade oder Apfelwein hergestellt. Diese gab's am Silvesterabend, wenn die Erwachsenen sich gegenseitig besuchten und Schnaps tranken. Die Familien, die es sich leisten konnten, schmückten ihre Hütten mit billigem Tand. Die Wohlhabenden stellten angeblich sogar Weihnachtsbäume auf und machten sich gegenseitig kleine Geschenke.

»Warum können wir nicht Weihnachten feiern, Mama?«

»Weil euer Vater nicht da ist.«

»Aber *Weihnachten* ist da«, erwiderte ich.

»Ja, ich weiß«, sagte meine Mutter traurig. Und dann: »Aber wir haben kein Geld zum Feiern.«

»Aber wir haben doch immer Weihnachten gefeiert.«

»Ja, aber nur, weil dein Vater da war und Arbeit hatte.«

»Wann wird er wieder bei uns sein?« quengelte ich. Tränen stiegen mir in die Augen.

»Ich weiß es nicht.«

Am Weihnachtstag sperrte meine Mutter meinen immer noch kränkelnden Bruder, meine Schwester und mich in die Hütte ein. Sie selbst lief überall im Township herum und erbettelte Plätzchen, Limonade oder sonst etwas Nahrhaftes. Wenn wir schon nicht feiern konnten, wollte sie uns wenigstens am Leben erhalten. Wir Kinder saßen da und starrten mit leerem Blick durchs Fenster auf die Straße, wo die anderen Kinder ihre prunkvollen neuen Kleider spazierentrugen. Sie lutschten Bonbons, stopften Gebäck in sich hinein, spielten, tobten und sangen Weihnachtslieder. Florah konnte es nicht ertragen, ihre Freundinnen so herausgeputzt spielen und naschen zu sehen. Sie brach in Tränen aus. Ich zog den zerlumpten Vorhang zu, um ihr den Anblick zu ersparen. »Sei nicht traurig, Schwesterchen«, machte ich den schwachen Versuch, sie zu trösten und meine eigene Traurigkeit zu verbergen. »Weihnachten ist ja nur heute. Und bevor du dich versiehst, ist nächstes Jahr. Und dann wirst auch du da draußen sein. Und fröhlich singen und spielen, wie alle anderen.« Ich hatte ja keinen blassen Schimmer, daß dieses erste trostlose Weihnachten nur der Vorläufer anderer noch schlimmerer war, die uns bevorstanden.

Januar, Februar und März des neuen Jahres vergingen, ohne irgendein Lebenszeichen von meinem Vater. Wir konnten ihn auch nicht besuchen, weil wir keine Ahnung hatten, in welches Gefängnis er gesteckt worden war. Meine Mutter erklärte mir, daß bei schwarzen Gefangenen die Angehörigen nur selten informiert würden, wo ihre Liebsten sich aufhielten. Aber selbst wenn uns Vaters Aufenthaltsort bekanntgewesen wäre, hätten wir nicht zu ihm gekonnt, weil wir gar nicht das Geld für die Busfahrt gehabt hätten. Je mehr Zeit verstrich, desto mehr veränderte sich meine Mutter. Sie wurde ungeduldig. Sie wurde ungerecht. Sie explodierte beim nichtigsten Anlaß. Oder sie saß ganze Nachmittage einfach da, starrte abwesend durchs Fenster und sang ganz leise vor sich hin. Sie benahm sich wie die Verrückten, die ich im Getto schon mal gesehen hatte, saß da und wiegte sich in ihrem eigenen Gesang.

Dann begann sie zu trinken. Sie trank viel. Und nicht wie früher nur am Wochenende. Wenn sie dann betrunken war, geriet sie mit anderen Frauen des Hofes in häßlichen Streit. Es ging um Dinge wie, wer zuerst Wasser aus der Gemeinschaftsleitung im Hof pumpen dürfe – es gab nur einen Wasserhahn für mehr als einhundert Leute. Aus den Streitereien wurden bald Schlägereien. Zuhause entlud sich ihr Ärger glücklicherweise meist nur in Worten. Doch die Angst, daß sie auch uns eines Tages schlagen könnte, steckte in meinen Geschwistern und mir. Ich achtete genauer als sonst darauf, was ich sagte, wie ich es sagte und wann ich es sagte. Meine Angst vor ihren Wutausbrüchen wuchs. Und so änderte auch ich mich.

Ich wurde wunderlich. Es gab Tage, da konnte ich drinnen nicht stillsitzen und draußen wurde es noch schlimmer. Ich suchte Streit mit den anderen Kindern. Ich quälte meinen Bruder und meine Schwester. Um meinen Hunger zu stillen, klaute ich Bier- und Sodaflaschen in den Schnapsbuden, um sie wieder zu verkaufen. Dabei geriet ich mehr als einmal in Schwierigkeiten. Die fetten Inhaberinnen der Schnapsbuden lieferten sich hitzige Wortgefechte mit meiner Mutter, schimpften mich einen Bastard und drohten ihr, mich mit Voodoo-Flüchen zu belegen. Um mich von der Straße weg und aus dem Ärger herauszuhalten, verdonnerte mich meine Mutter zu Hausarrest. »Du bleibst drinnen, bis du gelernt hast, dich zu benehmen.« Dann kündigte sie mir an, daß sie von nun an erwarte, daß ich ihr im Haushalt helfe. Das meiste erledigte sie dann allerdings doch selbst. ich mußte lediglich Wasser aus der Gemeinschaftsleitung holen, kleine Besorgungen machen und dann und wann auf meine Geschwister aufpassen.

Eines Morgens, als ich mal wieder Babysitter spielte und meine Mutter putzte, erhärtete sich ein Verdacht, den ich schon länger hegte: irgend etwas war mit meiner Mutter nicht in Ordnung. Über einige Monate hinweg hatte ich nun schon ihren Bauch ganz genau betrachtet und dabei festgestellt, daß er dicker und dicker wurde. Das konnte nicht mit rechten Dingen zugehen. George, Florah und ich magerten von Tag zu Tag mehr ab und sie nahm von Tag zu Tag zu? Ihr dicker Bauch bedeutete für mich, daß sie vollgefressen war. Und das konnte sie nur sein, wenn sie alle möglichen Dinge heimlich in sich hineinstopfte. Das war's! Sie aß, während wir schliefen – und sie wäre, wie ich wußte, nicht die einzige Mutter, die das tat.

Nun begann ich, sie rund um die Uhr mit Adleraugen zu beobachten. Ich zählte ihr die Bissen in den Mund und war überzeugt, daß ich sie erwischen würde. Ich folgte ihr überallhin – zu jeder Tageszeit – und sogar zum Klosett. Da wartete ich vor der Tür, bis sie wieder herauskam. George, Florah und ich schliefen, solange mein Vater nicht da war, im Schlafzimmer auf dem Boden, direkt neben dem Bett. Nachts bemühte ich mich wachzubleiben, auch nachdem die Kerze gelöscht worden war. Ich achtete auf jedes Geräusch und ob eines darunter war, das auf Kauen schließen ließ.

Doch obwohl ich ihr überallhin nachlief und sie nächtelang bewachte – da war nichts Verdächtiges in ihrem Benehmen. Die paar Brotkrumen, die sie irgendwo erbettelte, teilte sie mit uns. Ihr Bauch wurde trotzdem dicker und dicker, während wir aussahen wie die Vogelscheuchen. Wie kam das? Endlich – ein letzter verzweifelter Schritt – beschloß ich, sie selbst zu fragen. Es war früher Abend, wir saßen um das Feuer herum und meine Mutter flickte unsere Lumpen.

»Mama«, hob ich zögernd an.

»Ja?« fragte sie und schaute von der Arbeit auf.

Ich schämte mich und bevor ich weiterredete, versteckte ich mein Gesicht in den Händen. Aber ich mußte den Gedanken, der mich nun schon seit geraumer Zeit quälte, ganz einfach aussprechen. Mußte sie wissen lassen, daß ich überzeugt davon war, daß meine Mutter, meine eigene Mutter, die Mutter, die ich liebte, es gewagt hatte, etwas zu essen, ohne es mit uns zu teilen.

»Ja?« hakte Mutter nach.

Ich hustete einmal. Ich hustete ein zweites Mal. Dann räusperte ich mich und fragte mit zitternder Stimme: »Warum bist du so dick?«

»Bin ich dick, mein Kind?« Sie lachte. Das hielt ich natürlich für einen Versuch, ihre Schuld zu verbergen.

»Ja, Mama«, sagte ich nervös.

»Ich glaube nicht, daß ich dick bin«, meinte sie. Nun lachte sie nicht mehr. »Komm mal rüber. Schau dir meinen Arm an.« Sie schob den Ärmel ihres Baumwollkleides hoch, ganz hoch bis zur Achselhöhle. Der Arm bestand nur aus Haut und Knochen. »Ist das Fett?« fragte sie.

Verlegen schüttelte ich den Kopf.

»Wie kommst du dann darauf, daß ich dick bin?«

Ich war noch immer skeptisch und sah sie aufmerksam an. Konnte ich ihr trauen? Was würde sie von mir denken? Ich dachte an die vielen, vielen Tage, an denen ich in leere Töpfe und in leere Schüsseln geschaut hatte. Ich dachte daran, daß jeder dieser Tage mich dem Verhungern näher gebracht hatte.

»Es ist dein Bauch, Mama«. Die Worte waren aus meinem Mund gesprudelt, bevor ich mir dessen bewußt war. »Warum wird er immer dicker?«

Meine Mutter bog sich vor Lachen. Sie konnte sich gar nicht wieder beruhigen. Mein Argwohn wuchs. Ich wußte nicht, warum.

»Oh, das«, rief sie und zeigte auf die Kugel, über der sich das Kleid spannte. »Das, das ist kein Fett, du Dummkopf.«

»Was ist es dann?« fragte ich, nun völlig verwirrt.

Ein paar Augenblicke blieb sie stumm. Dann sagte sie ganz sanft: »Das ist ein Blähbauch.«

Ich schaute sie an, unentschlossen, dann nahm ich all meinen Mut zusammen: »Du hast doch nicht vielleicht zuviel gegessen, Mama?«

Nun war es an ihr, mich erstaunt zu betrachten. Das Lächeln war aus ihrem Gesicht gewichen. Lange sagte sie keinen Ton, starrte mich nur in leiser Verwunderung an. Ich wurde unruhig. Hatte ich etwas Falsches gesagt? War es richtig gewesen, sie so plump mit meinem Verdacht zu konfrontieren? Ihre ernste Miene konnte nur bedeuten, daß sie verstand, warum ich unbedingt wissen wollte, weshalb sie einen so runden Bauch hatte. Sie machte ein paar Ansätze und zögerte dann wieder, als ob sie sich ganz genau überlegen müßte, wie sie mir sagen könnte, was sie mir sagen wollte.

Es vergingen einige Minuten tiefer Stille. Ich wandte den Blick. Mit ruhiger Stimme, die ihr Befremden allerdings nicht ganz zu verbergen mochte, begann sie dann zu sprechen. Ihr »Blähbauch«, erklärte sie mir, sei garantiert nicht das Resultat einer Freßorgie. Dann fragte sie, ob ich einen solchen »Blähbauch« nicht irgendwann früher schon einmal an ihr entdeckt hätte. Ich schüttelte den Kopf. Dreimal, klärte sie mich auf, habe sie aber schon einen solchen gehabt. »Den ersten, bevor du geboren wurdest, aber den konntest du natürlich nicht sehen, weil du ja noch in der Klinik auf deine Geburt gewartet hast.« Den zweiten »Blähbauch«, fuhr sie fort, habe sie gehabt, bevor meine Schwester zur Welt kam und den dritten, bevor mein Bruder geboren wurde. Der derzeitige, versprach sie, würde verschwinden, sobald sie ein neues Baby aus der Klinik abgeholt hätte. Ich fragte sie nicht, was in ihrem Bauch war. Ich hatte genug damit zu tun, darüber nachzudenken, warum sie noch ein weiteres Maul füttern wollte, wo sie nicht dazu in der Lage war, die bereits vorhandenen Mäuler zu stopfen. Damit war das Thema für meine Mutter und auch für mich vorerst erledigt. Die Geschichte von »den Bienen und den Blümchen« erfuhr ich von ihr erst später, als ich älter war.

7   Um uns vor dem Verhungern zu bewahren und uns das Dach über dem Kopf zu erhalten, begann meine Mutter, das Township abzuklappern und ihre Dienste anzubieten. Mit dem Geld, das sie zu verdienen erhoffte, wollte sie die Miete begleichen und etwas zu essen einkaufen. Ein paar Leute versuchten auch zu helfen, aber es reichte nicht vorne und nicht hinten. Die meisten hatten doch eben ihre eigenen Sorgen – und bei Schwarzen sind es zumeist die um das eigene Überleben.

Es sah schlecht für uns aus. Auch das letzte bißchen Hoffnung, das wir gehegt hatten, war geschwunden. So stellten wir uns darauf ein, uns ins Unvermeidliche zu fügen: erst den Rausschmiß und dann den Hungertod.

Es muß eine Fügung des Himmels gewesen sein, daß gerade zu diesem Zeitpunkt meine Granny, Mutters Mutter, unerwartet früh aus *Shangaan Bantustan* zurückkam, wo sie einer Zeremonie beigewohnt hatte, bei der einem tobsüchtigen Verwandten die bösen Geister ausgetrieben wurden. Meine Mutter erzählte ihr von unserer Notlage und Granny erklärte, sie habe etwas Geld übrig.

Sie zahlte die Miete eine Woche vor dem mit dem Hauswirt vereinbarten Termin. Sie kaufte uns Brot, Zucker und *mealie meal* (Maismehl). Und dann gab sie meiner Mutter noch die einhundert Cents, die sie benötigte, um George und Florah in die Klinik bringen zu können. Dort wurde die Krankheit der beiden als lebensbedrohlich fortgeschrittene Unterernährung in Verbindung mit Windpocken diagnostiziert, was eine teure Behandlung erforderte. Stillschweigend drückte meine Großmutter ihrer Tochter weitere 300 Cents in die Hand. Weil ich glaubte, daß Granny reich sei, schlug ich Mutter allen Ernstes vor, daß wir zu ihr ziehen sollten. Solange jedenfalls, bis mein Vater aus dem Gefängnis zurückkommen würde. Meine Mutter erklärte mir daraufhin, daß das nun wirklich nicht ginge. Granny, so sagte sie, habe sich schon viel zu viel aufgeladen. Sie müsse schließlich vor allem für sich selbst und ihre anderen Kinder sorgen und könne es sich nicht leisten, uns auch noch aufzunehmen. Dazu käme – das dürfe ich nicht vergessen –, daß die Angehörigen meines Vaters eine solche Lösung nie und nimmer gutheißen würden. Wir müßten schon bleiben, wo wir waren.

»Warum?« fragte ich. »Wir verhungern, wenn das so weitergeht und die helfen uns doch gar nicht.« Ich kannte fast ein Dutzend Verwandte meines Vaters, die alle irgendwo in Johannesburg wohnten. Doch seit seiner Verhaftung hatte nicht einer von ihnen auch nur den Versuch unternommen, uns unter die Arme zu greifen.

Mutter erklärte mir geduldig, weshalb Vaters Angehörige nicht erlauben könnten, daß wir zu der Familie seiner Frau zögen: nach den Ehegesetzen des Stammes waren wir – Mutter, George, Florah und ich – nämlich Vaters Eigentum. Und als solches hatten wir, gleichgültig, ob er im Gefängnis oder sonstwo war, in seinem *kaya* (Haus) zu bleiben. Dort, und nur dort, hatten wir auf seine Rückkehr zu warten. Erst wenn er tot wäre, sähe die Sache anders aus.

Das Geld, das Granny uns gegeben hatte, war bald aufgebraucht. Da sie uns ihren letzten Pfennig geopfert hatte, war es ihr unmöglich, uns ein weiteres Mal aus der Patsche zu helfen. Mein Vater war immer noch nicht zurück. Woher sollten wir bloß die nächste Miete nehmen? Und woher das Geld für Essen?

Als mein Vater noch bei uns gewesen war, hatte er immer in einem kleinen Krämerladen an der Ecke anschreiben lassen. Während der Woche hatte er dort Kerzen, Tee, Zucker, Paraffin, Brot, Streichhölzer, Maismehl und Schmierseife auf Kredit gekauft und freitags, an seinem Zahltag, die Gesamtrechnung beglichen. Als Mutter eines Tages mit der Hoffnung, dort auch anschreiben lassen zu können, in den Laden ging, nahm sie mich mit. Der Krämer, ein schlanker *Mosotho* mit ergrauendem Haar, sagte nein. »Solange kein Mann da ist, der freitags zum Bezahlen kommt, darf hier niemand, *niemand* anschreiben lassen.« Als wir entmutigt gehen wollten, rief er uns zurück. Es gäbe da, sagte er, einen Weg, wie er uns vielleicht helfen könnte. Wenn meine Mutter bereit sei, sein Haus zu putzen und seiner Familie die Wäsche zu waschen, würde er unsere Miete übernehmen. Meine Mutter sagte ja. Wie sich bald herausstellte, mußte sie nur an den Wochenenden arbeiten. Damit war unser Mietproblem gelöst. Aber wo sollte unser Essen herkommen? Als wir so überhaupt nicht mehr weiterwußten, hörten wir, daß gerade eine neue Müllhalde, die *Mlothi* geöffnet worden war und daß viele von Alexandras Ärmsten dorthin gingen, um etwas Eßbares zu ergattern. Wir beschlossen, auch dorthin zu gehen. »Ich hätte nie gedacht, daß einmal der Tag kommen würde, an dem ich das tun muß«, sagte meine Mutter.

Die *Mlothi* lag auf dem Buschland, das Alexandra im Osten begrenzte und war etwa eine halbe Meile von unserer Baracke entfernt. An jedem Wochentag fuhren große, graue Lastwagen vor und luden den Müll der Weißen ab. Jeden Morgen nahm meine Mutter George, Florah und mich an die Hand und dann schlossen wir uns dem Strom schwarzer Männer, Frauen und Kinder an, die dorthin pilgerten. Wir gingen immer zwischen sechs und sieben Uhr am Morgen weg, da wir unbedingt in der ersten Reihe stehen wollten, wenn die Wagen – gewöhnlich gegen zehn – ankamen.

Die *Mlothi* versorgte uns mit einer Menge Dinge, die wir uns sonst nie hätten leisten können: Kleider, Messer, Möbel, Löffel, Becher, Gabeln, Teller und Speisereste. Und alles war gratis! Wir mußten nur früh genug dasein und an einem günstigen Ausgangspunkt auf den Müllwagen warten. Dann mußten wir uns nur noch sorgfältig durch die Asche- und Abfallhaufen wühlen und Stück für Stück einsammeln, was wir brauchen konnten. Meist arbeiteten wir bis Sonnenuntergang.

Normalerweise stocherten wir zunächst mit Stöcken oder Eisenstangen herum und gruben mit den Händen weiter, wenn wir meinten, etwas von Wert für uns entdeckt zu haben. Das geschah meist montags und dienstags, wenn der Müll voller leichtverderblicher Dinge war. Da gab es angebissene Sandwiches und Aufschnittreste vom Wochenende. Eines Morgens stieß ich mit dem Stock auf etwas Weiches, das unter allerlei Abfall verschüttet war.

»Mama!« rief ich. »Ich glaube, ich habe etwas Schönes gefunden!«

Meine Mutter, die mit meinem Bruder an der Hand ein paar Meter weiter herumstocherte, fragte, was ich denn gefunden hätte.

»Weiß ich noch nicht«, antwortete ich. »Aber es fühlt sich weich an. Es muß etwas zu essen sein. Und es ist viel.«

Kaum war das Wort »Essen« gefallen, hatten sich all die aschfahlen Männer, Frauen und Kinder, die um mich herum im Müll gewühlt hatten, aufgerichtet und schauten nun interessiert in meine Richtung.

»Mama!« brüllte ich nochmal. Mir war eingefallen, welche Kämpfe um die Eigentumsrechte an anderer Leute Reste ich hier schon miterlebt hatte.

»Wagt es nicht, meinem Sohn in die Quere zu kommen!« kreischte meine Mutter warnend und kam sofort zu mir gerannt. Sie schritt mein »Territorium« ab, dem alle fernzubleiben hatten. »Wo hast du denn etwas gefunden, Kind?« fragte sie, als sie neben mir stand.

»Da drin.« Aufgeregt deutete ich auf das große Loch, das ich gegraben hatte. »Irgendwo da, zwischen Scherben und dem Papier.«

Meine Mutter half mir, schob mit ihrem Stecken die zerbrochenen Flaschen beiseite und grub dann mit ihren schwieligen Händen weiter, bis sie das »Objekt« freigelegt hatte. Meine Schwester und ich machten mit.

»Seid vorsichtig mit den Händen«, mahnte sie. »Da liegt viel zerbrochenes Glas.«

Florah und ich hörten auf. Gespannt warteten wir, welche Köstlichkeiten unsere Mutter bergen würde. Eine der Frauen, die in der Nähe herumstocherten, sagte ganz neidisch:

»*Musadi* (Frau), du hast Glück mit deinen Kindern. Sie sind die besten hier. Sie scheinen zu wissen, wo die guten Sachen zu finden sind. Schau dir bloß all die Säcke und Kisten an, die du mithast. Sie sind schon voll, und es ist noch nicht mal Mittag. Ich wünschte, meine Kinder wären wie deine. Doch sie sind eine faule Bande.« Damit drehte sie sich um und zog einem ihrer beiden Kinder die Ohren lang. Es war ein Junge in meinem Alter. »Los, grab! Warum bist Du nicht wie Johannes! Er findet gute Sachen für seine Mutter, und du findest absolut nichts für mich! Du ißt nur, ißt, ißt, ißt!«

Die Frau, die übrigens in unserer Gegend wohnte, beneidete uns um die Kartons voller angeschlagener Töpfe, Messer, Löffel, Gabeln und zerbrochener Spiegel, die wir natürlich erstmal gründlich reinigen mußten, bevor wir sie benutzen konnten. Seit wir nach *Mlothi* kamen, hatte sich unsere Sammlung an Haushaltsgegenständen enorm erweitert. Wir hatten jetzt sogar noch ein paar Decken, eine lecke Waschwanne, ein Babybettchen und einen Großteil der Möbel, die die Zulu-Krieger weggeschleppt hatten. Die Verschwendungssucht der Weißen – für mich konnte es nichts anderes sein – gab mir Rätsel auf. Wie konnten sie nur Sachen fortwerfen, die noch in bester Verfassung waren? Dinge, die die meisten Schwarzen sich nicht mal aus zweiter Hand leisten konnten.

»Ja, meine Kinder sind brav und fleißig«, sagte meine Mutter stolz. Plötzlich hörte sie auf zu graben. Sie sog tief die Luft ein und schnüffelte geräuschvoll. Dann fuhr sie mit dem Graben fort und hob ein Paket hoch – rechteckig, in festes, braunes Packpapier eingewickelt und mit einer dicken Kordel verschnürt.

»Missis muß eines ihrer verschwenderischen Bankette gegeben haben«, spöttelte eine alte Frau angesichts der Größe.

Einige Frauen bekräftigten diese Annahme.

»Ich hab mal vor langer Zeit für eine Missis gearbeitet, als meine Papiere noch in Ordnung waren«, fuhr sie mit heiserer Stimme fort. »Missis hatte drei Kühlschränke, und alle drei waren mit wunderbaren Sachen vollgestopft. Und sie hatte nicht mal Kinder. Sie schmiß Fleisch weg, sobald es nur einen Tag alt war. Als ich sie einmal bat, mir das Fleisch zu geben, sagte sie: ›Ich kauf dir Fleisch, Mädel, ist dir das nicht genug?‹ Das Fleisch, von dem sie sprach, war Hundefutter.«

»Sie essen gut, die Weißen«, sagte ein alter Mann. »Ja, Sir, sie essen gut.«

»Sie haben alles«, sagte eine kohlrabenschwarze Frau mit schriller Stimme, und wir haben gar nichts.«

»Vielleicht ist da ja ein ganzer Elefant drin«, scherzte der Einarmige mit dem Glasauge. Er trug zerlumpte Hosen und besaß nicht mal ein Hemd. »Oh, wäre das schön, wenn ich einen ganzen Elefanten fände. Mit Rumpf und allem – mein Ernährungsproblem wäre gelöst.«

Meine Mutter trug das braune Paket zu der kleinen Lichtung. Dort saßen etliche Männer, Frauen und Kinder in der brennenden Sonne. Einige ruhten sich aus. Sie waren müde von all der Wühlerei. Andere stopften hungrig die gerade gefundenen Sandwiches und andere Köstlichkeiten in sich hinein.

»Mama«. Ich war auch hungrig und wurde immer hungriger, als ich die anderen Leute essen sah. »Bekomm' ich auch bald was zu essen?«

»Ich auch, bitte Mama!« schrie Florah.

»Nimm ein Sandwich aus dem Sack und teile es mit deiner Schwester«, sagte meine Mutter.

Mißmutig nahm ich eines der Butter-Marmeladen-Sandwiches heraus, brach es in zwei ungleiche Teile und gab meiner Schwester das kleinere Stück. Seit der Hunger mein ständiger Begleiter war, mochte ich nicht mehr gerecht teilen. Auch nicht mit meiner Schwester.

»Mama«, winselte Florah. »Schau dir an, was er mir gegeben hat.« Ich schlang mein Stück schnell runter.

»Gib ihr noch was ab, Johannes«, bestimmte meine Mutter. Sie wußte ja nicht, daß ich schon alles aufgegessen hatte. »Sie ist doch deine Schwester«, fügte sie hinzu und wischte sich den Schweiß von der Stirn.

»Sie ist noch klein«, murmelte ich mit vollem Mund.

»Sie mag klein sein, aber das bedeutet nicht, daß auch ihr Hunger klein ist. Du mußt lernen, für deine Schwester zu sorgen. Sie ist die einzige, die du hast.« Meine Mutter hatte immer noch nicht mitbekommen, daß ich nichts übriggelassen hatte.

»Ich hab nichts mehr«, sagte ich und streckte ihr triumphierend meine leeren Hände entgegen.

»Er hat alles aufgegessen, Mama«! brüllte meine Schwester.

»Hol dir noch ein Sandwich«, befahl Mutter. Und dann fügte sie streng hinzu: »Aber diesmal gibst du ihr ein größeres Stück oder du wirst gar nichts mehr kriegen.«

Ich nahm ein zweites Sandwich heraus. Diesmal brach ich es in vier ungleiche Teile.

»Hier.« Ich reichte meiner Schwester die beiden kleinsten Stücke. »Du kriegst zwei und ich kriege zwei.«

Daß jeder zwei bekam, schien Florah zu gefallen. Sie aß schweigend. Plötzlich hörte ich, wie meine Mutter »Yowee! Yowee!« schrie.

Ich drehte mich um und sah, wie sie einen großen Satz weg von dem Paket machte, das sie gerade geöffnet hatte. Alle starrten sie entsetzt an.

»Was ist los?« fragten alle wie aus einem Munde.

»Weiche von mir, Satan!« schrie meine Mutter. Sie ging Schritt für Schritt rückwärts. Weg von dem Paket. So, als wolle sie einem Geist entfliehen. Sie zitterte von Kopf bis Fuß.

»Was ist los, *musadi*?« erkundigten sich mehrere Frauen, die zu meiner Mutter gerannt waren.

Wie ein Zombie deutete meine Mutter immer wieder auf das Paket. Sie war nicht in der Lage, auch nur ein Wort herauszubringen. Ihr Gesicht war eine Maske unbeschreiblichen Entsetzens. Meine Schwester und ich standen wie vom Donner gerührt und klammerten uns furchtsam aneinander. Wir hatten keine Ahnung, was mit unserer Mutter geschehen war. Einige Männer und Frauen waren aufgestanden und zu der Stelle gelaufen, an der das halbgeöffnete, braune Paket lag.

»Oh, verdammt!« rief ein alter Mann, als er einen Blick hineingeworfen hatte. »Da ist ja ein Baby drin!«

»Was?« Keiner wollte es glauben.

»Da ist ein Baby drin«, wiederholte der alte Mann und wich zurück.

»Lebt es?« fragte eine Frau.

»Bist du verrückt?« fragte der alte Mann. »Nachdem es unter all dem Schutt vergraben war? Wer würde da noch leben?«

»Was für ein Kind ist es?« fragte eine Frau.

»Ein schwarzes«, sagte der Alte ärgerlich. »Was hast du erwartet?«

»Junge oder Mädchen?«

»Ist noch eingepackt ... keine Ahnung.«

»Geh, wickle es ganz aus«, sagte die Frau zu dem alten Mann.

»Bist du verrückt?« schrie er sie an. »Ich fasse doch kein Voodoo-Kind an!«

Alle zogen sich verängstigt zurück. In der Zwischenzeit waren meine Schwester und ich zu meiner Mutter gerannt. Sie zitterte immer noch. Wir sprachen sie nicht an, sondern hängten uns stumm an den Saum ihres zerlumpten Kleides. Ein Baby? Schwarz? Wie kam ein schwarzes Baby in ein Paket? Ich wunderte mich.

»Wem gehört das Baby, Mama?« fragte ich. Ich hatte zwar immer noch Angst, doch meine Neugier hatte gesiegt.

»Sei still«, schalt meine Mutter mich.

Als alle sich noch wie versteinert um das Paket scharten, humpelte eine alte Frau, die weiter hinten gestanden hatte, langsam zu dem Paket hinüber.

»Ihr tut alle so, als wär's das erste Mal, daß ihr ein totes Baby seht«, sagte sie und ließ sich schwerfällig neben dem Paket auf den Boden sinken. »Sowas passiert doch jeden Tag. Sie töten sie und werfen sie weg.« Ihre Augen waren voller Tränen, als sie das Paket ganz auspackte. »Es ist ein Mädchen und es beginnt schon zu verwesen.«

Einige der Frauen fingen an zu weinen. Eine größere Gruppe begann zu streiten, was mit dem Leichnam geschehen sollte. Die Männer bestanden darauf, daß man das Baby heimlich begraben solle. Denn sobald man den Fund meldete, wäre gewiß sofort die Polizei da. Und das könnte nur Schwierigkeiten geben. Die Frauen wehrten sich fast einstimmig gegen das, was sie als »unmenschliches Begräbnis« bezeichneten. Sie bestanden darauf, daß das tote Baby – um seiner Seele willen – eine anständige Beerdigung bekäme. Die Frauen gewannen die Oberhand, was zu einer weiteren hitzigen Debatte führte. Wer genau sollte das Baby denn den Behörden übergeben? Während sie miteinander stritten, ohne daß sich eine Einigung abzeichnete, sammelte meine Mutter alles ein, was wir bereits zusammengetragen hatten. Dann gingen wir. Zu Hause wuschen wir uns die Asche von Gesicht, Armen und Beinen. Wie denn ein totes Baby auf einer Müllkippe landen könne, wollte ich von meiner Mutter wissen. Sie erzählte mir, daß einige Dienstmädchen und Krankenschwestern, die für die Weißen arbeiteten, ihre Babys erstickten und in den Abfallkübel warfen, weil sie fürchteten, ihren Arbeitsplatz zu verlieren. Und daß sie die Neugeborenen töteten, um selber überleben zu können.

»Warum sperrt die Polizei solche Frauen nicht ein?« fragte ich.

»Die Polizei verhaftet keine Schwarzen, die Schwarze ermordet haben«, meinte meine Mutter.

Nach dem Vorfall mit dem toten Baby gingen wir nicht mehr zur *Mlothi.* Wir fanden einen neuen Platz, am anderen Ende des Buschlandes. Dort lud eine Hühnerfabrik mit dem fröhlichen Namen Sunnyside täglich Unmengen toter und kranker Hühner und Eier, die nicht durch die Qualitätskontrolle gekommen waren, ab. Dort suchten wir nun die Eier mit heiler Schale heraus. Wir fanden viele, meist drei Dutzend am Tag. Doch sobald sie gekocht waren, stellte sich heraus, daß sie mal mehr, mal weniger angebrütet waren. Den Entschluß, auch Sunnyside nicht mehr als Nahrungsquelle zu benutzen, faßten wir schließlich an dem Tag, an dem neun von zehn Eiern, die wir dort gefunden hatten, tote Hühnerembryos in verschiedenen Entwicklungsstadien enthielten.

Lange, nachdem ich es aufgegeben hatte, an ihn zu denken; lange, nachdem meine Mutter sich innerlich damit abgefunden hatte, daß er wohl tot sei, weil er, wie sie in Alpträumen gesehen hatte, von einem weißen Farmer wegen Aufsässigkeit erschlagen und heimlich verscharrt worden war; lange, nachdem meine Schwester Maria unter schwierigen Umständen geboren worden war – zu Hause, weil Mutter es sich nicht leisten konnte, in einer Klinik zu entbinden; lange, nachdem wir uns an ein Leben ohne ihn gewöhnt hatten, kam mein Vater eines Nachmittags durch die Tür. Er stand da wie sein eigener Geist. Nach fast einem Jahr Gefängnisaufenthalt hatte er sich dermaßen verändert, daß ich ihn kaum wiedererkannte. Er war noch dünner geworden und hielt sich gebeugt. Seine Haut wirkte noch schwärzer und war völlig rauh, die Wangen hohl. Die Augen traten aus seinem Gesicht hervor, als wollten sie gleich aus ihren Höhlen springen: sie schienen einem Menschen zu gehören, der durch die Hölle gegangen war.

Tagelang erzählte er meiner Mutter von dem entsetzlichen Leben im Gefängnis und von den vielen Tausenden von Schwarzen, die nur deshalb eingesperrt werden, weil sie sich – wie er – des unverzeihlichen Verbrechens schuldig gemacht hatten, keine Arbeit vorweisen zu können. Er sprach von den abertausend Schwarzen, deren Papiere nicht in Ordnung waren und den Unzähligen, die ohne Erlaubnis in die Welt des weißen Mannes eingedrungen waren. Er berichtete auch von der zermürbenden Fronarbeit auf verschiedenen weißen Farmen und der mörderischen Schinderei als Kettensträfling in der Welt des weißen Mannes dazu verdammt zu sein, Gräben auszuheben und Straßen zu bauen. Er sprach auch davon, daß er sich rächen würde, rächen an den Weißen. Er sprach zögernd, hielt immer wieder inne. Aber aus seiner Stimme und seinen Worten klangen Wut und offener Haß. Jedesmal, wenn er einen Satz über die Weißen sagte, konnte man sicher sein, daß der Satz in einem Schimpfwort gipfelte. Wen er ebenfalls haßte und unermüdlich beschimpfte, waren unsere Nachbarn, weil er sie für seine Verhaftung verantwortlich machte.

Ich war froh über die Rückkehr meines Vaters. Nachdem seine Abwesenheit nagenden Hunger bedeutet hatte, folgerte ich, daß seine Anwesenheit hieße, daß wir wieder satt werden würden. Aber ich hatte mich verrechnet. Um wieder für uns sorgen zu können, brauchte er Arbeit, und um arbeiten zu dürfen, benötigte er ein neues Paßbuch. Sein altes hatte er, wie er uns erzählte, am Tag seiner Verhaftung fortgeworfen, weil er geglaubt hatte, daß die Strafe für ein verlorenes Paßbuch geringer sei, als sich wegen Arbeitslosigkeit verantworten zu müssen, die als Schwerverbrechen galt. Die Beschaffung eines neuen Paßbuchs erwies sich als äußerst langwierig und kompliziert. Ich weiß nicht warum, aber die Behörden schienen beschlossen zu haben, ihn im Kreis drehen zu lassen. Mal sollte er dieses und mal jenes Dokument und mal irgendein Zertifikat beibringen, um überhaupt einen Paß beantragen zu können. Da er nicht lesen konnte und auch zu stolz war, sich von denen, die des Lesens mächtig waren, helfen zu lassen, brachte er jedesmal die falschen Papiere. Dann endlich, nach einem schier endlosen Prozeß, in dem er seine Daseinsberechtigung nachweisen mußte, bekam er einen neuen Paß. Arbeit bekam er deshalb allerdings noch lange keine. Da die Verhaftungen in Vaters neues Paßbuch eingetragen worden waren, erklärte sich innerhalb der nächsten Monate kein Weißer dazu bereit, ihn einzustellen. So also blieb der Hunger weiterhin ein ständiger Gast in unserer Hütte und wuchs von Tag zu Tag. Er bohrte sich in meine Eingeweide, verwirrte mich und löste Halluzinationen aus.

Eines Abends, als ich neben der Kohlenpfanne saß, den leeren Topf darüber sah und in die lodernde Glut starrte, beneidete ich plötzlich meine drei Monate alte Schwester Maria, die keinen Hunger kannte: Sie saugte zufrieden an Mutters Brust. Zuzusehen, wie meine Schwester gestillt wurde, machte mich schwindlig und erfüllte mich mit Haß. Am liebsten hätte ich Maria von der Brust meiner Mutter weggerissen und ihren Platz eingenommen. Aber irgend etwas hielt mich zurück. Irgend etwas, das mich benommen machte. Um mich herum drehte sich plötzlich alles.

»Mama!« rief ich. »Das Haus dreht sich. Halt es an, bitte! Ich will aussteigen!«

»Nichts dreht sich, gar nichts«, vernahm ich die Stimme meiner Mutter wie aus weiter Ferne.

Aber sie log. Natürlich drehte sich alles – und zwar schneller und schneller. Mir war, als befände ich mich im Auge eines Hurrikans. In meiner Verzweiflung umklammerte ich krampfhaft meinen Kopf und versuchte aufzustehen. Ich wollte hier raus. Ich stolperte auf die Kohlenpfanne zu. Sofort griff meine Mutter ein. Ich rang mit ihr, als sie mich beruhigen und vom Feuer wegziehen wollte, damit ich in meiner blinden Raserei nicht hineinfiele und mich verbrannte. Aber ich war stärker als sie. Bevor sie mich bändigen konnte, hatte ich ihr meine Zähne in die schlaffe Brust geschlagen. Von Schmerz gepeinigt brüllte sie auf und ließ von mir ab. Benommen torkelte ich durch die Küche und weiter auf die Kohlenpfanne zu, als es Mutter in letzter Sekunde doch noch gelang, mich von dem Feuer fortzureißen.

Plötzlich erhoben sich aus den Flammen große Münder, die mich höhnisch verlachten. Es war ein dröhnendes, irres Gekreisch, das mir in den Ohren klang und meinen Kopf zu spalten drohte. Die Münder wuchsen zu Monstern, wurden größer und größer, bliesen sich auf, verrenkten ihre Glieder, streckten sich, schrumpften wieder zusammen, verloren sich in dem Rauch, gewannen erneut an Gestalt. Jeder dieser Satane hatte große, rote, starre Augen und einen riesigen blutroten Schlund ohne Lippen, aber mit massiven, blitzenden, rasiermesserscharfen Zähnen. Sie kamen auf mich zu, wollten mich greifen . . .

Dann gingen sie in Flammen auf.

»Mama!« schrie ich, »das Haus brennt!«

»Da ist kein Feuer«, besänftigte mich meine Mutter.

»Das Haus brennt!« wiederholte ich stupide, wollte fortrennen und schwankte erneut durch die Küche.

»Es brennt *nicht*!« Plötzlich war Mutter neben mir, hielt mich fest, drückte mich nieder und schrie mir wieder und wieder ins Gesicht: »Es brennt *nicht! Gar nichts* brennt!« Doch da war es – ein riesiges

Feuer. Ich wand mich in Mutters Armen, um den brennenden Planken, die von der Decke fielen, auszuweichen. Mutter ohrfeigte mich.

»Beruhige dich!«

Plötzlich war ich klatschnaß. Mutter hatte es irgendwie geschafft, einen Eimer Wasser zu ergreifen und über mir auszuleeren. Langsam beruhigte ich mich und hörte auf zu schreien. Ich war völlig erschöpft, atmete heftig und plapperte weiter wirres Zeug. Das nächste, woran ich mich erinnere, ist, daß Mutter meinen Kopf in ihren Schoß drückte und mich streichelte. Eine kühle Brise kam durchs Fenster.

»Es gibt kein Feuer«, sagte sie und seufzte leise. »Du hast dir das nur eingebildet. Sei ganz ruhig. Dann ist alles wieder gut.«

Das Haus um mich herum drehte sich immer noch, aber langsamer. Irgendwann stand es dann still. Ich war benommen und wackelig. Meine Glieder schmerzten. Mir war hundeelend. Halb trug, halb zerrte Mutter mich zu der Matte aus Pappdeckeln und legte mich nieder. Sie packte mich in eine schwarze Decke ein, sang mir Volkslieder vor und erzählte mir eine Geschichte. Das entspannte und lullte mich in den Schlaf. Meinen Kopf in ihrem Schoß geborgen, schlummerte ich ein. Mir war wohlig und ich verspürte auch keinen Hunger mehr, obwohl ich den ganzen Tag über nichts gegessen hatte.

Am nächsten Morgen wachte ich unter dem Tisch auf. George und Florah lagen neben mir. Bleistiftdünne Frühlingssonnenstrahlen fielen durch das Fenster und die leicht geöffnete Tür. Ich zog meine zerlumpte Hose an und ging nach draußen. Ich streckte mich und gähnte, während ich den Sonnenschein und die Wärme genoß. Eine leichte Brise wirbelte Staubwolken auf, als Mutter, mit Maria auf ihrem Rücken, aus der Hütte kam und die Schwelle mit einem Reisigbesen fegte.

»Mama«, sagte ich und gähnte erneut. »Letzte Nacht hatte ich einen sonderbaren, wunderschönen Traum.«

»Erzähl ihn.«

»Mir träumte, ich war auf einer einsamen Insel ausgesetzt und irrte dort umher, als plötzlich eine Gruppe weißer Männer, die nur mit einem Lendenschurz bekleidet waren, auf mich zu kam. Als die Männer mich erblickten, fielen sie vor mir auf die Knie und beteten mich an wie einen Gott. Dann führten sie mich zu einer großen Hütte, in der sich ein Tisch unter Mangofrüchten, Papayas, Bananen, Guajaven, Orangen, Curryreis, Fisch, Milch, Schokolade, Bonbons und Brot, das dick mit Butter und Erdnußcreme bestrichen war, bog. Dann kleideten mich die Männer in eine Toga, die in allen Farben des Regenbogens schillerte und wie sie nur die Häuptlinge tragen, setzten mich inmitten all der Köstlichkeiten auf einen hohen Feldstein und luden mich ein, alles zu essen. Sie erzählten mir, daß es noch viel mehr solcher Hütten gäbe, und daß sie alle mir gehörten und ich alles aufessen dürfe. Ich stopfte mich voll, bis ich platzte – und trotzdem lebte ich weiter. Es war herrlich.«

Meine Mutter nahm meinen Traum sehr ernst und erklärte mir seine Bedeutung. Eines Tages, so sagte sie, würde ich mich an einem weit entfernten Ort unter vielen Fremden wiederfinden, die mich freundlich aufnehmen, einkleiden und mit allem versorgen würden, was mein Herz begehrte.

Durch einen glücklichen Zufall gelang es meinem Vater schließlich, seine alte Arbeit zurückzubekommen. Nun, da er wieder einen Job hatte, begann er endlich, sein gewohntes Leben wieder aufzunehmen, und unsere Situation normalisierte sich. Wir aßen wieder richtig und bekamen Kleider, die besser waren als die Lumpen, die wir so lange hatten tragen müssen. Nach außen hin war alles wieder beim alten – aber innerlich hatte uns die bittere Erfahrung der zurückliegenden zwei Jahre ihren Stempel aufgedrückt. Das Gefühl der Hilflosigkeit und Unsicherheit, das wir in dieser Zeit kennengelernt hatten, schwand nie mehr. Vor allem mein Vater hatte sich sehr verändert. Er hatte zu trinken und zu spielen angefangen und stritt auch häufiger als früher mit meiner Mutter. Meist ging es um Geld und um das, was er ihre Aufsässigkeit nannte. Sie sei einfach nicht mehr die Frau, die er »gekauft habe«. Dennoch bemühte er sich in der ihm eigenen Art, meiner Mutter weiterhin ein guter Ehemann und uns Kindern ein guter Vater zu sein.

Eines Abends kam er nach Hause getorkelt. Total besoffen. Es war Freitag. Er rief Florah, George und mich zum Tisch und erklärte, er habe eine große Überraschung für uns. Da es uns nicht erlaubt war, am Tisch zu sitzen, knieten wir davor nieder und beobachteten, wie er eine braune Papiertüte ausleerte. Da kamen *mohudu* und *mala* (Hühnerbeine, Innereien und Hühnerköpfe) zum Vorschein, Delikatessen vom Rang eines Steaks. Auch ein Paket Kerzen, eine kleine Tüte Maismehl, Salz und Zucker förderte Vater zutage, und dann – unsere Überraschung: in Zeitungspapier gewickelt Fish and Chips. Wir Kinder waren außer uns vor Freude. Es war eine Ewigkeit her, seit wir Fish and Chips bekommen hatten; wir tanzten und sangen vor Glückseligkeit. George und Florah liefen zu meinem Vater und umarmten ihn. Er wurde verlegen, aber ich sah ihm an, daß er sich freute. Meine Mutter lächelte. Dieser Abend blieb mir als eine der wenigen Gelegenheiten in Erinnerung, bei denen meine gesamte Familie für kurze Zeit so etwas wie uneingeschränkt glücklich war.

8   Um dem Hunger, der bald wieder bei uns einkehrte und auch den kleinen Pflichten im Haushalt zu entgehen, schloß ich mich einer der Kinderbanden des Gettos an. Das waren fünf-, sechs- und siebenjährige Jungen aus der Nachbarschaft, die auf der Suche nach Nahrung und Abenteuern durch Alexandras Straßen streiften. Diese Jungen, mit denen ich viel Zeit auf dem Marktplatz der First Avenue verbrachte, waren frühreif und abgefeimt. Wenn wir zusammen waren, beobachteten wir die indischen Händler bei ihren Bemühungen, schwarze Männer und Frauen, die ohne Arg waren, in ihre Läden zu locken, um ihnen auf Ratenzahlungsbasis Billigartikel anzudrehen. »Komm rein, Mama; kommen Sie her, Sir; hier gibt es *lo makulu* (Sonderangebote); hier ist es *lo makulu Chipile* (besonders preiswert)«, köderten sie ihre Opfer. Wir trieben uns am PUTCO-Bahnhof herum und sahen zu, wie die goldfarbenen und grünen Busse von einer fantastischen Maschine gewaschen wurden. Oft lungerten wir auch bei den Bierhallen herum, wo schwarze Frauen, die ihre Säuglinge auf den Rücken gebunden hatten, vor einem vergitterten Fenster Schlange standen. Mit trommelförmigen Behältern und Wannen in der Hand warteten sie darauf, Bantu-Bier ausgeschenkt zu bekommen, während innerhalb der Umzäunung schwarze Männer in Scharen beisammen saßen, tranken und laut redeten. Auch die bis an die Zähne bewaffneten Wachmänner, die vor dem Eingang der Bierhallen patrouillierten, entgingen unseren Beobachtungen nicht.
Manchmal schauten wir auch voller Argwohn und Neid den *tsotsis* zu, die in ihren nagelneuen Anzügen mit wattierten Schultern und glänzenden Schuhen in irgendeiner abgelegenen Ecke würfelten und dabei *dagga* (Marihuana) rauchten, Brandy und Whiskey tranken. So

manchen Vormittag verbrachten wir damit, die Straßen nach leeren Bierflaschen abzusuchen. Die verkauften wir dann den Schnapsbudenbesitzerinnen. Von dem Erlös erstanden wir Kinokarten für »King's Bioscope« auf der First Avenue, wo unser Appetit nach blutigen Dramen durch Western, Gladiatoren- oder Agentenfilme gestillt wurde. Das »King's Bioscope« schien sich ausschließlich auf Filme spezialisiert zu haben, in denen Gewalt verherrlicht wurde.

Diese Filme trugen nicht unwesentlich dazu bei, das Bild, das ich mir von den Weißen gemacht hatte, zu festigen. Durch meine Erfahrungen mit weißen Polizisten im Township – und sie waren die einzigen Weißen, denen ich je begegnet war – hatte sich bei mir eine tiefsitzende Angst vor *allen* Weißen entwickelt. Dennoch wollte ich mehr über sie erfahren. Die Filme waren meine einzige Möglichkeit, einen Blick in ihre Welt zu erhaschen, zu sehen, wie sie aufgebaut war und welche Leute dort lebten. Was sich auf der Leinwand abspielte, so glaubte ich, vermittelte mir die nackte Wahrheit über eine Welt, die ich nicht betreten durfte – und bald auch gar nicht mehr den Wunsch hegte, zu betreten. Die Morde, die ich in den Filmen sah, die gemeinen Schlägereien und brutalen Schießereien trieben meine Angst vor den Weißen in schwindelnde Höhen. Nein, ich wollte nichts zu tun haben mit der Art von Leben, das sie lebten; ich schwor mir, keinen Fuß in ihre Welt zu setzen und dankte dem Gesetz, das mir diese Möglichkeit von vornherein untersagte. Vielleicht, dachte ich oft, hatten die Weißen diese Gesetze erlassen, damit die Schwarzen vor Indianern, Gladiatoren und Cowboys geschützt waren und nicht in diesem Inferno der Gewalt getötet würden.

Ich hatte zwar Grips genug zu wissen, daß es Viertel für Weiße gab, in denen schwarze Mädchen und schwarze Gärtnerjungen arbeiteten; doch die Greueltaten, die ich von der Leinwand her kannte, überzeugten mich davon, daß Gewalt bei den Weißen an der Tagesordnung war. Wie sonst sollte es ihnen möglich sein, all diese Grausamkeiten zu filmen?

Ich erinnere mich noch gut an meinen ersten Kinobesuch. Ich muß drei oder vier Jahre alt gewesen sein, und Freunde von mir hatten mich mitgeschleppt. Als wir da in fast völliger Dunkelheit vor dem mächtigen roten Vorhang, der die Leinwand verdeckte, saßen, bekam ich Angst.

»Warum ist es hier drinnen so dunkel?« wollte ich wissen. »Ich will nach Hause!«

»Mach dir nicht in die Hose. Der Film fängt gleich an und du wirst viel Spaß daran haben.«

»Aber warum schlägt der Mann die Jungen, die da auf den Bänken sitzen?« Ich deutete auf den Platzanweiser.

»Er paßt auf, daß sich im ›Bioscope‹ alle anständig benehmen. Wenn du nicht gleich den Mund hältst, wird er dich auch vertrimmen.«

Von irgendwoher ertönte Musik. Ich drehte den Kopf, um zu erkunden, wo der Ausgang war. Für alle Fälle ... Da hörte ich plötzlich, wie ein Lastwagenmotor aufheulte und der Wagen an Fahrt gewann. Ich schaute wieder nach vorn und sah einen großen, grauen LKW direkt auf mich zurasen. Ich schrie und sprang auf, um ihm auszuweichen.

»Setz dich hin, Blödmann!« Mein Freund zog mich zurück auf meinen Platz.

»Der Lastwagen! Der Lastwagen!« brüllte ich wie am Spieß und zeigte auf die Leinwand, den Kopf zur Tür gewandt.

»Was für ein Lastwagen?«

Zaghaft wagte ich einen erneuten Blick nach vorn. Der Lastwagen war verschwunden. Stattdessen jagte jetzt eine Elefantenherde auf mich zu.

»Mama, hilf mir!«

Der Platzanweiser richtete den Strahl seiner Taschenlampe auf mein Gesicht. Er befahl mir, mich hinzusetzen und die Klappe zu halten oder das Kino zu verlassen. Ich blieb.

Meine Freunde klärten mich später darüber auf, daß es all die Roheiten, die ich da gesehen hatte, selbstverständlich nur in der Welt der Weißen gäbe. Das beruhigte mich.

9   Auf dem Heimweg von King's Bioscope begegnete ich eines Tages einer Gruppe seltsam aussehender, schwarzer Männer. Sie waren dabei, in dem leeren Hof, in dem wir oft Fußball spielten, ein verwittertes Zelt aufzuschlagen. Erstaunt blieb ich stehen und schaute fasziniert zu. Da kamen plötzlich zwei verdreckte Jeeps um die Ecke. Ich hielt die Hand über die Augen, um in dem Abendsonnenlicht etwas

erkennen zu können. Acht schwarze Männer in dicken, weißen Gewändern waren in den Jeeps. Vier von ihnen standen im Wagen und brüllten etwas in Megaphone. Die Jeeps näherten sich dem Zelt und fuhren an mir vorbei. Nun konnte ich Satzfetzen verstehen, konnte mir zusammenreimen, daß die Männer die Leute einluden. In den Stammessprachen, die im Getto gebräuchlich waren, forderten sie die ganze Nachbarschaft auf, zu kommen und »die frohe Botschaft» zu hören. Eine Botschaft, »so herrlich, so herzerwärmend, so erbaulich und tröstlich für leidende Seelen, daß ihr Leben, ihre Herzen und ihre häusliche Lage sich nur zum Besseren wenden könnten – für immer«.

Ich war noch ganz gefesselt von dem, was ich da hörte, als ich aus den Augenwinkeln sah, wie zwei große weiße Männer das Zelt verließen. Weiße Männer in unserer Gegend! Ich hielt vor Schreck die Luft an, dachte natürlich, es seien Polizisten. Schnell machte ich mich aus dem Staub und rannte nach Hause. Unterwegs hörte ich immer wieder Leute miteinander flüstern. »Die Evangelisten sind da . . .«

»Mama! Mama! Der Weiße Mann ist da, der Weiße Mann ist da!« rief ich atemlos und stürmte keuchend in unsere Hütte. George und Florah fingen prompt an zu schreien und rannten ins Schlafzimmer, um sich zu verstecken.

»Wo?« fragte meine Mutter nervös.

»Dort draußen, schau's dir an.« Ich konnte nur noch stammeln. Dann nahm ich sie an der Hand und zerrte sie ans Fenster. Von dort aus konnte man das große Zelt sehen.

»Ach die . . .« Meine Mutter seufzte erleichtert. »Hab keine Angst, die tun dir nichts. Das sind die Evangelisten.«

»Was sind Evangelisten?« fragte ich.

»Das sind Leute, die die Lehre des Christengottes verkünden.«

Wir waren keine Christen. Mein Vater bestand darauf, daß wir die Stammesgötter unserer Vorväter anbeteten. Und wenn wir Weihnachten feierten, hatte das nichts mit Religion zu tun, sondern einfach nur damit, daß jeder – Christ oder nicht – eben Weihnachten feierte. Sogar die Medizinmänner. Weihnachten war die einzige Zeit im Jahr, zu der die Familien zusammenkommen konnten. Denn sogar die verschiedenen weißen Arbeitgeber meines Vaters erlaubten, daß er Weihnachten frei machte.

Ich hätte mir die Vertreter des Christengottes gern näher angesehen. »Kannst du mich mit ins Zelt nehmen, ohne daß Papa etwas merkt?« fragte ich.

»Ja, ich wollte euren Vater ohnehin bitten, mit uns ins Zelt zu gehen«, antwortete Mutter zu meiner Überraschung.

»Tatsächlich!« Die Aussicht, in das Zelt gehen zu dürfen, ließ mich vor Freude fast durchdrehen. Doch meine Euphorie schwand, als ich an meinen Vater dachte, als mir einfiel, wie vehement er fremde Religionen ablehnte, ganz besonders das Christentum. Das war soweit gegangen, daß er uns verboten hatte, in die Kirche zu gehen, »solange er lebe«. Das war eine klare Aussage gewesen. Außerdem hatte er gedroht, daß er zurückkommen und sich rächen werde, falls wir es wagten, dieses Verbot nach seinem Tod zu brechen.

»Aber wird er uns das denn erlauben? Du kennst ihn doch, Mama.«

»Mach dir da mal keine Sorgen«, sagte meine Mutter selbstbewußt. »Diesmal wird er mit uns hingehen! Nun geh raus. Ich habe zu tun.«

Ich ging wieder rüber zu dem Zelt und beobachtete, wie die Evangelisten ihre Ausrüstung heranschleppten. Die ganze Zeit dachte ich darüber nach, wieso meine Mutter so sicher sein konnte, daß Vater mit uns hierher gehen würde. Hatte er es nicht immer abgelehnt, sich das anzuhören, was er »den Unsinn und die Lügen des Weißen Mannes« nannte? Hatte er meiner Mutter nicht oft genug verboten, an irgendeinem Gottesdienst in einer der Kirchen im Township teilzunehmen?

Dann erinnerte ich mich an ein paar Gesprächsfetzen, die ich in letzter Zeit bei einer der endlosen Streitereien meiner Eltern aufgeschnappt hatte. Da hatte meine Mutter meinem Vater vorgeworfen, wie schlecht es ihnen in den letzten Jahren gegangen sei, und das, obwohl sie den Stammesgöttern wieder und wieder geopfert hätten. Es sei höchste Zeit, hatte sie gemeint, sich nach neuen Wegen aus dem Elend umzuschauen, und daß das Christentum vielleicht ein solcher Weg sein könnte.

An diesem Abend hörte ich gebannt zu, wie meine Mutter ihr Garn spann, um meinen Vater dazu zu bringen, mit uns in das Zelt zu gehen. Sie packte ihn geschickt bei seinem Ehrgeiz, zu Reichtum und Ehren zu kommen, um ihn weichzukriegen. Sie erzählte ihm, daß der Wohlstand einiger unserer Nachbarn, die sich Christen nannten, doch vielleicht auf ihren Übertritt zum Christentum zurückzuführen sei.

Mein Vater hörte ihr sogar zu. Danach verfiel er in ein langes Nachdenken. Offensichtlich suchte er nach Möglichkeiten, die Argumente meiner Mutter zu entkräften – obwohl es mich gewundert hätte, wenn ihm dazu etwas eingefallen wäre. Es war nun einmal nicht zu leugnen, daß es unseren christlichen Nachbarn tatsächlich besser ging als allen anderen, die wir kannten. Die Christen hatten schönere Möbel, waren besser gekleidet, hatten immer Essen auf dem Tisch. Einige besaßen sogar Öfen und Radios. Ihre Hütten waren komfortabler und größer. Und ein paar wenige der Christen fuhren sogar gebrauchte Autos.

»Heute nachmittag«, warf ich ein, »habe ich gehört, daß sie denen, die ins Zelt kommen, versprochen haben, ›eine frohe Botschaft‹ zu hören, ›so herrlich . . .‹. Ich plapperte alles raus, woran ich mich erinnerte.

»Okay«, sagte mein Vater endlich. Und dann: »Ich werde mit euch hingehen, obwohl ich nicht an diesen Blödsinn glaube.« Das war etwas, was meine wildesten Vorstellungen übertraf.

Ich war so glücklich, daß ich in dieser Nacht geradezu himmlische Träume hatte.

Am nächsten Abend, es war ein Samstag, gingen wir zum Zelt. Es war der erste Abend der Evangelisten und das Zelt war rappelvoll. Wir konnten uns gerade noch so eben hineinquetschen. Denen, die nach uns kamen, sagten die Evangelisten, daß sie draußen bleiben und die Andacht durch die beiden großen Lautsprecher hören sollten. Drinnen im Zelt saßen Kinder, ganz vorn auf dem gelblichen Rasen, und die Erwachsenen drängten sich auf den wenigen wackeligen Bänken. Es war drückend schwül und entsetzlich laut und überall surrten Fliegen.

Bald erschienen die Evangelisten. Sie kamen durch einen Seiteneingang. Sie waren zu zwölft – acht Männer und vier Frauen – und alle trugen diese dicken, weißen Roben, die mir tags zuvor schon aufgefallen waren. Ihre Gewänder waren mit kleinen Silberknöpfen mit Schwingen darauf geschmückt, und auf dem Rücken eines jeden war eine Zahl von eins bis zwölf eingestickt – in Gold und Grün. Zwei der Männer hatten sich lederbespannte Trommeln an Lederriemen um den Hals gehängt. Zwei der Frauen schlugen Tambourine und einer der Männer ein Becken.

Zwei der Evangelisten, ein Mann und eine Frau, hielten sich an den Händen und schwangen die Körper im Takt, so wie man Babies in den Schlaf wiegt. Dabei summten und sangen sie einige Strophen einer rätselhaften Hymne.

Die beiden weißen Männer waren nicht da. Ich war enttäuscht, aber auch ein wenig erleichtert.

»Wo sind die beiden weißen Männer, Mama?« fragte ich. Sie waren am Nachmittag noch dagewesen. Ich hatte sie gesehen.

»Sie sind in ihre Welt zurückgegangen«, antwortete sie. »Sie dürfen nicht über Nacht in unserer Welt bleiben.«

Der Anführer der Evangelisten, ein kleiner, fetter, schielender Mann mit einer Glatze, trat vor und gebot Schweigen. Er trug dicke Taue wie Ketten um Brust, Nacken und zwischen den Händen. »Wir sind die selbstlosen Diener Christi, des einzig wahren Gottes«, verkündete er salbungsvoll, während er sich mit theatralischen Schritten durch die engen Reihen schob. Er sprach in ein Megaphon und wandte sich mal hierhin und mal dahin. Es war unverkennbar, daß die Mehrheit der Zuhörer wenig über das Christentum wußte.

»Wir sind hier, um unseren Teil des Bundes, den wir mit *Ihm* geschlossen haben, zu erfüllen«, fuhr er fort, den Mund zu einem breiten Lächeln verzogen. Dann beugte er sich herunter, streichelte einem Kind über den Kopf und deutete mit der linken Hand mal in diese, mal in jene Richtung. »Wir sind hier, um *Sein* Wort in alle Winkel Alexandras zu tragen und euch vor den Klauen des Heidentums zu schützen«, sagte er.

»Wir brauchen dein Christentum nicht!« rief eine Zulu-Frau in Stammestracht dazwischen. Sie war aufgestanden, um sich Gehör zu verschaffen. »Wir haben selbst Religionen, die tausend Jahre alt sind. Wir haben es nicht nötig, den Gott des Weißen Mannes anzubeten, solange wir unsere eigenen Götter haben.«

Der schielende Evangelist drehte sich wie vom Donner gerührt um und schaute die Frau empört an. Er hob sein Megaphon, richtete es auf sie, holte einmal tief Luft und schmetterte los: »Oh, du Kleingläubige! Die Bibel ist voll von Leuten wie dir. Von Frauen und Männern, die so sündig sind, daß sie den Christengott anzweifeln als den einzigen und wahren Gott. Unreine Frau, weißt du denn nicht, daß unsere Vorfahren Christus gar nicht kennen konnten, bevor die weißen Missionare kamen?«

»Wir brauchen keinen Christus«, wiederholte die Frau starrköpfig.

»Schau, wie der Teufel aus dir spricht«, sagte der Schielende ganz verzückt. »Jeder braucht Christus. Unsere Vorväter, die jahrhundertelang in völliger Dunkelheit in den afrikanischen Dschungeln lebten, falsche Götter anbeteten und ihnen sogar Menschenopfer brachten, hätten Christus sogar *sehr* gebraucht. Das ist der Grund, weshalb Gott eines Tages von seinem geheiligten Sitz im Himmel auf Afrika blickte und zu *Sich* sagte: ›Ich kann diese, meine schwarzen Kinder, nicht länger auf dem Pfad des Bösen wandeln lassen. Sie haben schon zu lange die Sünden ihres unreinen Vaters Ham, des Ahnen der Hamiten, gebüßt. Ich muß sie irgendwie retten. Doch wie kann ich sie retten?‹ fragte sich der allmächtige Gott. ›Da ist ja keiner unter ihnen, der lesen und schreiben kann, deshalb kann ich ihnen meine Zehn Gebote nicht schicken.‹ Viele Tage und Nächte lang dachte Gott über dieses Problem nach. Dann, eines Tages, stolperte er geradezu über die Lösung: er würde seine anderen Kinder aus Europa nach Afrika schicken. Seine Kinder, die das Wort bereits kannten. Und tatsächlich, die weißen Missionare – tapfere Männer wie Dr. Linvingstone – hörten den Ruf, überquerten die gefährlichen Meere, durchquerten die noch viel gefährlicheren Dschungel und nahmen viele Fährnisse auf sich, um unseren Vorfahren das Christentum zu bringen.

Nach Jahren inbrünstiger Gebete und vieler Predigten der Missionare öffneten viele unserer starrköpfigen Ahnen ihre schwarzen Herzen und ihre Grashütten, um Gottes Licht hereinzulassen. Einige wurden richtige Christen und entsagten dem Stammesbrauch. Andere fuhren fort, den Stammesgöttern zu huldigen, obwohl sie Christen geworden waren, weil sie glaubten, es allen rechtmachen zu müssen. Wieder andere weigerten sich, das Licht zu sehen und trugen ihre Weigerung an ihre Nachkommen weiter – bis zum heutigen Tag.«

Nun war der schielende Evangelist atemlos, machte eine dramatische Pause, pumpte Luft in seine Lungen und fuhr dann fort: »Das ist der Grund, weswegen wir heute hier versammelt sind, Brüder und Schwestern in Christus. Wir sind hier, um euch alle vorzubereiten, so daß ihr, wenn der Tag des Jüngsten Gerichts kommt, unter den Glücklichen seid, die den Zug der Herrlichkeit besteigen, der in den Himmel fährt.«

»Woher weißt du, daß es diesen Himmel gibt?« wollte ein junger Mann wissen. Er war aufgesprungen. Der Evangelist erwiderte ihm: »Durch den Glauben, junger Mann, allein durch den Glauben.« Verblüfft hakte der junge Mann nach: »Was hat der Glaube für den schwarzen Mann getan?« Und der Evangelist sagte pathetisch: »Junger Mann, Gott ist nicht irgendjemand, mit dem man so umspringen kann.

Setzt dich hin oder *Er* wird dich beim Jüngsten Gericht strafen, weil du so anmaßend bist.« Zögernd setzte sich der junge Mann und schüttelte noch eine Weile lang verständnislos den Kopf.

Nachdem er dem jungen Mann die Meinung gesagt hatte, kehrte der Evangelist zu seiner Predigt zurück. Er stieß die linke Faust in die Luft, ballte sie, um seinen Worten mehr Macht zu verleihen und rief voller Begeisterung: »Diejenigen unter euch, die nach dem heutigen Abend nicht ihr scheußliches Erbe ablegen – und das für alle Zeit – und dem Stammesglauben abschwören, um in die Christenheit einzugehen, werden nicht – und ich betone *nicht* – an Bord dieses Zuges der Herrlichkeit sein, den Gott bereitgestellt hat. Ihre Seelen werden dem gehörnten schwarzen Mann mit der Forke anheimfallen und im Fegefeuer rösten. Also kommt nun, Brüder und Schwestern«, winkte er uns mit seiner fetten Hand heran, »kommt nun zu Gott, denn *Er* wird nicht länger warten. *Er* hat lange genug auf euch gewartet.«

Diese Worte des Evangelisten ließen die Menge abrupt verstummen. Die meisten Leute schienen unter einem Schock zu stehen – völlig verdutzt über die ominöse Botschaft und teilweise sogar sehr verärgert. Mich hatte das Ganze ebenfalls aufgerüttelt. Ich drehte mich zu meinem Vater um und schaute ihn an. Er saß stocksteif da. Dennoch hatte ich das Gefühl, als wolle er jeden Moment losstürzen. Seine Lippen zitterten und seine Augen schleuderten Blitze. Der Evangelist hatte die ohnehin engen Grenzen von Vaters Duldsamkeit entschieden überschritten, hatte verbotenes Territorium betreten. Die Aufforderung, den Stammesreligionen auf immer und ewig abzuschwören, hätte nicht kommen dürfen. Das durfte niemand ungestraft verlangen. Und so dachte nicht nur mein Vater. Ich sah, wie die Männer einer Gruppe von Stammesleuten ihre Hände zu Fäusten ballten, sah, wie einige vor Ärger bebten.

»Ich wünschte, der Evangelist hätte das nicht gesagt«, flüsterte meine Mutter ihrer Nachbarin zu. Auch sie hatte der kriegerische Ton der Predigt irritiert. Die andere Frau nickte zustimmend. Mir war schwindlig vor Aufregung. Ob mein Vater und die Stammesleute auf den Evangelisten losgehen würden?

Dem Evangelisten selbst war offenbar gar nicht klar, welch inneren Aufruhr er da verursacht hatte. Mit noch lauterer Stimme als zuvor setzte er seine Predigt fort. »Der Glaube an die Geister der Ahnen ist purer Unsinn und kalter Kaffee. Diese Toten, die ihr verehrt und anbetet, besitzen keinerlei Macht und könnten nicht einmal einer Fliege etwas zuleide tun. Ich wiederhole: der Christengott ist der einzige, der wahre Gott. Und ihr alle, die ihr noch heidnische Herzen habet, solltet *Ihn* heute nacht annehmen, auf daß *Er* euch erretten kann.«

Bei diesen Worten sprangen mein Vater und einige der Stammesleute auf und drohten dem Prediger mit erhobenen Fäusten. »Errettet, von was, ihr Lügner? Ihr schwarzen Verräter! *Ihr* seid es, die gerettet werden müssen! Gerettet von den Lügen des Weißen Mannes! Wer seid ihr eigentlich, daß ihr glaubt, uns erzählen zu können, daß wir unseren Göttern abschwören müssen – für einen Weißen Gott! Hey, was glaubt ihr, wer ihr seid? Ihr könnt euer Christentum nehmen und es euch sonstwohin stecken!« Einer der Stammesmänner ging dem Evangelisten an die Gurgel. Er mußte von ihm weggezogen und aus dem Zelt geschafft werden. Schäumend vor Wut und mit wilden Flüchen auf den Lippen packte mein Vater die Hand meiner Mutter und zog sie aus dem Zelt. Viele Leute folgten uns ins Freie.

Zuhause sagte meine Mutter zu meinem Vater, der immer noch wütend war: »Du hättest dem Evangelisten Gelegenheit geben solln, seinen Standpunkt zu erläutern. Ich bin sicher, es ist mehr dran am Christentum, als sie gesagt haben.«

»Was denn noch?« entgegnete mein Vater mit aller Schärfe. »Verdammt nochmal, Frau! Weißt du überhaupt, was du da sagst? Du hast doch die Lügen der Weißen gehört, die diese schwarzen Toren ausgekotzt haben! Ich habe diese Lügen schon mal gehört: die weißen Missionare haben sie von sich gegeben und haben dann meinem Vater sein Land geraubt. Nein, diese schwarzen Dummköpfe können mir nichts vormachen! Ich weiß, wer sie geschickt hat – die Regierung!« Er schlug mit der Faust auf den Tisch. »Von diesem Augenblick an verbiete ich, daß irgendjemand aus meiner Familie sich auch nur in die Nähe dieses verdammten Zeltes wagt!« Meine Mutter machte keine weiteren Einwände. Sie kannte meinen Vater gut genug.

Am nächsten Tag, als mein Vater bei der Arbeit war, ging unsere Mutter doch mit uns in das Zelt. Sie schien entschlossen, mehr über das Christentum zu erfahren. Wieder zu Hause – lange bevor mein Vater zurückerwartet wurde – redeten sie und ich über das, was wir von den Evangelisten gehört hatten. Während Mutter kochte, erzählte ich ihr von all meinen früheren Begegnungen mit dem Christentum, Begegnungen, die ich in den Häusern einiger meiner Spielkameraden gehabt hatte. Ich sprach hauptsächlich über die Bilder, die ich bei den Familien meiner Freunde gesehen hatte.

Diese Bilder, die von einer weißen Firma hergestellt und in einem schwarzen Krämerladen verkauft wurden, zeigten die wichtigsten Persönlichkeiten, verschiedene biblische Ereignisse und Katastrophen, angefangen von der Erschaffung der Welt bis hin zu Christi Himmelfahrt. Zwei dieser Darstellungen hatten es mir ganz besonders angetan. Eines zeigte den Himmel und Gott, das andere die Hölle und den Teufel. Gott war als alter, blauäugiger Mann mit einem langen, weißen Bart dargestellt. Er saß zwischen weichen, weißen Wolken und hatte zwei bärtige, weiße Männer zur Seite. Überall um ihn herum waren Engelschöre – und auch die Engel waren weiß. Das Bild des Teufels hingegen zeigte einen nackten schwarzen Mann mit verrenkten Gliedern und einem Schweif. Er war häßlich, der Teufel. Er hatte gewundene Hörner wie eine Schraubenantilope, und um diese Hörner herum wanden sich Vipern. Seine Augen waren rot und wimpernlos. Aus seinem riesigen Rachen schlugen Flammen und quoll Rauch. Er trug eine lange Forke, mit der er schwarze Männer, Frauen und Kinder – einen nach dem anderen – in die Knie zwang. Die bettelten und flehten ihn an, sie nicht im Fegefeuer braten zu lassen.

Die Christenkinder und ihre Eltern hatten nur gelacht, als ich mich nach der Bedeutung der Bilder erkundigt hatte. Der Reim, den ich mir dann selber auf diese Bilder machte war der, daß Schwarze für das Christentum das Böse verkörpern. Das hatte ich als außerordentlich gemein empfunden und mir geschworen, mich nie breitschlagen zu lassen, das Christentum in einem anderen Licht zu sehen als in diesem.

Meine Mutter hörte mir schweigend zu. Was die Bilder anging, sagte sie: »Das Christentum ist von seinen Wurzeln her eine Religion der Weißen. Deshalb ist es für sie ebenso normal, ihren Gott für einen Weißen zu halten, wie es in unseren Religionen selbstverständlich ist, Gott als einen Schwarzen anzusehen.«

»Aber warum sind dann der Teufel und alle Sünder schwarz?« hakte ich nach. Daraufhin begann Mutter mir zu erzählen, was sie von den weißen Missionaren wußte. Sie erklärte mir, warum Afrika für die Europäer ein dunkler Kontinent voller schwarzer Wilder ist, die heidnische Religionen ausüben, und warum viele weiße Leute in Südafrika den Teufel für einen Schwarzen halten. Die Sache sei nämlich die, so sagte sie, daß alle Schwarzen Nachfahren des verwünschten Ham seien, und Gott sie deshalb dazu verdammt habe, den Weißen auf ewig zu dienen. Das, was Mutter da erzählte, ging zwar über meinen Verstand, aber mein Gefühl sagte mir, daß sie wohl recht haben müsse. Irgendwann ging mir dann aber doch noch ein Licht auf. »Die Geschichten in der Bibel«, meinte ich, »sind also nicht viel anders als die Geschichten, die du über unsere Götter erzählst? Nur, daß die einen von weißen Leuten handeln und die anderen von schwarzen?«

Um mich mit dem, was das Christentum über die Natur und die Sünden des Menschen behauptete, auseinandersetzen zu können, versuchte ich, die Geschichten aus der Bibel der Folklore unseres Volkes gleichzustellen.

»Ja«, sagte Mutter. »Die Geschichten der Bibel sind wie unsere Geschichten. Doch sie scheinen eine Bedeutung zu haben, die viele schwarze Leute nicht begreifen können.«

Ich verstand die Bedeutung mancher Bibelgeschichten ebenfalls nicht. Doch so ungeheuerlich und fremdartig sie mir auch vorkamen, so sehr gelang es ihnen auch, mich zu faszinieren. Also sagte ich: »Die Bibelgeschichten sind sehr nett.«

Meine Mutter stimmte zu.

»Doch deine sind besser.«

Sie lächelte.

In diesem Augenblick kam mein Vater zur Tür herein. Er mußte einen Teil unserer Unterhaltung gehört haben. »Habe ich es nicht deutlich genug gesagt, daß ich es nicht zulasse, daß in meinem Haus über diesen Blödsinn geredet wird?« herrschte er meine Mutter an. »Sollte ich jemals feststellen, daß du meinem Sohn diesen Unsinn nahebringst, schneide ich dir die Zunge raus.« Dann wandte er sich zu mir. »Nun zu dir. Sollte ich jemals sehen, daß du mit diesen Christenkindern spielst, ziehe ich dir die Haut ab. Und das bei lebendigem Leib!«

Vaters Drohungen bewirkten, daß ich mich weiterhin von den Kirchen in der Nachbarschaft fernhielt. Auch sonst sorgte Vater dafür, daß sich meine ursprünglichen Zweifel an der Religion der Weißen bald wieder verstärkten. Erstens verging kein Tag, an dem mein Vater das Christentum nicht verteufelte, und zweitens ergab alles, was er gegen diese Religion zu sagen wußte, für mich Sinn. Also beschloß ich, das Christentum – ebenso wie Vater es tat – als eine Sammlung »von

Unsinn und Lügen der Weißen« anzusehen. Ferner begann ich, all die schwarzen Männer und Frauen als Dummköpfe zu betrachten, die – was fast täglich geschah – an unsere Tür klopften, um uns zum Christentum zu bekehren. Und die uns »ewige Verdammnis« androhten, sollten wir den Zorn Gottes weiterhin heraufbeschwören.

10   Anfang des Jahres 1968 wurde unsere Miete erhöht, die Buspreise wurden erhöht, die Ladenpreise wurden erhöht, und der Lohn meines Vaters wurde – nicht erhöht. Wir mußten uns noch mehr einschränken als zuvor und es kam kaum noch etwas zu essen auf den Tisch. Dadurch waren wir gezwungen, neue und noch günstigere Nahrungsquellen zu suchen – und wir fanden sie.

Zuerst waren da die Heuschrecken. Meine Mutter nahm uns Kinder an die Hand und wanderte mit uns zum Buschland am Rande des Gettos. Dort fingen wir – von Sonnenaufgang bis zum Sonnenuntergang – Heuschrecken. Die gelblichen Hüpfer waren zwischen den gelblichen Grasstoppeln schwer auszumachen. Meist kamen wir abends kaputt und sonnenverbrannt zu Hause an und trugen dennoch nur halbgefüllte Gläser.

Dann kochte meine Mutter *pap*, während ich damit beschäftigt war, den Grashüpfern die Flügel auszurupfen. Sobald ich damit fertig war, röstete meine Mutter die Heuschrecken, bis sie dunkelbraun waren, salzte sie dann kräftig und servierte sie zum *pap*. Anfangs weigerte ich mich standhaft, das »Ungeziefer« zu essen und wurde auch weder von Mutter noch von Vater dazu gezwungen. Sie wußten, daß es nur eine Frage der Zeit war, bis ›der Hunger es reinzwingen würde‹. Und tatsächlich dauerte es nur wenige Tage, bis ich nachts, als die anderen schliefen, über die Schüssel herfiel, in der meine Mutter *pap* und Heuschrecken übriggelassen hatte.

Nach den Heuschrecken kamen die schwarzen, stacheligen Würmer, die Blutegeln ähneln und *sonjas* heißen. Meine Mutter erstand sie für Sixpence die Tasse bei einer fetten, schwarzen Frau, die jeden Nachmittag ihren Stand an der Ecke aufbaute und noch anderes, seltsames Getier feilbot. Die Kunden der Straßenhändlerin waren größtenteils die Wanderarbeiter, die abends busladungsweise aus der Weißen Welt ins Township zurückkehrten. *Sonjas,* so erfuhr ich von meiner Mutter, gediehen in den Sümpfen des Stammesgebietes im Überfluß.

Manchmal lebten die Würmer noch, deren Haut an winzige Stachelschweine erinnerte. Dann mußte ich ihre grünlichen Eingeweide herausdrücken und die Körper in warmem Wasser gründlich spülen. Meine Mutter hatte mir gezeigt, wie man das macht. Nach dieser Behandlung verloren die Würmer ihren säuerlichen Geschmack. Etwas zumindest. Jedesmal, wenn ich *sonjas* aß, drehte sich mir der Magen um. Ich bekam regelrechte Krämpfe und hatte tagelang keinen Stuhlgang. Als Alternative zu den Würmern gab es noch ein Unkraut namens *murogo*. Eine Wildpflanze, die überwiegend und besonders üppig in der Nähe von Aborten zu finden ist.

»Mama«, sagte ich jedesmal wieder, wenn sie *murogo* mitbrachte. »warum essen wir das Zeug? Es wächst neben Aborten.«

»Was stört dich daran?«

»Die Dinger ernähren sich von Urin und *makaka* (Scheiße).«

»Du ißt doch auch Kartoffeln, oder etwa nicht?«

»Ja.«

»Nun, die Kartoffeläcker werden extra mit Urin und *makaka* gedüngt, damit die Kartoffeln besser wachsen. Hast du das nicht gewußt?«

Ich glaubte die Geschichte mit den Kartoffeln nicht und bestand weiterhin darauf, daß *murogo* Unrat sei. Doch wieder mal: der Hunger belehrte mich eines besseren und gewöhnte meinen Magen daran, auch diesen Unrat zu verarbeiten.

Schließlich und endlich gab es dann noch das Blut von »Mr. Green«, dem Schlachthaus an der First Avenue. Wenn wir da hingingen, weckte Mutter uns besonders früh, denn es war wichtig, unter den ersten zu sein, wenn der Schlachthof um halb zehn öffnete und Mr. Green war ungefähr eine Meile von uns entfernt. Das war ein langer Fußmarsch. Wir nahmen immer alle möglichen Behälter mit. Meine Mutter trug einen riesigen, trommelförmigen Kübel, und wir Kinder kleinere aus Plastik.

Bei Mr. Green töteten sie das Vieh schnell und primitiv. Viele der Armen Alexandras standen Schlange, um die billigen Stücke zu kaufen – Köpfe, Eingeweide, Hufe und schwere Knochen, an denen noch ein paar Fleischfetzen hingen. Das »gute« Fleisch ging zu den Metzgern der Weißen. Einige der Schwarzen, die sich die schäbigen Reste leisten konnten, verkauften sie später weiter und machten dabei einen erklecklichen Profit. Wir gehörten allerdings zu denen, die nicht mal einen Pfennig hatten. So standen wir um Blut an. Das war kostenlos.

Wir gaben den Schlachtern – muskulösen Männern aus den Stämmen, die schwere Stiefel und Plastikschürzen trugen – unsere Behälter und sie füllten sie. Hatten wir das Glück, daß an einem Tag alle unsere Behälter randvoll waren, kamen wir eine Woche lang damit aus. Dann trugen Mutter, Florah, George und ich die tropfenden Gefäße vorsichtig nach Hause. Mutter ließ das Blut dann in einer großen Pfanne brutzeln, bis es zu einem dicklichen, bräunlichen Matsch geworden war. Den tranken wir dann als Suppe. Seit ich einen Dracula-Film gesehen hatte, haßte ich es, das Zeug zu essen: ich fürchtete, eines Tages als Vampir aufzuwachen. Aber es blieb mir nichts anderes übrig. Jedenfalls nicht, wenn ich nicht verhungern wollte. Irgendwann erlöste mich Mr. Green dann davon, das Blut trinken zu müssen. Die Schlachter verlangten nämlich plötzlich auch dafür Geld.

Einmal saß ich ganz früh am Morgen auf einem Stein vor unserer Hütte und schaute verträumt einem Rudel dürrer Hunde zu. Hungrig schnüffelten sie um den verrotteten Kadaver einer Katze herum. Offensichtlich versuchten sie herauszufinden, wie sie an das Aas rankommen sollten, ohne einen der weißen, dicken Würmer mitzufressen, die sich bereits über das hergemacht hatten, was noch von der Katze übriggeblieben war. Ich hätte die Hunde gerne verscheucht, ihnen klargemacht, daß das, was sie da fressen wollten, scheußlicher Unrat sei und sie krank machen könnte. Daß sie vielleicht sogar daran eingehen könnten. Trotzdem tat ich nichts, um die Hunde zu verjagen. Mir war klar, daß sie wiederkommen würden, denn der Hunger, den sie hatten, ließ sich nicht vertreiben. Er war immer da. Das wußte ich von mir: auch ich kehrte, wann immer ich hungrig war, an den Futtertrog zurück, von dem ich zuvor verscheucht worden war.

George, Florah und Maria, auf die ich an diesem Tag aufpassen sollte, spielten in einem kleinen Schlammloch. Unsere Mutter hatte das Haus früh verlassen, um sich einen Job zu suchen oder um zumindest etwas zu essen aufzutreiben. Meinen Geschwistern schien das Spielzeug zu gefallen, das ich ihnen gegeben hatte. Halbnackt saßen sie da und spielten mit den leeren Büchsen und Flaschen und den drei Plastiktüten voller Kieselsteine. Die Sonne schien an diesem Vormittag, so daß die drei nicht froren, obwohl bereits bitterkalter Winter war. Ich hatte sie nach draußen gebracht, weil es drinnen auf dem nackten Zementfußboden noch sehr viel kälter war.

Ich war unruhig und langweilte mich schrecklich. Die Straßen waren leer. Außer ein paar alten Leuten, die herumtaperten, war niemand zu sehen. Nicht ein einziges Kind. Einige waren in der Schule, andere mit ihren Eltern irgendwo hingegangen. Ich sehnte mich nach jemandem, der mit mir spielen würde. Fußball, Murmeln, Himmel und Hölle – irgendwas. Aber niemand kam. Ich hob ein paar Steine auf und zielte auf die Hunde, die an der stinkenden Katze herumzerrten. Ich verfehlte sie kläglich.

Ich brauchte meinen Vorrat an Steinen auf und suchte dann neue. Endlich landete einer mit einem dumpfen Bums auf der Flanke eines besonders klapprigen Hundes. Er jaulte auf und verschwand hinter den Hütten. Ich glühte vor Stolz. Der Hund kam zurück. Ich nahm die Herausforderung an. Ich hatte ein neues Spiel entdeckt. Ich sammelte viele Steine und warf sie einen nach dem anderen auf die Hunde. Ich freute mich jedesmal, wenn ich getroffen hatte, und ärgerte mich, wenn ein Stein danebenging.

Noch während ich mit meinem neuen Spiel beschäftigt war, raste ein Müllwagen die Straße runter. Schwarze Müllmänner, die nicht mal Hemden trugen, hielten sich an seiner Seite fest. Laut machte ich mich über sie lustig. Sie sahen ja auch zu komisch aus, wie sie da, von oben bis unten mit Asche bedeckt, herumrannten und anderer Leute Dreck einsammelten. Einer von ihnen warf irgendwas nach mir. Ich duckte weg. Das Wurfgeschoß verfehlte mich und traf dafür Maria am Kopf. Die Kleine fiel kopfüber in den Modder. Sie schrie. Ich brüllte Obszönitäten hinter dem wegfahrenden Wagen her. Dann fischte ich Maria aus dem Matsch und gab ihr ein Glas Erdnußbutter zum Auslecken. Das Glas war leer – es war schon seit einem Monat leer.

Je näher die Mittagszeit kam, desto wärmer wurde es in der Sonne. Die Hitze ließ mich meinen Hunger und meine Einsamkeit vergessen. Ich döste neben einem Stein ein und träumte von fernen Gestaden, schönen Dingen und natürlich vom Essen.

Ich war gerade eingenickt, als ich Florahs Stimme hörte. »Guck mal«, rief sie. Ich öffnete die Augen und sah, wie Maria sich mit ihrem Kot beschmierte und wie zwei Hunde gierig an ihr herumleckten. Ich lief rüber und trat einen der Hunde mit aller Macht in die Seite. Beide hauten ab. Ich wies George und Florah an, Maria zu nehmen und mir zur öffentlichen Wasserleitung zu folgen.

Eine Frau in Stammestracht mit vielen Fußringen hatte eine Trommel unter den Wasserhahn gestellt. Ich wartete. Kaum hatte sie den tropfenden Kübel auf ihrem Kopf ausbalanciert und war damit verschwunden, schubste ich Maria unter den Wasserstrahl und drehte ihn voll auf. Das eiskalte Wasser brachte sie zum Brüllen. Zähneklappernd versuchte sie wegzurennen, doch ich befahl Florah, sie festzuhalten. Dann zog ich einige Fetzen Zeitungspapier, die sich im Zaun verfangen hatten, heraus und drückte sie Florah in die Hand. Damit sollte sie unsere kleine Schwester abtrocknen. George hielt Maria fest, während ich Florahs Aktion beaufsichtigte und ihr erklärte, wo sie die Kleine abzuwischen habe.

Wir waren gerade fertig, als ein zahnloser alter Mann kam, um einen Schluck zu trinken. Ich wußte, er hatte Tuberkulose. Ich grüßte ihn. Er grüßte zurück. Dann nahm er den Wasserhahn zwischen seine dicken, wunden Lippen und öffnete ihn halb. Als er getrunken hatte, wischte er sich den Mund mit seinem schmutzigen Hemdsärmel ab. Ich hörte, wie er im Weggehen zwischen zwei Hustenanfällen vor sich hinmurmelte: »Komisch, wie das Wasser stinkt. Aber es ist kalt und erfrischend.«

Spät am Abend kam meine Mutter zurück. Sie brachte ein Brot mit und die schlechte Nachricht, daß sie keinen Job gefunden hatte.

Ein paar Tage darauf fragte Florah: »Warum suchst du Arbeit, Mama?«

»Damit ihr Kinder was zu essen habt«, gab sie zur Antwort. »Euer Vater schafft es nicht mehr allein.«

»Warum nicht?« unterbrach ich. »Er konnte es doch früher, oder?«

»Die Familie ist größer geworden und deshalb brauchen wir mehr.«

»Wir sollten jeden Tag was essen«, sagte ich. »Wie meine Freunde.«

»Das werden wir auch eines Tages.«

»Meine Freunde sagen, daß ihre Väter ihnen immerzu etwas zu essen kaufen. Warum tut Papa das nicht? Wir sind doch seine Kinder, oder?«

»Ja.«

»Aber wenn wir seine Kinder sind, muß er uns auch immer genug zu essen geben.«

»Er verdient nicht genug. Ich hab's dir doch gesagt.«

»Dann soll er sich was borgen.«

»Das kann er sich nicht leisten.«

»Warum nicht?«

»Weil er schon bis über beide Ohren in Schulden steckt!«

»Aber wir müssen doch essen, Mama«, protestierte ich. Ich dachte, daß mein Vater, egal, wie hoch seine Schulden auch sein mochten, Geld für uns auftreiben müsse. Ich weiß nicht, wie ich darauf kam. Vielleicht war es der Hunger. »Wir sind doch seine Kinder, oder nicht?« wiederholte ich. Damit wollte ich andeuten, daß es die Pflicht meines Vaters sei, für seine Kinder zu sorgen, und zwar egal unter welchen Umständen.

»Warum fragst du immerzu: ›Wir sind doch seine Kinder, oder nicht?‹?« Meine Mutter war jetzt ärgerlich. »Wer hat dir erzählt, ihr wärt nicht seine Kinder?«

»Ich hab gehört, wie er das gesagt hat.« Damit spielte ich auf das an, was mein Vater meiner Mutter oft ins Gesicht schrie, wenn er mit ihr stritt. Jedesmal, wenn die beiden so richtig in Rage waren, drohte meine Mutter, meinen Vater zu verlassen und uns Kinder mitzunehmen; und mein Vater brüllte zurück: »Nimm die Bastarde ruhig mit. Mir ist das egal! Manchmal frage ich mich ohnehin, ob sie meine Kinder sind, diese ungezogenen Bälger.«

Bevor ich wußte, wie mir geschah, hatte meine Mutter mir mit dem Handrücken eins über mein vorlautes Maul gegeben. Fast hätte ich die Murmel verschluckt, an der ich die ganze Zeit rumgelutscht hatte. Ich hustete heftig und wäre mal wieder fast in die Kohlenpfanne gefallen. Mutter hielt mich gerade noch fest und schlug mir kräftig auf den Rücken, bis ich die Murmel ausspuckte. Dann zog sie mir die Ohren lang.

Zu Tode erschrocken, begann ich zu wimmern und guckte meine Mutter fragend an. Sie sagte, es täte ihr leid, mich geschlagen zu haben. Aber was ich über meinen Vater gesagt hatte, hätte sie dermaßen geärgert, daß sie ganz einfach rot gesehen habe. Mutter weinte nun auch. Sie versuchte mir klarzumachen, wie nervenaufreibend es war, keinen Job zu haben, und daß sie es leid sei, bei den Indern um Arbeit zu betteln und immer wieder abgewiesen zu werden. Sie könne auch die Begründungen dafür nicht mehr hören: ›Du kannst nicht lesen‹, ›Du kannst nicht schreiben‹, ›Du hast keine Arbeitserlaubnis‹, ›Du stillst noch‹ und – ›Du bist ja schon wieder schwanger‹. Schließlich erklärte Mutter mir, daß es lebensnotwendig für sie sei, bald einen Job zu finden. Denn bald würden wir wieder Windeln brauchen und Babynahrung und vor allem Geld für die Entbindungskosten der Klinik.

Als ich das alles gehört hatte, war ich meiner Mutter nicht mehr böse. Im Gegenteil. Sie tat mir in der Seele leid und ich heulte so richtig los. »Aber, aber Johannes«, tröstete sie mich und wischte meine Tränen mit ihrem Rockzipfel weg. »Mach dir keine Sorgen um mich. Gott wird's schon richten. Gott wird's schon richten.« Sie zog George, Florah und Maria heran und umarmte uns alle.

»Warum hörst du nicht auf, Babys zu haben, Mama?« fragte ich.

Meine Mutter lachte. »Ich werde schon eines Tages aufhören, Doktor.«

»Warum hörst du nicht jetzt auf?«

»Dein Vater würde es nicht erlauben.«

»Warum nicht? *Du* mußt das Baby doch kriegen, oder?«

»Du bist zu jung, um das zu verstehen.«

»Weißt du, was ich denke, Mama?«

»Was?«

»Du und Papa, ihr hättet schon mich nicht haben sollen. Ich bin nicht glücklich in dieser Welt.«

»Warum sagst du sowas?«

»Weil das Leben so hart ist. Kein Essen. Keine Kleider. Die Polizei. Wie soll man denn leben, wenn man nichts im Magen hat? Und Papa schlägt mich immerzu und verlangt, daß ich Rituale durchführe.«

Meine Mutter sah mich nachdenklich an und sagte: »Es wird schon besser werden.«

Doch es wurde nicht besser. Und falls es besser wurde, habe ich nichts davon gemerkt. Ich gewöhnte mich wieder mal daran, ständig zu hungern. Diesmal war es ein anderer Hunger. Er machte mich wütend, verwirrte mich und ließ mich hilf- und hoffnungslos zurück. Ich hatte Angst, fühlte mich alleingelassen, wurde noch selbstsüchtiger und zynischer. Überall um mich herum schien es nichts als Hunger zu geben. Was ich auch anfaßte, ich spürte Hunger. Mit wem ich auch sprach, ich spürte Hunger. Hunger kroch aus den leeren Töpfen. ›Hunger‹ sagten die schwarzen Kinder, mit denen ich spielte. ›Hunger‹ brüllte es in meinen Alpträumen. Hunger verpestete sogar die Luft, die ich atmete. Manchmal war er ein schweigender Zerstörer, der unsichtbar, unbemerkt durch meine Gedärme kroch – und dann wie eine Zeitbombe explodierte. Dann wieder war er wie der Fang eines Raubtieres, der ständig über mir schwebte, immer bereit, zuzuschnappen.

Trost, Verständnis und Gesellschaft suchte ich im Straßendschungel. Wenn ich den ganzen Tag Fußball spielte, schien das den Hunger ein wenig rauszuschieben. Obwohl er natürlich abends wiederkam – und dann mit Macht. Ausgelaugt und wie im Tran stolperte ich dann nach Hause. Meist lag eine hungrige Nacht vor mir. Denn selbst wenn es etwas zu essen gab, wurde ich doch nie satt. Und lief dann am nächsten Tag wieder durch die Straßen, um bei einem Fußballspiel mitzumachen, das mich meine ganze Kraft kostete. Ich spielte gegen den Hunger. So begann meine Sportleidenschaft. Und es verging kein Tag, an dem ich nicht durch die Straßen streunte, von Hof zu Hof, und nach Jungen suchte, die mit mir spielten. Egal was.

In unserer Nachbarschaft gab es ein großes Lager, in dem die Wanderarbeiter aus den Stämmen hausten. Eines Abends, als ich mich mit quälendem Hunger nach Hause schleppte, traf ich auf eine Horde Jungen in meinem Alter, die munter und aufgeregt vor dem Lager auf und ab liefen. Ein Freund unter ihnen winkte mich heran.

»Willst du ein bißchen Geld machen und was zu essen haben?« haute er mich an.

»Essen, soviel du essen kannst«, echoten die anderen.

»Ja«, sagte ich neugierig. »Wo?«

»Da drin.« Sie deuteten auf die eingezäunten Baracken.

Während wir noch redeten, stieß ein großer, schlanker, glatzköpfiger Junge von vielleicht 13 zu ihnen. Sein Spitzname war *Mpandhlani* (Glatzkopf). Er kam gerade von einem großen, muskulösen Mann mit vorstehenden Zähnen, der eine schreiend bunte Decke trug und zu den »Deckenleuten« gehörte, die im Lager hausten.

»Er hat gesagt, heute nicht«, schmollte Mpandhlani. Niedergeschlagenheit erfaßte die Fünf-, Sechs- und Siebenjährigen. Ich hatte keinen blassen Schimmer, warum sie so enttäuscht waren und wollte sie gerade danach fragen, als meine Mutter zufällig vorbeikam. Kaum hatte sie mich inmitten der anderen entdeckt, brüllte sie: »Laß uns nach Hause gehen, du Herumtreiber. Siehst du denn nicht, daß es schon dunkel ist?«

Zögernd verließ ich die Gruppe, ohne herausgefunden zu haben, wie ich Geld verdienen und alles Essen bekommen konnte, das ich mir nur wünschte. Aber ich war entschlossen, es noch herauszufinden. Ich wollte die Jungen suchen, sobald ich meiner Mutter unbemerkt entkommen konnte.

Die Gelegenheit dazu kam am Donnerstagmorgen. Meine Mutter war mal wieder zu den Indern gegangen, um nach einem Job zu fragen und hatte mich damit beauftragt, George und Florah zu hüten, zu putzen und ein Feuer zu machen. Kaum war sie allerdings zur Tür heraus, schlug ich ihre Anweisungen in den Wind und machte mich davon. Ich ließ Florah und George allein, weil ich sicher war, daß sie mit ihren fünf und drei Jahren alt genug waren, auf sich selbst aufzupassen. Und putzen und ein Feuer machen, das konnte ich später immer noch – der Tag war schließlich lang. Wenn Mutter auf Arbeitssuche war, blieb sie immer bis zum Abend weg.

Erstmal ging ich Fußball spielen. Ich spielte in verschiedenen Höfen und gegen Nachmittag, als der Hunger in meinen Därmen wühlte, machte ich mich auf den Weg nach Hause. Ich trottete gerade die Straßen entlang, als ich wieder auf die Horde Jungen traf, mit denen ich an dem Abend zusammengewesen war, als meine Mutter mich nach Hause geschleppt hatte, ohne mir noch die Chance zu geben, rauszukriegen, wie man an »Geld und alles Essen, das man nur haben will«, kommt. Wie beim letzten Mal liefen die Jungen munter und aufgeregt vor dem Tor zu einem Männerlager auf und ab, das dem in unserer Nachbarschaft ähnelte.

Ich ging zu ihnen hinüber. Sie erinnerten sich an mich.

»Willst du das Essen und das Geld immer noch?« fragen sie.

»Ja«, sagte ich gierig.

»Dann warte hier mit uns.«

Bald darauf kam ein großer, stämmiger Mann vorbei. Er trug abscheuliche Narben im Gesicht – die »Schönheits«-Zeichen seines Stammes – und seine rechte Schulter war höher als die linke. Er rief Mpandhlani zu sich. Die beiden wisperten miteinander. Mpandhlani nickte unablässig. Nach ein paar Minuten machte der Mann kehrt und ging ins Lager zurück. Auf dem Weg dorthin flüsterte er einem der schwarzen Wachposten, der müßig auf einem leeren Ölfaß am Eingang saß, etwas ins Ohr. Dann betrat der Narbengesichtige das mit Stacheldraht umzäunte Gelände. Der Wachmann, der ein Gebiß wie ein

Gorilla hatte, trug einen roten Umhang und einen verrosteten Bergarbeiterhelm und rauchte eine langstielige Pfeife. Ein paar Minuten vergingen, ohne daß irgendwas passierte. Dann rief der Wachposten Mpandhlani zu sich. Wieder wurde geflüstert, bis Mpandhlani uns zurief, wir sollten reinkommen. Der Wachmann ließ uns durch das eiserne Tor. Dabei grinste er breit und zwinkerte uns zu.

Wir liefen durch die Reihen von Steinhäusern mit Wellblechdächern. Unser Ziel, so hatte ich gehört, war das Gebäude hinten im Lager. Mpandhlani führte uns an. Er lief wie ein Pfau vor uns her und sprach mit einigen der Männer, denen wir begegneten. Er mußte sich hier gut auskennen. Das Lager war schmutzig. Papier, leere Bierkartons, Flaschen, Schachteln, Lumpen, umgestoßene Mülltonnen und Nachttöpfe und Asche waren über das Gelände verstreut. Dicke Fliegen surrten um Fleischbrocken, die auf dem Stacheldraht gespießt waren, um im grellen Sonnenlicht zu *biltong* (Dörrfleisch) zu werden.

Aus irgendeinem Grund war mir das Lager unheimlich. Am liebsten wäre ich weggelaufen. Doch der Anblick einiger *impis* (eine Gruppe von Zulu-Kämpfern), die sich einen Schaukampf lieferten, ließ mich innehalten. Sie kämpften mit nacktem Oberkörper, schleuderten Speere und gingen mit Knüppeln aufeinander los. Einige von ihnen feixten und zwinkerten uns zu, als wir an ihnen vorbeigingen. Schließlich kamen wir bei dem Rückgebäude an. Da stand Narbengesicht. Er hatte vor der Tür auf uns gewartet.

Grinsend ließ er uns rein. Drinnen gab es eine endlos lange, schlecht beleuchtete Halle, von der kleine Zweibettzellen mit halbhoch gemauerten Wänden abgingen. An den Wänden hingen unzählige Spinnweben und Zeitungsfotos von verschiedenen Stammes-Häuptlingen. In der Mitte des Raumes standen zwei Reihen dicker Betontische und Bänke. Unter der Decke des Gebäudes sah man nackte Dachbalken. Direkt darunter hingen Reihen um Reihen abgetragener Kleidungsstücke von Wäscheleinen, die wie ein gigantisches Spinnennetz kreuz und quer durch die Halle gespannt waren.

Es war stickig hier und roch schlecht. Sehr schlecht. Der Mief erinnerte mich an die Eier von der Sunnyside-Fabrik. Vor den kleinen, geschlossenen Fenstern hing *biltong*. Auch um diese Stücke herum summten Fliegen. Auf dem Zementboden sah es noch schlimmer aus, als draußen auf dem Hof. Hier herrschte ein heilloses Chaos – Schachteln, zerlumpte Hosen, Overalls, Jacken, Fahrräder, ungewaschene

Pfannen und Töpfe, geöffnete Fischdosen, leere Bierflaschen und -kartons, alte Zeitungen, dreckige Unterwäsche und verschlissene Koffer lagen herum.

Die vielen ungemachten Schlafkojen mit ihren zerrissenen, fadenscheinigen Decken, die unordentlich herunterhingen, ließen darauf schließen, daß hier viele, sehr viele Männer lebten. Narbengesicht führte uns zum Ende der Halle. Dort lagen einige Männer lässig auf ihren Schlafkojen. Keiner von ihnen trug ein Hemd. Die Männer sagten, wir sollten es uns bequem machen, während sie was zu essen machten. Sie waren acht, Narbengesicht eingeschlossen. Wir waren zehn Jungen.

Zwei der Männer begannen, auf zwei Herden zu kochen. Auf dem einen stand ein Topf mit Getreidebrei und auf dem anderen eine große, fettige Pfanne, in der Leberstücke brutzelten. Die anderen Jungen ließen sich auf die Schlafkojen fallen und kicherten mit den Männern. Sie fingen an, Brot runterzuschlingen und Bananen und Süßigkeiten in sich reinzustopfen, die die Männer hatten rumliegen lassen wie einen Köder.

Ich hatte keine Ahnung, was da vor sich ging, keinen blassen Schimmer, wer die Männer waren. Ich zögerte, irgendwas anzufassen oder gar etwas zu essen. Ängstlich lehnte ich mich gegen die Wand und sah zu, wie die Jungen aßen, lachten und mit den Männern schäkerten. Einer der Männer zeigte auf mich und fragte Mpandhlani: »Warum ißt der nichts?«

»Er ist neu«, antwortete Mpandhlani und kicherte.

»Ist er das!« entfuhr es dem Mann. Dann drehte er sich zu mir um und sagte mit einem verschlagenen Lächeln: »Iß, Junge, iß soviel du willst, das Essen ist frei.«

Ich schüttelte den Kopf.

»Was ist los?« fragte er. »Magst du das Essen nicht?«

Ich antwortete nicht. Ich wollte weg.

»Mag er das Essen nicht?« wandte er sich nun an Mpandhlani. »Sag ihm, daß er alles essen kann, was er will. Das geht in Ordnung. Nimm das und gib's ihm.« Er gab Mpandhlani, dem der Saft einer Orange vom Kinn tropfte, die er gerade mampfte, ein Stück von der gebratenen Leber.

Mpandhlani nahm auch davon einen Happen und hielt mir dann das Leberstückchen vor den Mund.

»Nimm!«

»Ich mag nicht«, sagte ich und drehte den Kopf weg.

»Bist du nicht hungrig?« fragte er.

Ich antwortete nicht.

»Na, mach schon«, drängte Mpandhlani, »stell dich nicht so blöd an. Nimm und iß. Du hast doch gesagt, daß du was zu essen haben willst, oder? Iß jetzt, es kostet nichts.«

Obwohl ich einen Bärenhunger hatte und mein Magen knurrte, lehnte ich das Leberstück zum zweitenmal ab. Unauffällig versuchte ich, ein paar Schritte von der Gruppe wegzugehen.

Aus den Augenwinkeln sah ich, wie Mpandhlani die Leber einem anderen Jungen zuschob. Einem Fünfjährigen. Es machte mir nichts. Narbengesicht schaute mich argwöhnisch an, sagte aber nichts. Meine Angst wuchs, ich spannte die Muskeln an. Um seinen Blicken zu entgehen, schaute ich in die andere Richtung. Dahin, wo die anderen Männer waren. Zwei von ihnen hockten immer noch neben den Herden, teilten Kornbrei und Leber aus. Der Rest der Männer war dabei, vor den drei Schlafkojen Ordnung zu machen. Dann legten sie mehrere Lagen Decken vor jedes Bett. Ich wunderte mich, was sie wohl vorhatten, wagte aber nicht zu fragen.

Bald hatten alle – außer mir – ihre Portion aufgegessen und nun begannen die Männer, den Jungen glänzende Münzen in die Hand zu drücken. Mpandhlani bekam einige *Rand*. Als sie vor mir standen, hörten sie auf und einer sagte: »Du kriegst deine beim nächstenmal.«

Ich hatte nichts gegessen, weil ich vermutet hatte, daß die Männer irgendwas im Schilde führten. Als sie nun all das Geld verteilten, fing ich gerade an, mich für verrückt zu halten, da fragte einer von ihnen: »Seid ihr nun fertig?«

Mpandhlani nickte den Jungen zu und sie begannen, sich auszuziehen. Meine Augen weiteten sich in ungläubigem Staunen. Ich hörte das Geräusch von laufendem Wasser und dachte, daß die Männer die Jungen nun auch noch baden lassen wollten.

»Zieh dich aus!« herrschte Mpandhlani mich an.

»Ich will nicht baden«, sagte ich.

Mpandhlani wollte irgendwas erwidern, als einer der Männer ihn unterbrach und hauchte: »Vielleicht möchte er als letzter gehen . . .«

Als letzter? Wohin? Was war hier eigentlich los? Ich verstand überhaupt nichts mehr. In dem Moment begannen auch die Männer, sich auszuziehen. Bevor ich noch darüber nachdenken konnte, was das sollte, stellten sich die Jungen, die nun völlig nackt waren, vor den Schlafkojen auf. Sie beugten sich nach vorn, bis ihre Hände die Zehen berührten. Die schwarzen Hintern hielten sie hoch in die Luft gestreckt. Einer der Männer holte ein großes Glas Vaseline. Damit schmierte er zuerst den Jungen den After ein und dann seinen langen, angeschwollenen Penis. Ich guckte zu den anderen Männern. Die hatten sich ebenfalls ihre Glieder mit Vaseline eingeschmiert. Noch nie hatte ich irgend etwas ähnliches erlebt. Als ich den Jungen ins Gesicht schaute, weil ich mir davon eine Erklärung erhoffte, sah ich nur noch Leere in ihrem Blick. Die glücklichen Mienen waren verschwunden. Nur Mpandhlani war noch angezogen. Er stand da, stopfte Essensreste in sich hinein und pfiff fröhlich vor sich hin.

Ich schaute wieder zu den Männern hinüber. Einer von ihnen sagte, während er seinen langen, dickgeäderten Penis weiter mit Vaseline einrieb: »Dies ist ein Spiel, das wir immer mit den Jungen spielen.« Er grinste. Ich stand wie versteinert.

»Was für eine Art Spiel ist es?« fragte ich leise. Mein Argwohn und meine Furcht wurden unaufhörlich größer.

»Halt's Maul!« brüllte Mpandhlani. »Zieh dich aus und halt die Schnauze!«

»Ich will mich nicht ausziehen«, wehrte ich mich.

»Hab keine Angst, Junge!« Das war einer der Männer. Seine Stimme war gedämpft. »Das ist nur ein Spiel, das wir spielen. Hier geschieht keinem was.«

»Es ist ein schönes Spiel«, fügte ein anderer hinzu. »Es wird dir gefallen, wenn du an der Reihe bist.«

Ich?

»Nein!« schrie ich und versuchte abzuhauen.

»Laß den Blödsinn, Junge!« stieß einer der Männer zwischen den Zähnen hervor. »Komm sofort hierher!«

»Nein!« brüllte ich wieder und wich weiter zurück.

Einer der Männer stand auf und folgte mir. Ein paar Schritte von mir entfernt, hielt er inne.

»Komm her, Junge!« warnte er. »Komm her, oder es wird dir leid tun!«

Ich bewegte mich weiter rückwärts. Und nun schneller. Ich sagte mir, daß der Mann mir bestimmt nicht nachlaufen würde, er hatte schließlich nichts an. Ich drehte mich um und suchte die Tür. Da sah ich, wie sich der Mann, der am weitesten von mir weg war, sich hinter einem der Jungen, die ihre Hintern noch immer hoch in die Luft reckten, in Positur stellte. Ich machte auf dem Absatz kehrt und rannte zur Tür.

»Laß das bleiben, Junge!« rief einer. Aber ich hörte nicht darauf. »Mpandhlani, bring den Jungen sofort zurück!« Das war ein Befehl. Ich stolperte über irgendwas, was auf dem Boden lag und fiel hin. Ich rappelte mich auf, und fiel wieder, als ich eine Stufe verfehlte, die aus dem Gebäude führte, und raffte mich noch einmal auf. Ich war völlig verwirrt. Meine Augen schwammen in Tränen und ich sah nur Schatten, als ich durch den Hof rannte. Ich wollte zum Tor, raus aus dem Lager. Hoffentlich stimmte die Richtung.

»Guckt euch den Jungen an!« »Mann, kann der rennen!« »Wo kommt denn der her?« »Er muß was geklaut haben!« »Fangt ihn!« hörte ich Stimmen durcheinanderrufen, während ich verzweifelt den Ausgang suchte.

Ich war von dem Gedanken besessen, das Tor zu finden und hoffte, es würde offen sein. Da war es. Es war offen! Ich wurde schneller. Der Posten blickte auf und sah mich kommen. Er stand auf.

»Was zum Teufel tust du?« brüllte er, als ich an ihm vorbeischoß, bevor er das Tor schließen konnte. Er versuchte mir ein Bein zu stellen. Ich schlug einen Haken.

Ich schaute nicht zurück, als ich die Straße hinunterraste, Autos auswich, über *dongas*, Zäune und Pfützen sprang. Ich lief in Höfe, die ich nicht kannte und mußte wieder über Zäune klettern. Irgendwie schaffte ich es, nach Hause zu kommen. Ich keuchte und war völlig außer Atem.

Ich habe niemals irgendjemandem erzählt, was ich erlebt hatte. Nicht mal meiner Mutter. Ich hatte Angst, daß sie mir Fragen stellen könnte, die ich nicht beantworten konnte. Oder – noch schlimmer – daß es einen Aufruhr geben könnte, wenn ich auch nur andeutungsweise verriet, was da im Lager vor sich ging. Wenn bekannt würde, was die »Deckenmänner« mit einer Gruppe hungriger, kleiner, schwarzer Jungen trieben. Ich behielt es für mich, weil ich befürchtete, daß die Hölle losbrechen würde im Township, wenn auch nur einer der Wanderarbeiter aufgrund meines Berichtes in sein Stammesreservat zurückgejagt werden würde. Ich hielt dicht, weil ich Angst hatte, daß es zu blutigen Kämpfen zwischen den Wanderarbeitern und Männern wie meinem Vater kommen würde. Ich hatte zu oft erlebt, wie *impis,* die im Lager wohnten, mit ihren Speeren und Knüppeln losgezogen waren, um »Dinge geradezurücken« und dabei entsetzliche Verwüstungen angerichtet hatten.

Ich hatte damals keine Ahnung, daß das, was ich als Geheimnis mit ins Grab nehmen wollte, etwas war, wovon jeder Erwachsene in Alexandra ohnehin wußte. Es gehörte zum Alltag. Selbst die Polizei wußte Bescheid. Und niemand hatte irgendetwas dagegen unternommen und keiner hatte, wie ich später erfuhr, auch nur die Absicht, etwas zu unternehmen, um die Kinderprostitution, beiläufig *Matanyula* genannt, zu unterbinden.

Gelegentlich lief ich Mpandhlani über den Weg. Der dreizehnjährige Zuhälter und seine Clique frozzelten mich jedesmal, wenn sie mich sahen und sagten »Du bist ein Idiot«. Sie aßen Fish and Chips, die sie zweifelsohne von dem Geld erstanden hatten, das sie sich im Lager verdienten.

Gut, ich war ein Idiot. Aber ich wollte es so. Ich wollte mich nicht prostituieren. Nicht für Geld und nicht für alles Essen in der Welt. Ich wäre lieber gestorben, als zu tun, was die anderen taten. Mpandhlani und seine Clique, die, während das Lager bestand, niemals hungrig waren, erlebten harte Zeiten, als es unvermutet geschlossen wurde. Die Gruppe fiel auseinander. Jeder ging seiner Wege. Einige wurden Zuhälter in anderen Lagern, andere wurden *tsotsis* und endeten in Besserungsanstalten oder kamen ums Leben.

Während der ganzen Zeit, die ich in Südafrika lebte, nannten andere Jungen mich einen Dummkopf, weil ich mich weigerte, so zu leben wie sie und das zu tun, was sie taten. Doch ich gelangte von Tag zu Tag mehr zu der Überzeugung, daß man in unserer Welt, der Schwarzen Welt, nur überleben konnte, wenn man den Narren spielte und den rechten Augenblick abwartete.

I I   Obwohl meine Eltern sich über vieles stritten – unter anderem über den Nutzen des Christentums für Schwarze – waren sie sich doch in einem Punkt einig: Sie glaubten beide an die Macht der Magie. Beide waren überzeugt, daß viele, wenn nicht gar alle unsere

Probleme vom schlechten Voodoo uns übelgesonnener oder neidischer Nachbarn herrührten. Und daß nur ein mächtiger Medizinmann das wieder in Ordnung bringen konnte. Schlichtes Pech oder Zufälle gab es in ihrem Denken nicht. Meine Mutter war sicher, daß es nicht allein an ihren Papieren lag, die noch nie in Ordnung gewesen waren, daß sie in der Weißen Welt keinen Job finden konnte. Ihrer Ansicht nach hatte irgendein Nachbar die Hand im Spiel, der ihr einfach nicht gönnte, daß es uns besser gehen könnte als ihm. Wir Kinder wurden in dem Glauben erzogen, daß die Welt voller Voodoo, Hexerei und Zauberei sei.

An einem sonnigen Mittwochnachmittag hatten Mutter, George, Florah, Maria und ich unsere Granny besucht, als wir geradewegs in eine Polizeifalle liefen. Der Polizeiwagen stand mitten auf der Straße, und die Polizisten hielten Passanten an und verlangten ihre Pässe. Meine Mutter versuchte wegzulaufen, doch ein schwarzer Polizist hielt sie auf.

»Was bildest du dir ein, wo du hingehst?« brüllte er. »Zeig erst mal deinen Paß!«

Eingeschüchtert und verängstigt nahm Mutter meine kleine Schwester Maria, die sie auf dem Rücken getragen hatte und reichte sie mir. Dann öffnete Mutter die Bluse und zog das Paßbuch zwischen ihren Brüsten hervor. Sie gab es dem Polizisten. Er blätterte es schnell durch.

»Es ist nicht in Ordnung«, sagte er.

»Ich weiß, *murena* (Herr)«, antwortete sie. »Ich kann es nicht in Ordnung bringen.«

»Warum lebst du dann immer noch in Alexandra? Du weißt doch, daß alle, deren Pässe nicht in Ordnung sind, in die Stammesreservate zurück müssen.«

»Mein Mann ist hier, *murena*. Wir leben schon mehr als 15 Jahre hier.«

»Dann verstößt er gegen das Gesetz, wenn er dich hierbehält. Hast du Geld?«

»Nein, *murena*. Ich erwarte bald ein Kind und deshalb habe ich den Klinikleuten alles gegeben.«

»Dann muß ich dich mitnehmen.«

»Aber ich . . .«

»Das interessiert mich nicht. Du hast das Gesetz gebrochen.«

Als sie meine Mutter auf den Lastwagen luden, rief sie mir noch zu, ich solle auf meinen Bruder und meine beiden Schwestern aufpassen, bis Vater von der Arbeit zurückkäme.

Vater war an diesem Abend erst sehr spät zu Hause. Ich berichtete ihm, was geschehen war. Er lief sofort los, um bei unserem Hauswirt ein bißchen Geld zu pumpen. Als er zurückkam, schickte er mich los, um Mrs. Munyama zu holen, die Frau unseres Nachbarn.

Mein Vater gab ihr das Geld und bat sie, am nächsten Tag zur Polizeiwache zu gehen und meine Mutter auszulösen. Er selbst wagte nicht, einen Arbeitstag zu versäumen, weil er nicht gefeuert werden wollte. Mrs. Munyama willigte ein; ihr Paß war in Ordnung. Es gelang ihr auch, meine Mutter rauszuholen.

»Sie haben gesagt, wenn sie mich das nächstemal aufgreifen, werden sie mich ins Homeland abschieben«, erzählte sie meinem Vater. »Und dich auch! Weil du eine Frau hast, die unerlaubt hier lebt.«

»Was sollen wir tun?« fragte mein Vater.

»Wenn ich nur eine Erlaubnis kriegen könnte«, jammerte meine Mutter. Meine Eltern waren ständig auf der Flucht. Jedesmal, wenn eine Razzia kam, verdufteten sie, nur um nicht als Mann und Frau unter einem Dach angetroffen zu werden. Meine Geschwister und ich kapierten nie wirklich, warum. Immer und immer wieder fragten wir meine Mutter danach. Und jedesmal antwortete sie mit derselben Litanei:

»Euer Vater und ich wollen euch wirklich nicht wie Vieh großziehen. Doch wenn wir unsere Familie zusammenhalten wollen, müssen wir bei jeder Razzia fliehen. Es gibt keinen anderen Weg. Nicht für uns alle jedenfalls. Euer Vater könnte hier arbeiten und in einem Wohnheim leben, wenn er wollte. Aber dann wären wir keine Familie mehr. Denn ihr und ich, wir müßten ins Homeland zurück. Doch wir haben ja niemand mehr da drüben. Euer Vater und ich haben uns in der Stadt getroffen. Ihr Kinder seid in Alexandra geboren. Wir haben keine andere Heimat als Alexandra. Doch wir können hier nur in illegalen Hütten leben, wenn wir zusammenbleiben wollen. Und wir können nur hoffen und beten, daß Gott uns zusammenbleiben läßt, bis ihr Kinder groß seid.« Jedesmal, wenn Mutter uns das erzählte, brach sie in Tränen aus. Und wir heulten mit.

In ihrer Verzweiflung, einen Job zu finden und endlich ihre Papiere in Ordnung zu kriegen, um legal in Alexandra bleiben zu dürfen, besuchte sie einen Medizinmann. Vater hatte das vorgeschlagen. Der Medizinmann verschrieb verschiedene Arzneien. Doch nichts geschah. Kein Job. Mutter versuchte es noch bei etlichen anderen Medizinmännern. Doch auch da: kein Job. Nicht mal die Aussicht auf einen.

Eine Frau wie meine Mutter ließ sich allerdings davon nicht unterkriegen. Nachdem die Medizinmänner versagt hatten, probierte sie neue Möglichkeiten aus. Einen Hoffnungsschimmer sah sie, als eines Tages eine Gruppe von Leuten, die sich »Full Gospel Apostles of God« nannten, vor unserer Haustür standen und ihr etwas über Gottes geheimnisvolle Wege erzählten, den Seinen zu helfen. Wer seine Stammesreligion ablegte und Christ wurde, behaupteten sie, sei alle Sorgen los. Meine Mutter hörte aufmerksam zu. Hin und wieder fragte sie was. Wollte irgendwelche Dinge aus dem Alten oder Neuen Testament genauer wissen. Am Ende dieser zweistündigen, immer wieder unterbrochenen Predigt, in der sich die Apostel den Mund fusselig geredet hatten, machte meine Mutter ihnen folgenden Vorschlag: wenn der Gott, an den sie glaubten, ihr helfen könne, einen Job zu finden – etwas, was die Stammesgötter nicht fertiggebracht hatten – wollte sie mit Freuden den Stammesglauben ablegen und sich zum Christentum bekennen. Prompt überschlugen sich die »Apostel« geradezu, meiner Mutter zu versichern, daß Gott ihr diese Bitte in dem Moment erfüllen würde, in dem sie zur Kirche ginge und sich und ihre Kinder taufen ließe. Meine Mutter sagte, sie wolle darüber nachdenken. Irgendwer muß diese Geschichte dann meinem Vater erzählt haben. Er kochte vor Wut.

»Ich hab gehört, du hast wieder mit diesen Männern und Frauen gequatscht«, schnarrte er beim Abendessen.

Lachend antwortete meine Mutter: »Ja. Und ich denke, ich werde tatsächlich so verrückt sein wie sie und in die Kirche gehen.«

»Was?!«

Meine Mutter wiederholte, was sie gesagt hatte. Während der beiden letzten Jahre hatte sie sich gewaltig verändert. Sie schien nicht länger bereit, zu kuschen und letztlich immer nur das zu tun, was mein Vater von ihr verlangte. Sie hatte aufgehört, die Rolle zu spielen, die den Frauen aus den Stämmen zukommt. Sie hatte ihren eigenen Kopf.

»Wenn du das tust, Frau, kannst du gleich abhauen«, brüllte mein Vater. »Und wag dich bloß nicht zurück. Denn ich hol mir dann eine andere Frau, die meine Kinder großzieht. In diesem Haus ist kein Platz für zwei Männer! Du gehorchst mir oder du gehst!«

»Aber ich brauche einen Job«, widersprach meine Mutter kleinlaut. »Ist dir immer noch nicht aufgefallen, daß alle Christen Arbeit haben? Und überhaupt – wenn ich zur Kirche gehe, heißt das noch lange nicht, daß ich nicht weiter deine Götter anbeten kann.« Sie betonte das *deine*.

»Du kannst nicht zwei Herren dienen, verdammt nochmal«, sagte mein Vater ärgerlich.

Wie ich so dasaß und ihrem Streit zuhörte, mußte ich meinem Vater recht geben. Ich konnte mir auch nicht vorstellen, wie sie zwei Religionen unter einen Hut bringen wollte. Es gab nur ein Entweder-Oder. Entweder würden wir alle Christen werden – und zwar richtig – oder wir blieben, was wir waren. Da ich meinen Vater kannte, wußte ich, daß meine Mutter sich etwas Drastisches einfallen lassen müßte. Um uns zu Christen zu machen, müßte sie sich meinem Vater widersetzen, der die Stammesgötter – darauf hätte ich meinen Kopf gewettet – bis zu seinem letzten Atemzug anbeten würde. Wer diesen Streit gewinnen würde, war mir egal, solange ich nicht in das Hickhack um die beiden Religionen hineingezogen wurde und Stellung beziehen mußte. Ich konnte keinen der Götter leiden.

Etwa einen Monat nach diesem riesigen Krach widersetzte sich meine Mutter meinem Vater in der Tat. Sie nahm uns heimlich in die Kirche der »Full Gospel Church« mit. Dort wurden wir getauft. Dennoch blieb ich dem Christentum gegenüber skeptisch. Und meine Mutter, die sich offen und stolz eine Christin nannte, fuhr munter fort, auch den Stammesgöttern zu huldigen. Etwas verhaltener, wenn alles in Ordnung war, und laut und deutlich, wenn etwas schiefging.

12   Wenige Wochen, nachdem wir nach außen hin Christen geworden waren, sammelte meine Mutter unsere Mietquittungen, ihre Heiratsurkunde und die Paßbücher zusammen. Dann verbrachte sie Tage mit dem Versuch, im Büro des Superintendenten die Erlaubnis einzuholen, in der Weißen Welt einen Job suchen zu dürfen. Am Ende eines solchen Tages kam sie dann gewöhnlich niedergeschlagen und erschöpft zurück. Es hatte wieder mal keine Erlaubnis gegeben, weil dieses oder jenes Dokument nicht vorhanden gewesen war. Entmutigt

kümmerte sie sich bald wieder nur noch um den Haushalt. Sie kochte, putzte, wusch und flickte unsere Lumpen. Oft mußte sie auch George und Florah pflegen, die sich niemals völlig von der Unterernährung erholt hatten, an der sie fast gestorben wären, als mein Vater im Gefängnis gewesen war. Mutter kümmerte sich um jedes Wehwehchen der Kleinen. Und dann fand sie neben alledem noch Zeit, uns Geschichten zu erzählen, uns Stammeslieder beizubringen und Rätsel aufzugeben, an denen wir uns die Zähne ausbeißen konnten. Wir saßen meist um die ausglühende Kohlenpfanne versammelt. Als ich noch jünger gewesen war, hatten mich viele dieser Geschichten nur unterhalten. Doch jetzt, da ich sechs war, begann ich, über sie nachzudenken und sie von verschiedenen Seiten zu betrachten.

Meine Mutter sagte, daß diese Geschichten von Generation zu Generation von unseren Vorfahren überliefert worden seien. Und daß sie sie uns nicht allein deshalb erzähle, damit wir Kinder Spaß daran hätten oder die Sitten und Gebräuche des Stammes lernen würden, sondern vor allem deshalb, damit wir sie später an unsere Kinder weitergeben könnten, die sie dann wieder ihren Kindern erzählen würden. Und so weiter und so weiter. Meine Mutter war eine fabelhafte Geschichtenerzählerin. Wir Kinder wurden immer ganz still und saßen da wie Holzpuppen. Wenn wir gebannt ihrer fast hypnotischen Stimme lauschten, war es so still, daß wir unseren eigenen Atem hören konnten. Jedesmal, wenn Mutter eine dieser besonderen Geschichten beendet hatte und uns schlafen schickte, bettelten wir um eine neue. Das war eine Bitte, die sie nur allzu gern erfüllte. Meist war es mein Vater, der dem Vergnügen ein Ende machte, indem er Mutter aus dem Schlafzimmer zurief, nun endlich die Kerze zu löschen. In seltenen Fällen dösten wir Kinder aber auch einfach ein und spannen in unseren Träumen das Garn weiter, das Mutter zu spinnen begonnen hatte.

Ihr umfangreiches Wissen über das Brauchtum, ihre lebendige Erinnerung an die Traditionen verschiedener, längst vergessener Stämme und ihre Fähigkeit, in anschaulichen Bildern zu erzählen, bescherte uns Nacht für Nacht aufregende Geschichten.

Manchmal erzählte sie von Häuptlingen, Medizinmännern, Kriegern, Zauberern, Hexen und wilden, grauenerregenden Bestien. Diese Geschichten spielten in einem afrikanischen Königreich, in dem schwarze Männer herrschten. Einem Phantasie-Reich, das der Weiße Mann nie betreten hatte. Sie schilderte die unfaßbaren Heldentaten der berühmten afrikanischen Götter, die mit unbegrenzten magischen Kräften – wie Unsterblichkeit, Unbesiegbarkeit und der Fähigkeit, sich unsichtbar zu machen – ausgestattet waren. Kräften, die sie einsetzten, um unablässig und tapfer für Gerechtigkeit, Frieden und Harmonie unter den schwarzen Stämmen im Tal der Tausend Berge zu kämpfen.

In anderen Nächten erzählte sie wortreich und stolz die Legenden, die sich um die großen und edlen Häuptlinge ihres eigenen Stammes, der Tsongas, gebildet hatten. Häuptlinge, die gemeinsam mit mächtigen und ritterlichen Kriegern gegen gefährliche, feindliche Stämme in die Schlacht zogen. Wenn der Sieg errungen war – wie auch immer errungen war – unterjochten sie die Besiegten niemals, wie andere Stämme es taten. Statt dessen erlaubten die Tsonga *impis* den Verlierern immer, ihren Glauben, ihre Bräuche und Traditionen beizubehalten und auch weiter ihre eigenen Götter anzubeten. Alles, was sie dafür versprechen mußten, war, den Frieden zu halten und ihre Bezwinger zu ehren.

In wieder anderen Nächten erzählte uns Mutter Geschichten über Tiere. Besondere Tiere, natürlich. Sie waren stark, sie waren feige, sie liebten, sie haßten, sie waren ehrlich, weise, großmütig oder hinterlistig, sie betrogen oder hatten Angst – sie benahmen sich wie Menschen. Aber sie waren klüger als die Menschen. Denn sie konnten selbst die schwierigsten Entscheidungen zur Zufriedenheit aller treffen.

Es vergingen auch Nächte, in denen brachte Mutter uns Stammeslieder und Sprichwörter bei oder gab uns Rätsel auf und ermunterte uns dazu, sie auswendig zu lernen. Denn, so sagte sie: »Für uns schwarze Menschen ist das Gedächtnis wie für andere Leute ein Buch. Wir können es wieder und wieder lesen – unser ganzes Leben lang.«

Da gab es Tanzlieder und andere, von denen Mutter sagte, daß schwarze Leute sie seit ewigen Zeiten singen. Lieder für die Erntezeit, für Initiations- und Begräbnis-Zeremonien, für Hexenjagden und Weissagungen. Es gab auch Lieder, die zur Heimkehr siegreicher Krieger gesungen wurden, und Lieder für jede andere Festlichkeit und Feier im Leben der Schwarzen. Die Sprichwörter weckten unser Interesse und die kniffeligen Rätsel verblüfften uns, weil sie trotz vieler Fingerzeige unlösbar schienen. Wenn wir – was fast immer der Fall war – nicht von selbst auf die Lösung eines Rätsels kamen, entschleierte

Mutter sie für uns – Stück für Stück. Dadurch, daß sie das Geheimnis eines Rätsels nach und nach lüftete, lernten wir im Laufe der Zeit, Probleme von verschiedenen Seiten zu betrachten, wenn wir beim ersten Anlauf, sie zu lösen, nicht weiterkamen. Ich bewunderte Mutters Geduld und Mutters Klugheit.

Da keiner von uns lesen konnte, waren uns Kinderlieder und Bilderbücher unbekannt. Trotzdem verpaßten wir dadurch nichts, denn Mutter war ein goldener Brunnen des Wissens, unsere Bücherei. Und Mutter war es auch, die uns beibrachte, zwischen Richtig und Falsch und Gut und Böse zu unterscheiden.

Ich lernte, daß Tugenden etwas sind, was man annehmen und pflegen muß und denen nachzueifern sich lohnt, weil sie reichlich vergolten werden. Ich lernte auch, daß Laster böse sind und man ihnen unter allen Umständen aus dem Weg gehen muß, weil man sich damit nichts als Ärger und Strafen einhandelt.

Ich lernte, daß Scharfsinn und schnelle Auffassungsgabe nötig sind, um gefährliche Situationen zu erkennen und zu umgehen. Ich lernte gleichzeitig, daß Torheit und Kurzsichtigkeit die Menschen immer nur im Kreis rennen lassen und daß Leute mit diesen Eigenschaften die vielen Möglichkeiten, aus einem Unglück herauszukommen, gar nicht sehen.

Ich lernte, daß gute Taten einen im Leben weiterbringen und einen zu einem besseren Menschen machen. Selbstverständlich lernte ich auch, daß böse Taten das Gegenteil bewirken.

Ich lernte, daß das Gute immer und in jedem Fall über das Böse siegt. Daß es oft besser ist, Köpfchen zu haben statt Muskeln. Und daß Underdogs in jeder Lebenslage Geduld brauchen, große Geduld, endlose Geduld. Und dazu ein hohes Maß an Kraft, Starrköpfigkeit und unerschütterlicher Hoffnung, um am Ende zu siegen.

Ich lernte Frieden dem Krieg vorziehen, Klugheit der Dummheit, Liebe dem Haß, Empfindsamkeit dem Gleichmut, Bescheidenheit der Wichtigtuerei, Versöhnlichkeit der Feindseligkeit, Harmonie dem Zank, Geduld der Ungeduld und Geselligkeit der Eigenbrötlerei. Und ich lernte, daß Aufbauen besser ist als Kaputtmachen.

13   Der folgende Winter erwies sich als besonders schlimm. Unsere Hütte hatte, wie fast alle Baracken in Alexandra, weder Strom noch fließendes Wasser und auch keinen Ofen. Also behielt meine Mutter die Kohlenpfanne den ganzen Tag über in der Küche, wie sie es auch schon in den vorhergehenden Wintern getan hatte. Sie ließ sie, wegen der bitteren Kälte, sogar noch in der Hütte, bis wir fest schliefen und trug sie gewöhnlich erst gegen Mitternacht hinaus. So kuschelten wir Kinder uns jede Nacht auf der dünnen Pappe über dem gefrorenen Boden so nahe wie möglich bei der Kohlenpfanne eng aneinander und unsere Mutter deckte uns mit alten Zeitungen, Pappe und den beiden abgeschabten Decken zu.

Eines Nachts, mitten in diesem Winter, kam ein Sturm auf, der unsere Hütte durchschüttelte, als sei sie aus Pappmaché. Die Balken quietschten, als säße dort ein Poltergeist. Bevor wir zu Bett gingen, erzählte uns Mutter noch eine Geschichte. »Es war einmal«, begann sie, »vor langer, langer Zeit eine Hexe, die durch einen gewaltigen Sturm flog. Sie trug eine brennende Fackel in der Hand, und beim Donnerschlag, den es tat, setzte sie ein ganzes Hüttendorf in Brand ... So hatte sie sich an den Dorfbewohnern gerächt, die ihr Kind auf einem Scheiterhaufen verbrannt hatten, weil sie glaubten, daß das Mädchen und seine Mutter durch einen Voodoo-Fluch die große Dürre herauf- beschworen hatten, die dort herrschte.« Ich wunderte mich, warum Mutter uns gerade in einer solchen Nacht eine so gruselige Geschichte erzählt hatte. George, Florah und ich fürchteten uns zu Tode. Die beiden waren sogar dermaßen verängstigt, daß sie überhaupt nicht einschlafen wollten, bevor unsere Mutter ihnen nicht versichert hatte, daß die Geister unserer Ahnen uns vor allem Bösen beschützen würden.

Irgendwann schliefen wir dann doch alle ein. Mitten in der Nacht wachte ich auf. Etwas würgte mich. Ich hatte ein Gefühl, als ob sich zwei Stahlklammern um meinen Hals legten. Ich wollte schreien, aber kein Laut kam aus meiner Kehle. Mein Kopf war unnatürlich leicht, wie eine Feder. Dafür spürte ich, wie meine Ar- me und Beine langsam schwer wurden. In meiner Pein schlug ich wie verrückt um mich. Einer meiner wilden Tritte traf Florah. Sie rollte von der Pappe, stieß gegen irgendetwas und begann ohrenbe- täubend zu schreien. »Mama! Mama! Ich brenne!« Offenbar hatte Mutter vergessen, die Kohlenpfanne nach draußen zu tragen, und meine Schwester war hineingerollt. Unsere Mutter stürmte aus dem Schlafzimmer.

»Was ist los?« fragte sie. Ihre Stimme klang schwach und weit entfernt. Mir war, als spräche sie von einer Bergspitze zu uns herunter.

Ich wollte ihr antworten, brachte aber keinen verständlichen Laut heraus. Ich schwitzte und schnappte nach Luft.

»Was ist hier los?« wiederholte Mutter.

Endlich konnte ich sie in dem dicken Nebel erkennen, der vor meinen glasigen Augen hing, auch wenn sie nur ein verschwommener Schatten war. Ich sah, wie sie nach einem mit Urin gefüllten Behälter griff und ihn über meine Schwester leerte. Weil wir uns keine Salben leisten konnten, wurde bei uns Urin als Heilmittel bei Brandwunden verwendet.

»Mama! M-mein H-hals!« Irgendwie war es mir gelungen, diese Worte unter Keuchen herauszukrächzen.

»Was ist damit?«

»Mama! M-mein H-hals! I-ich k-krieg k-keine L-luft!« Ich hielt meinen Hals.

Sie guckte die Kohlenpfanne an und dann mich, holte tief Luft, kam ohne ein weiteres Wort zu mir rüber, packte mich und zog mich nach draußen, wo ein heftiger Platzregen vom nachtdunklen Himmel pladderte. Innerhalb weniger Augenblicke war ich klatschnaß. Gierig rang ich nach Luft. Ich konnte wieder atmen und ich konnte wieder schreien. Es war, als hätte sich ein dicker Stein in meinem Hals gelöst. Meine Mutter begann, mit einer Faust auf meine Brust einzuschlagen, während sie mit der anderen fest gegen meine Rippen drückte. Ich mußte brechen. Allmählich verschwand der Druck, den ich im Hals gehabt hatte, völlig. Es war, als hätte ich das, was mich gewürgt hatte, ausgekotzt.

Meine Mutter ließ mich splitternackt im Regen stehen und rannte zurück ins Haus.

»Jackson! Jackson!« brüllte sie nach meinem Vater. »Komm, hilf mir die Kinder rauszubringen! Yowee! Yowee!«

Ich hörte Schritte dröhnen. Dann kamen mein Bruder und meine Schwester rausgestolpert. Auch sie japsten nach Luft und erbrachen sich dann.

»Verdammt nochmal, was hat die Kohlenpfanne noch in der Küche zu suchen?« schrie mein Vater meine Mutter an.

»Der Sturm. Ich habe vergessen, sie rauszubringen«, jammerte meine Mutter.

Mein Vater schüttelte nur den Kopf und brummte irgendwas in sich hinein. Dann stürmte er in die Hütte zurück und riß alle Fenster weit auf.

»Seid ihr wieder in Ordnung, Kinder?« erkundigte sich meine Mutter.

George und Florah flüsterten schüchtern »Ja, Mama«, ich nickte nur. Ich war noch zu erschrocken, um zu reden. Ich rätselte, was mich da wohl gewürgt hatte und warum das Würgen so plötzlich auf so wundersame Art aufgehört hatte. War es die Hexe? In diesem Augenblick brachte mein Vater die Kohlenpfanne raus und stellte sie in die Nähe des Zauns. Blitze zuckten über den Nachthimmel. Ich kauerte mich furchtsam zusammen.

Dann sagte meine Mutter im Flüsterton: »Das ist es, was euch fast getötet hätte, Kinder.« Sie deutete auf die Kohlen in der umgekippten Kohlenpfanne, von denen trotz des Regens kleine Rauchwölkchen aufstiegen.

»Was war da drin, Mama?« fragte ich. Ich glaubte natürlich, daß Hexen oder böse Geister in den Kohlen gewesen sein mußten.

»Giftgas«, antwortete unsere Mutter geheimnisvoll.

»Was ist das?« fragte ich.

»Es ist ein Gas, das töten kann und das aus verbrannten Kohlen kommt.«

Mein Vater rief uns alle zurück in die Hütte. Ich ging wieder ins Bett, brachte aber kaum ein Auge zu. Als der Morgen dämmerte, schlich ich mich raus, um die Kohlenpfanne zu untersuchen. Außer grauer, pudriger Asche war nichts übriggeblieben. Ich wühlte mit einem Stock drin rum und berührte die Ascheflocken dann vorsichtig mit den Fingerspitzen. Später erzählte Mutter mir dann, daß ich Glück gehabt hätte, noch am Leben zu sein, und daß ich das im Grunde nur dem Geschrei meiner Schwester verdankte. An Giftgas und Bränden, erklärte Mutter mir, sterben im Winter die meisten Schwarzen. Weil fast alle Baracken in den Townships nur vom Feuer der Kohlenpfannen gewärmt werden und die Leute dann vergessen, sie nachts herauszustellen. So wie sie.

14   Wenig später wurde Maria krank. Ihr Leiden grassierte in der gesamten Nachbarschaft und hatte bereits ein Kind getötet. Eine Woche lang probierte meine Mutter alle traditionellen Hausmittel aus, die sie kannte. Ohne Erfolg. Im Gegenteil: die Krankheit verschlimmerte sich. In ihrer Verzweiflung beschloß meine Mutter, Maria in die Klinik zu bringen, obwohl nicht genug Geld da war für eine Behandlung. »Ich weiß nicht, was ich sonst tun soll«, sagte sie und trug mir auf, unser Heim zu hüten. »Wenn sie ihr nicht helfen, weil ich kein Geld habe, bleibe ich ganz einfach da, bis sie stirbt«, sagte sie noch. George und Florah nahm sie mit.

Den größten Teil des Tages beschäftigte ich mich mit Hausarbeit. Ich putzte, sammelte Brennholz, machte Feuer und holte Wasser. Dann fand ich nichts mehr zu tun. Ziellos und lustlos lief ich herum und grübelte darüber nach, was ich jetzt noch machen oder was ich essen könnte. Es gab weder etwas zu spielen, noch etwas zu essen. Ich sehnte mich nach dem Tag, an dem ich Spielzeug hätte und mir den Bauch vollschlagen könnte.

Plötzlich zog ein Geruch von Kot und Urin in unsere Hütte. Ich schloß die Küchentür. Der unerträgliche Gestank blieb. Es war der Abend, an dem der Jauchewagen kam und die Shitmen – alle zwei Wochen einmal – das abholten, was aus den Nachttöpfen gekippt worden war. Sie leerten die Jauchekübel hinter den Gemeinschaftsaborts. Auf diese Männer, meist Wanderarbeiter, die nicht lesen und nicht schreiben konnten, schauten die meisten anderen Schwarzen herab.

Ich konnte den Gestank nicht länger aushalten und lief zur Straßenecke. Ich wußte, daß ich da Jungen in meinem Alter finden würde. Sie waren immer an diesen Abenden da und sangen Spottverse auf die Shitmen. Heute waren es zehn Jungen, die aufgeregt an der Ecke standen.

Ich schloß mich ihnen an, und während wir warteten, probten wir unsere gemeinen Liedchen nochmal. Kurze Zeit später kam der Jauchewagen in Sicht. Die Shitmen, die sich wie Cowboys in einem Western schmutzige Taschentücher vor Mund und Nase gebunden hatten, trotteten hinter ihm her. Sie hatten dicke Plastikschürzen um die Hüften gebunden und gefährlich aussehende Metallhaken in den Händen. Der Jauchewagen verlangsamte seine Fahrt, als die Shitmen in einen der Höfe gingen und die vor Scheiße tropfenden Kübel herausholten. Sie balancierten sie auf ihren bloßen Schultern. Der Wagen kam nun direkt auf uns zu und wir rannten zu einer Jauchegrube, die nur ein paar Schritte von der Straße entfernt war, und begannen, die Shitmen mit Steinen zu beschmeißen. Gleichzeitig verrenkten wir uns in obszönen Gesten und sangen höhnisch:

Der Shitman ist ein Idiot,
macht ein Festessen aus unserm Kot!
Er liebt das, seht ihn euch nur an!
Und seine Frau merkt es bei jedem Kuß –
Scheiße fressen ist für ihn ein Hochgenuß!

Die Shitmen fanden das gar nicht zum Lachen. Ihnen gefiel unser Liedchen nicht. Der Jauchewagen hielt mit quietschenden Bremsen an. Der Fahrer signalisierte den Shitman, uns nachzulaufen und uns einzufangen. Damit hatten wir nicht gerechnet. Wir nahmen unsere Beine in die Hand und preschten davon, so schnell wir nur konnten. Die Shit-men stürzten uns nach und johlten dabei wie Indianer, die einen Weißen durch die Prärie verfolgen. *»Mbambe! Mbambe, loyo mfana!* (Fangt sie! Fangt die Bande!)« Ich stolperte über ein Schlagloch und zwei der Shitmen packten mich. Ich schrie wie am Spieß und versuchte, mich loszureißen. Doch es gelang mir nicht. Die Shitmen hatten mich eisern im Griff und zerrten mich zu dem Jauchewagen.

»Wo wohnst du, Bengel?« herrschte mich der Fahrer an, zu dem die Shitmen mich geschleift hatten.

Ich war vor Angst wie gelähmt und brachte kein Wort heraus.

»Ich hab gefragt, wo du wohnst, Bengel!« wiederholte der Fahrer.

»Rede, Junge!«, riet mir einer der Shitmen grimmig und fuchtelte mit dem Metallhaken drohend vor meinem Gesicht herum. Dem Haken, mit dem sie die Scheißkübel unter den Aborten vorzogen.

»Ich wollte nichts Böses tun«, bettelte ich kläglich. »Bitte, lassen Sie mich gehen.«

»Ich will wissen, wo du wohnst, verdammt nochmal!« wiederholte der Fahrer aufgebracht. Seine Augen sprühten Wut.

»Dort drüben.« Mit zitternder Hand wies ich auf unsere Baracke.

Der wutschnaubende Fahrer wies die beiden Shitmen an, mich nach Hause zu bringen und meinen Eltern zu sagen, was für ein mißratenes Gör ich war. Die beiden zerrten mich zur Tür.

Sie stand einen Spalt offen. »Wer ist da drin?« bellte der kleinere der beiden.

»Keiner«, wimmerte ich.

»Lüg nicht, Bengel, wer ist da drin?«

»Keiner. Ich schwöre es.«

Der kleinere der Shitmen linste durch den Türspalt.

»Leer«, sagte er zu dem anderen.

Sie schauten sich an wie Indianer, die überlegen, was sie mit ihrem Opfer tun sollen. Zu meinem Entsetzen befahlen sie mir dann, mich auszuziehen. Ich zögerte, denn ich mußte sofort an die Geschichte mit Mpandhlani denken. Doch einer der Shitmen zeigte mir, wo's lang ging. Er drohte mir mit dem Haken. Als ich anfing, mich auszuziehen, ging der größere zum Tor. Starr vor Angst stand ich da. Nackt. Schweiß brach mir aus allen Poren, und ich hoffte, daß der kleine Shitman nun auch gehen würde. Aber da kam der größere auch schon zurück. Auf seiner rechten Schulter trug er einen Kübel randvoll mit Scheiße und setzte ihn vor mir ab.

»Steig da rein, Bengel!« zischte er mich an und deutete mit seinem Haken darauf.

Ich war sprachlos. Seine Stimme klang, als käme sie von weit her. Das konnte nur einer meiner Alpträume sein!

Es war keiner. »Du sollst da reinsteigen, hab ich gesagt!« wurde der Befehl wiederholt, und zwar lauter diesmal. Trotzdem bewegte ich mich nicht einen Millimeter von der Stelle. Ich konnte es einfach nicht.

Der größere Shitman stapfte auf mich zu. Wieder fuchtelte er drohend mit dem Metallhaken vor meiner Nase herum. »Spring rein, oder wir helfen nach!«

Aus Furcht, daß er mich aufschlitzen würde, wenn ich ihm nicht gehorchte, hob ich langsam ein Bein und tauchte es in den Kübel. Dann zog ich das zweite nach. Ich schüttelte mich, als meine Füße in dieser Matsche aus Fäkalien, Urin und Papier landeten. Die Shitmen brachen in röhrendes Gelächter aus, als ich versuchte, nicht in dem glitschigen Kübel auszurutschen. Einige Leute waren vor der Hütte stehengeblieben und schauten sich das Spektakel an. Keiner kam mir zu Hilfe. Jeder wußte, mit den Shitmen war nicht zu spaßen. Mittlerweile reichte mir die Scheiße bis an die Knie und der kleinere der Shitmen befahl mir, darin herumzuwaten. Ich gehorchte. Die pappige, stinkende Masse spritzte hoch auf. Bald war mein ganzer Körper davon bedeckt. Einige Tropfen hatte ich sogar ins Gesicht gekriegt. Auf die Lippen. Ich schnitt verzweifelte Grimassen und die Shitmen lachten Tränen.

Nach einer Weile krächzte der größere: »Ich finde, wir sollten ihn etwas davon fressen lassen, das wird ihn Mores lehren.«

»Ich glaube, er hat seine Lektion schon gelernt«, erwiderte der andere und wandte sich mir zu. »Oder, Junge?«

Ich nickte so heftig mit dem Kopf, daß ich aus dem Gleichgewicht kam und fast reingeplumpst wäre. Meine Peiniger befahlen mir rauszusteigen. Ich tat's. Dann nahmen sie den Kübel und kippten ihn vor unserer Eingangstür aus. Im Fortgehen bogen sie sich vor Lachen. Stinkig wie eine ganze Jachegrube stolperte ich in die Hütte, machte ein paar Lumpen naß und rieb mich damit ab. Der Gestank ging kein bißchen weg. Als meine Mutter wiederkam, erzählte ich ihr unter Tränen, was passiert war.

»Mach dich nie wieder über diese Leute lustig, hörst du«, schnauzte sie mich an. Dann ging sie zu Mrs. Munyama, borgte einen Waschtrog, eine Wurzelbürste und etwas Waschpulver und schrubbte mich gründlich ab. Dabei belehrte sie mich: »Diese Männer haben einen miesen Job, und viele unserer Leute verachten sie dafür. Aber diese Männer hassen ihren Job selber – sie haben nur keine andere Wahl. Sich darüber lustig zu machen und sie damit aufzuziehen, ist gemein. Du kannst von Glück sagen, daß sie dich nicht gezwungen haben, das Zeug zu essen.«

Nach diesem demütigenden Ereignis war mir eines klar: Ich würde nie mehr einen Shitman verspotten, noch irgendjemanden sonst.

15   Mein Vater verlor mal wieder seinen Job. Und auch diesmal hieß es, nur vorübergehend. Die Entlassung nahm ihn sehr mit. Er entschloß sich, ins Stammesreservat zu fahren und dem Medizinmann einen Besuch abzustatten. Der Medizinmann würde ihm bestimmt einen Talisman geben, der ihm eine feste Arbeit garantierte. Außerdem wollte mein Vater seinen Vorrat an Arzneien aufstocken, die gegen Voodoo-Flüche halfen. So erklärte er meiner Mutter an einem Freitagabend, wir müßten uns noch mehr einschränken als bisher, weil er das Geld für die Fahrt sparen wolle. Diesem Abend folgten zwei Monate, in denen wir nahe daran waren zu

verhungern. Dann hatte mein Vater das Geld zusammen. Weil Minderjährige kostenlos mitfahren konnten, wollte mein Vater mich mitnehmen.

Ich war tagelang vor Freude aus dem Häuschen, schließlich war ich noch nie aus Alexandra rausgekommen. Ich stellte mir vor, daß ich nun endlich einen Blick auf die Welt der Weißen erhaschen könnte. Eine Woche später, wieder an einem Freitag, quetschten Vater und ich uns mit zehn anderen Leuten in einen Lastwagen. Um uns herum war eine Menge Gerümpel aufgehäuft: Regale, Spinde, Grammophone, Töpfe, Pfannen, Tische, Spiegel, Zementsäcke, Backsteine, Stühle und Glasscheiben. All das Zeug schickten die Wanderarbeiter so an ihre Frauen in den Stämmen. Der Lastwagen gehörte einem *PUTCO*-Busfahrer, der seinen Verdienst dadurch aufbesserte, daß er einmal im Monat von Johannesburg in das Stammesgebiet der Vendas und zurück fuhr. Diese Fahrt war natürlich illegal. Auf der Hinreise brachte der Busfahrer Güter ins Stammesgebiet und auf der Rückreise schmuggelte er Arbeitssuchende in die Stadt. Und zwar all die Männer, die nicht auf legalem Weg dorthin gelangen konnten, weil sie die Bedingungen der Zuzugsgesetze nicht erfüllten.

Damit die weißen Polizeistreifen, die sämtliche Straßen von und nach Johannesburg kontrollierten – um Schwarze abzufangen, die illegal in die weißen Städte einreisen wollten – nicht auf uns aufmerksam würden, kamen wir Passagiere ganz nach hinten. Vor uns türmten sich klappernde Töpfe, nervenzermürbend quietschende Kisten und schwere Möbel, und über alle und alles war ein großes, weißes Segeltuch gespannt. Wir brachen um Mitternacht auf und sahen – zu meiner großen Enttäuschung – während der 24-stündigen Fahrt nicht einen einzigen Sonnenstrahl. Dabei hatte ich so sehr gehofft, endlich einen Blick auf die Welt der Weißen werfen zu können! Als man uns endlich vom Lastwagen runterließ, befanden wir uns in einer fremden schwarzen Welt.

Die Gegend war bergig und zerklüftet, und die Erde war knochentrocken. Ungepflasterte Straßen, die sich während der Regenzeit in einen gefährlichen Morast verwandelten, waren die einzige Verbindung zwischen den Dörfern. Die Erde war rötlich-braun, wie Terrakotta. Hier und da wuchs ein Unkrautbüschel. Und immerzu stiegen Staubwolken auf, hingen ein paar Augenblicke in der Luft und senkten sich dann auf alles und jeden. Alles hier war rotbraun.

Es war schier unerträglich heiß. Die Leute, die hier lebten, erschienen mir geheimniskrämerisch und feindselig. Und sie sprachen Venda. Ihre Hütten waren über das Land verteilt. Die meisten von ihnen waren winzig und strohgedeckt. Auf den Böden und auf den Vorplätzen lagen dicke Schichten Kuhdung, die ordentlich festgetreten waren. Andere Hütten waren aus bröselndem Lehm gebaut. Dann gab es auch noch Hütten aus Wellblech, Pappe und Säcken. Nur wenige Behausungen sahen aus wie die in Alexandra.

Ich wanderte verwirrt zwischen all diesen seltsamen Leuten herum – Leuten, von denen mein Vater mir gesagt hatte, daß sie zur Verwandtschaft gehörten – und graulte mich vor dem Leben, das sie führten. Alles war noch beengter und eingeschränkter, als bei den Schwarzen in der Stadt.

Nach einem Besuch im Kraal des Dorfhäuptlings, wo mein Vater die längst überfälligen Stammessteuern bezahlte, erfuhr ich, daß dem Venda-Reservat, von dem dieses Dorf ein Teil war, vom Weißen Südafrika demnächst die »Unabhängigkeit« zugesprochen werden sollte. Mein Vater erklärte mir allerdings, daß der Weiße Mann – Unabhängigkeit hin, Unabhängigkeit her – auch weiterhin hinter jedem Stammeshäuptling stehen und in allem, was das Leben im Reservat betraf, das letzte Wort haben würde.

Die Menschen, die wir hier trafen, hatten offenbar keinen blassen Schimmer von dem, was draußen in der Welt passierte. Sie hörten nie auf, uns danach zu fragen, was in der Stadt und in der Welt der Weißen vor sich ging. Und weil ich bis dahin selbst nie aus Alexandra rausgekommen war und nicht die geringste Ahnung hatte, wie es in Johannesburg tatsächlich aussieht, erzählte ich ihnen einfach alles wieder, was ich vom Hörensagen wußte. Sie glaubten mir jedes Wort. Ich selbst fühlte mich den meisten Leuten im Reservat überlegen. Wie sie ihren Tag verbrachten, erinnerte mich an die Geschichten, die meine Mutter uns über die primitiven Stämme erzählt hatte. Außer Armut und Leiden, so schien es mir, hatten diese Leute nichts mit uns gemein und waren das, was die Leute im Township »rückständig« nannten. Es gefiel mir gar nicht, daß ich durch meinen Vater mit diesem Stamm verbunden war. Mein Vater hingegen schien sich hier sehr wohl zu fühlen und ich fragte mich, warum.

Wo ich auch hinguckte, es wuchs fast nichts. Außer, wie wohl überall, neben den Aborten. Einmal sah ich eine kohlrabenschwarze

Frau, die den Kopf in den Sand steckte, wie ein Pfau. Erst ein wenig später wurde mir klar, was sie da machte: sie versuchte, den steinharten Boden mit der Harke zu bearbeiten. Gelegentlich zupfte auch dürres Vieh, Ziegen und Schweine, an Unkrautbüscheln. Das Vieh, erfuhr ich, wurde in den seltensten Fällen geschlachtet. Man hielt es, um damit seinen Reichtum zu beweisen, und nicht, um es zu essen. Und das, obwohl vor allem die Kinder unterernährt waren.

»Hier werden bald alle unsere Leute herkommen und leben«, sagte mein Vater eines Nachmittags, als wir durch den Kraal des Stammeshäuptlings schlenderten.

»Hier leben?« fragte ich.

»Ja«, sagte mein Vater mit Nachdruck, »ob wir nun wollen oder nicht.«

»Warum?«

»Weil der Weiße Mann es so will«, antwortete mein Vater und fügte mit leicht bitterem Spott hinzu: »Ich glaube, dir würde es gut tun, hier aufzuwachsen. Hier würdest du wenigstens erzogen, wie ein Venda erzogen werden sollte.« Erschreckt sprang ich einen Schritt zurück. Es war, als hätte ich einen Rippenstoß bekommen. Siedendheiß fielen mir wieder die Rituale ein, zu denen mein Vater mich so oft gezwungen hatte, und auch die vielen Male, bei denen er mir erzählt hatte, daß es sein Ziel für mich sei, daß ich so werden solle wie er.

Alle möglichen gräßlichen Dinge gingen mir durch den Kopf. Hatte er mich vielleicht nur mitgenommen, um mich hierzulassen? War er vielleicht nur so nett zu mir, was sonst ja wirklich nicht seine Art war, um mich von dem, was er vorhatte, abzulenken? Und wollten die Leute, bei denen wir jeweils übernachteten, mir nur deshalb dies und jenes zeigen, damit mein Vater in der Zwischenzeit unbemerkt verschwinden könnte? Ich verfluchte mich dafür, daß ich ein solcher Narr gewesen war, mich auch noch wie wahnsinnig zu freuen, als mein Vater mir gesagt hatte, daß ich mit dürfe. Von nun an behielt ich ihn und alles, was er tat, im Auge.

Gegen Ende der ersten Woche, die wir im Reservat waren, wurde meinem Vater mitgeteilt, daß der Medizinmann nun bereit sei, ihn zu empfangen. Ich bestand darauf mitzugehen, obwohl ich eine Riesenangst davor hatte, einem Medizinmann Auge in Auge gegenüberzustehen. Als wir in seinem Kraal – sechs oder sieben Hütten, die im Kreis um einen felsigen Berg herum gebaut waren – ankamen, führte uns eine der Frauen des Medizinmanns, ein uraltes Weib mit runzeligen Hängebrüsten, einen schmalen Pfad entlang zu einer Höhle kurz unter der Bergspitze.

Als wir die Höhle betraten, befiel mich eine schauerliche Furcht. Im Inneren der Höhle herrschte gespenstische Dunkelheit. Nur in einer Ecke war Halbdunkel. Dort gaben glimmende Räucherstäbchen gerade soviel Licht, daß die Umrisse eines Mannes schemenhaft zu erkennen waren. Er saß zurückgelehnt, mit gekreuzten Beinen, den Kopf halb gesenkt und die Arme ausgestreckt auf einer Riedmatte am Boden. Ich blieb ganz dicht bei meinem Vater, als die Frau uns tiefer in die Höhle führte. Die Art, wie sie guckte und ging, erinnerte mich an Gagool aus dem Film *König Solomons Diamanten*. An den Wänden hingen Knochen und Felle von wilden Tieren; Borke und die Blätter verschiedener Pflanzen; Flaschen, die ein graues, milchiges Gebräu enthielten, das einen ätzenden Geruch ausströmte; tote Frösche, Schlangen und andere Reptilien. In der entferntesten Ecke, neben einem Becken, dem sprudelnder Dampf entstieg, war – ein Menschenschädel aufgespießt.

Panik ergriff mich. War ich hier in einer Kannibalenhöhle gelandet? Ich wollte mich umdrehen und fortlaufen. Mein Vater beruhigte mich. »Der Schädel«, flüsterte er mir zu, »gehört zu den Arzneien des Medizinmanns.«

»*Nda, Nganga ya Dinganga* (Ich grüße dich, oh Medizinmann aller Medizinmänner)«, sagte mein Vater und verneigte sich vor der Figur auf der Matte mehrmals zum traditionellen Gruß. Ich beeilte mich, es ihm nachzutun. Der Medizinmann hatte eine Reihe von Knochen und Muscheln vor sich ausgebreitet. Er antwortete nicht, sondern wedelte weiter mit einem *choya* (einem kurzen Stock, der aus einer Löwenmähne gemacht wird) über den Knochen und Muscheln herum und murmelte dabei Beschwörungsformeln. Das alte Weib wies uns an, uns dem Medizinmann gegenüber zu setzen und wie er, die Beine zu kreuzen. Sie zündete zwei Kerzen an und stellte sie vor uns hin. Im Schein dieses Lichtes begegnete ich zum ersten Mal in meinem Leben einem Medizinmann Aug-in-Aug. Er sah grauenerregend aus, wie eine Figur aus einem Tarzan-Film. Seine Kleidung bestand aus Tierknochen, Muscheln, Blasen und Häuten. Sein fetter Körper und sein Vollmondgesicht waren mit rotem Ton beschmiert.

Die Zeremonie begann. Zu seinen tatsächlichen Problemen zählte mein Vater auch seine Wunschvorstellungen von dem auf, was der Medizinmann ihm verschaffen sollte. Vater wollte eine Medizin, die seinen Job sicherstellte; eine, die Peri Urban »blind« mache, damit sie während einer Razzia unsere Hütte nicht mehr sähe; eine, die den Magistrat dazu veranlassen sollte, eine nachsichtige Strafe über ihn zu verhängen, wenn er mal wieder verhaftet würde; eine, die ihn mehr Geld verdienen ließ, damit er seine Familie durchbringen, die Miete und seine Schulden bezahlen konnte; eine, die uns Kinder heilte, wenn wir mal krank würde und eine, die ihm Glück beim Würfelspiel garantierte.

Der Medizinmann tastete das Gesicht meines Vaters mit starrem Blick ab. Dann nahm er Knochen und Muscheln auf, schüttelte sie langsam in seinen schwieligen, pechschwarzen Händen und warf sie auf die Matte.

»*Vumani bo!* (Seid ihr einverstanden?)«, sagte er mit tiefer Stimme, die mir das Blut in den Adern gefrieren ließ.

»*Siyavuma* (Wir sind einverstanden)«, antwortete mein Vater.

»*Vumani bo!*« wiederholte der Medizinmann monoton.

»*Siyavuma.*«

Der Medizinmann fuhr fort, die Knochen zu beschwören. Die Probleme meines Vaters hätten einen einzigen Ursprung, erklärte er dann geheimnisvoll: mein Vater habe den Kontakt zu den Geistern seiner Ahnen völlig verloren und sie damit verärgert. Der Medizinmann bot eine Behandlung an: Versöhnung mit den Geistern durch das Opfer eines weißen Hühnchens zweimal im Jahr. Dann winkte der Medizinmann die Alte herbei. Sie brachte ihm seine Arzneitasche. Der entnahm er etliche Beutel, die mit Wurzeln und Salben gefüllt waren, sowie Flaschen des grauen, trüben Gebräus und reichte sie an meinen Vater weiter – Arzneien gegen all seine Probleme. Dann wurde mein Vater tiefer ins Innere der Höhle gebeten, zu einer Reinigungszeremonie. Der Medizinmann ließ ihn das herausspritzende Blut einer Opferziege trinken, der das Jochbein rituell entfernt worden war.

Als wir den Kraal des Medizinmanns drei Stunden später verließen, schien mein Vater ein völlig neuer Mensch zu sein. Er war glücklich, entspannt, selbstsicher und fröhlich wie ein kleines Kind an Weihnachten. Er war wie einer, der kurzfristig schwer krank gewesen war und alles verloren geglaubt hatte, und der nun von einer Wunderdroge geheilt, bereit war, die ganze Welt zu erobern. Mich allerdings hatte die Angelegenheit mit dem Medizinmann sehr nachdenklich gestimmt, weil mir das Ganze doch sehr gefährlich erschienen war. Und die Tatsache, daß mein Vater sich freiwillig, ohne zu fragen oder zu protestieren, den Ritualen des Medizinmanns unterworfen hatte, machte ihn mir noch fremder, als er es mir durch die Rituale, die er zu Hause selber vollzog, ohnehin schon war.

Einen Tag bevor wir wieder nach Alexandra aufbrechen wollten, erschreckte mein Vater mich mit der Frage: »Was würdest du tun, wenn ich dich hierließe? Und wenn der Medizinmann dich erziehen würde?«

Meine Gedanken rasten. »Ich würde den ganzen Weg nach Hause laufen«, sagte ich und schnappte nach Luft.

»Du bist verrückt«, gab er zurück. »Du würdest den Weg nach Johannesburg nie finden! Du würdest dich im Dschungel verlaufen und von den Löwen gefressen werden. Weißt du denn nicht, daß das Krüger Wild Reservat hinter diesem Hügel liegt?«

»Ich sterbe lieber, als hier zu leben«, erklärte ich.

»Du bist verrückt«, wiederholte mein Vater.

»Versuch nur, mich hierzulassen, dann wirst du's sehen.«

Er lachte nur. Aber ihm mußte klar geworden sein, daß ich um nichts in der Welt hier bleiben wollte. Und während wir noch da waren, kam er nicht wieder auf dieses Thema zurück.

Am Tag unserer Abfahrt wagte ich endlich, etwas zu fragen, was mich die ganze Zeit über beschäftigt hatte. Und zwar einen 13jährigen mit braunen Zähnen und schuppiger Haut, der nichts trug außer einem schmierigen Lendenschurz, und der in diesen Wochen oft mein Begleiter und Führer gewesen war.

»Was ist mit den Männern hier passiert?« wollte ich von ihm wissen. Seit unserer Ankunft hatte ich im gesamten Stammesreservat nämlich nur wenige kräftige Männer gesehen.

»Sie sind in die Städte gegangen«, sagte der Junge. »Und in einigen Jahren werde ich auch dorthin gehen.«

»Warum?«

»Alle Männer müssen in die Stadt gehen und in den Minen arbeiten, damit die Leute hier überleben können.«

»Können sie denn hier keine Arbeit finden?«

»Bist du dumm? Welche Art von Arbeit willst du denn in der Wüste finden?«

»Kommen die Männer jemals zurück?«

»Einige kommen zu Weihnachten«, sagte er. »Andere nie. Mein Vater war seit sieben Jahren nicht mehr da.«

»Was?«

»Aber er schickt uns zweimal im Jahr Geld und Sachen.«

»Fahrt ihr ihn besuchen?«

»Nein, wir Kinder dürfen nicht. Aber unsere Mutter tut's. Einmal im Jahr«, fügte er hinzu. Dann lehnte der Junge sich vor und senkte die Stimme zu einem bedeutungsvollen Flüstern, als wäre er bereit, ein großes Geheimnis zu verraten: »Und immer, wenn sie zurückkommt, hat sie bald darauf ein Baby. Deshalb glaube ich, daß sie nur zu ihm gehen darf, um Babys zu machen.«

16 An dem Tag, an dem mein Vater und ich aus dem Stammesreservat zurückkamen, schenkte meine Mutter einem kleinen Mädchen das Leben, meiner dritten Schwester. Gemäß der Stammestradition blieben das Baby, meine Mutter, Maria und Florah für zwei Wochen in der Isolation. Mein Vater, George und ich wurden solange von Nachbarn aufgenommen. Die Anwesenheit von Männern im Haus war nämlich während der beiden ersten Wochen streng verboten. Am Tag, als das Baby geboren wurde, spionierte ich herum und sah, wie die Geburtshelferinnen im Schutz der Nacht in der Nähe des Hauses kleine Löcher buddelten. Als ich fragte, wofür die Löcher gut seien, wurde mir gesagt, daß »die geweihten Dinge von Mutter und dem neuen Kind« hier begraben würden. So sollten die Hexen abgehalten werden, Besitz davon zu ergreifen und das Wohlergehen meiner Mutter und meiner jüngsten Schwester zu gefährden.

Am Ende des Monats wurde eine Feier abgehalten, die die Ankunft des Kindes segnen sollte. Das Baby wurde Merriam genannt. Der karge Lohn meines Vaters reichte nun, da unsere Familie wieder gewachsen war, nicht mehr hinten und vorn. Von den schäbigen zehn Rand, die er im Monat verdiente, mußte er Miete, Nahrung, Busfahrten und die Raten für seine immer höher kletternden Spielschulden zahlen. Meine Mutter konnte es sich nicht leisten, Windeln zu kaufen; also benutzte sie Lumpen, um das Baby zu wickeln. An neue Kleidung für irgendjemanden in der Familie war erst recht nicht zu denken.

Meine Mutter flickte und wendete unsere alten Sachen. Auch in diesem Jahr wurde nicht Weihnachten gefeiert.

Sechs Monate nach Merriams Geburt kam eine neue Krise über die Familie. Die Behörden kündigten an, daß Alexandra bald dem Erdboden gleichgemacht werden würde, weil es ein »Schandfleck« sei. Aus den Geschichten, die ich tagtäglich über die Misere der Schwarzen in anderen Townships gehört hatte, die ebenfalls als »Schandfleck« galten, wußte ich, was damit gemeint war. Es hieß, daß alle Hütten abgerissen würden, um Baracken Platz zu machen, die nur noch ledigen Männern und Frauen, die in der Welt der Weißen arbeiteten, als Obdach dienen sollten – keinen Familien mit Kindern. Haushalte, die eine Wohnerlaubnis besaßen und denen es somit gestattet war, in Johannesburg zu bleiben, wurden nach Soweto und in Teile von Tembisa umgesiedelt, einem Getto, das gerade außerhalb von Johannesburg errichtet wurde. Alle anderen, die keine Erlaubnis hatten, würden in die Stammesgebiete abgeschoben.

Unsere Familie hatte keine Wohnerlaubnis. Wo sollten wir hingehen? Wir hatten auch kein Zuhause im Homeland, im Stammesreservat. Was das Problem noch vergrößerte, war die Tatsache, daß meine Eltern aus verschiedenen Stammesreservaten kamen. Und daß keiner wußte, ob die Familie auseinandergerissen werden würde. Denn ich hatte keine Ahnung, ob das Gesetz es meiner Mutter erlauben würde, mit ins Stammesreservat meines Vaters zu gehen. Wenn nicht, was sollte dann aus meinen Schwestern, meinem Bruder und mir werden? Wie würden sie uns aufteilen? Die einzige Möglichkeit zusammenbleiben zu können war die, irgendwie an eine Genehmigung heranzukommen, in ein anderes Township ziehen zu dürfen. Aber eine solche Genehmigung je zu bekommen war hoffnungslos – unsere Papiere waren ja nicht in Ordnung. Wo sollten wir also hingehen? Konnten wir überhaupt etwas tun? Die Familie wurde in tiefste Verzweiflung gestürzt. Wir schliefen wenig in jenen Nächten, in denen wir nicht wußten, wann die Bulldozer kommen, wann sie unser Heim niederwalzen würden.

Einen Monat später waren wir wie durch ein Wunder immer noch in unserer Hütte. Ich fragte mich ständig, wie lange noch. Denn ich hörte täglich Geschichten von Leuten, die sich geweigert hatten wegzugehen, und von Bulldozern, die einfach erschienen waren und die Häuser niedergerissen hatten. Kirchen, Spielplätze und Schulen waren verschwunden. Ich hörte Geschichten von Kindern, die auf der Straße und im Rinnstein schliefen, von Eltern, die von der Polizei gejagt wurden. Würde uns das auch passieren? Zum ersten Mal in meinem Leben wußte ich wirklich, was Terror ist – ein Terror, der sich in der völligen Hilflosigkeit meiner Eltern widerspiegelte und im Leiden der Familien, die um uns herum zerbrachen.

Eines Tages kam dann die Nachricht, daß die Behörden beschlossen hätten, Alexandra nicht mit einem Schlag zu zerstören, sondern in Etappen. Es wurde keine Erklärung dafür abgegeben. Meine Eltern konnten die gute Neuigkeit gar nicht fassen. Sie bedeutete einen Aufschub. Sie bedeutete, daß wir uns eine neue Hütte in einem Teil Alexandras suchen konnten, der vorerst verschont bleiben würde. Meine Eltern verwendeten rund um die Uhr alle ihre Energien darauf, eine neue Bleibe für uns zu finden. Wochen vergingen. Nirgends war etwas frei. Eines Tages hörten wir dann, daß es in der 13th Avenue eine Wohnmöglichkeit gab. Endlich, nach Monaten der Angst, konnten wir unsere paar wenigen Besitztümer packen und zu unserem neuen Heim aufbrechen.

Wir fanden eine weitere baufällige Hütte vor. Die schmuddeligen Räume, aus Zink und porösen Steinen gebaut, gingen zur Straße, wie die auf der 15th Avenue. Unsere neue Behausung gehörte zu einer Siedlung, die von dunklen, Ratten-verseuchten Gängen unterteilt war. Die meisten der nicht von der Regierung genehmigten Höfe in Alexandra waren ähnlich gebaut und bestanden aus jeweils 47 Hütten und einem Außenabort, der von allen Parteien benutzt wurde. Unsere Adresse war nun Nummer 47, 13th Avenue. Und die Miete war am 1. jedes Monats fällig – Ausnahmen gab es nicht. Für unsere Hütteneinheit zahlten wir sechs Rand. Das war mehr als die Hälfte vom Lohn meines Vaters.

Auf der 13th Avenue wurde mir erstmals bewußt, daß Weiße die Begründer der Apartheid sind.

An einem Kaktuszaun hatte sich ein Fetzen Papier verfangen. Es war eine Seite aus einem Magazin. Ich machte sie vorsichtig los und sah, daß Bilder von schönen, großen Häusern drauf waren. Von den Häusern weißer Leute. Ich nahm die Seite mit nach Hause und erzählte meiner Mutter, daß ich eines Tages einen riesigen Haufen Geld haben und ihr ein Haus bauen würde. Eines, das so hübsch wäre wie die Häuser auf den Fotos.

»Wie kommst du darauf, daß du ein solches Haus bauen kannst?«
fragte meine Mutter. Ihre Stimme war sanft. Spott schwang mit.

»Ich werde viel Geld haben und damit geht alles ganz leicht«,
antwortete ich in meiner kindlichen Naivität.

»Selbst wenn du alles Geld der Welt hättest, mein Kind«, meinte sie,
»könntest du kein solches Haus bauen.«

»Warum nicht? Für Geld kriegt man doch alles, oder?«

»Nein, nicht alles. Denn nach dem Gesetz dürfen Schwarze keine
Häuser besitzen«, erklärte meine Mutter nüchtern.

»Was für ein Gesetz ist denn das?« wollte ich wissen. »Die Weißen
bauen doch auch hübsche Häuser, oder? Warum können wir das dann
nicht auch?« Obwohl ich niemals in einem der weißen Wohngebiete
gewesen war, wußte ich doch aus Filmen, von Bildern in Magazinen
und vom Hörensagen, daß die Weißen in großen, geräumigen, wunderschönen Häusern wohnten. Schwarze Hausdiener erzählten im
Getto immer wieder davon.

»Das ist ein Gesetz nur für Schwarze«, sagte meine Mutter und fügte
hinzu, daß dieses Gesetz den Schwarzen seit langem verbot, Land zu
kaufen und Häuser zu besitzen.

»Wer macht denn solche ungerechten Gesetze?« hakte ich ein. Daß
die Weißen alle Gesetze machten und das Land allein regierten, war
eine Tatsache, die ich bis dahin noch nicht richtig begriffen hatte. Die
Filme, die ich in King's Bioscope sah, handelten von Mord und
Totschlag und von Untermenschen – aber niemals von Politik.

»Die Weißen«, antwortete meine Mutter.

»Warum?«

»Das ist eine dumme Frage«, befand sie. »Die Weißen machen die
Gesetze, weil sie alle Gesetze gemacht haben, seit sie die Herrschaft in
unserem Land übernommen haben.«

»Können wir Schwarzen nicht unsere eigenen Gesetze machen?
Alexandra ist doch unsere Welt, oder etwa nicht? Und die Weißen
haben ihre eigene Welt.« So wie ich die Dinge betrachtete, gab es zwei
unterschiedliche Welten – eine schwarze und eine weiße – und ich war
nicht der einzige, der so dachte. Ich hatte es von vielen Schwarzen
gehört. Diese zwei Welten hatten in meiner Vorstellung nichts miteinander gemein. Ich hätte nicht im Traum daran gedacht, daß sie – so
unterschiedlich wie Tag und Nacht oder Ost und West – irgendetwas
miteinander zu tun hatten. Und ich wäre deshalb auch nie auf

die Idee gekommen, daß die eine nicht ohne die andere sein konnte, und daß die eine von der anderen abhing, wie der Sklave von seinem Herrn.

»Halt den Mund«, murmelte meine Mutter. Sie wirkte ganz niedergeschlagen. »Du bist noch zu jung, um das zu verstehen.«

Ich hielt den Mund. Ich wußte aus Erfahrung, daß ich bei meiner Mutter überhaupt nicht weiterkam, wenn sie einmal »du bist noch zu jung . . .« gesagt hatte – egal, wie sehr ich auch bettelte. Aber ich wußte auch, daß ich das Thema bei nächstbester Gelegenheit wieder anschneiden würde. Ich war fest entschlossen, die Mauer unbeantworteter Fragen niederzureißen, die meine Mutter errichtet hatte, um mir Dinge, die ich wissen wollte, nicht erzählen zu müssen.

Vielleicht war es meine Starrköpfigkeit, die mich immer wieder Dinge fragen ließ, von denen ich wußte, daß sie nicht beantwortet werden würden. Doch da ich jedesmal andere Fragen stellte, glaubte ich, irgendwann einmal eine Antwort zu bekommen. Vielleicht war es aber auch angeborene Wißbegierde, daß ich mir alle unbeantwortet gebliebenen Fragen merkte. Denn das Zögern meiner Mutter, mir gewisse Dinge zu erklären, war für mich der Beweis ihrer Wichtigkeit und Bedeutung. Wichtig für das Leben wie es war, und eben nicht so wie es mein Vater und die Schwarzen um uns herum sahen oder sehen wollten und wie ich und andere Kinder es auch sehen sollten.

Als Neuer auf der 13th Avenue verbrachte ich viel Zeit damit, den Hof und die Nachbarschaft zu erkunden. Ich war zwar nicht gut darin, schnell Freundschaften zu schließen, aber Neuland erforschen, das konnte ich. So kannte ich mich sehr bald dort aus und es dauerte nicht lange, da fühlte ich mich auch im Hof nicht mehr fremd. Als wir dort angekommen waren, hatte es noch viele Gassen zwischen den Hütten gegeben, doch innerhalb weniger Monate waren die meisten verschwunden. Der Hauswirt hatte in Windeseile neue Baracken gebaut, die den scheinbar endlosen Strom Obdachsuchender aufnehmen sollten. Ganze Höfe im Getto waren von den Bulldozern niedergewalzt worden. Die Zerstörung der Außenbezirke von Alexandra war weiter fortgeschritten, und der Hauswirt, so schien es, wollte soviel Geld wie möglich scheffeln, bevor sein Hof dran kam.

Trotz der vielen neuen Hütten blieben einige der engen, dunklen Gassen erhalten. In ihnen wimmelte es nur so von Ratten. Alle Anwohner waren angewiesen, den Hof sauber zu halten. Doch die

Leute, die in ständiger Furcht vor der Polizei lebten, wußten, daß sie wahrscheinlich nicht lange genug hier bleiben würden, als daß sich die Mühe für sie gelohnt hätte. Und an gründliches Saubermachen war schon gar nicht zu denken.

»Dieser Hof ist sowas von verdreckt, daß er eine Gefährdung für die Gesundheit eines jeden ist. Selbst Kloaken sind sauberer! Mach ihn sauber, wenn ihr nicht alle sterben wollt«, schnauzte eines Nachmittags ein schwarzer Gesundheitsinspektor den glatzköpfigen Verwalter unseres Hofs an.

»Wir werden ihn saubermachen, *nkosi*«, sagte der unterwürfig.

»Das tut ihr auch besser! Eine Seuche wäre genau das, was uns in Alexandra noch fehlt!«

Der Gesundheitsinspektor ging – der Hof blieb wie er war.

Sauber oder verdreckt, Seuche oder nicht Seuche: für die schwarzen Jungen und Mädchen in meinem Alter war der Hof ein paradiesischer Spielplatz. Täglich gingen wir in den vor sich hinrottenden Abfallbergen auf »Schatzsuche«. Wir spielten »Medizinmann« mit den Knochen, die wir uns aus den Kadavern von Katzen, Hunden und Ratten geholt hatten. Wir zerbrachen die vielen Schnapsflaschen, die wir im Hof fanden, und machten daraus »Diamanten«. Wir kippten mutwillig Jauchekübel um, die am Tor für die Shitmen bereitstanden. Die kamen allerdings seltener als in der 15th Avenue. In den vielen gestohlenen und mittlerweile ausgeschlachteten Autowracks, die im Hof herumstanden oder lagen, spielten wir »Autofahren«. Oder wir torkelten herum, leere Bierkartons in der Hand, und ahmten die betrunkenen Männer und Frauen nach, die aus den Schnapsbuden stolperten. Oder aber wir wälzten uns in Asche und spielten »Gespenster«.

Um den einzigen Abort im Hof zog sich ein Graben voller Urin. Darauf veranstalteten wir mit Flaschenverschlüssen Bootsrennen. Wir wühlten den stinkenden »Fluß« mit den Fingern auf, um unsere Schiffe voranzutreiben.

Den Abort zu betreten, war uns verboten. Benutzen durften wir ihn schon gar nicht. Es sei denn, ein Erwachsener brachte uns hin. Doch an einem Sommerabend, an dem wir Verstecken spielten, schlich sich Dikeledi (Tränen) ein kleines Mädchen von fünf Jahren hinein. Während sie sich drinnen vor uns versteckte, mußte sie mal, fiel hintenüber und landete mit dem Kopf zuerst in dem übervollen Kübel. Zu ihrem Glück kippte der Kübel mitsamt seinem Inhalt ebenfalls um, so daß

Dikeledi durch die Öffnung herauskriechen konnte. Sie stank bestialisch. Von diesem Augenblick an hockten wir Kinder uns einfach irgendwo in den engen, dunklen Gassen zwischen die Hütten, um unser Geschäft zu verrichten. Unsere Mütter und Väter kriegten das zwar mit, stellten sich aber blind. Einige Eltern ermutigten ihre Kinder sogar, es uns nachzutun, weil sie es satt hatten, ihre Kinder zum Abort zu bringen, wo sie meist eine ellenlange Warteschlange vorfanden. Bald hatten sich die Gassen in stinkende Jauchegruben verwandelt, in denen die Fliegen so groß wie Ratten wurden und die Ratten so groß wie Katzen. Zuhause konnten wir es nicht wagen, das Fenster zu öffnen, das auf die Gasse hinausging. Der Gestank, der hereinströmte, war zu ekelhaft, und was noch schlimmer war, war die Angst, daß die dicken, fetten Fliegen und Ratten hereinkommen könnten.

Die Decke unserer Hütte begann sich aufzulösen. Die Tür und die hölzernen Fensterrahmen rotteten vor sich hin. Im Winter fegte ein eisigkalter Wind durch die Ritzen. Es war alles mindestens genauso schlimm wie auf der 15th Avenue. Die schimmeligen Wände blätterten ab und boten Käfern, Ratten und anderen Kreaturen der Nacht Unterschlupf.

»Warum bringt Papa die Hütte nicht in Ordnung?« fragte ich meine Mutter einmal.

»Es ist nicht seine Hütte.«

»Aber wir müssen doch drin leben.« Obwohl ich wußte, daß uns die Hütte nicht gehörte, meinte ich dennoch, daß mein Vater sie wenigstens in Schuß halten könnte, damit wir uns ein wenig wohler fühlten.

»Daß wir drin leben, macht sie noch lange nicht zu unserer Hütte.«

»Wem gehört sie denn?«

»Sie gehört dem Hauswirt.«

»Warum bringt der sie nicht in Ordnung?«

»Er hat keine Lust dazu.«

»Aber wir zahlen ihm doch Miete! Er sollte sie lieber reparieren. Wenn sie zusammenbricht, kann keiner mehr drin wohnen, und dann kriegt er auch keine Miete mehr.«

»Ja, aber er tut's nun mal nicht.«

»Warum nicht?«

»*Er hat keine Lust! Halt die Klappe, verdammt nochmal!*«

Ich schwieg, und die Hütte moderte weiter vor sich hin. Manchmal, mitten in der Nacht und besonders dann, wenn es geregnet hatte und der Boden völlig durchnäßt war, wurden mein Bruder, meine Schwestern und ich von bösartigen roten Ameisen gebissen und von tückischen Skorpionen gestochen. Die Viecher krochen durch den porösen Zementboden aus ihren Erdhöhlen. Schreiend fuhren wir hoch, wenn uns mal wieder eines erwischt hatte. Die Ratten ließen uns ebenfalls nicht in Ruhe, sondern knabberten an unseren Handflächen und Fußsohlen herum. Oft konnten wir tagelang weder laufen noch irgendwas anfassen, weil unsere Füße und Hände nur noch voller offener Wunden waren. Wanzen und Läuse saugten über Nacht unser Blut. Und meine Mutter mußte fast jeden Tag neue Pappdeckel für unsere Schlafstatt besorgen, weil die Ratten auch daran nagten.

Doch für mich war das damals ganz normal. Ich kannte ja nichts anderes – außer dem Stammesreservat, und dort schien alles noch schlimmer zu sein. Unsere Hütte, der Hof, der Bezirk und Alexandra waren für mich der Nabel der Welt. Sie waren die einzige Welt, die ich kannte, die einzige Wirklichkeit.

17   Wir hatten gerade ein paar Monate auf der 13th Avenue gewohnt, als mir klar wurde, daß der Hof, in dem wir lebten, nichts anderes war, als eine Zufluchtsstätte für Flüchtlinge. Sie kamen aus so gut wie jedem Stamm Südafrikas. Und alle rannten vor dem Gesetz weg, weil ihre Pässe nicht in Ordnung waren oder sie nicht die entsprechenden Erlaubnisstempel oder -scheine hatten. Ich verbrachte ganze Tage damit herauszukriegen, aus welchen Stämmen sie kamen. Ich wußte eben noch nicht, was ich heute weiß. Und das ist, daß ich, solange ich dort auch leben würde, niemals alle Nachbarn kennenlernen könnte. Angesichts ihrer Vielzahl und des ständigen geheimnisvollen Kommens und Gehens war das einfach ein Ding der Unmöglichkeit. An diesem schier endlosen Strom menschlicher Seelen lag es auch, daß meine Mutter mich schließlich vor den Gefahren einer meiner unseligen Angewohnheiten warnen mußte: es ging um meine Bettelei.

Mein Vater war erneut verhaftet worden. Der Hunger wurde wieder schlimmer. Ich sah nur zwei Möglichkeiten: zu verhungern oder zu betteln. Natürlich entschied ich mich für die zweite. Aus diesem Grund lungerte ich vor den Türen mancher Nachbarn herum und bückte mich nach jeder Brotkrume, die sie mir hinwarfen. Meine Mutter erwischte mich einmal dabei und drohte mir mit dem Finger.

»Hör auf zu betteln – wir sind hier nicht auf der 15th Avenue!«

»Warum?« fragte ich.

»Weil ich nicht will, daß du um Brot bettelst, darum!« Ich schlug ihre Warnungen in den Wind und bettelte weiter.

Eines Sommernachmittags streunte ich mal wieder vor einer Tür herum. Von drinnen kam ein köstlicher Duft von gebratenen Innereien. Mir lief das Wasser im Mund zusammen. Da tauchte meine Mutter auf, packte mich am Kragen und zerrte mich nach Hause. »Heute wirst du mich kennenlernen«, schäumte sie.

Sie knallte die Tür zu und ohrfeigte mich. Ich brüllte, denn ich ahnte, daß etwas Schlimmes in der Luft lag.

»Hör gut zu, du Schwein!« brüllte sie mich an, während sie die Tür verriegelte und nach der Peitsche griff.

»Was ist denn los?« schrie ich. »Was hab' ich denn getan?«

»Halt's Maul!« Sie holte mit der Peitsche aus. Ich duckte mich, die Peitsche sauste haarscharf an meinem Ohr vorbei. Schnell wie der Blitz schoß ich unter den Tisch.

»Komm sofort da raus, du schwarzes Schwein!« So, wie meine Mutter brüllte, mußte sie völlig außer sich sein. »Glaub ja nicht, daß du mir entwischst! Komm raus!« Sie lief drohend um den Tisch herum.

Vorsichtig krabbelte ich raus und stellte mich ans andere Ende des Tisches. Mir war klar, daß ich irgendeinen ganz schrecklichen Fehler gemacht hatte, für den ich nun streng bestraft werden würde. Ich versuchte, mir ein paar Ausreden auszudenken und wünschte inständig, daß um Gotteswillen irgend jemand kommen und mich retten würde. George, Florah und Maria waren nämlich an diesem Tag bei Granny.

»Wie oft muß ich dir noch einbläuen, daß du nicht um Essen betteln sollst?« wollte meine Mutter wissen.

»Ich hab' nicht um Essen gebettelt.«

»Lüg mich nicht an, verstehst du? Was hast du denn vor Pules Haus gemacht? Hast du nicht wie ein Hund um einen Bissen gehechelt?«

Meine Mutter hatte mich ertappt. Da war es besser, die Wahrheit zu sagen. Ich konnte nur hoffen, daß die Wahrheit sie davon abhielt, mich weiter zu schlagen.

»Ich krieg hier nicht genug zu essen«, sagte ich kleinlaut.

»Und selbst wenn du nicht genug zu essen kriegst«, schimpfte sie, »ist das immer noch kein Grund, Gift zu fressen!«

»Welches Gift?« fragte ich fassungslos.

»Du wirst sterben, ohne es jemals zu erfahren.«

»Wer sollte mich denn töten?«

Ich hörte erschreckt und immer noch ungläubig zu, als meine Mutter ihre Voodoo-Geschichte erzählte. Ihre Miene war grimmig. Sie erzählte alles mit so unverblümter Offenheit, alles im Brustton der Überzeugung und so bewußt langsam, daß mir jedes Wort einleuchtete und ich ihr alles glaubte und als unwiderlegbare Tatsache akzeptierte.

Sie erzählte, daß einige unserer Nachbarn, und ganz besonders die, die mir was zu essen gaben, Hexen seien. Daß sie um Mitternacht nackt auf Gorillas und *thikoloshes* (kleine behaarte Tiere mit Affengesichtern und Penissen, die so lang sind, daß sie sie über der Schulter tragen müssen) reiten. Ich kriegte vor Schreck kaum noch Luft. Diese Hexen, fuhr meine Mutter fort, hätten die böse Angewohnheit, ständig Essen zu vergiften und es dann unschuldigen Opfern – am liebsten Kindern – zu geben, um die Wirkung ihrer Zauberkraft auszuprobieren. Unter den Leuten, die meine Mutter Hexen nannte, waren zwei alte Weiber, die ein paar Türen weiter wohnten. Sie hatten mir häufig ein paar Brocken zugesteckt.

»*Nein!*« brüllte ich, als ich wieder Luft kriegte. Es schüttelte mich, als mir klar wurde, daß ich vielleicht was Verhextes gegessen hatte. Erst gestern hatten mir die beiden Alten was gegeben, und ich hatte es gegessen.

»Doch!« entgegnete meine Mutter. »Sie sind Hexen!«

»*Nein!*«

»Doch! Und du wirst sterben, wenn du irgendwas von ihnen ißt! Oder hast du das etwa schon?«

»Ja, Mama.«

»Wann?«

»Gestern, Mama«, sagte ich, hüpfte wie ein Irrwisch und hielt mir den Bauch, der ganz plötzlich schmerzte. »Man sollte sie töten, Mama! Man sollte sie töten! Man sollte sie töten!« sprudelte es aus mir heraus. Ich dachte, wenn sie mich tatsächlich vergiftet hätten, dürften sie nicht ohne Strafe davonkommen. Ich hatte schon Geschichten gehört, daß sich Kinder, die mit *sejeso* (Voodoo-Essen) gefüttert worden waren, in kleine Krokodile oder Löwen verwandelt hatten, sobald das Zeug den

Magen erreicht hatte. Und als wäre das noch nicht schlimm genug, sollte sich das *sejeso* dann durch die Innereien und den Körper des Opfers fressen, bis es tot war.

»Nein, man kann sie nicht umbringen«, erklärte meine Mutter. Sie senkte die Stimme, um mich zu beruhigen.

»Bitte hol einen Medizinmann, der mich heilt, Mama!« Die Worte waren mir rausgerutscht, ohne daß ich richtig mitkriegte, was ich da gesagt hatte. In meiner panischen Angst nahm ich wohl – warum auch immer – an, daß mir nur ein Medizinmann helfen könne.

»Er ist draußen im Stammesgebiet«, sagte meine Mutter.

»Bitte, hilf mir, Mama!«

»Ich kann da gar nichts machen. Wir müssen einfach abwarten.«

Qualvolle Tage kamen auf mich zu. Und von jedem dachte ich, es sei mein letzter. Ich mied die beiden Alten, als hätten sie die Pest und als sei ihre Hütte ein Friedhof voller Geister.

Ich nahm nun kein Essen mehr an von Fremden. Ich hatte immer Angst, es könnte vergiftet sein. Ich hielt mich nicht einmal mehr in der Nähe von Leuten auf, die ich nicht kannte. Sie könnten mich ja jederzeit packen und mich zwingen, *sejeso* zu essen.

»Mama, warum bin ich von dem vergifteten Essen nicht gestorben?« fragte ich etwa einen Monat nach dem Vorfall.

»Du hast Glück gehabt«, entgegnete sie. »Sie haben wohl ein schwaches Gift verwendet.«

»Sind alle hier *mulois* (Hexen)?«

»Nicht alle.«

»Kann ich dann etwas von denen annehmen, die keine Hexen sind?«

»Du kannst bei deinen Freunden zu Hause essen«, antwortete sie. »Doch sei trotzdem vorsichtig«, ermahnte sie mich, »iß nur, was sie auch essen. Und wenn dir irgendein Fremder was anbietet, komm schnell nach Hause und bring's mir. Ich werde dir dann schon sagen, ob du's essen kannst oder nicht. Du darfst aber nicht vorher naschen. Und paß auch auf, was dein Bruder und deine Schwestern in den Mund stecken.«

Ich schrieb mir das hinter die Ohren und trug das kleine Stück Fleischpastete, das mir ein Fremder gegeben hatte, zu meiner Mutter, ohne auch nur ein einziges Mal davon abzubeißen. Meine Mutter legte ein winziges Stückchen davon in eine Schüssel und ließ sie über Nacht vor dem Rattenloch in der Ecke stehen. Am nächsten Morgen fanden wir eine stocksteife Ratte mit aufgeblähtem Bauch neben der Schüssel. Die Fleischpastete war weg. Ich erschrak bei dieser gräßlichen Entdeckung. Wir hatten weder Mausefallen noch Rattengift, und meine Mutter hatte während der Nacht auch nichts Verdächtiges gemacht; es mußte also die Fleischpastete gewesen sein. Oder? Wie und woran die Ratte gestorben war, blieb für immer ein Rätsel.

18   Mein Vater kam zurück und unser Leben verlief fast wieder in normalen Bahnen. Doch mein Instinkt sagte mir, daß es mit dieser Normalität durch eine weitere Verhaftung jeden Moment wieder vorbei sein könnte. An diesem Punkt meines Lebens war mir endgültig klar geworden, daß wir Schwarzen uns mit dem Polizeiterror, ob nun heute, morgen oder in ferner Zukunft, wohl oder übel abfinden mußten, und daß wir immer darauf gefaßt sein mußten. Und ich wußte, daß dieser Terror zu Hunger führte, zu Einsamkeit, zu Gewalt, zu Hilflosigkeit, zu Hoffnungslosigkeit und zu Teilnahmslosigkeit gegen all das Elend um einen herum.

Die wiederholten Verhaftungen meines Vaters gaben mir einen Vorgeschmack auf meine eigene Zukunft. Da ich ein schwarzer Junge war, sprach alles dagegen, daß ich später mal ein richtiges, normales Familienleben führen könnte. Denn in der Minute, in der ich die Grenze von der Kindheit zur Jugendzeit überschritt, würde man auch von mir verlangen, diesen verdammten Paß ständig mit mir rumzutragen. Und die Chancen, daß er immer und überall in Ordnung wäre, waren gleich Null. Ich war mir völlig klar darüber, daß die Behörden auch bei mir – so wie bei meinem Vater – immer irgendwas zu monieren hätten.

Als ich das begriff, rutschte mir das Herz in die Hose. Ich war gar nicht mehr sicher, ob das Leben, und besonders das eines Schwarzen, überhaupt lebenswert war. Aber welches, wenn nicht das, in das ich hineingeboren wurde, sollte ich denn sonst leben?

Während ich die Umstände bejammerte, unter denen wir uns in Alexandra durchschlagen mußten, kamen weitere Ströme von Stammesmännern illegal ins Getto. Sie hatten es wegen der extremen Armut in den Homelands nicht mehr in den Reservaten ausgehalten. Einige brachten ihre Familien mit und versteckten sie in den Hütten der illegalen Höfe. Andere hausten in Autowracks oder in Abbruchbarakken. Alle Androhungen von Ausweisung und Deportation und auch die Tatsache, daß Alexandra niedergewalzt werden sollte, hielt die Einwandererströme nicht auf. Viele von denen, die neu ankamen, ließen sich in unserem Hof nieder, und so kam es, daß ich bald Spielkameraden aus den verschiedensten Stammesreservaten hatte. Diese Jungen brachten einen Voodoo-Aberglauben mit, der noch furchteinflößender war als der, den ich bereits kannte. Meine Nerven waren derart gereizt, daß ich Kleinigkeiten, an die ich früher keine Gedanken verschwendet hätte, plötzlich ungeheuer wichtig nahm. Ich hielt jetzt fast alles, was mir begegnete, für die Auswirkungen von Hexerei. Wenn ich zum Beispiel im Dunkeln draußen saß und einen Lichtschimmer über den Himmel zucken sah, rannte ich sofort ins Haus und erzählte jedem Erwachsenen, den ich erwischen konnte, ich hätte eine Hexe gesehen. Zu meiner Überraschung stiegen einige Leute um mich herum offen und öffentlich darauf ein und bestätigten, was immer ich an Hexenzauber gesehen haben wollte. Das führte dann dazu, daß ich bald in den Wahn verfiel, hinter allem, was ich nicht verstand und was mir kein Erwachsener erklären konnte, Hexen und ihre Hexereien zu vermuten. Ich traute keinem Fremden über den Weg und hielt alle alten Weiber für mögliche Hexen, die nur eins im Sinn hatten: mich zu holen.

Ich kletterte niemals mehr in fremde Fahrzeuge. Ich hatte Angst, daß die Insassen zu den Mai-Mais gehören könnten, dem berühmtberüchtigten Kannibalenstamm, der regelmäßig Leute entführte, sie in Stücke schnitt und diese Klumpen Menschenfleisch an die Hexen und Zauberer in den Stammesreservaten verkaufte. Die brauchten dieses Fleisch nämlich für ihre Voodoo-Zeremonien und auch, um ihre Zaubertränke zusammenzubrauen.

Wenn eine Fußwunde nicht heilte, sondern anschwoll und weitereiterte, selbst wenn man Blätter und Salben vom Medizinmann darüber gestrichen hatte, dann – das war klar – war ich irgendwo hineingetappst, wo eine Hexe kürzlich ihr kleines oder großes Geschäft verrichtet hatte.

Die vielen eigenartigen Geräusche auf dem Dach, die ich mitten in der Nacht vernahm, konnten nur von *baloyi* (besonders gemeine Hexen) stammen, die ihre widerstrebenden Gorillas und *thikoloshes* ritten. Bestimmt waren sie wieder unterwegs zu einer Orgie, bei der

Menschenfleisch gegessen, Blut getrunken und Sex gemacht wurde. Das waren die Dinge, die ich gehört hatte und die ich – zumindest zeitweilig – bereitwillig glaubte. Doch ich hatte auch andere Dinge gehört, die ich nicht so bereitwillig annehmen wollte:

Krankheiten, Pech und Arbeitslosigkeit würden durch Zauberei verursacht. Und nur eine rechtzeitige Einflußnahme der Geister meiner Ahnen könnte uns – mit einem mächtigen Medizinmann als Mittler – von solchen Qualen befreien.

Das Hühnerblut, mit dem mein Vater zweimal jährlich die Hütte weihte, war ein Opfer an die Geister unserer Ahnen. Ohne ihre tatkräftige Unterstützung, ihren Rat und ihre Führung stünden uns noch viel schlimmere Prüfungen bevor, die uns mit aller Wucht treffen und zu rätselhaften Todesfällen in unserer Familie führen würden. In dieser Welt gab es keine Chance. Alles, was geschah, war vorbestimmt. Und zwar entweder von den Geistern meiner Ahnen oder von bösen Geistern.

Weil mein Nabel nach innen, nicht nach außen wuchs, und weil ich Links- und nicht Rechtshänder war, galt ich als der »Weise« in der Familie, von dem man erwartete, daß er eines Tages etwas Großartiges vollbringen würde.

Jedesmal, wenn ich schlief, »starb« ich »ein bißchen«, und während jedes dieser »kleinen Tode« verließ mein Geist zeitweise seinen Körper und wandelte auf wundersamen Wegen. Er traf die Geister meiner Ahnen, sprach mit ihnen und versuchte, mit ihnen zu handeln. Die brachten dann die Wünsche, die sie hatten, durch uneingeschränkt gute und angenehme oder uneingeschränkt schlechte und grauenerregende Träume zum Ausdruck. Bei manchen Leuten, das hatte ich gehört, sollte der Geist den Körper gar für immer verlassen – diese Menschen starben dann im Schlaf. Dann sollte es auch vorgekommen sein, daß der Geist eines Menschen sich verirrte und in den falschen Körper zurückkehrte. Leute, denen das passiert war, litten an Gedächtnisschwund. Deshalb wurde mir auferlegt zu lernen, mich an jeden Traum, den ich gehabt hatte, zu erinnern und ihn meinen Eltern zu erzählen, damit sie ihn deuten konnten.

Wenn ich mehr Leber äße, hieß es, würde ich geduldiger werden; und wenn ich mehr Milz bekäme, würde mein Haß auf die Weißen wachsen.

Für meine Schwestern war es tabu, Eier zu essen, bevor sie ein gewisses Alter erreicht hatten. Eier, so hieß es, schadeten der Entwicklung der Unterleibsorgane.

Mein Vater erzählte mir, daß ich nicht selbst über mein Schicksal bestimmen könnte, daß jedes noch so kleine Detail meines Lebens, meiner Existenz auf einer großen Schriftrolle aus glänzendem Ziegenleder festgehalten sei, und daß diese Rolle mein Leben lang von den Geistern meiner Ahnen behütet würde. Daran könnte ich nichts ändern.

Bis zu meinem fünften Lebensjahr hatte ich das alles auch geglaubt. Doch als ich älter geworden und mehr und mehr unter den Einfluß von Nachbarn geraten war, die fortschrittlichere Ansichten vertraten, hatte ich begonnen an dem, was mein Vater mir erzählt hatte, zu zweifeln. Ich fragte meiner Mutter und meinem Vater Löcher in den Bauch, wollte genauere und klarere Erklärungen. Ich wollte wissen, inwieweit Voodoo und die Geister meiner Ahnen mich beeinflußten, wollte die Geheimnisse der Welt ergründen.

Mein Vater erklärte, es reiche aus zu glauben, und ich solle keine Fragen stellen. Denn Fragen könnten von den Geistern unserer Ahnen als Ungehorsam und Respektlosigkeit gedeutet werden. Meine Mutter ging mehr auf mich ein. Doch häufig, wenn sie mich von etwas zu überzeugen suchte, fand ich ihre Erklärungen vage, rätselhaft, verworren, doppelsinnig und zu phantastisch, um glaubhaft zu sein. Vielleicht hätte ich einen Sinn darin gefunden, wenn ich in einem Stammesgebiet aufgewachsen wäre wie meine Eltern. Doch das Schicksal hatte wohl anders entschieden.

Instinktiv spürte ich, daß meine Eltern, die mehr über das Leben wußten als ich, der ich ein Kind war, nicht nach dem lebten, was sie erkannt hatten und als Wahrheit akzeptierten. Eine Wahrheit, der ich mich ebenfalls anschließen sollte – gegen meinen Willen. Als mir das klar wurde, wußte ich, daß ich mich nicht einfach zurücklehnen und abwarten konnte. Ich mußte zumindest Fragen stellen. Irgendwie mußte es mir gelingen, Antworten zu finden. Falls sich dann auch für mich bewahrheiten sollte, was sie mich glauben machen wollten, würde ich mich geschlagen geben. Allerdings war das eine Möglichkeit, die ich stark bezweifelte. Es mußte noch andere Antworten auf meine Fragen geben, als die ausweichenden und unzulänglichen Erklärungen, mit denen mein Vater und meine Mutter mich abspeisten. Und falls ich diese Antworten bekam, dann würde ich eines Tages meinen eigenen Weg gehen müssen – notfalls auch gegen den Willen meiner Eltern. Hauptsächlich wahrscheinlich gegen den Willen meines Vaters, der die Stammeswerte so entschieden vertrat und verteidigte. Ihm müßte ich mich, das wußte ich, dann am meisten widersetzen. Ob ich das wohl schaffen würde?

Mit sieben war ich alt genug zu wissen, daß ich in den Augen meines Vaters ein Abtrünniger sein würde, sollte ich ihm meine Ansichten kundtun. Für ihn würde es keine Entschuldigung für ein Ablassen von den Stammesbräuchen und -aberglauben geben. Er würde mich zweifellos rausschmeißen. Und wenn meine Mutter in so einer Situation – was sie bestimmt täte – versuchen sollte, sich für mich stark zu machen, würde er sie wohl ebenfalls vor die Tür setzen. Deshalb, so rechnete ich mir aus, war es besser, Glauben vorzutäuschen, bis die Zeit gekommen war, in die Welt hinauszugehen. Dann, so beschloß ich, würde ich meine Erfahrungen sammeln und später zurückkommen, um meine Eltern von der Wahrheit, die ich dann kennengelernt hätte, zu überzeugen versuchen. Wenn sie dann immer noch nicht bereit wären, mich meinen Weg gehen zu lassen, würde ich aufbegehren und auch die Konsequenzen tragen. Schließlich war es mein Leben, und ich war derjenige, der es leben mußte. Aber all das lag in ferner Zukunft. Noch war ich zwar skeptisch, begehrte aber nicht auf.

19   Nach Jahren ständigen Polizeiterrors hatte ich mich so an diese Razzien vor Morgengrauen gewöhnt, daß ich jedesmal, wenn meine Mutter mich mitten in der Nacht weckte, aufsprang und fragte: »Sind sie da? Ich habe gar nichts gehört!« Für mich konnte der Grund für vorzeitiges Wecken nur Peri-Urban sein. Und damit lag ich auch fast immer richtig.

Als mich meine Mutter wieder einmal um vier Uhr rüttelte, sprang ich augenblicklich von meinem Pappdeckellager neben George auf.

»Sind sie da? Ich habe nichts gehört!«

Meine Mutter antwortete: »Nein, Dummkopf. Du mußt versuchen, nicht immer an die Polizei zu denken! Nicht jedesmal, wenn ich euch wecke, ist Peri-Urban da.« Und schon war Mutter in einer anderen Ecke des Raumes damit beschäftigt, meine Schwestern Florah und Maria zu wecken. Die Mädchen schliefen nicht mehr bei George und mir. Die Stammestradition verbot das nämlich ab einem gewissen Alter, um Inzest vorzubeugen.

»Warum soll ich denn aufstehen?« maulte ich und wollte wieder ins Bett kriechen.

»Untersteh dich, wieder schlafen zu gehen!« brüllte meine Mutter und machte sich daran, meine übrigen Geschwister wach zu kriegen.

»Aber ich bin noch müde«, begehrte ich auf.

»Das bin ich auch«, antwortete Mutter. Doch wir haben etwas vor. Also hör auf zu jammern und zieh dir die Hose an.«

»Wo gehen wir denn hin?«

»Das wirst du noch früh genug erfahren. Jetzt halt den Mund und zieh dich endlich an. Oder willst du, daß deine Schwestern dich nackt sehen?«

Ich grunzte, »Natürlich will ich das nicht« und holte meine verschlissenen Khaki-Shorts unter dem Flickenteppich hervor. Ich wagte es nicht, mit meinen Sachen zu schlafen, weil auch George ab und zu ins Bett machte. Während wir uns anzogen, half meine Mutter meinen Schwestern in die Kleider und wischte ihnen die Gesichter mit dem Familien-*waslap* ab. Danach säuberte sie ihr eigenes Gesicht, dann das von George, und schließlich reichte sie den *waslap* mir.

»Wohin gehen wir denn nun?« wiederholte ich meine Frage und rieb mir das Gesicht ab. Ich beobachtete erstaunt, daß meine Mutter die Porridge-Reste von gestern abend in Zeitungspapier wickelte und in einen braunen Jutesack packte. Sie nahm auch die Salz- und Zuckerbehälter mit.

»Das wirst du schon noch sehen«, erwiderte sie brüsk.

Wir verließen die Hütte ohne Frühstück. Porridge, Zucker und Salz würden uns schon über den Tag bringen. Es war noch dunkel, kalt und sehr dunstig, als wir über die steinigen, von Schlaglöchern übersäten Straßen zum anderen Ende Alexandras trotteten, wo unsere Großmutter wohnte. Meine Mutter hatte Merriam, meine jüngste Schwester, Huckepack genommen und führte George und Maria an der Hand. Florah folgte ihr auf dem Fuße und ich bildete das Schlußlicht der kleinen Prozession. Den Jutesack trug ich auf dem Kopf. Hin und wieder gab ich meiner Mutter ein Zeichen anzuhalten und begann dann, meine Hände und Füße warm zu reiben. Sie froren immer so sehr, daß ich glaubte, den Jutesack nicht länger festhalten und keinen Schritt mehr gehen zu können. Meinen Geschwistern erging es nicht besser. Ihnen rieb Mutter die Füße warm.

»Eines Tages werde ich euch allen arme Kleidung und Schuhe kaufen«, versprach sie uns.

Ich lächelte und hoffte, daß »eines Tages« bald käme. Wir trafen trotz der frühen Stunde viele Leute auf den Straßen: alte Männer und Frauen, die in ihren zerlumpten Kleidern wie Geister durch den Morgennebel zu treiben schienen, mißmutig dreinschauende Männer und Frauen, die sich die eisigen Glieder an kleinen Feuerchen wärmten, die sie an Abfall entzündet hatten. Und wir sahen die grimmig blickenden Männer und Frauen, die sich eilten, den PUTCO-Bus zu erwischen, der sie zu ihren Arbeitsplätzen in der Welt der Weißen bringen sollte. Aus einigen der Baracken drang das Gebrüll alleingelassener und hungriger Kinder. Das waren Schreie, die ich nur allzugut kannte. Irgendwo beobachteten wir eine nackte Frau und einen nackten Mann, die versuchten, über einen Stacheldrahtzaun zu klettern. Die Frau fiel anfangs immer wieder runter. Dann endlich gelang es ihr, den hohen Zaun zu erklimmen und sie verschwand auf der anderen Seite hinter einer Reihe von Hütten.

»Wahrscheinlich ist die Polizei bei ihnen reingeplatzt, bevor sie Zeit hatten, sich anzuziehen«, erklärte meine Mutter George, der gefragt hatte, warum die beiden nackt gewesen seien.

Granny lebte in einer winzigen, aber sehr ordentlichen Hütte, die ungefähr 3,60 mal 4,50 Meter maß, bescheiden an der Ecke eines *donga* stand und anderen Hütten auf der 8th Avenue ähnelte. Draußen blätterte die alte Tünche zwar verdächtig ab, aber innen war die Hütte gut in Schuß. Granny lebte dort mit ihren jüngsten Kindern. Mein Onkel Piet war 13 und meine Tante Bushy 15. Grannys Erstgeborener, Onkel Cheeks, verbüßte gerade eine lange Gefängnisstrafe, weil er bei einem weißen Mann eingebrochen hatte. Um über die Runden zu kommen, vermietete Granny Teile der Hütte an Arbeiter, deren Erlaubnis, in Alexandra zu wohnen, abgelaufen war, und die die Abschiebung fürchteten.

Granny war eine absolute und resolute Herrscherin, die alle ihre Kinder allein aufgezogen hatte, nachdem ihr Mann ihr mit einer anderen Frau davongelaufen war.

Granny war eine gestandene Frau – groß, aufrecht und ebenholzfarben. Wenn sie ihre Stammestracht trug, sah sie aus wie eine Massai –

mit den vielen Fußreifen, den Glasperlen, Ohrringen und Armbändern. Sie hätte gut eine Häuptlingstochter sein können. Ihre lebendigen braunen Augen hatten den Glanz von natürlichen Perlen. Sie war, so dachte ich, die schönste Frau, die ich je gesehen hatte. Obwohl sie, als ich sie kennenlernte, schon graue Haare und ein paar Fältchen um die Augen hatte, konnte ich mir nicht vorstellen, daß ihr irgendein Mann widerstehen konnte. Und ich hatte viele Geschichten aus ihrer Jugend gehört, die meine Vermutung bestätigten.

Auch wenn sie nicht mehr die Jüngste war, arbeitete Granny immer noch sechs Tage in der Woche. Von sieben bis fünf Uhr hielt sie den Garten weißer Leute in Ordnung. Sie mähte den Rasen, fegte Blätter zusammen, schnitt Hecken, goß die Pflanzen, fegte die Auffahrt, reinigte die Höfe und stutzte Bäume zurecht. Da es für Leute wie sie weder eine Sozialversicherung noch einen Rentenplan gab, hatte sie, so erfuhr ich von ihr, beschlossen, so lange zu arbeiten, bis alle ihre Kinder alt genug wären, um sich selbst und auch sie zu versorgen. Manchmal meinte sie allerdings, das würde wohl bis zu ihrem letzten Atemzug dauern.

Die Sonne ging gerade hinter den Hütten am Horizont auf, als wir bei Granny ankamen.

»Gott sei Dank, bist du endlich da!« rief sie unserer Mutter vom Tor aus entgegen, wo sie auf uns gewartet hatte. Sie war ganz aufgeregt und ihre Stimme, die normalerweise fest war, zitterte.

»Was ist los?« fragte meine Mutter.

»Sie haben ihn geholt«, berichtete Granny mit Tränen in den Augen. »Sie haben meinen Piet geholt.«

»Was? Wer? Piet?« rief meine Mutter verblüfft. »Das können sie doch nicht . . .!«

Tante Bushy, die in ihrer Schuluniform neben Großmutter stand, brach ebenfalls in Tränen aus, als Piets Name fiel.

»Piet! Piet!« heulte sie. »Sie haben ihn geholt! Die Polizei hat ihn geholt!«

»Heul nicht«, mahnte Großmutter sie zur Selbstbeherrschung. »Das ist ein schlechtes Omen.«

»Es darf doch wohl nicht möglich sein, daß sie ihn geholt haben«, meinte meine Mutter fassungslos. »Warum denn nur? Er ist doch noch nicht mal alt genug für einen Paß. Wie ist es denn passiert?«

Während wir ihr schweigend zur Hütte folgten, erklärte Granny, wie es geschehen konnte, daß Onkel Piet, der für einen 13jährigen ungewöhnlich groß war, von Peri-Urban verhaftet worden war.

»Es war noch ganz früh«, begann sie und versuchte mühsam, Haltung zu bewahren. »So zwischen sechs und sieben. Ich weiß es nicht so genau. Ich hatte ihn – mit den letzten Cents – zum Eckladen geschickt, um ein Brot zu holen. Die Kinder essen es gern, bevor sie zur Schule gehen. Er brauchte nie lange für diese Besorgung. Doch heute verging ziemlich viel Zeit und er war immer noch nicht zurückgekommen.« Granny verlor wieder die Fassung und weinte hemmungslos. »Oh Herr, was werden sie mit meinem Sohn machen!«

»Gar nichts, Mama«, suchte meine Mutter sie zu beruhigen. »Gar nichts. Erzähl mir den Rest und dann werden wir sehen, was wir tun können.«

»Als er nicht wiederkam, machte ich mir Sorgen«, fuhr Großmutter fort und wischte sich die Tränen von den Wangen. »Ich wollte gerade rausgehen, um nach ihm zu sehen, als Mama Vilakazi, eine unserer Nachbarinnen, hereinstürmte. Sie schrie, sie habe mit eigenen Augen etwas gesehen, was mit Piet und der Polizei zu tun habe. Ich regte mich auf und erwartete das Schlimmste. Sie beruhigte sich und erzählte, was geschehen war. Sie sagte, sie hätte sich in einem Graben versteckt, als sie sah, wie zwei Polizisten meinen armen Piet anhielten, als er aus dem Laden kam. Und dann begannen sie, ihn zu durchsuchen.«

»Wieso wußte sie, daß es Piet war?«

»Mama Vilazaki sagt, sie hat ihn an den Farben seiner Schuluniform erkannt. Und offensichtlich hatte er einen Brotlaib unter dem Arm. Sie meinte, es habe so ausgesehen, als ob Piet protestiert und versucht habe, den Polizisten irgendwas zu erklären. Auf jeden Fall hätte er häufig auf unsere Hütte gedeutet. Doch Peri-Urban hätte das anscheinend gar nicht interessiert und sie haben ihn zum Polizeiwagen gebracht.«

»Bist du nicht rausgegangen, um zu sehen, ob du irgend etwas tun kannst?« fragte meine Mutter.

»Ja, natürlich. Unmittelbar in dem Augenblick, in dem Mama Vilazaki mir alles erzählt hatte. Der Polizeiwagen stand sogar noch da und Piet muß bereits drinnen gewesen sein. Ich traute mich nur nicht, näher ranzugehen, weil die Polizisten immer noch Leute anhielten und nach den Pässen fragten. Du weißt doch, daß meiner nicht in Ordnung ist.«

»Nein, das habe ich nicht gewußt! Im Gegenteil! Ich dachte, sie hätten dir endlich die Erlaubnis gegeben, in Alexandra zu bleiben, nachdem Vater dich doch verlassen hat.«

»Nein. Sie haben gesagt, ich müsse aus Alexandra fort. Es sei denn, ich heirate ein zweites Mal . . .«

»Du! Und nochmal heiraten! Die wollten dich wohl auf den Arm nehmen. Wie konnten sie dir nur so etwas vorschlagen, Mama. Haben sie denn nicht gesehen, wen sie vor sich haben?«

»Du weißt doch, daß Peri-Urban nie weiß, wer und wie wir sind. Für sie sind wir doch nur Nummern. Das einzige, was sie kennen, sind Gesetze. Die Gesetze, die sie uns aufzwingen. Und der Superintendent hat mir erklärt, daß ich eines dieser Gesetze breche, wenn ich nicht wieder heirate. Und daß er keine Möglichkeit hätte, mir anders zu helfen.«

»Also, was glaubst du, sollen wir wegen Piet unternehmen? Hast du Geld, ihn da rauszukaufen?«

Granny begann wieder zu weinen. Sie wischte sich die Nase mit dem Handrücken ab. »Nein«, sagte sie endlich, »das letzte Geld ist für die Miete und das Schulgeld für die Kinder draufgegangen. Ich habe nicht mal mehr einen Cent und auch keine Ahnung, wer mir was leihen könnte. Ich weiß nicht, was ich machen soll. Ich hatte gehofft, die ganze Woche arbeiten zu können . . .«

»Ich hab auch kein Geld«, bedauerte meine Mutter, »aber wir können Piet nicht im Gefängnis schmoren lassen.«

»Nie im Leben«, schwor Granny und richtete sich auf. Ihre großen braunen Augen blitzten vor Zorn, als sie sprach. »Sie müssen mich schon umbringen, wenn sie ihn dabehalten wollen! Ich werde es nicht zulassen, daß sie meinen Piet auf eine Kartoffelfarm schleppen.«

Die Arbeitsbedingungen auf den Kartoffelfarmen des Bethal-Gebiets waren als unmenschlich verschrien. Schwarze Gefangene wurden gern dorthin gebracht, weil sie billige Arbeitskräfte waren. Ein weiterer Vorteil war, daß die überfüllten Gefängnisse in Johannesburg auf diese Weise entlastet wurden. Die Gefangenen lebten auf den Kartoffelfarmen in Lagern hinter Stacheldrahtzäunen, was einem Gefängnis gleichkam. Sie wurden geprügelt und gefoltert. Waren sie aufsässig, wurden sie zum Strafhungern an Bäume gehängt. Die, die dabei starben, wurden irgendwo verscharrt.

Meine Mutter ließ ihre Pläne für diesen Tag sausen und war stattdessen den ganzen Tag mit Granny unterwegs. Sie suchten das gesamte Township nach Verwandten und Freunden ab, die ihnen Geld leihen könnten oder bereit wären, ihre schäbigen Besitztümer zu versetzen. Es ging schließlich darum, Onkel Piet aus dem Gefängnis zu holen. Tante Bushy durfte nicht zur Schule gehen, sondern mußte auf die Hütte und uns aufpassen. Spät abends kamen Granny und meine Mutter zurück. Sie waren völlig erschöpft und hatten nichts erreicht. Das Geld, das sie aufgetrieben hatten, langte nicht, um Onkel Piet zu befreien.

Am nächsten Tag verpfändeten sie alles, was Granny besaß, und wir gingen zur Polizei, um Piet zu holen. Nach zwei Stunden kamen sie wieder – ohne Piet. Es hatte sich herausgestellt, daß kein Schwarzer je an einem Wochenende entlassen wurde, weil die Bantu-Gerichte nur werktags geöffnet waren. Also mußte Onkel Piet Samstag und Sonntag im Gefängnis bleiben.

Am Montag zogen Granny und meine Mutter nochmal los, um Onkel Piet auszulösen. Dieses Mal brachten sie ihn mit. Er war entlassen worden – ohne Anklage – und man hatte ihm aufgetragen, sich so schnell wie möglich einen Paß zu besorgen. Allein die Tatsache, daß er so groß war und anfing, lange Hosen zu tragen, mache ihn, so hatte es geheißen, erwachsen genug, einen Paß besitzen zu müssen. Am folgenden Tag begleitete Granny ihren Jüngsten zur Schule und erzählte dem Direktor, was vorgefallen war. Der schrieb dann einen Zettel, den Piet immer bei sich tragen sollte. Es war eine Bestätigung, mit dem Schulstempel besiegelt, daß Piet ein Ganztagsschüler und erst 13 Jahre alt war. Wann immer mein Onkel danach von einem übereifrigen Polizisten verhaftet wurde, der sich den Zettel gar nicht erst angeschaut hatte, mußte der Schuldirektor selbst die Polizeistation anrufen und seine Angaben bestätigen.

20   Wenige Tage nach Onkel Piets Freilassung weckte mich meine Mutter noch früher. Es konnte noch nicht einmal zwei sein. Sie erklärte mir, daß wir heute das erledigen würden, was wir damals verschieben mußten. Ich fragte wieder, wohin wir gingen. Und diesmal antwortete sie mir. »Zum Superintendenten«, sagte sie. Wieder liefen wir vom einen Ende des Townships zum anderen und lieferten

George und meine Schwestern bei Granny ab, die an diesem Tag nicht arbeitete. Um fünf Uhr kamen wir auf der First Avenue vor dem Büro des Superintendenten an. Obwohl es noch so früh war, warteten vor der Tür schon unendlich viele Menschen. Männer, Frauen und Kinder standen in Reih und Glied. Die Schlange reichte von der Tür durch den großen Hof mit der Rasenfläche in der Mitte um den Stacheldrahtzaun herum und noch ein ganzes Stück die breite, geteerte Straße hinunter. Viele der Frauen, die anstanden, trugen Babys auf dem Rücken. An andere klammerten sich ängstlich dünnbekleidete sechs- und sieben-jährige Jungen und Mädchen. Keines der Kinder hatte Schuhe.

»Was wollen wir hier, Mama?« fragte ich besorgt.

»Wir sind hier, weil wir Papiere brauchen.«

»Was für Papiere?«

»Wichtige Papiere.«

»Wozu brauche ich wichtige Papiere?«

»Du brauchst sie nun mal.«

»Warum?«

»Du brauchst sie. Sei still.«

Wir standen in der Schlange und warteten. Eine dürre, schwarze Frau neben uns, die ihr Baby mit einem Stück abgewetzten Ziegenfell über den Rücken gebunden trug, fragte den fetten Schwarzen, der das Büro des Superintendenten bewachte, wie spät es denn sei. Der Wachmann, der in eine dicke Decke gehüllt war und gemütlich an seiner Pfeife sog, schnappte: »Sechs.« »Wann wird das Büro denn geöffnet?« wagte die dürre Frau zu fragen. Der Mann gab wieder eine knappe Antwort: »Zehn.«

Der Wind war eisig. Ich spürte ihn bis auf die Knochen. Und der Gedanke, daß ich noch vier Stunden warten mußte, ließ mich vor Kälte zittern. Ich glaubte festzufrieren. Als ich mich umschaute, sah ich, daß irgendwo in unserer Nähe Flammen gen Himmel schlugen.

»Darf ich mich drüben an dem Feuer wärmen?« fragte ich und deutete auf das Feuer, das, wie so viele davon im Getto, an einem kleinen Abfallhaufen entzündet worden war. Darum herum waren einige mürrisch blickende Männer versammelt, offenbar eine Horde Arbeitsloser. Sie sahen mitleiderregend aus. Völlig entkräftet hockten sie am Boden. Einige hatten das Gesicht in den Händen verborgen. Andere stützten die Ellenbogen auf die Oberschenkel und gaben so den dürren Knochen Halt.

Meine Mutter befühlte mein Gesicht.

»Meine Füße sind auch ganz abgefroren«, beklagte ich mich.

»Ja, geh nur«, sagte sie, »aber frag die Männer, ob du dich zu ihnen setzen darfst!«

Einer der Männer, die sich am Feuer wärmten, sah mich kommen und brüllte: »Komm bloß nicht zu nahe, du Vagabund!« Ich blieb wie angewurzelt stehen, hastete dann zu meiner Mutter zurück und erzählte ihr, was geschehen war. Sie nahm mich an der Hand und brachte mich zum Feuer zurück.

»Würdet ihr guten Männer wohl so freundlich sein, meinem Sohn zu erlauben, seine kleinen Füße zu wärmen?« bat sie. »Wir stehen seit fünf Uhr früh hier in der Kälte.« Die Männer starrten erst meine Mutter an, dann mich. Meine Zähne klapperten.

»*Eke nwana waho, musadi?* – Ist das dein Kind, Frau?« fragte der Mann, der mich verscheucht hatte, höflich in Sotho.

Meine Mutter nickte. Der Mann fuhr fort: »Das haben wir nicht gewußt. Wir haben ihn für einen der üblichen Herumtreiber und Taschendiebe gehalten, die in der Gosse schlafen und nur auf ein Feuer wie dieses warten. Heute weiß man nie genau, wer einem gegenübersteht . . .«

»Ja, ich weiß«, sagte meine Mutter demütig.

Ich sah wirklich wie ein Streuner aus. Meine Kleidung war zerlumpt, mein Körper über und über mit Entzündungen und Kratzern bedeckt. Rotz tropfte mir aus der Nase und lief in den Mund, und meine dicken schwarzen Locken waren ungekämmt und voller Läuse. Und ich stank.

Der Mann rief mich dann zu sich und fragte, wo mir denn besonders kalt sei. Er bot mir an, mich auf seinen Schoß zu setzen. Danach begann er, meine Füße gründlich zu massieren. Unter seinen Händen schienen sie aufzutauen; plötzlich konnte ich sie wieder richtig fühlen. Ich saß da, genoß das Feuer und hörte den Männern zu. Sie schimpften über die Schwierigkeiten, einen Paß zu kriegen und über die, die Erlaubnis zu bekommen, sich in der Welt der Weißen Arbeit suchen zu dürfen. Ferner brauchten sie noch die Genehmigung, ihre Familien zu sich zu holen. Sie redeten und fluchten über die Brutalität der Peri-Urban und über die Ungerechtigkeit am Bantu-Gerichtshof. Sie beklagten sich über die Gefühllosigkeit der Weißen, die sich weigerten, Schwarze einzustellen, die schon mal im Gefängnis gewesen waren. Sie sprachen über den Mangel an ordentlich bezahlten Jobs und das

Übermaß an Qual und Elend in ihrem Leben. Plötzlich ratterte eine Lastwagenkolonne vorbei. Männer, die in knallbunte Decken gehüllt waren, standen mit grimmigen Mienen auf der vollbepackten Ladefläche.

»Was sind das für Männer?« fragte ich den Mann in mittleren Jahren, der neben mir hockte. Er saß fast ungeschützt auf dem eiskalten Boden: Sein Hintern guckte aus einem großen Loch in dem, was einmal seine Hose gewesen war.

Der Mann wandte den Kopf und sah mich an. Sein Mund zuckte. Die Lippen gaben vorstehende, faulende Zähne frei. Er spuckte einmal kräftig ins Feuer und brach in Lachen aus, in ein spöttisches Lachen.

»Diese Männer, mein Junge«, lachte er immer noch schallend, »diese Männer, mein Junge, sind keine Männer. Sie sind Blutegel aus den Stammesreservaten – reines Ungeziefer. Sie kommen her, um in den Minen zu arbeiten.«

Als er geendet hatte, lachten alle, die um das Feuer herumhockten. In ihrem Lachen lag eine Bosheit, die tiefverwurzelten Groll und Haß erahnen ließ. Ich senkte schüchtern den Blick und starrte in die züngelnden Flammen. Ich schämte mich, weil ich dachte, ich hätte eine dumme, oder schrecklicher noch, eine schlimme Frage gestellt. Schweigend blieb ich sitzen und hörte den Männern weiter zu. Eine Weile später kam eine weitere Wagenkolonne mit Männern in bunten Decken vorbei. Auch sie schauten grimmig drein.

»Da kommt noch mehr Ungeziefer«, bemerkte der Mann mit der gefährlich aussehenden Narbe auf der linken Wange und unterstrich seine Bemerkung mit einer unanständigen Handbewegung.

»Warum sind das so viele Männer?« rutschte es mir raus.

»Das sind keine Männer, mein Junge, das ist Ungeziefer«, wiederholte der Mann, was der andere schon gesagt hatte. Seine großen, blutunterlaufenen Augen sprühten vor Zorn, als er weitersprach: »Dieses Ungeziefer wird hierhergekarrt, um für den Weißen Mann Gold zu holen, Junge. Es macht die weißen Bastarde fett und reich und groß und mächtig!« Er machte eine Pause und langte nach einer braunen Papiertüte mit Tabak. »Wenn dieses Ungeziefer nicht all diese Jahre dem Weißen Mann in den Arsch gekrochen wäre, Junge, hätten wir längst politische Rechte in diesem Land.« Er hob seine verstümmelte Linke zu einer unflätigen Geste gegen die neue Fuhre von »Deckenmännern«, die an uns vorbeiknatterte. »Und ich«, sagte er

dann weiter, »müßte nicht hier hocken und mir meinen Arsch ab-
frieren und darauf warten, daß dieses verdammte Büro aufmacht,
nur um mir einen verdammten Stempel für meinen verdammten
Paß zu holen. Den brauchte ich dann nämlich nicht, um mir einen
Job zu suchen. Aber so geht ohne den verfluchten Stempel gar
nichts! Ich kriege keinen Job, ich verdiene nichts, um mich ernähren zu können und ich habe nichts, um meine Frau und die Kinder
satt zu kriegen. Nur mit diesem Scheißstempel können wir alle
überleben!« Aus jedem Wort, das er sagte, sprang Wut und Haß.
Es schien, als hätten meine Fragen, so unschuldig und naiv sie auch
gewesen waren, bei ihm ein Ventil geöffnet, durch das er nun Enttäuschung und Bitterkeit abließ. Er hatte ganz vergessen, wie jung
ich war und daß ich noch gar nichts von dem, was er sagte, richtig
begreifen konnte. Doch die Art, wie er die »Deckenmänner« beschrieben hatte und die Art, wie die anderen, die am Feuer hockten, ihm beipflichteten, sollten mir – das weiß ich heute – zeigen,
worauf er und alle, wie sie hier waren, ihre Misere zurückführten:
an ihrer Unfähigkeit, Arbeit zu finden, gaben sie den Lastwagen-
konvois die Schuld. Daß es ihnen selbst an Mut und Würde mangelte, lasteten sie den »Deckenmännern« an, und sie machten sie
auch verantwortlich dafür, daß sie selbst in den Augen ihrer Frau-
en vielleicht keine richtigen Männer waren. In einem Satz: die Zerstörung ihrer Existenz hatte das »Ungeziefer« verschuldet. Irgendwie erkannte ich in dem Ärger und dem Haß, den sie ausspieen,
Spuren von dem Ärger und dem Haß, den wohl auch mein Vater
verspürte. Was war es nur, was solche Männer hervorbrachte? Ich
wußte es nicht. Jedenfalls noch nicht.

Nach sieben Stunden Wartezeit – sieben Stunden, in denen uns
gesagt wurde, wir sollten in dieses oder jenes Büro gehen und dieses oder jenes Papier vorlegen – wurden Mutter und ich schließlich
zu einer Tür geführt, vor der ein schwarzer Polizist mit einem Re-
volver am Gürtel stand. Sein Anblick jagte mir Angst ein, und ich
versteckte mich hinter Mutters Rockzipfeln.

»Wartet hier auf den *baas*«, sagte er und stieß die Tür auf. In
dem kleinen Raum, auf den er gezeigt hatte, standen zwei Stühle.
Doch als der Polizist die Papiere nahm, die wir mittlerweile beisammen hatten, verbot er meiner Mutter und mir noch, uns zu
setzen. Dann ging er raus. Kurz darauf kam er wieder.

»Der *baas* kommt gleich«, sagte er. »Er ist noch in der Mittagspause.«

»Wir werden warten, *murena*«, antwortete meine Mutter unterwürfig.

Der schwarze Polizist ging wieder. Ich war von dem stundenlangen Warten so erschöpft und erledigt, daß ich meine Mutter fragte, ob wir uns nicht einfach heimlich hinsetzen könnten. Es war ja niemand da, außer uns.

»Bist du verrückt?« zischte sie leise. »Hier setzt man sich nicht – es sei denn, man wird dazu aufgefordert. Und man setzt sich schon gar nicht, wenn es einem ausdrücklich verboten wurde.«

Wir warteten gut und gern eine Stunde. Nichts passierte. Die zweite Stunde war schon angebrochen, als der Polizist zurückkam.

»Der *baas* läßt ausrichten, er kann euch heute nicht sehen«, sagte er und nahm einen vornehmen Mantel von einem Haken hinter der Tür. »Er muß schnell nach Haus.«

»Können Sie uns nicht helfen, *murena*?« flehte meine Mutter ihn an. »Wir sind doch schon seit fünf Uhr früh da. Alles, was ich brauche, sind Papiere für meinen Sohn. Bitte, sagt ihm doch, daß ich dringend Papiere für meinen Sohn brauche. Bitte, *murena*, bitte!«

»Du hast doch gehört, was ich gesagt habe, *musadi*«, erwiderte der schwarze Polizist mißmutig und wies uns die Tür. »Der *baas* hat eine wichtige Verabredung zum Abendessen und es gibt nichts, was ich dagegen tun könnte.«

»Ich hab's ja verstanden, *murena*«, bettelte meine Mutter. »Doch können Sie ihm denn nicht wenigstens sagen, daß ich nur ein einfaches Papier für meinen Sohn brauche? Bitte, *murena*, ich flehe Sie an!«

»Du vergeudest deine Zeit, *musadi*«, sagte der Polizist nun spürbar ungeduldig. »Ich hab dir doch gesagt, daß der *baas* nach Hause geht und daß ich nichts daran ändern kann. Er ist der *baas*, kapierst du? Ich kann ihm nicht sagen, was er tun soll. Er sagt mir, was ich zu tun habe. Wenn er eine Stunde früher nach Hause will, geht er. Und ich bin garantiert der letzte, der was dagegen einzuwenden hat. Und wenn er zwei Stunden früher nach Hause geht, ist das auch in Ordnung. Es geht mich nämlich alles nichts an. Ich arbeite nur für meine Kinder.«

»Wann können wir denn wiederkommen?« fragte meine Mutter verzweifelt, als ihr der Polizist die Papiere, die wir schon hatten, wieder zurückgab.

»In einem Monat«, antwortete er.

»Aber ...«

»Nichts aber, *musadi*, jetzt reicht's«, unterbrach er meine Mutter. »Du bist nicht die einzige, die was von ihm will, begriffen? Da draußen warten Hunderte, um die er sich kümmern muß.«

Wir gingen.

Etwa einen Monat später weckte meine Mutter uns wieder gegen zwei Uhr früh. Diesmal war es ein Freitag. Die geheimnisvollen Papiere, die meine Mutter brauchte, wurden nämlich nur freitags ausgegeben. Das hatte sie mittlerweile herausgefunden. Im Eiltempo marschierten wir zu Granny. Gegen vier kamen wir an und ließen George und meine Schwestern wieder bei ihr zurück. Nur eine Stunde später standen wir wieder in der Warteschlange vor dem Büro des Superintendenten. Obwohl es noch dunkel war, konnte ich in der Menschenmenge Leute ausmachen, die wie Mutter und ich ebenfalls bereits beim letzten Mal hier gewesen waren. Ich erkannte sie an ihren Stimmen wieder. Auch von einigen Kindern, die bei den Frauen standen, wußte ich, als es heller wurde, daß ich sie zuvor gesehen hatte. Diesmal gab es kein Feuer. Um sieben ratterten wieder die Lastwagenkolonnen mit den »Deckenmännern« an uns vorbei. Diesmal aber in die andere Richtung. Und sie sangen laut.

»Warum fahren die Lastwagen heute in die andere Richtung, Mama?« fragte ich meine Mutter. »Und warum singen die Männer diesmal?«

»Sie gehen zur Arbeit«, antwortete meine Mutter. »Die Weißen bestimmen, in welche Richtung sie fahren. Und sie singen, weil sie glücklich sind.«

»Das letzte Mal, als ich sie sah, waren sie aber nicht so glücklich.«

»Heute sind sie glücklich, weil Freitag ist. Freitag ist Zahltag.«

»Wird Papa freitags nicht auch bezahlt?«

»Ja.«

»Und warum ist er dann nie glücklich?«

Mein Vater hatte sich inzwischen total verändert. Hatte er früher schon selten gelacht, so lachte er heute gar nicht mehr. Er war nur noch kalt, mürrisch und ablehnend. Wenn er mal da war, brütete er vor sich hin. Ich kannte ihn nur noch mit böse zusammengezogenen Brauen. Entweder kratzte er sich das gelichtete Haupthaar oder er rang die

Hände und fluchte vor sich hin – besonders freitags. Neben den zwei Welten, von denen ich bereits gewußt hatte, daß es sie gab, schien es noch eine dritte zu geben. Die Welt, in der mein Vater lebte. Meine Schwestern durften nun nicht mehr zu ihm laufen, wenn er abends von der Arbeit nach Hause kam. Sie wagten nicht mehr, ihn zu umarmen und zu küssen, wie andere Kinder es freitags mit ihrem Vater taten. Einmal hatten sie es noch versucht, doch da hatte er sie einfach zur Seite gedrängt und gebrüllt: »Wagt das nicht nochmal!« Er hatte auch keinem von uns jemals wieder »Gute Nacht« gesagt. Ich hätte meinen Vater wirklich gern so geliebt, wie ich meine Mutter liebte. Doch meine Versuche, an ihn ranzukommen, mein Betteln um Verständnis und Liebe waren vergeblich. Er stieß mich zurück und wurde noch unnahbarer, noch mehr in sich gekehrt. Er flößte mir Angst ein. Ich fürchtete ihn noch mehr als früher. Allein der Klang seiner Stimme oder sein Schatten an der Wand jagten mir Angst ein. Manchmal wünschte ich mir, er verschwände aus meinem Leben und ein besserer Vater nähme seinen Platz ein. Und manchmal wünschte ich mir sogar, er wäre tot. Aber das hatte ich mir schon oft gewünscht.

»Dein Vater ist nie glücklich, weil er mit seinem Job so viele Sorgen hat«, erklärte meine Mutter.

»Aber du hast doch auch Sorgen, Mama, oder nicht?«

»Ja«, antwortete sie. »Doch meine sind nicht so schlimm wie die deines Vaters. Außerdem lasse ich mich nicht so leicht unterkriegen.«

Es war wieder später Nachmittag geworden, als wir endlich in den kleinen Raum geführt wurden. Es war derselbe Raum und es war derselbe Polizist mit der Waffe, der uns reinließ. Nervös trat meine Mutter ein. Ich folgte und erlebte den wohl schrecklichsten Moment meines bisherigen Lebens. Auf einem bequemen Sessel vor dem offenen Fenster saß *der Weiße Mann*. Er trug einen Safari-Anzug und hatte einen Revolverhalfter um seinen fetten Wanst geschlungen. Seine bestrumpften Beine in glänzend braunen Stiefeln hatte er lässig auf den langen Mahagoni-Tisch gelegt. Seine riesigen, roten, wabbeligen und behaarten Hände spielten mit einem goldenen Stift. Er hatte einen Stiernacken. Auf seinem Kopf und aus seinen Nasenlöchern wuchsen Büschel karottenfarbener Haare. Sein Gesicht war breit, rot und von Sommersprossen übersät. Die Brille war ihm die Nase runtergerutscht. Seine wulstigen, roten Lippen schlossen sich um eine dicke brennende Zigarre.

Panik erfaßte mich. Er sah aus wie der weiße Mann, der eine der greulichsten Razzien, die ich miterlebt hatte, geleitet hatte. Ich versteckte mich hinter meiner Mutter und klammerte mich an ihrem Rock fest. Dann kreischte ich wie am Spieß.

»Was hast du?« fragte meine Mutter und drehte sich nach mir um.

Der weiße Mann sprang auf. Er war ganz verblüfft. Offenbar hatte noch niemand in seinem Büro zu schreien gewagt.

»Er ist's, Mama! Er ist's!« Ich brüllte vor Angst und zeigte mit zitternden Fingern auf den weißen Mann. »Bring mich hier raus!«

Der weiße Mann schrie dem schwarzen Polizisten irgend etwas zu, und der kam dann zur Tür herüber, wo meine Mutter sich verzweifelt mühte, mich zu beruhigen.

»Bring ihn raus, *musadi*!« bellte der Polizist sie an. »Bring ihn raus!«

Meine Mutter zerrte mich nach draußen, bis wir außer Sichtweite des weißen Mannes waren. Dann versetzte sie mir ein paar Ohrfeigen und brüllte: »Was ist nur in dich gefahren, du schwarzer Dummkopf? Was ist bloß in dich gefahren?«

»D-das i-ist d-der w-weiße M-mann, M-mama«, wimmerte ich. »E-er w-war d-damals b-bei d-der R-razzia d-dabei. B-bestimmt, Mm...«

»Halt dein dummes Maul!« schnauzte meine Mutter mich an und drehte mir den Arm um. »Ich weiß selbst, daß er es ist. Aber rede hier nicht davon, kapiert? Nicht hier!«

»Aber er ist es doch, Mama.«

»Halt deinen verdammten Mund!« brüllte sie noch lauter als zuvor. »Hast du denn tatsächlich so wenig Hirn in deinem großen Kopf«, fuhr sie fort und drosselte ihre Stimme ein wenig, »daß du nicht begreifst, daß du hier nicht darüber reden darfst?! Nicht vor ihm! Weißt du denn nicht, was er tun wird, wenn er dich so reden hört? Er wird dich totschießen! Genau das wird er tun! Nun beruhige dich und halt den Mund, wenn wir wieder reingehen! Er wird dir nichts tun, solange ich bei dir bin. Aber halt die Klappe, verstehst du mich? Sonst erschießt er dich!«

Ich schluckte und nickte tapfer. Doch die Angst vor dem weißen Mann peinigte mich nach wie vor.

»Das ist aber ein besonders wildes *pickaninny* (Negerkind), das du da hast«, sagte der weiße Mann mit einem falschen Lächeln, als wir wieder reinkamen. »Was ist los mit ihm?«

»Ja, *mei makulu baas* (mein allerhöchster Herr), er ist *makulu* (sehr) wild«, antwortete meine Mutter betreten und lächelte zaghaft zurück. »Er ist es nicht gewöhnt, Weiße zu sehen.«

»Sag ihm, wir beißen nicht«, gluckste der weiße Mann und brach gleich danach in ein dröhnendes Gelächter aus.

Der schwarze Polizist stimmte nervös in das Lachen ein.

»Hast du gehört, was der *baas* gesagt hat?« fragte mich meine Mutter.

Ich nickte scheu.

»John hier hat mir gesagt, du willst Papiere für das Kind«, sprach der Weiße meine Mutter an, als er sich von seinem Lachanfall erholt hatte. Er saß nun wieder in seinem Sessel. Ganz so, wie er darin gesessen hatte, bevor ich zu brüllen angefangen hatte.

»Ja bitte, *mei makulu baas*« erwiderte meine Mutter höflich.

»Ist das *pickaninny* in Alexandra geboren?« fragte er.

»Ja, ja, *mei makulu baas.*«

»Bist du sicher?«

»Ja, ganz sicher, *mei makulu baas.*«

Der weiße Mann wandte sich an den schwarzen Polizisten, der nun am Ende des Tisches stand. »John«, rief er, als spräche er mit einem Kind, »hol mir das Dossier dieser Frau aus dem Aktenschrank. Beeil dich, Junge.«

John hastete zu dem Aktenschrank in der Ecke.

»Welches, *baas*?« fragte er, untertänig über ein Schubfach des Aktenschrankes gebeugt.

»Das von der Influx Control, der Zuzugskontrolle«, entschied der weiße Mann.

»Sofort, *baas*«, sagte John beflissen und zog einen Packen Papiere aus dem Schubfach. Dann eilte er zurück zum Tisch und legte sie dem Weißen vor. Der blätterte darin herum.

Nach ein paar Minuten hob der Weiße langsam den Blick und schaute meine Mutter über den Rand seiner Brille hinweg scharf an. »Der Name deines Sohnes steht hier nicht, Frau«, sagte er kalt. »Wir haben keinen Beleg darüber, daß er in Alexandra geboren ist. Bist du sicher, daß du ihn hier zur Welt gebracht hast?«

»Ja, *mei makulu baas. Mina* (ich) *makulu* sicher.«

»Warum steht sein Name dann nicht in den Akten?« fragte der weiße Mann forschend und fuhr fort, in den Papieren herumzublättern.

»Er ist ein Alexandra-Kind, *mei baas*«, bestätigte meine Mutter. »Ich schwöre, daß er hier geboren ist.«

»Hast du Papiere von der Klinik, die das beweisen? Ist er registriert?«

Bei dieser Frage zuckte meine Mutter zusammen, als hätte sie der Schlag getroffen. Ihre Augen weiteten sich vor Schreck. Sie begann zu schwitzen. Völlig entgeistert suchte sie nach Worten, doch sekundenlang brachte sie nicht einen Ton heraus. Endlich schaffte sie es, zu stammeln, »*M-mei b-baas, l-lo p-pickaninny* hat keine Klinik-Papiere.«

»Wie das? Ist er ein Bastard? Bist du sicher, daß du seine wirkliche Mutter bist? Hat er einen Vater?« Der weiße Mann spie die Fragen in schneller Folge aus. »Ich weiß ja, ihr Kaffernfrauen werft wie die Karnickel.«

»Er ist mein Kind, *mei makulu baas*«, flüsterte meine Mutter. Tränen rannen über ihre Wangen. »Er hat keine Klinik Papiere, weil er zu Hause geboren ist.«

»Hausgeburt oder nicht«, warf der Weiße ein, »die meisten von euch Kaffern-Bastarden werden zu Hause geboren. Er braucht trotzdem die Klinik-Papiere. Nachdem du ihn geworfen hast, hättest du eben zur Klinik gehen und ihn registrieren lassen müssen. Papiere sind wichtig, weißt du das denn nicht? Papiere sind wichtiger als er!«

»Aber ich war doch in der Klinik, *mei makulu baas*. Doch da haben sie sich geweigert, mir Papiere zu geben, bevor ich nicht ein Papier von hier habe.«

»Aber wir brauchen zuerst die Klinik-Papiere, Frau.«

Meine Mutter war fassungslos. Schweißperlen standen auf ihrer Stirn. »Aber ich war doch in der Klinik, *mei baas*«, beschwor sie den weißen Mann noch einmal. Ihre Stimme zitterte. »Und die Klinik-Leute haben mich hierher geschickt. Sie haben gesagt, sie können mir die Papiere nicht geben, wenn ich keine Genehmigung von diesem Büro habe.«

»John, komm her!« beorderte der weiße Mann den schwarzen Polizisten zu sich. John eilte zu ihm. »Erklär' dieser Frau, daß wir ihr keine Papiere aushändigen können, bevor sie nicht den Beweis erbracht hat, daß *pickaninny* hier geboren ist. Und mach ihr klar, daß sie dieses Papier von der Klinik bekommt.«

»*Musadi*«, wandte sich John an meine Mutter. Sein Ton klang ungeheuer wichtig. »Du scheinst alles durcheinanderzubringen. Der große *baas* hier kann dir keine Papiere geben, bevor du nicht die Geburtsurkunde dieses *pickaninny* von der Klinik gebracht hast. Er braucht die Geburtsurkunde, damit er ihn registrieren kann. Wie soll er sonst feststellen, daß dein *pickaninny* hier geboren ist? Du *mußt* zuerst die Geburtsurkunde haben. Ohne die kann der *baas* nichts für dich tun. So will es das Gesetz, und es gibt absolut keine Möglichkeit, dieses Gesetz zu umgehen. Lauf nochmal zur Klinik und sag dort, daß wir die Geburtsurkunde brauchen.«

»Aber ich war doch schon viermal bei der Klinik«, sagte meine Mutter verzweifelt. »Dort sagen sie mir immer wieder, sie können mir keine Geburtsurkunde geben, weil das Kind nicht in der Klinik geboren ist.«

»Du mußt trotzdem wieder hingehen und ihnen sagen, daß wir die Geburtsurkunde brauchen«, beharrte der schwarze Polizist. »Sag ihnen, daß der große *baas* sie braucht.«

»Und was mach' ich, wenn sie mich wieder wegschicken?« fragte meine Mutter unsicher. »Kann der große *baas* mir nicht ein Papier geben, das ich denen von der Klinik zeigen kann, um ihnen zu beweisen, daß ich hier war?«

Der weiße Mann kritzelte ein paar Zeilen auf einen Zettel und gab ihn dann meiner Mutter.

»Was steht da drauf?« fragte sie und hielt ihn John hin.

»Das, was ich dir gerade erklärt habe«, sagte John und sein Tonfall war nun noch bedeutsamer als zuvor.

Wir verließen das Büro des Superintendenten. Das Krankenhaus lag am anderen Ende des Townships. Und weil die Dunkelheit bereits eingesetzt hatte und weil es Freitag war – der gefährlichste Tag im Getto – entschied meine Mutter, daß wir heute nicht mehr in die Klinik gehen würden.

»Wir gehen ganz früh am Montag«, sagte sie, nachdem wir meine Geschwister abgeholt hatten und uns auf den Heimweg machten.

Am Montag waren wir früh um vier vor der Klinik. Das war ein Fehler. Wir hätten früher da sein sollen. Obwohl die Tore erst um halb zehn geöffnet wurden, standen jetzt schon scharenweise Menschen vor den geschlossenen Türen und Schaltern. Schwarze Menschen, die auf Behandlung warteten oder die verschiedensten Papiere wollten, und sie bildeten lange Reihen. Bei ihrem Anblick wurde mir ganz schlecht. Die Kranken bluteten am Kopf oder auf der Brust, und einige hatten Verbrennungen erlitten. Dann standen da noch klapperdürre Schwangere, die unterernährte Säuglinge mit übergroßen Köpfen und aufgeblähten Bäuchen hielten. Da waren Tuberkulose-Opfer, Herumtreiber, mißgebildete Kinder, Leute mit ausgestochenen Augen und verletzten Fingern – Kranke, wohin ich schaute. Wir stellten uns an der langen Schlange an, die sich vor dem Schalter gebildet hatte, wo neuangekommene Patienten registriert wurden. Als wir endlich dran waren, stellte sich heraus, daß wir in der falschen Schlange gestanden hatten – in diesem Büro konnte man nichts für uns tun. Über eine Stunde hatten wir mit dieser nutzlosen Warterei vergeudet. Die richtige Schlange, die zu dem Büro führte, das für Geburtsurkunden zuständig war, war noch länger als die erste. Und so standen wir uns weitere zwei Stunden die Beine in den Bauch.

Während sich unsere Reihe im Schneckentempo vorwärts bewegte, bat meine Mutter einen Mann vor uns, ihr zu sagen, was genau auf dem Zettel stand, den der Superintendent ihr gegeben hatte. Sie war von Anfang an skeptisch gewesen, ob dieses Stück Papier uns tatsächlich weiterhelfen würde. Der Mann erklärte uns, ganz im Gegensatz zu dem, was John beteuert hatte, daß auf dem Zettel einzig und allein zu lesen sei, daß meine Mutter ein Problem hätte. Aber was für ein Problem das war, stand da nicht. Und auch kein Wort davon, daß wir sogar zweimal im Büro des Superintendenten gewesen waren. Alles in allem schien die Notiz nutzlos zu sein. Und das war sie auch, wie sich herausstellte, als wir endlich dran waren. Der schwarze Mann am Schalter sagte uns, er könne uns keine Geburtsurkunde geben, wenn wir ihm nicht zuerst die Papiere aus dem Büro des Superintendenten brächten. Meine Mutter war völlig konfus. Sie versuchte zu erklären, daß sie bereits zweimal versucht hatte, an eben diese Papiere zu gelangen. Aber daß der Superintendent sie ihr nicht geben wollte, bevor sie ihm nicht zuerst die Papiere aus der Klinik brächte. Doch der schwarze Mann glaubte ihr nicht. »Ich rühr' mich nicht mehr von der Stelle, bevor ich nicht die Geburtsurkunde habe«, verkündete sie in ihrer Verzweiflung. Da rief der schwarze Mann einen Wachposten herbei, und der beförderte meine Mutter, mit mir im Schlepptau, gewaltsam an die Luft.

Daraufhin bauten wir uns im Hof vor der Bürotür auf. An die zwei Stunden standen wir wohl da. Mutter war ärgerlich, und ich war hungrig. Und beide hofften wir, daß die Klinik-Leute es sich vielleicht doch noch anders überlegen würden. Das Büro wurde für die Mittagspause geschlossen und danach wieder geöffnet. Wir standen immer noch da. Ich vertrieb mir die Zeit damit, daß ich mir die Kranken anschaute. Alle waren schwarz, und es waren Massen, die in das Krankenhaus hineinkrochen oder -humpelten. Ich konnte das Ausmaß der Verletzungen nicht begreifen, die ich da sah. Da war beispielsweise ein Mann, der ohne jede Hilfe kam. Eines seiner Beine war brandig und wimmelte nur so von Würmern. Eine Handvoll junger Assistenzärzte von einer weißen Universität rannte herum und versuchte, dem endlosen Strom schwarzer Patienten Herr zu werden. Das erschien sogar mir unmöglich. Für mich sah es so aus, als wollten die Leute ein großes Feuer mit Spucke löschen.

Während wir draußen vor der Bürotür warteten, stimmte meine Mutter ein Tsonga-Lied an, das ihr Mißgeschick besang. Eine weiße Frau in einem weißen Kleid mit einem schwarzen Nonnenschleier kam vorbei. Offenbar wollte sie irgendwas im Büro abholen.

»Schwester«, redete meine Mutter sie ehrfürchtig an und flehte: »Bitte, helfen Sie mir, bitte, helfen Sie meinem Kind.«

Die weiße Frau, die den Türgriff bereits in der Hand hielt, blieb stehen und drehte sich nach uns um. Sie blickte meine Mutter mit hochgezogenen Augenbrauen an, lächelte dann und fragte, welches Problem meine Mutter hätte. Meine Mutter schilderte unsere Misere. Die weiße Frau hörte gebannt zu. Ihre Hand hielt den Türgriff immer noch umklammert und sie stand wie angewurzelt da. Sie schnappte auch ein paarmal nach Luft und schüttelte immer wieder ungläubig den Kopf, während meine Mutter ihr erzählte, welche Prüfungen und Leiden wir bisher erlitten hatten, um an eine Geburtsurkunde für mich zu kommen.

Als meine Mutter geendet hatte, stürmte die weiße Frau in das Büro. Mir kam es vor, als hätte sie Tränen in den Augen. Auf jeden Fall aber schäumte sie vor Wut. Meine Mutter und ich blieben neben der Tür stehen und hörten, wie drinnen eine kurze, aber heftige Auseinandersetzung stattfand. Unmittelbar darauf wurde meine Mutter zum Schalter gerufen. Dort streckte ihr der gereizte junge Mann, der vorher befohlen hatte, sie rauszuwerfen, ein Papier hin. Endlich hatten wir die Geburtsurkunde. Meine Mutter versteckte das Dokument an ihrer Brust, als sei es aus purem Gold. Niemals zuvor hatte ich eine glücklichere Mutter gesehen als die, mit der ich an diesem Abend nach Hause trottete. Sie sang Lobeshymnen auf die weiße »Schwester«. Und dann sagte sie sogar: »Du siehst, Kind, nicht alle Weißen sind schlecht – denk immer daran.«

Ich grunzte nur. Ich hatte ja damals keinen blassen Schimmer, daß meine gesamte Zukunft von diesem Stückchen Papier abhing. Von diesem lausigen Stückchen Papier, um das meine Mutter so lange und so beharrlich gekämpft hatte. Ich hatte nun die erste und schwierigste Hürde genommen, die es zu überwinden galt, um in eine Schule gehen zu dürfen. Ohne die Geburtsurkunde, die bestätigte, daß ich in Alexandra geboren war, wäre ich nämlich niemals in eine der Stammesschulen des Townships aufgenommen worden.

Teil II

Der Paß ins Reich des Wissens

21   *»Erziehung öffnet Türen, die es gar nicht zu geben scheint.«*

Hin und wieder ließ meine Mutter nun Andeutungen fallen, daß ich bald zur Schule gehen würde. Als ich das zum ersten Mal hörte, schwor ich ihr, »niemals« zur Schule zu gehen. »Schule, das ist doch nur Zeitverschwendung!« Sie lachte und sagte: »Das werden wir schon sehen. Du weißt doch gar nicht, wovon du redest.« Da war ich aber ganz anderer Meinung! Ich kannte nämlich eine Bande von Zehn-, Elf- und Zwölfjährigen, die mich darüber aufgeklärt hatte. Ich verehrte die Bandenmitglieder so sehr, daß mir jedes ihrer Worte als die ganz große Weisheit erschien.

All diese Jungen waren schon vor langer Zeit von zu Hause weggelaufen und sie lebten mal hier und mal da. Auf Schuttabladeplätzen in der Nachbarschaft, zum Beispiel. Ganz alleine natürlich. Und sie schliefen in verlassenen Autowracks. Sie rauchten und schnüffelten Leim und Benzol. Sie aßen Sardinen und Brot. Sie schlichen sich in die Weiße Welt, verdingten sich als Aushilfen und kamen, wenn sie Pech gehabt hatten, zurück ins Township. Hier klauten sie Bier- und Sodaflaschen aus den Schnapsbuden. Aber auch die Waren der indischen Händler auf der First Avenue waren vor ihnen nicht sicher. Das Leben der Jungen war aufregend. Es versprach Abenteuer und war voll von Überraschungen. Das zog mich an. Auch wenn meine Mutter diese Jungen Taugenichtse nannte und behauptete, daß nie etwas aus ihnen werden würde. Und natürlich verbot sie mir den Umgang mit der Gang, und wohl genauso natürlich schlug ich ihr Verbot in den Wind. Was wußte sie schon? Je öfter ich mir das sagte, desto überzeugter war ich davon, daß meine Mutter keine Ahnung hatte. Was sie jedenfalls bestimmt nicht wußte, war, was mich vom Leben der Bande faszinierte! Ihre Ansichten über die Schule hatten mich besonders stark beeindruckt und überzeugt: sie haßten sie und betrachteten Erziehung als reine Zeitverschwendung.

Die Bandenmitglieder waren, ebenso wie ich, in einer Gesellschaft groß geworden, in der »Lernen« – und dazu auch noch »etwas Anständiges« – alles andere als überbewertet wurden. Das erste, was die Kinder hier mitbekamen, war nicht Buchstabieren, Lesen oder

Schreiben, sondern wie man stiehlt und aufbegehrt. Wo das nackte Überleben und der Kampf ums »Tägliche Brot« den höchsten Stellenwert einnimmt, wird die Schule nun mal als purer Luxus betrachtet. Sie kostete ja auch noch Geld. Ich verbrachte viel Zeit in der Gang, weil ich sicher war, daß ich niemals zur Schule gehen würde, solange ich unter dem Einfluß dieser Jungen stand.

Und dann weckte mich meine Mutter mal wieder um vier Uhr nachts.

»Sind sie da? Ich habe gar nichts gehört«, fragte ich, wie jedes Mal um diese Zeit.

»Nein«, erklärte meine Mutter. »Ich möchte, daß du in den Waschtrog da drüben gehst.«

»Was?« Ich sträubte mich, als ich das Wort *Waschtrog* hörte. Ich hatte so viel Angst vorm Baden, wie andere vor der Pest. In den sieben Lebensjahren, die hinter mir lagen, konnte man die Zahl meiner Bäder an einer Hand abzählen – und hatte noch einige Finger übrig. Ich war ganz einfach wasserscheu. Der Hang zur Sauberkeit war etwas, was ich zu dieser Zeit noch nicht verspürte. Auch Sauberkeit mußte ich erst lernen. Außerdem hatten wir nur diesen einen Waschtrog im Haus, und der hatte ständig irgendwo ein Loch.

»Ich hab' dir gesagt, du sollst in die Wanne gehen.« Meine Mutter drohte mir mit dem Finger.

Zögernd gehorchte ich. Aber ich wunderte mich schon, weshalb ich so plötzlich, und dann auch noch mitten in der Nacht, ein Bad nehmen sollte. Meine Mutter, mit Wurzelbürste und einem kleinen Stückchen Seife bewaffnet, schrubbte erbarmungslos Monate und Monate von Dreck von mir ab, bis meine Haut brannte und an einigen Stellen sogar blutete. Ich heulte, spürte, wie der Schmerz durch meine Glieder schoß, wenn die stacheligen Borsten auf Schorf stießen und die Haut aufrissen. Gerade hatten sie mich wieder erwischt. In diesem Moment klopfte es laut an der Tür.

Sofort ließ meine Mutter von mir ab, machte einen Satz zur Seite und schlich auf Zehenspitzen in Richtung Schlafkammer. Furcht ergriff mich, weil natürlich auch ich dachte, das könnte nur die Polizei sein. Ich saß mucksmäuschenstill im Waschtrog und wußte nicht, was ich tun sollte.

»Mach' schon auf, *Mujaji* (das war der Mädchenname meiner Mutter)«. Es war Grannys Stimme, die da durch die Tür drang. »Ich bin's doch nur.«

Meine Mutter seufzte tief auf vor Erleichterung. Ihre Anspannung löste sich. Sie drehte sich um, ging zur Küchentür, entriegelte sie, und herein kamen Großmutter und Tante Bushy.

»Du hast mich fast zu Tode erschreckt!« sagte meine Mutter zu Großmutter. »Ich hatte ganz vergessen, daß du kommen wolltest.«

»Bist du fertig?« fragte Granny.

»Ja, gleich«, erwiderte meine Mutter und erlaubte mir endlich, den Waschtrog zu verlassen.

Sie gab mir ein Stück Stoff, mit dem ich mich abtrocknen sollte. Während ich das tat, versuchte ich einige Fragen zu klären, die ich mir mittlerweile gestellt hatte: Was war los? Was hatte Großmutter zu dieser nachtschlafenden Zeit bei uns zu suchen? Und vor allem, warum hatte sie meine Mutter gefragt: »Bist du fertig?« Ich konnte mir einfach keinen Reim darauf machen. Doch dann wurde es noch geheimnisvoller. Meine Mutter kam mit einem fleckigen, weißen Hemd und einem Paar verblichener, schwarzer Khaki-Shorts aus der Schlafkammer und drückte mir beides in die Hand.

»Hier«, sagte sie, »zieh das an!«

»Warum?« fragte ich.

»Zieh das an, hab ich gesagt!«

Ich zog das Hemd über. Es paßte mir nicht mal annähernd. Es reichte mir bis zu den Knöcheln und war auch sonst viel zu groß. Dann erkannte ich auch, warum: das Hemd gehörte meinem Vater!

»Aber das ist doch Papas Hemd«, beschwerte ich mich. »Es paßt mir nicht.«

»Zieh es an«, wiederholte meine Mutter ihre Aufforderung zum dritten Mal. »Ich mach's schon passend«, fügte sie dann hinzu.

»Die Hose paßt mir auch nicht«, stellte ich fest. »Wem gehört die überhaupt?«

»Zieh sie an«, sagte meine Mutter. »Ich mach' sie schon passend.«

Minuten später hatte ich die Sachen an. Ich sah lächerlich aus! Meine Mutter begann, sich an Hemd und Hose zu schaffen zu machen. Sie faltete das Hemd wieder und wieder und steckte es schließlich in die Hose. Die faltete sie im Bund dann ebenfalls unzählige Male zusammen. Dann raffte sie alles mit einem Stück Sisalschnur zusammen, damit es nicht auseinanderrutschen konnte. Danach rieb sie mir Gesicht, Arme und Beine großzügig mit einer Mixtur aus Schweinefett und Vaseline ein. »Das wird dich vor Erkältungen schützen«, erklärte sie. Meine Haut glänzte wie ein Morgenstern, und mir war warm wie »im Zentrum der Sonne«. Und ich roch ... wer weiß wie. Nachdem meine Mutter mich eingeschmiert hatte, ging sie in die Schlafkammer.

»Wo gehen wir hin, Granny?« fragte ich in der Hoffnung, daß sie mir erzählen würde, was meine Mutter mir so beharrlich verschwieg. Ich hatte tatsächlich immer noch keinen blassen Schimmer, daß ich an diesem Tag eingeschult werden sollte.

»Hat deine Mutter dir das denn nicht gesagt?« Großmutter lächelte. »Du sollst mit der Schule anfangen.«

»Was!« Ich japste nach Luft. Das war zuviel! Ich sprang von dem Stuhl, auf dem ich gesessen hatte. Ich hatte plötzlich das Gefühl, er sei aus kochend heißem Blei. »Ich gehe nicht zur Schule«, platzte ich raus und rannte wie der Blitz zur Küchentür.

Meine Mutter war gerade wieder aus dem Schlafzimmer gekommen. Sie hatte die Situation augenblicklich im Griff. »Schnell, jemand zur Tür!« brüllte sie.

Tante Bushy verstellte mir den Weg. Ich drehte mich um und suchte mein Heil am Fenster. Als ich gerade auf die Fensterbank springen wollte, packte mich meine Mutter und brachte mich auf den Boden der Tatsachen zurück. Ich strampelte wie wild, um mich freizumachen. »Laß' mich los! Ich will nicht zur Schule gehen! Laß mich los!« Aber meine Mutter dachte gar nicht daran.

»Dein Sträuben nützt dir gar nichts«, sagte sie und grinste triumphierend, als sie mich niederzwang. Sie drehte den Kopf in Großmutters Richtung und rief: »Granny! Hol mir schnell einen Strick!«

Granny griff sich ein Stück Seil und kam meiner Mutter zu Hilfe. Ich biß und kratzte jede Hand, die sich mir näherte und brüllte lauthals meinen Protest gegen die Schule heraus. Dennoch hatte ich gegen diese beiden Frauen natürlich überhaupt keine Chance. In Windeseile hatten sie mich gefesselt – an Händen und Füßen.

»Was ist los mit ihm?« Granny glaubte, ihren Ohren nicht zu trauen. »Warum wurde er plötzlich zum Irrwisch, als ich ihm sagte, daß du ihn zur Schule bringst?«

»Du hättest ihm nicht verraten dürfen, daß er in die Schule soll«, sagte meine Mutter. »Er will nicht hingehen. Deshalb habe ich dich doch gebeten, heute herzukommen. Du mußt mir helfen, ihn da überhaupt hinzukriegen. Die Straßenjungen haben einen schlechten Einfluß auf ihn.«

Die beiden Frauen erklärten Tante Bushy, daß sie heute nicht zur Schule gehen dürfe, sondern stattdessen auf unsere Hütte und die Kinder aufpassen solle. Dann schleiften Mutter und Granny mich zur Tür.

Die Sonne ging gerade über dem Buschland auf, als die beiden mich zur Schule schleppten. Die Straßen füllten sich wie jeden Tag. Alte Männer und Frauen, verschrumpelt, gebeugt und zerlumpt, begannen wie üblich herumzustreifen. Arbeitslose Männer und Frauen schlossen sich zu Cliquen zusammen und brachen zu den Schnapsbuden in den Hinterhöfen auf. Dort prahlten sie damit, wie sie der morgendlichen Paß-Razzia entkommen waren oder schimpften lauthals über die menschenunwürdigen Bedingungen, unter denen sie lebten. Dabei schütteten sie literweise Bier in sich hinein und lachten endlos. Doch ihr Lachen klang gequält. Ich hatte mich oft genug in der Nähe der Schnapsbuden herumgetrieben, um das zu wissen. Denn auch die Jungen und Mädchen in meinem Alter begannen um diese Zeit ihre ziellose Wanderschaft durch die engen, staubigen Straßen. Sie versuchten, irgendwo ihren Hunger zu stillen und genossen die Abwechslung. Die meisten von ihnen trugen schreiende Babys, meist ihre kleinen Geschwister, Huckepack.

Auf unserem Weg sah ich einige Jungen und Mädchen, die ihre Abneigung gegen die Schule genauso deutlich machten wie ich. Sie jaulten laut und versuchten abzuhauen. Einigen gelang es tatsächlich, sich loszureißen. Sie taten einen gewaltigen Sprung in die Freiheit – und wurden ganz schnell wieder eingefangen. Dann wurden sie von den Erwachsenen zusammengestaucht oder bezogen Dresche. Manchmal auch beides. Auf jeden Fall mußten sie genau wie ich weiter in Richtung Schule marschieren.

Als wir in die 6th Avenue einbogen, die Straße, die zur Stammesschule führte, kam uns eine kleine, rundliche, schwarze Frau entgegen. Sie trug einen gehäuft vollen Kohleneimer auf dem *doek*-(stoff)-bedeckten Kopf. Ein Säugling, der ohrenbetäubend plärrte, war mit einem Stück Ziegenfell auf ihrem Rücken festgezurrt. Ein halbnackter, etwa vierjähriger Junge mit aufgeblähtem Bauch, folgte ihr auf dem Fuße. Er sammelte die Kohlenstücke, die runterfielen, wieder ein und warf sie in eine Plastiktüte. Dabei lutschte er genüßlich am Daumen. Die Frau hielt vor uns an. Und wir, aus welchem Grund auch immer, blieben ebenfalls stehen.

»Ich wünschte, ich hätte das auch mit meinem Ältesten getan«, sagte die fremde Frau und schaute vielsagend auf meine Fesseln. Ich war ganz durcheinander, weil sie angehalten hatte und etwas beklatschte, was ich ganz entsetzlich fand.

»Ich wünschte wirklich, ich hätte das auch mit meinem Ältesten getan«, wiederholte sie. Es klang, als bedauere sie etwas. Dann brach sie plötzlich in Tränen aus. Von heftigen Schluchzern unterbrochen, fuhr sie dann fort: »Bevor er dem Ruf der Straße folgte ... und ... bevor aus ihm ein *tsotsi* wurde.«

Granny und meine Mutter fanden tröstliche Worte für die fremde Frau.

»Doch jetzt ist es zu spät«, sprach sie weiter. Tränen kullerten über ihr pausbäckiges Gesicht. Sie machte nicht einmal den Versuch, sie zu trocknen. »Jetzt ist es zu spät«, sagte sie zum zweiten Mal, »ihm kann keiner mehr helfen. Ich könnte ihm nicht helfen, selbst wenn ich es wollte. *Uswile* (er ist tot) –.«

»Wie ist er denn gestorben?« fragte meine Mutter mitfühlend.

»Er hat die Schule geschwänzt und wuchs stattdessen ›mit dem Messer‹ auf. Und dasselbe Messer, mit dem er lebte, hat sein Leben auch beendet. Darum muß ich immer weinen, wenn ich einen Jungen sehe, der nicht zur Schule gehen will. Ich bleibe dann stehen und erzähle die Geschichte von meinem armen kleinen *mbitsini* (gebrochenen Herzen).«

Nachdem sie das gesagt hatte, verschwand die fremde Frau so unvermittelt wie sie aufgetaucht war.

»Hast du gehört, was diese Frau gesagt hat?« brüllte mir meine Mutter ins Ohr. »Möchtest du, daß dir das auch passiert?«

Ich senkte den Kopf. Ich war völlig entgeistert.

»Arme Frau«, meinte Granny mitleidig. »Sie muß ihren Sohn wirklich sehr geliebt haben.«

Endlich kamen wir vor der Schule an. Ich wurde eiligst ins Büro des Direktors gebracht – einen winzigen Raum, dem eine Reihe noch kleinerer gegenüberlagen. Wenn man rausguckte, sah man ein kleines Stück gelblichen Rasen.

»Das ist also der Schlingel, über den wir geredet haben«, sagte der Direktor, ein großer, drahtiger Mann. Er war affig gekleidet. Er hatte einen schwarzen Nadelstreifenanzug an, der allerdings ganz anders aussah als die Nadelstreifenanzüge, die die *tsotsis* trugen. Sein strenges

Gesicht glänzte. Er sah mich ausdruckslos an. Sein Blick flößte mir Furcht ein, er erinnerte mich an meinen Vater. Der Direktor saß hinter einem braunen Tisch, auf dem eine dicke Staubschicht lag. Spinnen hatten ihre Netze über Bücher und Papiere gezogen, die darauf lagen. In einer Brusttasche seines Jacketts steckten viele verschiedene Stifte nebeneinander, in der anderen ein lilienweißes Taschentuch. Es sah nicht so aus, als habe er das jemals benutzt. Es war wohl eher ein Schmuck. Neben dem Direktor stand eine stattliche schwarze Frau. Sie war mit einem ordentlichen schwarzen Rock und einer weißen Bluse bekleidet. Ganz anders als der Direktor hatte sie nur einen Stift, und den hielt sie in der Hand. In dem Zimmer war es heiß und stickig. Und man hörte das Brummen von Fliegen.

»Ja, Herr Direktor«, sagte meine Mutter. »Das ist er.«

»Er ist ganz so, wie Sie ihn beschrieben haben«, bemerkte der Direktor. Er hatte wohl mitgekriegt, daß ich gefesselt war. »Hat es Ihnen viel Ärger bereitet?«

»Ärger, Herr Direktor?« Meine Mutter seufzte. »Er war der reinste Irrwisch.«

»Er ist nicht anders als die anderen, Herr Direktor«, lenkte Großmutter ein. Auch sie seufzte schwer. »Sobald sie alt genug sind, auf die Straße zu gehen, werden sie wild. Sie nehmen alle Laster der Straße an, wie ein Säugling die Muttermilch. Und irgendwann glauben sie, daß es kein anderes Leben gibt, als das, das die *tsotsis* führen. Sie beginnen die Schule zu hassen und vergessen, daß sie auch eine Zukunft haben.«

»Tja«, meinte der Direktor. »Das werden wir bald alles geradegerückt haben. Binden Sie ihn jetzt los.«

»Er wird weglaufen«, warnte meine Mutter.

»Ich glaube nicht, daß er so dumm ist, das zu versuchen. Wir sind doch in der Überzahl.«

»Er *ist* dumm, Herr Direktor«, sagte meine Mutter. Aber sie und Granny lösten dennoch meine Fesseln. »Er hat's schon mal versucht. Ihn hierherzubekommen, war die reinste Schwerarbeit.«

Der Direktor erhob sich. Mit zwei Schritten war er an der Tür und schloß sie. Als sie zuschlug, sah ich die Rohrstöcke. Sie hingen da in einer Reihe: lange, kurze, mittlere, dicke und dünne. Der Direktor merkte, daß mir vor Schreck die Spucke wegblieb und grinste. Und dann sagte er in einer Art, die mir zeigte, daß er es darauf angelegt hatte, daß ich die Stöcke sehe: »Solange du dich ordentlich benimmst, werden wir sie bei dir nicht brauchen.«

Bei mir einen Rohrstock benutzen? Ich rang nach Atem. Ich starrte meine Mutter an – sie lächelte. Ich starrte Granny an – die lächelte ebenfalls. Da gab ich meine Fluchtpläne augenblicklich auf.

»Also haben sie Ihnen endlich die Geburtsurkunde und die Papiere gegeben?« wandte sich der Direktor an meine Mutter, nachdem er sich wieder gesetzt hatte.

»Ja, Herr Direktor«, antwortete sie. »Ja, endlich! Doch was war das für ein Kampf! Es hat mich fast ein ganzes Jahr gekostet, bis ich alle Papiere beisammen hatte.« Sie nahm ein ordentlich gepacktes Bündel und reichte es dem Direktor. »Sie haben uns solange rumgehetzt, daß ich manchmal glaubte, er würde nie zur Schule gehen können, Herr Direktor.«

»Das geht fast allen Eltern so, Mrs. Mathabane«, meinte der Direktor, während er das Paket auspackte. »Aber jetzt haben Sie die Papiere und das ist alles, was zählt.« Dann beschäftigte er sich eine ganze Weile mit dem Inhalt des Päckchens. »Ja, ja, solange wir die Papiere haben ... Hätten wir sie nicht, würden wir die Gesetze verletzen, wenn wir Ihren Sohn an unserer Schule aufnehmen. Aber nun erfüllen wir ja alle Bedingungen, die die Herrschenden in Pretoria uns auferlegt haben.«

»Manchmal verstehe ich die Gesetze von *Pitori* (Pretoria, wie die Schwarzen es nennen) nicht«, warf Großmutter ein. »Als ich Piet und Bushy einschulen wollte, ging es mir genauso, wie jetzt meiner Tochter. Warum ist es einigen Kindern verboten, etwas zu lernen, nur weil ein Fetzen Papier fehlt?«

»Der Fetzen Papier, wie Sie es nennen, Mrs. Mabaso (Grannys Mädchenname), ist für unsere Kinder genauso wichtig, wie der Paß für uns Erwachsene«, sagte der Direktor. »Wir alle hassen die Pässe. Deshalb ist es nur natürlich, daß wir auch die Vorschriften hassen, denen das Leben unserer Kinder unterliegt. Doch genauso, wie wir nun mal mit den Pässen leben müssen, müssen wir mit den Verordnungen wegen unserer Kinder leben, Mrs. Mabaso. Ich hoffe, Sie verstehen das. Es ist das Gesetz dieses Landes. Wir hätten Ihren Enkelsohn schon längst aufgenommen, wenn er die Papiere eher gehabt hätte. Aber so ging es nun einmal nicht früher. Ich hoffe, Sie verstehen das.«

»Ich verstehe, Herr Direktor«, antwortete Großmutter. »Aber ich verstehe die Gesetze nicht.«

Der Direktor betrachtete eines der Papiere sehr aufmerksam. »Ist Ihr Gatte ein Shangaan (= Tsonga), Mrs. Mathabane?« fragte er meine Mutter.

»Nein, das ist er nicht, Herr Direktor« antwortete sie. »Ist irgendwas nicht in Ordnung? Er ist Venda und ich bin Shangaan.«

Der Direktor dachte einen Moment lang angestrengt nach. »Nein, das ist wohl nicht so schlimm. Nichts, womit wir nicht fertig würden.« In seiner Stimme schwang Besorgnis mit. »Sehen Sie, Mrs. Mathabane, genaugenommen macht die Tatsache, daß der Vater Ihres Kindes ein Venda ist, es Ihrem Sohn unmöglich, diese Stammesschule zu besuchen. Wir dürfen eigentlich nur Kinder aufnehmen, deren Eltern zum Stamm der Shangaan gehören. Darf ich fragen, welche Sprachen Ihre Kinder zu Hause sprechen?«

»Beide«, sagte meine Mutter. Sie war beunruhigt. »Venda und Shangaan. Ist das verkehrt?«

Der Direktor hustete, räusperte sich dann und fragte: »Ich wollte wissen, welche Sprache sie hauptsächlich sprechen.«

»Das kommt darauf an, Herr Direktor«, antwortete meine Mutter. Sie mußte schlucken. »Wenn mein Mann da ist, verlangt er, daß sie ausschließlich Venda sprechen. Wenn er nicht da ist, sprechen sie Shangaan. Und wenn sie draußen spielen, sprechen sie Zulu oder Sisotho.«

»Na schön«, sagte der Direktor. Er klang erleichtert. »In diesem Fall, glaube ich, können wir eine Ausnahme machen. Schon deshalb, weil es zur Zeit gar keine Venda-Schule in Alexandra gibt. Sollten die Behörden dennoch Einwände erheben, daß wir Ihren Sohn aufgenommen haben, können wir das auf diese Weise begründen. Ihr Kind ist ja ohnehin *halb und halb.*«

Alle brachen bei diesem letzten Satz in ein nervöses Lachen aus. Alle bis auf mich! Das ganze Gerede hatte mich verwirrt. Ich schaute meine Mutter an. Sie schien ausgesprochen erleichtert zu sein, als sie beobachtete, wie der Direktor mich einschrieb. Ein breites Lächeln erhellte ihr Gesicht. Es war, als sei ihr nun eine große Bürde von den Schultern und von der Seele genommen worden.

»Bringen Sie ihn heute in zwei Wochen wieder her«, sagte der Direktor, als er uns zur Tür geleitete. »Heute sind so viele Leute gekommen, die ihre Kinder einschreiben lassen wollen, daß wir erst in 14 Tagen mit dem Unterricht beginnen können.

Außerdem muß noch einiges repariert und die Schule gründlich geputzt werden. Die Ferien waren lang ... übrigens, falls er sich weigern sollte, in die Schule zu kommen, benachrichtigen Sie uns einfach. Wir werden dann ein paar von den großen Jungen schicken, die ihn holen. Und wenn es dazu einmal gekommen ist, wird er es nie vergessen ... es wird ihm eine Lehre sein ...«

Als wir das Büro des Direktors verlassen und uns auf den Heimweg gemacht hatten, stand für mich eigentlich fest: ich würde nicht zur Schule gehen. Ich war trotz allem noch dagegen. Ich spielte mit dem Gedanken, von zu Hause wegzulaufen und mit meinen Freunden auf dem Schuttabladeplatz zu leben.

Drei Gründe sprachen gegen die Schule: Ich wollte meine Freiheit und Unabhängigkeit nicht aufgeben müssen für etwas, das alle Kinder, die zur Schule gingen, »despotische Disziplin« nannten – was immer das auch sein sollte ... Ich hatte viel Schlechtes über die Stammesschulen gehört, hatte gehört, daß die Lehrer und Lehrerinnen von der Prügelstrafe täglich regen Gebrauch machten und daß sie die Kinder, lange Schulstunden hindurch, antrieben wie die Maulesel. Der Anblick der Rohrstöcke im Büro des Direktors hatte der Vermutung, daß die Schule nichts anderes als eine Folterkammer sei, neue Nahrung gegeben. Und drittens war da meine Verbindung zu der Gang. Sie war mir wichtig.

Andererseits hatte mich das Wehklagen der fremden Frau über ihren toten Sohn doch irgendwie beeindruckt. War die Schule tatsächlich der bessere Weg? Ich wollte bestimmt nicht tot auf Alexandras Straßen enden. Ein weiteres Argument, das mich hätte umstimmen können, waren die Erniedrigungen und Qualen, die meine Mutter auf sich genommen hatte, um die Papiere und die Geburtsurkunde zu besorgen, damit ich überhaupt in der Schule angenommen werden konnte. Sollte das vergeblich gewesen sein? Was sollte ich nur tun? Ich hatte zwei Möglichkeiten und konnte mich für keine von beiden aus vollem Herzen entscheiden.

Später, am Abend, passierte etwas, was mich davon überzeugte, daß ich mich besser für die Schule entscheiden sollte.

Ich kam gerade vom Fußballspielen, als eine Nachbarin mich am Tor abfing. Sie erzählte, bei uns zu Hause habe es einen blutigen Streit gegeben.

»Deine Mutter ist weg.«

Ich war bestürzt.

»Ist sie schwer verletzt?«

»Na ja, ein bißchen«, erklärte die Frau. »Aber das wird schon wieder. Wir haben sie zu deiner Großmutter gebracht.«

Mir wurde ganz heiß vor Zorn.

»Ist jemand zu Hause?« stammelte ich.

»Ja, dein Vater. Aber ich glaube nicht, daß du ihm unter die Augen kommen solltest. Er schäumt vor Wut. Und er ist mit einem Hackebeil bewaffnet. Er hat auch deinen Bruder und deine Schwestern davongejagt. Und er hat einige von den Nachbarn bedroht, die vermitteln wollten. Er hat gebrüllt, er würde jeden in kleine Stücke hacken, der ihm näherkommt. Ich habe ihn noch nie so aufgebracht gesehen.«

Ich schenkte der Warnung der Frau keine Beachtung und ging zu unserer Hütte. Daß die Fensterscheiben noch kaputter waren, als am Morgen, überzeugte mich davon, daß wirklich ein wildes Gefecht stattgefunden haben mußte. Ein paar zerbrochene Backsteine lagen neben der Tür. Sie waren wohl dagegen geworfen worden. Ich versuchte, die Tür zu öffnen. Sie war von innen verriegelt. Ich klopfte. Keine Antwort. Ich klopfte nochmal. Immer noch keine Antwort. Erst als ich mich umdrehen und weggehen wollte, knurrte es von drinnen:

»Wer ist da draußen?«. Es war die Stimme meines Vaters.

»Ich bin's – Johannes«, antwortete ich.

»Hau ab, du Bastard«, grölte er. »Ich erlaube nicht, daß du oder deine Hure von Mutter jemals wieder einen Fuß in dieses Haus setzt. Verpiß dich, bevor ich rauskomme und dich umbringe!«

»Laß mich rein!« schrie ich. »Verdammt, laß mich rein! Ich will meine Sachen haben!«

»Was für Sachen? Hau ab, du schwarzes Schwein!«

Ich ging zu dem zerbrochenen Fenster, zog mich hoch und schleuderte meinem Vater Unflätigkeiten entgegen. »Du bist ja nur zu feige rauszukommen« frozzelte ich ihn und hoffte, daß er daraufhin seinen Kopf rausstrecken würde. Dann wollte ich ihm mit dem Backstein, den ich in der Hand hielt, kräftig eins auf den Kopf geben. Er kam nicht raus. Er stieß weiter Flüche aus und murmelte Obszönitäten in sich rein. Er beschimpfte meine Mutter und deren Mutter, nannte sie beide Biester und Huren und so weiter. Er war stockbetrunken. Ich fragte mich nur, woher er das Geld für soviel Bier hatte. Ich wußte nämlich, daß er schon wieder total pleite war. Ich hatte mitgekriegt, daß er erst am letzten Freitag seinen gesamten Lohn beim Würfelspiel verloren hatte. Selbst das Geld für den Bus hatte er sich pumpen müssen.

»Eines Tages werde ich dich umbringen«, drohte ich ihm. »Für all das, was du meiner Mutter angetan hast!« Ich sah rot. Einige neugierige Nachbarn standen mittlerweile an offenen Fenstern und Türen oder waren gar aus ihren Hütten gekommen und hörten zu. Ich wollte ihnen kein Schauspiel bieten, denn das war etwas, was die meisten von ihnen von unserer Familie erwarteten. Keiner unserer vorherigen Kräche war ihnen verborgen geblieben, was schließlich auch ein Wunder gewesen wäre, so eng, wie wir aufeinander hausten. Ich verzog mich und verschwand in einer der dunklen Straßen. Ohne auch nur einmal anzuhalten, rannte ich zum anderen Ende des Townships, wo Granny lebte. Dort fand ich meine Mutter. Ihr Gesicht war geschwollen und blutete. Ihre Augen waren so verquollen, daß sie kaum noch rausschauen konnte.

»Was ist passiert, Mama?« fragte ich und kämpfte gegen die Tränen an, die mir beim Anblick ihres entstellten Gesichts in die Augen schossen.

»Nichts, Kind, nichts«, preßte sie zwischen ihren aufgesprungenen Lippen hervor. Es klang fast entschuldigend. »Dein Papa hat nur die Nerven verloren. Das ist alles.«

»Aber warum hat er dich so zugerichtet, Mama?« Nun weinte ich doch. Die Tränen rollten mir übers Gesicht. »So hat er dich doch noch nie zugerichtet.«

Meine Mutter zögerte mit der Antwort. Fragend schaute sie zu Großmutter. Die war dabei, Hirse im Mörser zu zerstampfen und sie mit dem Sirup der Zuckerhirse und Nüssen zu mischen. Das Ergebnis war eine afrikanische Delikatesse. Granny schaute von ihrer Arbeit auf und sagte: »Erzähl's ihm, Kind, erzähl's ihm ruhig. Er hat das Recht, es zu erfahren. Und außerdem hat es ja auch mit ihm zu tun . . .«

»Dein Vater und ich gerieten in Streit, weil ich dich heute morgen in der Schule angemeldet habe«, begann meine Mutter. »Er hatte es mir verboten und als ich ihm sagte, ich hätte es trotzdem getan, hat er sich fürchterlich aufgeregt. Er war betrunken. Wir begannen zu zanken und dann kam eins zum anderen.«

»Warum will er nicht, daß ich zur Schule gehe?«

»Er sagt, er hat kein Geld zu verschwenden. Und es wäre verschwendet, weil du dort nichts anderes bekämst als ›die nutzlose Erziehung des Weißen Mannes‹. Und ich habe ihm gesagt, daß ich alles tun würde, um mir einen Job zu besorgen und selber für deine Erziehung zahlen würde, wenn er es nicht tut. Und das gefiel ihm erst recht nicht. ›Es gibt Wichtigeres, wofür du arbeiten kannst‹, hat er gesagt. ›Und abgesehen davon, ich will nicht, daß du arbeitest. Wie stünde ich denn vor den anderen Männern da, wenn die Frau, die ich ›besitze‹, zu arbeiten anfängt?‹ Als ich ihn fragte, warum ich dich nicht zur Schule schicken soll, jetzt, wo du alt genug bist, hat er geantwortet, ›ich glaube nicht an die Schule‹. Ich hab' ihm zu erklären versucht, daß die Schule dich von der Straße fernhalten und uns Ärger ersparen könnte, aber auch das wollte er nicht einsehen.«

»Hat er dich deshalb geschlagen?«

»Ja. Er sagte, ich sei ungehorsam gewesen.«

»Er hat recht, Kind«, sagte Großmutter zu meiner Mutter. »Er hat *lobola* (Brautgeld) für dich bezahlt. Und dein Vater hat alles verjubelt, bevor er mich sitzen ließ.«

Meine Mutter erwiderte: »Ich wünschte wirklich, ich könnte dieses Tier von einem Mann verlassen. Aber nachdem sein *lobola* weg ist, geht das nicht. Dieses nutzlose Geschöpf, das du deinen Ehemann nennst, hätte Jacksons klapperiges Vieh wirklich nicht verkaufen und dich ohne einen Cent zurücklassen dürfen!«

»Sprich nicht so über deinen Vater, Kind«, herrschte Granny meine Mutter an. »Was er auch getan hat, er ist schließlich dein Vater, nicht wahr? Und abgesehen davon: er mußte *lobola* verlangen, um das wiederzukriegen, was er ausgegeben hatte, um dich großzuziehen. Du weißt, es wäre für ihn unvorstellbar gewesen, dich oder deine Schwestern aus dem Haus gehen zu lassen, ohne *lobola* zu verlangen.«

»Du und Papa habt scheinbar vergessen, daß meine Schwestern und ich andere Wünsche hatten«, sagte meine Mutter. »Wir brauchten euch wirklich nicht, damit ihr uns erzählt, wen wir heiraten sollten und warum. Wenn du dich nicht eingemischt hättest, hätte ich den Schullehrer heiraten können.«

Granny schwieg. Sie wußte, warum. Wenn es um das Thema ging, daß Frauen an einen Mann »verkauft« wurden, konnte meine Mutter sehr heftig werden. Aber das war nicht der einzige Punkt in der Stammeskultur, gegen den sie etwas einzuwenden hatte. Sie besaß auch, was die Beziehung zwischen Mann und Frau und die Kindererziehung anging, ihren eigenen Kopf. Doch mit ihren Ansichten stand meine Mutter ziemlich allein da. Die meisten Frauen aus den Stämmen hielten sich an die traditionellen Regeln. So manche andere Frau hielt meine Mutter für verrückt, weil sie moralische Traditionen in Frage stellte, die seit Jahrhunderten gepflegt worden waren. Doch das schien meiner Mutter nichts auszumachen. Sie vertrat immer und überall energisch ihren Standpunkt und hielt ihrerseits die anderen Frauen für dumm, weil die sich von ihren Ehemännern total versklaven ließen.

Obwohl ich was gegen die Schule hatte – wahrscheinlich vor allem deshalb, weil ich gar nicht wußte, was da wirklich vor sich ging – erschien mir die Tatsache, daß ein Vater verhindern wollte, daß sein Sohn zur Schule geht, und ganz besonders ein Vater, der die Schule ebenfalls nicht kennt, ziemlich unverständlich.

»Warum willst du, daß ich zur Schule gehe, Mama?« fragte ich. Ich hoffte, daß ihre Antwort darauf das Durcheinander in meinem Kopf entwirren könnte.

»Weil ich möchte, daß du eine Zukunft hast, Kind«, sagte meine Mutter. »Und im Gegensatz zu dem, was dein Vater sagt, ist die Schule der einzige Weg in eine Zukunft. Ich möchte nicht, daß du wie dein Vater wirst.«

Der letzte Satz traf mich mitten ins Herz. Er machte all die Vorbehalte zunichte, die ich gegen die Schule hegte.

»Dein Vater ist nicht zur Schule gegangen«, fuhr sie fort und tupfte beim Reden ihre verquollenen Augen mit einem Stück Stoff ab, das sie immer wieder in warmes Wasser tauchte. »Und das ist der Grund dafür, daß manches böse ist, was er tut. Deshalb trinkt er, deshalb spielt er und deshalb vernachlässigt er seine Familie. Er hat niemals Lesen und Schreiben gelernt und kann deshalb keine vernünftige Arbeit finden. Daß ihm die Schulbildung fehlt, hat ihm vieles unmöglich gemacht. Er sieht nichts – außer sich selbst. Er denkt immer noch so, wie die Leute in seinem Stamm denken. Und er glaubt nach wie vor, daß alles so sein sollte, wie damals in den guten alten Tagen, als er in Louis Trichardt aufwuchs, wie alle anderen Jungen in seinem Stamm. Obwohl er mein Ehemann und dein Vater ist, muß ich ihm das vorwerfen.«

»Warum ist er nicht zur Schule gegangen, Mama?«

»Er hat sich geweigert, zur Schule zu gehen. Sein Vater hatte ihm eingeredet, daß Schulbildung ein ›Werkzeug‹ des Weißen Mannes sei und nur dazu da, daß man ihm alles wegnehmen kann – so wie die Weißen den Schwarzen damals schon alles weggenommen hatten. Dazu hat sein Vater ihm eingeredet, daß die Erziehung des Weißen Mannes nutzlos sei, weil sie schwarze Leute auf Jobs vorbereitet, die sie dann doch nicht bekommen können. Doch ich weiß, daß das nicht mehr stimmt, Kind. Vieles hat sich verändert. Obwohl es uns noch genauso schlecht geht, kann man doch heute, wenn man was gelernt hat, durchaus einen ordentlichen Job bekommen. Wer lesen und schreiben kann ist zum Beispiel besser dran, als die, die's nicht können. Nimm mich: Ich habe Schwierigkeiten, Arbeit zu finden, weil ich keine Papiere habe. Und ich kriege keine Papiere, weil die Weißen lieber die schwarzen Leute registrieren und einstellen, die lesen und schreiben können. Und ich möchte ganz einfach, daß du einmal bessere Voraussetzungen hast als deine Eltern, mein Kind. Und dein Bruder und deine Schwestern auch. Ich möchte, daß du zur Schule gehst, weil ich Lernen für sinnvoll halte. Ich glaube, daß Bildung der Schlüssel ist, der dir eine neue Welt eröffnet und ein neues, besseres Leben. Eines, das sich von dem unterscheidet, das dein Vater und ich führen. Die Schule ist der einzige Schlüssel, den es gibt, und nur die, die sich ernsthaft bemühen und durchhalten, werden in der Welt der Weißen irgendetwas erreichen. Erziehung öffnet Türen, die es gar nicht zu geben scheint. Sie wird Leute dazu bringen, mit dir zu reden, dir zuzuhören und dir zu helfen. All die Leute, die sich mit uns Ungebildeten nicht abgeben. Du wirst dich wie ein Vogel in den weiten, blauen Himmel erheben und Armut, Hunger und Elend hinter dir lassen. Die Schule wird dir zeigen, was gut und wichtig ist, und dir helfen abzulegen, was böse und schlecht ist. Und außerdem wird sie dich zu ›jemandem‹ machen in dieser Welt. Sie wird dich zu einem guten und stolzen Menschen machen. Das ist der Grund, weshalb ich möchte, daß du zur Schule gehst, Kind. Damit die Erziehung dir diese Möglichkeiten eröffnet und noch viele andere mehr.«

Ein langes, peinliches Schweigen folgte. Ich ließ mir das, was meine Mutter mit so vielen Worten erklärt hatte, durch den Kopf gehen. Ich schaute sie an. Sie schaute mich an.

Schließlich fragte ich: »Wie kommt es, daß du soviel über die Schule weißt, Mama? Du bist doch selbst nicht zur Schule gegangen, stimmt's?«

»Ja, Kind«, erwiderte sie, »genau wie dein Vater bin ich nicht zur Schule gegangen«. Zum zweiten Mal an diesem Abend beeindruckte mich, wie meine Mutter zu überzeugen verstand, indem sie eine simple Frage beantwortete. Ich fand den Gedanken, zur Schule zu gehen, plötzlich gar nicht mehr so schlimm. Alle Punkte, die mich verwirrt hatten, schienen geklärt. Das, was mir vorher dunkel vorgekommen war, die gähnende Leere in meinem Kopf, hatte sich in ein helles Licht verwandelt, das immer größer wurde und die Dunkelheit verschlang. Dieser Lichtschimmer schien mir Dinge und Tatsachen zu erhellen, die ich bislang nicht einmal wahrgenommen hatte, obwohl es sie längst gegeben haben mußte.

»Doch anders als dein Vater«, redete meine Mutter weiter, »wäre ich gerne zur Schule gegangen. Aber ich konnte nicht, weil mein Vater unter dem Einfluß seiner Stammestradition es für unnötig hielt, Mädchen eine Erziehung zu ermöglichen. Auch darum wünsche ich mir so sehr, daß du zur Schule gehst, Kind. Weil ich denke, daß ich dann auch eines Tages gehen kann, egal, wie alt ich dann auch sein mag. Versprich mir deshalb, daß du – egal, was auch immer geschieht – regelmäßig zur Schule gehen wirst. Und ich für meinen Teil verspreche dir, alles zu tun, was in meiner Macht steht, damit du auf der Schule bleiben kannst.«

Tränen strömten mir übers Gesicht, als ich die Arme um meine Mutter warf und versprach, daß ich zur Schule gehen würde: »Für immer!« In dieser Nacht waren die Fronten in meiner Familie endgültig abgesteckt worden. Meine Mutter stand auf der einen Seite. Sie war eine Analphabetin, aber überzeugt davon, daß ich etwas lernen müßte. Auf der anderen Seite stand mein Vater, auch ein Analphabet, der genauso überzeugt war, daß es besser sei, wenn ich unwissend bliebe. Ich war mit der Bedeutung meines Entschlusses damals bestimmt nicht voll bewußt, doch ich entschied mich dafür, auf der Seite meiner Mutter zu kämpfen. Und obwohl das vielleicht nur eine gefühlsmäßige Entscheidung war, hat sie meine Zukunft doch in andere Bahnen gelenkt. In diesem Moment begann ein neues Leben.

22   Seit dieser letzten bösen Handgreiflichkeit zwischen meinen Eltern, wohnten meine Mutter und wir Kinder bei Granny. Meine Mutter durfte erst dann zu meinem Vater zurückkehren, wenn sie »Abbitte für ihren Ungehorsam« geleistet hatte. Die mußten allerdings Granny und ein paar andere ältere »Respektspersonen« für sie vorbringen. War das geschehen, würde mein Vater meine Mutter »zurücknehmen«. Dann, und keine Minute eher. So verlangten es die Stammesbräuche. In diese Zeit fiel auch mein erster Schultag. Es war ein Montag, Anfang Februar. Zwei Monate waren vergangen, seit ich aufgenommen worden war und meiner Mutter versprochen hatte, »für immer« zur Schule zu gehen. Um 6.30 Uhr morgens ließen mich meine Mutter und meine Großmutter am Schultor zurück. Granny mußte an diesem Tag arbeiten – als Gärtnerin in einem der Weißen Vororte – und meine Mutter wollte noch einmal versuchen, einen Job bei einem der indischen Händler auf der First Avenue zu kriegen. Schließlich mußte sie ja das Geld für meine Schulgebühren verdienen, nachdem mein Vater sich geweigert hatte, diese Verpflichtung zu tragen. Die beiden Frauen mußten sich an diesem Morgen sputen. Trotzdem sparten sie nicht mit »letzten Ermahnungen«.

»Benimm dich ordentlich«, sagte meine Mutter. »Und hab keine Angst. Selbst wenn etwas passiert, was du für schlimm hältst, mach dir nichts draus und laß den Mut nicht sinken«. »Du wirst dich ganz schnell an die Schule gewöhnen«, sagte Granny, »und gib dir Mühe. soviel wie möglich zu lernen.«

Dann gingen sie, und ich stand da. Um den Hals trug ich eine schwere Schiefertafel. Sie war festgebunden, damit ich sie ja nicht verlor. Meine Finger umklammerten einen Bleistift und zwei dünne Scheiben Brot, die mit braunem Zucker bestreut waren. In meinem Kopf ging alles durcheinander. Ich war ängstlich. Als ich die beiden nicht mehr sehen konnte, kletterte ich auf einen Findling und schaute ostwärts, wo die schimmernden Sterne gerade vom düsteren Himmel verschwanden. Bläulichweißer Rauch stieg von Kohlenpfannen auf und verflüchtigte sich. Die Schule war, wenn man von mir absah, leer. Die Sonne ging langsam auf. Ich hatte meine Freude daran, weil plötzlich alles glitzerte, weil die Luft sich erwärmte und alles zum Leben zu kommen schien. Ich guckte zu, wie sie sich immer weiter über die Hütten und das Buschland in der Ferne erhob. Dann döste ich ein. Ein lautes Klingeln der Kirchenglocke signalisierte den Beginn des

Schultags. Das weckte mich auf. Während ich schlief, hatte sich der Schulhof gefüllt. Manche Kinder wirkten erwartungsfroh, andere weinten bitterlich. Für viele war es der erste Schultag. Wie aus dem Nichts tauchte eine Gruppe ordentlich gekleideter Männer und Frauen auf. Sie begannen, die grölenden Kinder zusammenzurufen. Und sie benutzten die Rohrstöcke, die ich im Büro des Direktors gesehen hatte! Wie eine Viehherde trieben die Lehrer uns in einen engen, staubigen Hof. Dort wurden, so hatte ich von einem älteren Schüler erfahren, die Morgenappelle abgehalten.

»Willkommen ihr alle – alt oder neu«, rief der Direktor laut und deutlich. Doch seine Worte wurden fast augenblicklich übertönt von den Stimmen von fast zweitausend Schulkindern, von denen viele – und zwar die, für die es der erste Schultag war – heulten, brüllten und ihre Eltern anbettelten, sie doch wieder hier wegzuholen. Der Direktor hatte weder ein Megaphon, wie ich es bei den Evangelisten gesehen hatten noch einen Lautsprecher, wie ich ihn aus dem Kino kannte.

Er stand da in seinem Nadelstreifenanzug auf einem notdürftig zusammengehämmerten Podest, von dem ein paar Stufen hinunter in einen der Klassenräume führten. Drohend schwang er nun einen Rohrstock, um uns zur Ruhe zu mahnen. Direkt hinter ihm und dem Podest standen die Reihen der Lehrer.

Wir waren so eng zusammengepfercht in dem kleinen Hof, und es war so heiß und stickig, daß einige Kinder in Ohnmacht fielen. Es gab keine Krankenschwestern, die sich um die Ohnmachtsopfer kümmern konnten. Das übernahmen die Lehrer und die älteren Mädchen, die ständig um die Versammlung patrouillierten und Ordnung zu halten suchten. Weil ich so früh dagewesen war, stand ich in der ersten Reihe. Neben mir versuchten sich Kinder aufrechtzuhalten, die eher in einen Kindergarten als in die Schule gehört hätten – wenn es in Alexandra Kindergärten gegeben hätte und die Schwarzen sich welche hätten leisten können. Viele Kinder versuchten zu entwischen. Ich war einer von den wenigen, die blieben und zuhörten. Die Kleinkinder brüllten die meiste Zeit. Sie heulten, weil sie Hunger hatten, weil ihnen schwindelig war und weil sie wollten, daß ihre Mütter kämen, um sie wieder mit nach Hause zu nehmen.

»Der Name unserer Schule ist Bovet Community School«, schrie der Direktor gegen den Lärm an. Er gab wirklich sein Bestes, sich

Gehör zu verschaffen. »Ich und die Leute, die ihr hinter mir seht«, er deutete mit dem Rohrstock auf die Lehrer, »sind hier, um euren Wasserköpfen ein wenig Bantu-Wissen einzutrichtern. Einige von euch sind offensichtlich zu jung, um den Wert des Lernens zu verstehen. Doch ich hoffe, daß ihr lange genug bleiben werdet, um doch noch einen Sinn darin zu entdecken. Hört nun sorgfältig zu, weil das, was ich euch zu sagen habe, sehr wichtig ist. Aufmerksames Zuhören wird von diesem Augenblick an den Unterschied machen zwischen diesem« – er fuchtelte mit dem Rohrstock – »und diesem« – er wies auf einen Lehrer, der mühsam lächelte.

Der Direktor muß länger als eine Stunde geredet haben. In dieser Zeit kippten etwa ein Dutzend Kinder ohnmächtig um und wurden wiederbelebt, einige nur, um erneut in Ohnmacht zu fallen.

Auf folgende Punkte legte der Direktor besonderen Wert:
- Wir sollten ihm und allen Lehrern immer Respekt entgegenbringen.
- Alle Neuankömmlinge sollten sobald wie möglich einige Hymnen auswendiglernen; ferner das Vaterunser und einige Passagen aus der Bibel, die gesungen oder während der Morgenandacht und auch vor der Entlassung am Nachmittag aufgesagt würden.
- Wir sollten unsere Mütter sofort daran erinnern, daß sie uns Bücher, eine Schuluniform und anderes Schulzubehör kaufen müßten. Und das Wichtigste: Sie dürften nicht vergessen, die vierteljährlich fälligen Schulgebühren rechtzeitig zu zahlen.
- Wir sollten nicht beunruhigt sein, wenn er oder einer der Lehrer Kinder prügelten. Das täten sie nur, wenn Strafe nötig sei. Denn dies sei das Gesetz der Schule: diejenigen, die die Schulregeln brächen, müßten bestraft werden.
- Einige von uns Kindern würden in Hütten unten am Fluß unterrichtet werden, weil der andauernde Mangel an Räumen, Tischen, Schultafeln und Bänken dies erforderlich mache.
- Jegliches Zuspätkommen würde geahndet werden, sei es nun am Morgen bei der Ankunft, oder nach der Mittagspause.
- Jedes Kind, das jetzt eingeschult worden sei, sollte den festen Willen haben, alles zu lernen, was er oder sie nur könne. Das sei unsere Pflicht,weil auf uns und unseren Kameraden in anderen Stammesschulen alle Hoffnungen für eine glückliche Zukunft der Schwarzen Menschen ruhten.

- Wir sollten auch nicht erschrecken, wenn wir gelegentlich Weiße in der Schule sähen, die würden uns bestimmt nicht auffressen.
- In dieser Schule würde nur Tsonga gelehrt, deshalb sollte jeder gleich gehen, der diese Sprache nicht verstand.
- Die Schule würde bestimmt für viele von uns nicht leicht und ein ständiger Kampf sein. Aber er hoffe doch, daß einige von uns dennoch lange genug blieben, um wenigstens ihren Namen schreiben zu lernen.

Nach einigen Worten von dienstälteren Lehrern, die im wesentlichen wiederholten, was der Direktor gesagt hatte, wurde eine Hymne gesungen und ein Gebet gesprochen. Dann wurde uns gesagt, wir dürften wegtreten. Einige der älteren Schuljungen wurden von den Lehrern aufgefordert, das Unkraut zu beseitigen, das während der Ferien vor und hinter den Schulgebäuden gewuchert war. Und die älteren Mädchen reinigten unter der Leitung einiger Lehrerinnen die Klassenzimmer. Wir, die Neuankömmlinge, wurden in eine große Andachtshalle geführt. Mehr als zweihundert brüllende, schluchzende, zitternde und verwirrte Schulkinder füllten die schlecht belüftete Halle. Und weil es nicht genügend Bänke gab, mußten die meisten von uns stehen.

Es ging zu wie im Irrenhaus. So etwas hatte ich bislang nur im Kino gesehen. Und draußen drängelten sich noch Dutzende von Kindern, die auch herein wollten. Da ich zu der ersten Welle gehört hatte, fand ich mich weit vorn, in der Nähe der Tafel wieder. Der Tumult hielt unvermindert an, als ein junges Mädchen in der Tür erschien und versuchte, sich seinen Weg durch den Dschungel schwarzer Kinder nach vorn zu bahnen. Dieses Mädchen, es konnte nicht viel älter als 16 sein, suchte wahrscheinlich seine kleine Schwester oder seinen kleinen Bruder. Ich war ganz überrascht, als sich herausstellte, daß das unsere Lehrerin war. Und bereits in dem Augenblick war mir klar, daß dieses Mädchen gewiß keine Respektsperson war. Und daß es bestimmt nicht nach den Regeln lehren konnte, die der Direktor über ordentliches Lehren aufgestellt hatte.

»Guten Morgen, Kinder!« sagte das Mädchen mit leiser, schüchterner Stimme. Dann wischte es sich mit dem Ärmel der ausgebleichten Bluse den Schweiß von der Stirn. Nach hinten waren die Worte gar nicht erst gedrungen. Die Hölle war los. Die Miss schien müde zu sein und dazu auch überhaupt nicht darauf vorbereitet, mit einer Situation wie dieser fertigzuwerden. Sie regte sich fürchterlich auf und wurde ärgerlich, als keiner ihr Beachtung schenkte.

»Setzt euch bitte«, seufzte sie in ihrer Verzweiflung. Das hätte sie nicht sagen dürfen. Denn kaum hatten einige die Worte gehört, begannen sie, sich um die wenigen Sitzgelegenheiten zu schlagen, denn die wackeligen Bänke reichten bei weitem nicht für alle. Ich versetzte einem Jungen einen Hieb, weil er es gewagt hatte, mir meinen Platz streitig zu machen.

»Hört auf zu streiten und setzt euch bitte«, bat die Lehrerin. Wir hörten nicht auf sie. Ich boxte einen anderen Jungen, weil er versucht hatte, mich von der Bank zu schubsen.

»Hört auf zu streiten und setzt euch!« kreischte das Mädchen. Die Streitereien hörten tatsächlich auf. Viele der Kinder hatten den Kampf verloren gegeben und hockten sich auf den kalten Zementboden in der Halle.

»Ich bin eure Lehrerin«, die Lehrerin suchte nach Worten. Offenbar wußte sie nicht, wo sie beginnen oder was sie überhaupt tun sollte. »Mein Name ist Miss Mphephu und ich bin eure Lehrerin für »Sub-Standard A«. Hört mir bitte zu.« Sie bat um Aufmerksamkeit, doch niemand schenkte sie ihr.

»Hört mir zu!« brüllte sie und erwartete wohl, daß ihr nun alle gehorchen würden. Keiner tat's. Stattdessen wurde es noch lauter, überall plärrten und weinten Kinder. Nun versuchte die Lehrerin, sich mit Schreien Gehör zu verschaffen. Aber auch das erwies sich als sinnlos. Nicht ein Kind beachtete sie. Als sich das unbotmäßige Verhalten fortsetzte, wurde es der Lehrerin offensichtlich zuviel und sie änderte ihre Taktik. Nun wurde sie ausgesprochen böse. Sie ohrfeigte einige Kinder und beschimpfte sie unflätig. Dann griff sie sich einen langen, dicken Rohrstock, der wohl hinter der Tafel gehangen hatte und begann, ihn zu benutzen. Ich verließ ganz vorsichtig meinen Platz auf der Bank und verdrückte mich in eine Ecke. So wahllos, wie sie den Stock einsetzte, hätte sie ihn ja auch gegen mich gebrauchen können. In den Minuten, in denen sie da wütete, verging mir jede Lust an der Schule. Und ich sagte mir – egal, was ich meiner Mutter auch geschworen hatte – ich würde nicht wiederkommen. Dieser boshafte Kreislauf von Schreien und Schlagen, Schreien und Schlagen, schien kein Ende zu nehmen. Da erschien der Direktor auf der Schwelle, dessen Büro neben der Halle lag.

»Schluß mit diesem Tohuwabohu!« schimpfte er und fuchtelte mit seinem Rohrstock herum. »Was ist denn hier los? Warum sind denn hier so viele Kinder? Wie viele Schichten sind das?« fragte er die Lehrerin.

»Ich weiß nicht«, antwortete das junge Mädchen. »Sind sie denn auf verschiedene Schichten verteilt worden, Sir?«

»Ja, was haben Sie denn geglaubt?«

Das Mädchen drehte sich um und sah uns an. »Alle, die für die Elf-Uhr-Schicht eingeteilt sind, statt für die Acht-Uhr-Schicht, gehen bitte raus.«

»›Bitten‹ Sie sie nicht«, brüllte der Direktor und ließ den Rohrstock niedersausen. »Raus! Raus! Raus!« brüllte er und drosch sogar auf die Köpfe einiger Kinder ein. Ich gehörte zwar nicht zur Elf-Uhr-Schicht, doch ich war mehr als glücklich, gehen zu können. Uns wurde gesagt, wir sollten im Schulhof warten, bis um elf die Kirchenglocke läutete. Dann, und erst dann, dürften wir das Klassenzimmer wieder betreten.

Ich schüttelte mich vor Abscheu. Zurück in diesen Raum? Das war ja ein Alptraum! Ich wollte fortlaufen und nie wieder einen Fuß in dieses Zimmer setzen.

Als die Glocke um elf Uhr läutete, ging ich dennoch zurück in die Folterkammer. Ich war hungrig, schlapp und maßlos enttäuscht von der Schule. Es fiel mir schwer aufzupassen. Wenn ich etwas sagen mußte, klang meine Stimme kraftlos.

Unsere Lehrerin war wieder das junge Mädchen.

»*Sagt aaaa, eeee, iiii, oooo, uuuu! Mir nach!*« Die Miss sprach mit weitoffenem Mund und sah aus wie ein Nilpferd.

Alle begannen unzusammenhängend zu quasseln. Ein Drittel unserer Zeit in dieser Klasse verbrachten wir damit, »aeiou's« zu lernen; ein weiteres Drittel damit, in Tsonga bis 20 zu zählen und im letzten Drittel brachte sie uns bei, auf Kommando aufzustehen und uns hinzusetzen. Um halb drei klingelte die Glocke wieder, und wir durften endlich gehen. Alle waren erleichtert und rannten schnell raus. Auf dem Heimweg hörte ich einige Kinder schwören, daß sie nie wieder kommen würden. Andere versprachen, daß sie die ganzen Scheußlichkeiten dieses Tages ihren Eltern erzählen würden. Meine Mutter sagte, daß ich weiter zur Schule gehen solle – trotz der Schläge.

»Solange du etwas lernst«, meinte sie, »ist es das wert.«

23   Meine Einstellung zur Schule wurde immer zwiespältiger. Einerseits störten mich die Schläge, die die Lehrer austeilten – da gab es keine Ausnahmen, tagaus, tagein wurden alle bestraft, die die strengen Schulgesetze mißachteten. Ich selbst war ein häufiges Opfer dieser Strafaktionen. Meist erregte ich Anstoß, weil ich keine Schuluniform trug, weil ich zu lange Fingernägel hatte, weil mein Haar nicht gekämmt war, weil ich keine Fibel hatte, weil ich Fehler im Diktat machte, weil die Schulgebühren nicht rechtzeitig bezahlt wurden und weil ich als Rowdy galt.

Manchmal wurde ich auch bestraft, weil ich den Unterricht störte, während die Lehrerin etwas an die Tafel schrieb. Und noch einen Grund gab es: mein Name fand sich oft auf der Liste der »Unruhestifter«. Diese Liste führte der Vertrauensschüler, wenn die Lehrerin einmal kurzfristig das Zimmer verließ. Der Vertrauensschüler war wohl der meistgehaßte Junge der Klasse. Dann gab es noch Strafen für zu ausgelassenes Verhalten bei den Chorproben und wegen Schlappheit beim morgendlichen Exerzieren. Morgens war ich meist zu hungrig zum Exerzieren und am Nachmittag zu müde zum Singen. Und außerdem kam ich ständig zu spät, was ja ebenfalls unter Strafe stand. Aber ich mochte niemandem erkären, daß ich morgens erst – wir wohnten wieder in der Hütte meines Vaters – meinen Bruder und meine Schwester zu Granny bringen mußte, weil meine Mutter immer ganz früh auf Arbeitssuche ging.

Und von all dem mal abgesehen, ich haßte die Berge von Hausaufgaben. Denn auch sie gaben Anlaß zu Strafen. Wir wurden geprügelt, wenn wir sie nicht gemacht hatten oder wenn sie voller Fehler waren.

Auf der anderen Seite gab es vier Punkte, die für die Schule sprachen. Der erste: Die 16jährige Lehrerin wurde innerhalb unseres ersten Schulmonats entlassen. Sie hatte einen Nervenzusammenbruch erlitten. Eine ältere, liebenswerte Frau nahm ihren Platz ein. Obwohl auch sie uns schlug, tat sie es doch nicht mit der wahllosen Brutalität, mit der es das junge Mädchen getan hatte. Außerdem hatte sie selbst Kinder in der Klasse, und die schlug sie nicht weniger hart als uns andere. Zumindest war sie also gerecht.

Zweitens: Ich schloß Freundschaften in der Schule. Einige meiner neuen Freunde kamen aus »wohlhabenden« Familien und hatten deshalb immer Geld fürs Mittagessen. Der Vater eines Jungen in meinem Alter, den ich schon am ersten Schultag kennengelernt hatte, war Ladenbesitzer. Er gab seinem Sohn jeden Tag einen Rand als Ansporn, »damit er gern zur Schule ginge« und »hart arbeitete«.

Drittens: *Hebelungu*, ein Ernährungsprogramm, das von den katholischen Schwestern der Alexandra-Klinik geleitet wurde, war in der Nähe der Schule eingerichtet worden. Hier gab es für die Kinder meiner Schule und anderer Stammesschulen des Gebiets einen nahrhaften Mittagstisch für nur vier Cents: Brot mit Erdnußbutter und dazu einen Becher mit entrahmter Milch. Weshalb sich diejenigen, die die vier Cents hatten – eine königliche Summe – in der Mittagspause in der langen Schlange anstellten, um noch etwas abzubekommen. Es kam nämlich manchmal vor, daß Brot und Milch nicht für alle reichten. Meine Mutter versuchte alles, mich täglich mit diesen vier Cents auszurüsten, und häufig brachte ich ihr und meinen Geschwistern dann noch Reste von Brot und Milch mit. Wenn meine Mutter das Geld nicht zusammenkratzen konnte, hängte ich mich wie ein Parasit an meine »wohlhabenden« Freunde. Ihnen schien das nichts auszumachen.

Viertens: Mir hatte sich wirklich die neue Welt eröffnet, von der meine Mutter gesprochen hatte. Eine Welt voller Wörter, Lieder und Zahlen. Sie regte mich an, mehr zu lernen, mehr zu erfahren, Wissen anzuhäufen. Ich war ganz begeistert, als ich die Rechenaufgaben lösen und die Buchstaben des Alphabets vorwärts und rückwärts aufsagen konnte. Alles wurde uns zunächst in Tsonga beigebracht. Dann lernten wir sogar noch, in Englisch bis zehn zu zählen und unseren Vor- und Zunamen in Englisch zu buchstabieren. Ich war so überwältigt vor Freude, daß ich meine Mutter ständig anbettelte, mir zuzuhören, wenn ich Englisch »sprach«. Der größte Vorteil meiner Englischkenntnisse war der, daß ich nun im Kino ein paar Dialog-Fetzen verstehen konnte.

Kurz vor Ende meines ersten Schuljahres, an einem heißen Dezembernachmittag, ließ der Direktor den Unterricht abbrechen. Alle sollten in den Hof kommen. Die ganze Schule war da, sogar die Schüler, die in den Hütten am Fluß unterrichtet wurden.

»Heute ist der letzte Schultag in diesem Jahr«, kündigte der Direktor an. Er stand wieder auf dem kleinen Podium. Kaum hatte er das gesagt, brachen die Schulkinder, die in langen Reihen in der sengenden Sonne standen, in lauten Jubel aus. »Ich weiß, es war ein hartes Jahr für viele unter euch«, fuhr er fort und schützte seine schmalen Augen mit einem Blatt Papier gegen die Sonne. »Doch ich muß sagen, ich bin froh zu sehen, daß so viele von euch bei uns geblieben sind. Im letzten Jahr sind weit mehr ausgeschieden. Ich hoffe, ihr werdet alle auch weiterhin bei der Stange bleiben. Die Schule ist harte Arbeit, da bin ich ganz eurer Meinung, besonders weil es nicht genug Bücher und nicht genügend Tische in den Klassenzimmern gibt. Über genügend Lehrer müssen wir gar nicht erst reden . . . Doch das Lernen ist die Plackerei wert, hab ich recht?«

Unzählige »Nein's«, die von Kichern ausgerufen wurden, dröhnten ihm entgegen. Der Direktor wechselte das Thema. »Da wir uns nun dem Jahresende nähern«, sagte er, »möchte ich euch allen frohe und schöne Weihnachtstage wünschen. Möge Gott den Weg derer unter euch segnen, die in die Stammesreservate gehen und Verwandte besuchen. Und möge Er euch sicher zurückbringen. Ihr anderen, die ihr in Alexandra bleibt, paßt auf euch auf. Seht zu, daß ihr keinen Ärger bekommt und nicht zuviel eßt.«

Er machte eine Pause und flüsterte einem der dienstälteren Lehrer etwas zu. Der reichte dem Direktor eine Notiz. Zu diesem Zeitpunkt waren alle Kinder ganz außer sich vor Freude, wegen der bevorstehenden Ferien und Feiertage. Der Direktor wandte sich wieder uns zu und sagte: »Bevor wir in das übliche ›Hip! Hip! Hurra!‹ ausbrechen, will ich – wie es bei uns Brauch ist – eure hart arbeitenden, sich aufopfernden und vor allem stark unterbezahlten Lehrer bitten, die Ergebnisse der Jahresabschlußprüfung bekanntzugeben und über den Wissensstand der einzelnen Klassen zu berichten.«

Plötzlich wurden wir alle sehr still.

»Wir beginnen mit den Resultaten der »Sub-Standard-A's«, erklärte der Direktor und verließ das Podium, das nun vier Lehrerinnen betraten. Auch unsere Lehrerin stand da oben. Sie hielt das Klassenbuch in der Hand. Darinnen waren die Namen aller Schüler, das Alter der Kinder, die Noten und die Anwesenheit der einzelnen über das ganze Jahr vermerkt. Sogar ob das Schulgeld bezahlt war oder nicht stand darin.

Meine Lehrerin begann. »Von den 164 Schülern meiner Klasse und insgesamt 400 ›Sub-Standard-A‹-Schülern in der gesamten Schule, war der Beste – mit 794 Punkten und damit 50 Punkten vor dem Zweitbesten – Johannes Mathabane.« Das war so schnell passiert, daß mir die Bedeutung dieser Worte erst klar wurde, als ich zum Podium gerufen wurde. Und dort gratulierten mir alle Lehrer.

»Wundervolle Fortschritte, Junge.«

»Mach weiter so.«

»Hervorragend!«

»Nur wer hart arbeitet, schafft das.«

»So schlägt man die Konkurrenz aus dem Feld, Junge.«

»Deine Eltern müssen stolz auf dich sein.«

Es dauerte Minuten, bis ich mich von meiner Verblüffung etwas erholt hatte. Die Lehrerin gab mir noch einen weißen, versiegelten Umschlag. Den sollte ich keinesfalls öffnen, sondern meinen Eltern geben. Dann fuhr sie fort, die Ergebnisse bekanntzugeben. Ich kehrte in meine Reihe zurück. Ich war im siebenten Himmel. Meine Klassenkameraden schauten mich neidisch an. Die Zeremonie ging weiter. Die Lehrer aller Klassen verlasen die jeweiligen Prüfungsergebnisse und riefen die jeweils Klassenbesten aufs Podium. Alle bekamen Glückwünsche und erhielten den versiegelten Umschlag. Danach forderte der Direktor die Versammlung auf, die Klassenbesten mit Applaus zu ehren. Im Anschluß daran stimmte eine der Lehrerinnen das Gesangbuch in der Hand, eine Hymne an und trug Psalmen vor. Dann sprach der Direktor das Gebet – ein Gebet, das alle Kinder, die Stammesschulen besuchen, auswendig können müssen – egal, welchem Glauben sie oder ihre Eltern auch angehören. Es war das Vaterunser:

> Vater unser, der Du bist im Himmel
> Geheiligt werde Dein Name, Dein Reich komme
> Wie im Himmel so auf Erden
> Unser täglich Brot gib uns heute …

Als er geendet hatte, rief der Direktor dreimal »Hip! Hip!«. Seine Stimme überschlug sich fast. Und die Versammlung antwortete grölend »Hurra! Hurra! Hurra!« Schließlich wünschte er uns allen nochmals frohe Feiertage und stimmte die traditionelle JahresabschlußHymne an:

> Gott sei mir dir, bis wir uns wiedersehen
> Halte dich an Seinen Rat
> Gott sei mit dir, bis wir uns wiedersehen …

Damit war die Versammlung aufgelöst, wir waren in die Ferien entlassen. Einige der älteren Schüler, die diese Zeremonie schon öfter erlebt hatten, umarmten und küßten sich »im Geist der Weihnacht« oder schüttelten einander die Hände. Manche weinten sogar. Auch ich war ein wenig traurig, weil ich meine Freunde nun zwei Monate lang nicht sehen würde. Die Weihnachtsferien erschienen mir fast zu lang.

An diesem Abend umarmte und küßte mich meine Mutter dauernd, nachdem sie die frohe Kunde vernommen hatte. Ihr Sohn war Klassenbester! Sie machte auch viele Versprechungen. Bevor diese Nacht vorüber war, wußte der ganze Hof Bescheid: bei den Mathabanes gab es einen zukünftigen Lehrer! Auch Granny wurde Mitteilung gemacht, und sie versprach mir viel. Ich war glücklich und stolz. Ich begann sogar, die Schule rundherum zu mögen. Was das Außergewöhnlichste daran war, war wohl die Tatsache, daß ich es in meinem ersten Schuljahr zum Klassenersten geschafft hatte, daß ich soweit gekommen war, obwohl mir die Bücher fehlten. Dafür paßte ich dann im Unterricht doppelt auf. Außerdem konnte ich mir, wenn es sein mußte, immer bei anderen Kindern Bücher ausleihen, um meine Hausaufgaben zu machen. Doch auf mein gutes Gedächtnis war meist Verlaß.

Eines Freitagabends, während meines zweiten Schuljahrs, tat mein Vater etwas, das mich zum Weinen brachte.

»Johannes, komm her!« rief er. Ich ging zu ihm. Er war gerade erst von der Arbeit gekommen und hatte sich an den Tisch gesetzt. Er wartete aufs Abendessen, mit dem meine Mutter eifrig beschäftigt war. Florah sang Merriam gerade ein Schlummerlied. Maria spielte zufrieden mit ihrer alten Lumpenpuppe und George hatte sich neben der Kohlenpfanne zusammengerollt und schlief.

»Was kostet eine Schiefertafel?« fragte mein Vater.

»20 Cents.«

»Und die Schulgebühren?«

»Einen Rand und 20 Cents für das ganze Jahr.«

»Soviel!« brüllte er verblüfft. Die Summe war etwas mehr als ein Zehntel seines Wochenlohns. »Wo zum Teufel sollen Schwarze diese Menge Geld hernehmen? Die Lehrer müssen verrückt sein! Schwarze Leute können doch nicht mit Geld um sich werfen wie die Weißen!« An meine Mutter gewandt sagte er: »Ich hab' dir doch gleich gesagt, Frau, daß du ihn nicht in diese verdammte Schule bringen sollst. Was meinst denn du, wo das Geld für die Schiefertafeln und die Schulgebühren herkommen soll? Von mir auf jeden Fall nicht.«

Verlegen erwiderte meine Mutter: »Na ja, ich habe ihm diese eine Tafel gekauft. Er hat sie zerbrochen, benutzt aber seit einem Jahr die Scherben. Und die Schulgebühren für dieses Jahr habe ich bereits bezahlt.«

»Wo hattest du das Geld her?« erkundigte sich mein Vater mißtrauisch.

»Ich habe nichts von deinem Geld genommen, falls du das meinst«, wehrte sich meine Mutter. »Granny hat es mir gegeben, und du weißt, sie hat selbst nicht viel.«

»Und wer wird im nächsten Jahr bezahlen und im übernächsten und im Jahr danach?«

»Könntest du nicht vielleicht doch deine Meinung ändern, Jackson?« bettelte meine Mutter. »Er ist doch dein Sohn. Mit dem Geld, das du für Schnaps verwendest und beim Spiel verlierst, könntest du gut und gern die Schulgebühren zahlen. Er war in diesem ersten Jahr schon so gut. Wenn er so weitermacht, wird er bestimmt eines Tages einen guten Job bekommen und kann dich dann auf deine alten Tage unterstützen.«

»Ich glaube nicht an Schulen, Frau«, erklärte mein Vater mit Entschiedenheit. »Wie oft soll ich dir das denn noch sagen! Guck dir doch nur all die sogenannten gebildeten Leute an. Was haben sie denn von ihrer Erziehung gehabt? Sie sammeln Unrat ein, waschen Autos, arbeiten als Gärtner und Botenjungen. Ist es das, wofür die Leute all das Geld rausschmeißen, um in der Schule was zu lernen? Ich für meinen Teil würde nicht zur Schule gehen, selbst wenn es nichts kosten würde.«

»Aber es gibt auch Lehrer, Ärzte und Krankenschwestern«, sagte meine Mutter. »Er könnte Lehrer werden.«

»Und wieviel verdient er da?« wandte mein Vater spöttisch ein. »Ich habe gehört, daß die Lehrer die Hälfte von dem bekommen, was ein Müllmann verdient.«

Dieses Gerede brachte mich ganz durcheinander.

»Was hast du gesagt, kostet eine Schiefertafel?« fragte mich mein Vater dann noch einmal.

»20 Cents.«

»Und dieses andere Buch, was kostet das?«

»Du meinst eine Fibel? 40 Cents.«

»Hier sind 60 Cents«, sagte er und griff tief in die Tasche.

Ich kriegte den Mund nicht mehr zu. Ich glaubte zu träumen. Meine Mutter lächelte selig.

»Was ist denn, bist du festgewachsen?« herrschte mein Vater mich an. »Willst du das Geld nun oder nicht?«

Schüchtern nahm ich das Geld. Tränen standen in meinen Augen. Ich hätte ihn gern geküßt, wäre gern vor ihm auf die Knie gefallen und hätte ihn sogar angebetet. Ich wußte nicht, wie ich ihm meine Dankbarkeit zeigen konnte.

»Sag ›danke‹ zu deinem Vater«, sagte meine Mutter.

»Vielen Dank, Papa.« Meine Stimme zitterte. Meine Fortschritte in der Schule schienen sogar das Herz meines Vaters erweicht zu haben.

»Aber bilde dir jetzt bloß nichts ein«, sagte mein Vater abschließend. »Das heißt noch lange nicht, daß ich dir jetzt alles für die Schule kaufen werde. Sobald du Lesen und Briefeschreiben gelernt hast, will ich, daß du mit der Schule aufhörst. Das ist die einzige Erziehung, die man braucht in dieser Welt.«

Florah war inzwischen sechs. Meine Mutter bestand darauf, daß auch sie zur Schule ging. Mutter allein trug die Kosten für unsere Erziehung, obwohl mein Vater hin und wieder etwas dazu beitrug. Meine Mutter bettelte und borgte Geld zusammen, um die Schulgebühren zahlen zu können, die bei Florahs Einschulung fällig waren.

Ich war nun in »Standard Eins« und hatte »Sub-Standard B« als Klassenbester geschafft. Als ich meine Mutter einmal fragte, wie sie es sich vorstelle, für meine Schwester und mich aufzukommen, nachdem sie meinetwegen schon solche Schwierigkeiten gehabt hatte, antwortete sie ruhig: »Ich gehe jedes Problem an, wenn es da ist und Gott wird mir helfen.« Die Probleme kamen. Eins nach dem anderen – von Gottes Hilfe nicht die Spur.

Die Schule wurde zum Alptraum.

Ich kam mit Wunden nach Hause, die es mir unmöglich machten, mich zu setzen. Tagelang konnte ich nicht schlafen. Ich war von den Lehrern geprügelt worden, weil meine Schulgebühren nicht rechtzeitig entrichtet worden waren, oder weil ich keine Bücher hatte, oder weil ich keine anständige Schuluniform trug.

Manchmal versuchte ich, mich aus solchen Situationen herauszulügen. Wenn die Lehrer mir Prügel androhten, schwindelte ich ihnen vor, daß ich die verlangten Bücher bald mitbringen, die Schuluniform bekommen und die Gebühren bis zum Ende des Monats bezahlen würde. Doch danach gingen Monate ins Land, in denen meine Mutter nicht einmal die Aussicht auf einen Job hatte und ich weiter ohne Schulgebühr auskommen mußte. Mein Vater versuchte, für meine Schwester und mich ein paar Übungsbücher zu kaufen, die jedes etwa zehn Cents kosteten. Er versuchte sogar die Schulgebühren für jeden von uns aufzutreiben, doch er gab bald wieder auf. Er verdiente so wenig, und der Haushalt verschlang so viel. Die Schule hielt er gewiß nicht für lebenswichtig. Zuerst kam das Überleben.

»Wie viele Monate müssen noch vergehen, bis du endlich dein Schulgeld zahlst und eine ordentliche Uniform trägst?« fragte mich ein Lehrer morgens während der Uniformkontrolle. »Und wo sind deine Fibeln?«

Ich senkte den Blick und log wieder mal: »Meine Mutter hat gesagt, ich bekäme alles am Monatsende.«

»Am Ende welches Monats?« fragte der Lehrer etwas spöttisch. »Ende dieses Monats, des nächsten oder des in zehn Jahren? Du sagst ›Ende des Monats‹, seit dieses Jahr begonnen hat, und jetzt ist es fast vorüber. Die anderen Lehrer, die dich in den letzten Jahren in ihren Klassen hatten, haben mir erzählt, daß du ihnen diesen ›Ende-des-Monats‹-Spruch auch schon vorgelogen hast.«

Ich wagte gar nicht aufzuschauen. »Ende dieses Monats, Sir«, murmelte ich.

»Guck mich an, wenn ich mit dir spreche«, brüllte mich der Lehrer an.

Ich schaute ihn an, oder besser – die Wand hinter ihm. Er stand aufrecht vor der Tafel, direkt neben dem Spind, in dem er seine Auswahl von Rohrstöcken aufhob. Ich stand im Gang zwischen den Bänken. Die, deren Uniform in Ordnung war, hatten sich schon wieder setzen dürfen. Sie hatten natürlich auch die richtigen Bücher vorgewiesen und den »Sauberkeitstest« bestanden: kurze Fingernägel, gekämmtes Haar, geputzte Schuhe und so weiter . . . Alle beobachteten mich jetzt. Die ganze Klasse.

»Weißt du eigentlich, daß du der einzige bist, der keine ordnungsgemäße Schuluniform und keine Fibeln hat?« fragte der Lehrer. »Und weißt du auch, daß es gegen die Schulgesetze verstößt, diese Dinge nicht zu haben? Und weißt du auch, daß du deshalb durchfallen kannst? Weißt du das alles?«

Ich nickte schwach, den Kopf gebeugt, wie ein Opfer, das den Urteilsspruch erwartet.

»Warum bist du bloß nicht wie jedes andere normale Kind, he?« fuhr der Lehrer fort und schaute mich streng an. Kopfschüttelnd sagte er weiter: »Es ist mir völlig schleierhaft, wie du es schaffst, immer Klassenerster zu sein. Weshalb bist du nur gleichzeitig auch widerspenstig?«

Ich hielt den Kopf weiter gesenkt und antwortete nicht. Er wußte genau, weshalb ich so »widerspenstig« war. Er kannte meine Probleme. Diese öffentliche Befragung machte mich ganz wütend auf ihn. Dennoch gab es nichts, womit ich sie hätte beenden können.

Nachdem er mich mit Worten fertiggemacht hatte, rief er mich nach vorn und suchte sich geruhsam einen dicken Rohrstock aus seiner Sammlung aus. Dann mußte ich mich über das Pult legen und er verpaßte mir ein Dutzend Schläge. Tränen stiegen mir in die Augen. Ich biß die Zähne fest zusammen und verfluchte ihn innerlich aufs unflätigste, während er mich gnadenlos durchprügelte.

Dieser Vorfall wiederholte sich Woche für Woche. Einige Lehrer, besonders die Lehrerinnen, zeigten Verständnis für meine Situation und ersparten mir die Prügel. Andere jedoch sagten einfach: »Dir geht es nicht anders als vielen anderen Schulkindern. Die meisten haben Eltern, die in Schwierigkeiten sind und keinen Job bekommen – und dennoch besitzen sie Bücher und Uniformen.« Ich begann alle Lehrer zu hassen. Ich war ernüchtert von der Schule. Und ich fragte mich ständig, wieso es denn ein Verbrechen war, keine Bücher und keine Schuluniform zu haben. Ich wollte verzweifelt Lesen und Schreiben lernen. Doch wenn Lernen bedeutete, daß man für Dinge geprügelt wurde, die man nicht selbst in der Hand hatte und wahrscheinlich auch nie in der Hand haben würde, sah die Sache schon anders aus. Ich rang mich dazu durch, noch einmal ernsthaft zu überdenken, ob ich unter diesen Bedingungen wirklich weiterlernen wollte.

Eines Tages beschloß ich, diesen Punkt mit meiner Mutter zu klären.

»Mama, ich möchte nicht mehr zur Schule gehen«, sagte ich.

»Was ist los?« wollte sie wissen.

»Ich kann die Bestrafungen nicht länger ertragen.«

»Kannst du sie nicht wenigstens noch ein kleines Weilchen aushalten, . . . solange, bis ich einen Job habe?« fragte sie. »Dann werde ich dir sofort alle Schulsachen kaufen.«

Ich sagte ihr, daß ich erst wieder zur Schule ginge, wenn ich die Uniform und die Bücher hätte.

»Aber du wirst in dieser Zeit viel versäumen«, wandte sie ein, »und wer weiß, ob du das jemals wieder aufholen kannst. Wer weiß, wie lange es dauert, bis ich es schaffe, endlich einen Job zu finden.«

»Dann werde ich überhaupt nicht mehr zur Schule gehen«, erklärte ich. Ich war gerade neun geworden.

»Wenn du jetzt die Schule verläßt, was willst du dann tun? Welche Aussichten auf einen Job hast du denn dann?«

Ich brachte keinen Ton heraus. Ja, was wollte ich denn tun, wenn ich die Schule mit neun verließ? Wie sollte ich meinen Lebensunterhalt verdienen? Welche Art von Job bekamen Neunjährige, die kaum einen englischen Satz schreiben konnten? Klar, ich hatte Freunde, die schon mit sieben oder acht von zu Hause weggegangen waren und die nun auf Müllabladeplätzen und in einsturzgefährdeten Baracken hausten. Die brachten sich mit Diebstählen und Aushilfsjobs durch. Das Selbstvertrauen, daß mir das auch gelingen würde, fehlte mir. Aber welche andere Wahl hatte ich denn? Ich, ein Kaffern-Boy?

»Was soll ich denn sonst tun, Mama?« fragte ich verzweifelt. »Ich habe es satt, ewig wegen einer Uniform und wegen Büchern geprügelt zu werden, die ich wahrscheinlich niemals haben werde.«

»Bleib in der Schule, Junge«, bat meine Mutter. »Bleib in der Schule«, wiederholte sie hoffnungsvoll. »Und sobald ich einen Job gefunden habe, werde ich meinen ersten Lohn benutzen, um für dich und deine Schwester Bücher und Uniformen zu kaufen. Mag sein, daß ich euch nicht alles auf einmal kaufen kann. Doch ich werde mein Bestes tun. Und ehe du dich versiehst, werdet ihr beide – du und deine Schwester – alles haben, was ihr braucht und werdet genau wie die anderen Schulkinder sein.«

Kurze Zeit nach dieser Unterhaltung geschah das Wunder: meine Mutter fand einen Job bei einem der Inder auf der First Avenue. Sie führte ihm den Haushalt. Das war ein Job in Alexandra, und da brauchte sie glücklicherweise weder eine Erlaubnis noch irgendeinen Stempel. An sechs Tagen in der Woche rackerte Mutter sich jetzt ab. Sie schrubbte Böden, wusch Wäsche, putzte Fenster, kochte, kümmerte sich um die

Babys und wusch ständig Windeln. Der Händler hieß Shortie und hatte eine große Familie. Obwohl meine Mutter im sechsten Monat schwanger war und selbst gerade ihr sechstes Kind erwartete, hatte sie diese Chance wahrgenommen. Und sogar voller Begeisterung.

»Ich mach's für euchKinder«, sagte sie an dem Tag, an dem sie den Job bekommen hatte. »Ich würde sogar mein Leben für euch opfern.« Mir stiegen Tränen in die Augen, als ich das hörte. Dann schwärmte Mutter davon, was sie alles mit ihrem ersten Lohn anfangen würde. Es waren 20 Rand im Monat. Davon würde sie Windeln kaufen, Bücher, Uniformen, Schulgebühren und die Entbindungskosten in der Klinik zahlen, damit ihr die Schwestern beistehen würden, wenn es soweit war. Das, was ich im Rechnen gelernt hatte, sagte mir, daß 20 Rand wohl nicht für all das reichen würden. Doch meine Mutter war frohen Mutes. Sie verließ jetzt jeden Morgen um sechs die Hütte und ging den ganzen Weg von der 13th zur First Avenue zu Fuß. Das waren zwei Meilen hin und zurück. Manchmal hatte sie Glück und ein freundlicher Busfahrer nahm sie mit. Wenn sie dann spät abends nach Hause kam, brachte sie meist Reste mit: indisches Essen mit viel Curry, und hin und wieder auch Früchte wie Mangos.

Daraufhin gab mein Vater ihr kein Haushaltsgeld mehr. »Du arbeitest jetzt«, sagte er an einem Freitagabend, »also kannst du auch helfen, das zu kaufen, was wir brauchen.« Meine Mutter versuchte nicht einmal, mit ihm zu streiten. Und ich glaube, ich habe meinen Vater niemals so sehr gehaßt, wie in diesem Moment. Ich schwor mir innerlich, daß er eines Tages dafür bezahlen müßte. Was mich betraf, hatte ich keinen Vater mehr! Aber das hatte ich ja schon so oft gedacht! Was mich am meisten ärgerte, war, daß er seinen Lohn verspielte oder für Schnaps ausgab. Das Geld einfach verjubelte, das er meiner Mutter vorenthielt.

»Mama, wann bekomme ich die Bücher?« fragte ich meine Mutter einen Monat, nachdem sie mit der Arbeit begonnen hatte.

»Bald, mein Kind. Ich habe für das Geld, das ich für Bücher ausgeben wollte, Lebensmittel kaufen müssen, weil dein Vater mir kein Haushaltsgeld gegeben hat. Hab Geduld mein Kind.«

Dann kam meine Mutter eines Abends mit einem großen Karton auf dem Kopf nach Hause. »Ich habe Bücher für dich, Johannes«, sagte sie und lächelte. »Und ich habe eine neue Schiefertafel für Florah.« Ich war überglücklich. In dem Karton war indisches Essen wie üblich, dazu ein paar zerdrückte Mangofrüchte und etwa ein Dutzend Bücher. Meine Mutter erzählte, sie habe sie auf dem Flohmarkt in der Nähe ihrer Arbeitsstelle erstanden. Nachdem mein Bruder und meine Schwestern sich über das Essen hergemacht hatten, schauten meine Mutter und ich uns die Bücher an.

»Kannst du das gebrauchen?« fragte sie eifrig und zeigte mir ein Buch in – wie ich später erfuhr – Chinesisch.

Ich nahm es, blätterte es durch und wunderte mich über die komische Schrift. Die eigenartigen Schriftzeichen hatte ich noch nie gesehen. Ich konnte keine Worte entziffern und schüttelte den Kopf. »Nein.«

»Und was ist mit diesem?« Sie zeigte es mir – es war in Französisch, aber auch das hätte ich selbst nicht sagen können.

Wieder schüttelte ich den Kopf. »Nein.«

»Und das?« – (Es war Arabisch.)

»Nein.«

»Das?« – (Ein Buch in Hindu.)

»Nein.«

»Dieses?« – (Ein Buch in Deutsch.)

»Nein.«

»Und dieses hier?« (Es war ein Buch in Afrikaans.)

»Nein.«

»Bist du sicher, daß sie diese Bücher in deiner Schule nicht benutzen?«

»Ich bin ganz sicher, Mama«, sagte ich voller Überzeugung.

»Aber warum denn nicht? Das sind doch Bücher, oder etwa nicht?«

»Nur weil das Bücher sind, Mama«, sagte ich, »bedeutet das noch lange nicht, daß wir sie in der Schule benutzen. Sie sind in Sprachen geschrieben, die wir an unserer Schule nicht kennen. Unsere Schule benutzt nur Bücher in Tsonga.«

»In welchen Sprachen sind sie denn geschrieben?«

»Keine Ahnung.«

»Wie kannst du dann behaupten, daß du sie nicht brauchst?«

»Ich kann sie nicht lesen, Mama, darum. Wären sie in Tsonga geschrieben, könnte ich sie wenigstens lesen.«

Meine Mutter glaubte mir nicht. »Laß uns die Bücher zu Mr. Brown bringen. Er soll sie sich ansehen«, sagte sie. Mr. Brown war einer der wichtigen Leute in unserem Hof, der so etwas wie eine Hochschulbildung hatte. Er war Busfahrer bei der PUTCO-Gesellschaft und betrieb ein kleines Nebengeschäft, wie die meisten seiner Kollegen. Er transportierte Menschen und Waren illegal zwischen Alexandra und dem Stammesgebiet der Venda hin und her. Auch mein Vater und ich waren damals mit ihm gefahren. »Mr. Brown kann uns vielleicht sagen, in welchen Sprachen die Bücher geschrieben sind, und ob du sie vielleicht in späteren Klassen benutzen kannst.«

»Ich glaube nicht, daß ich sie jemals brauchen werde, Mama.«

»Woher willst du das wissen?«

Wir gingen zu Mr. Browns Hütte.

»Sie sagen, Sie haben diese Bücher für Ihren Sohn gekauft, eh?« fragte Mr. Brown meine Mutter und blätterte die Bücher durch. Sein braunes, faltiges Gesicht hatte einen sehr gelehrten Ausdruck.

»Ja«, antwortete meine Mutter verlegen.

»Wo sagten Sie, haben Sie sie gekauft?« fragte Mr. Brown. »Und wieviel haben Sie dafür bezahlt, wenn ich fragen darf?«

Meine Mutter erzählte es ihm.

»Kein Wunder, daß Sie sie so billig bekommen haben.« Nun mußte Mr. Brown lachen. »Sie sind wertlos für Ihren Sohn. Stammesschulen benutzen keine solchen Bücher, weil sie in Französisch, Deutsch, Arabisch, Hindu und Chinesisch geschrieben sind. Das sind Sprachen, die ich leider auch nicht lesen kann.«

»Aber die Leute auf dem Flohmarkt haben mir doch gesagt, das seien Schulbücher«, sagte meine Mutter.

»Das sind Schulbücher, na schön.« Mr. Brown seufzte tief. »Aber nur Inder und weiße Leute können sie lesen.« Meine Mutter war ganz niedergeschlagen. Sie ließ die Schultern fallen und sah plötzlich ganz gebrochen aus. Sie sammelte die Bücher wieder ein, als seien sie zerbrochene Träume. »Hören Sie zu, Mrs. Mathabane«, schlug Mr. Brown vor. »Ich werde Ihren Kindern ein paar Fibeln kaufen, wenn sie mir dafür die Bücher geben.«

»Aber die brauchen Sie doch gar nicht«, wandte meine Mutter ein. »Sie haben doch gerade selbst gesagt, daß Sie sie nicht lesen können.«

»Oh, sie werden auf meinem Bücherbord wunderschön aussehen«, entgegnete Mr. Brown und lächelte.

Meine Mutter gab ihm die Bücher, und eine Woche später hatte ich zwei Fibeln.

24   Obwohl es sich meine Mutter angesichts der Tatsache, daß sie nun einen Job hatte, endlich leisten konnte, mir ein paar Bücher und eine Uniform zu kaufen ,war ich nicht zufrieden. Ich fragte mich oft, wofür ich eigentlich lernte. Während der Jahre, die ich nun schon zur Schule ging, hatte ich häufig Leute sagen hören, daß die Weißen nur deshalb Schulen für Schwarze gebaut hätten, um sie zu ihren Sklaven zu erziehen.

Dieses Gerede machte mich ganz unsicher. Vor allem dann, wenn ich bedachte, was man uns beibrachte. Ja, ich war Klassenbester. Ja, ich konnte in Tsonga lesen und schreiben. Ja, ich konnte einfache Rechenaufgaben lösen. Ja, ich konnte eine Karte von Alexandra zeichnen. Ja, ich konnte Hymnen singen und Psalmen aufsagen ... aber wofür sollte das alles gut sein? Reichte das aus, um im Leben bestehen zu können?

Die ständigen Beschimpfungen meines Vaters, der steif und fest darauf beharrte, daß Schulen wie das Christentum »Werkzeuge« des Weißen Mannes und nur dazu da seien, uns Schwarze dumm zu halten, ließen mich nicht immer kalt. Wenn er mal wieder mit meiner Mutter über das Für und Wider der Schule stritt, fand ich einige seiner Argumente gar nicht so schlecht. Er erzählte ihr jedesmal, daß die Schwarzen, bevor der Weiße Mann gekommen war, ihren Nachwuchs bereits in der Wiege gelehrt hatten, wie er sich in den Dörfern nützlich machen könnte. Und daß die Jungen und Mädchen schon im Alter von fünf, sechs, sieben oder acht Jahren eine wesentliche Rolle im Stammesleben gespielt hätten. Und genau das, meinte Vater, würde die Erziehung, die der Weiße Mann den Kindern heutzutage aufzwingen wollte, verhindern.

»Ein Mann, der keine Bücher kennt, der aber dafür sich und seine Familie ernähren kann«, sagte Vater, »ist millionenmal besser als einer, der Millionen von Büchern gelesen hat, der aber sich und seine Familie nicht ernähren kann.«

Ein anderesmal meinte er: »Was ein Mann tut, ist wichtiger als das, was er weiß.«

Und dann: »Ich habe keine Ahnung, warum deine Mutter sich abschindet, um dein Schulgeld zu bezahlen. Der Weiße Mann wird dich nämlich kein bißchen anders behandeln als mich, selbst wenn du der ›gebildeteste Schwarze in der ganzen Welt‹ wärst.« Oder er prahlte: »In meiner Firma arbeiten einige Leute, die einen Schulabschluß haben – und ich bin ihr Boss! Wie findest du das?«

Ich verstand es nicht, wie ich so vieles nicht verstand.

So war es wohl kaum verwunderlich, daß ich nach drei Jahren Schulbesuch von dem, was ich lernte, gar nicht mehr so begeistert war. Trotz anhaltender Erfolgserlebnisse hielt ich das, was mir in der Bovet Community School beigebracht wurde, allmählich für ziemlich läppisch. Und was noch schlimmer war: ich fand unter den Schwarzen, deren Lebensweg ich kannte, nicht einen einzigen, von dem sich hätte sagen lassen, daß die Schule seine Chancen wirklich verbessert hätte. Ich hatte kein lebendiges Vorbild, dem ich nacheifern konnte. Ich hatte immer nur Versprechungen gehört – von meiner Mutter, meiner Großmutter, dem Direktor und den Lehrern –, aber ich hatte nie jemanden gesehen, bei dem sich diese Versprechungen erfüllt hätten. Ich suchte einen Leuchtturm in dem Nebel, der mich umgab. Ein Licht, das mich auf den richtigen Kurs lenkte und hielt im unbekannten Ozean des Lebens.

Eines Nachmittags nach der Schule, als ich gerade meine Hausaufgaben erledigte, hörte ich draußen auf der Straße Stimmengewirr. Ich ließ meine Bücher Bücher sein und rannte raus, um zu sehen, was los war. Viele Leute aus unserem Hof waren wie ich aus ihren Hütten gekommen und standen da und staunten.

Eine dicke Staubwolke hüllte etwa 15 schwarze Männer ein, die in Overalls gekleidet die Straße herunterkamen. Sie schwenkten Zeitungen und riefen: »*Ali! Ali! Ali! Ali! Ali!*« Dabei sprangen sie immer wieder hoch in die Luft, trampelten mit den Füßen, klatschten in die Hände oder fielen sich vor Freude in die Arme.

»Was ist denn los?« fragte ich den älteren Jungen, der neben mir am Zaun lehnte und die Männer beobachtete.

»Weißt du's wirklich nicht?« Er guckte mich fassungslos an.

»Was soll ich wissen?«

»Wo warst du denn heute morgen?«

»In der Schule. Warum?«

»Haben die Leute denn dort nicht davon geredet?«

»Worüber geredet?« fragte ich mit wachsender Ungeduld und Spannung.

»Na, über den Boxkampf, du Dummkopf!« Der Junge kam sich mächtig schlau vor. »Über den großen Boxkampf, der gestern abend in Amerika stattgefunden hat.«

Amerika? Was für ein seltsamer Name war das denn?

»Wer hat gegen wen gekämpft?« fragte ich neugierig. Was Boxen war, wußte ich. Boxen konnten wir alle. Aber was war Amerika?

»Ali«, rief der Junge und stieß die Faust in einer Siegesgeste hoch in die Luft. »Ali«, wiederholte er. In seiner Stimme schwang Bewunderung mit. »Ali ist ein Schwarzer. Er ist so schwarz wie du und ich. Er ist der größte Kämpfer aller Zeiten. Er hat einen weißen Mann zu Tode geprügelt.«

»Was?« Das konnte ich nicht glauben. Ein Schwarzer hatte einen Weißen zu Tode geprügelt? Das gab's nicht. »Wo denn, hier bei uns?«

»Quatsch, Dummkopf. Nicht hier – in Amerika!«

»Wo ist das?«

»In Übersee.«

»Und wo ist Übersee?«

»Weiß ich nicht.«

Die schreienden Männer kamen näher. Der Junge sprang über den Zaun und lief ihnen nach, wie sie da jubelnd, händeklatschend und mit den Füßen trampelnd weiterzogen und um die Ecke verschwanden. Ich mußte auf unsere Hütte aufpassen und Hausaufgaben machen, deshalb konnte ich ihnen nicht folgen. Aber ich hörte die Rufe »Ali« noch den ganzen Nachmittag und bis tief in die Nacht hinein. Ja, sogar eine ganze Woche lang wurde an Straßenecken, in Läden, Schnapsbuden und in der ganzen Nachbarschaft über nichts anderes als über diesen Kampf geredet. Alle Schwarzen waren hingerissen von Alis Heldentat. Die Jungen erfanden ein neues Spiel: sie nannten sich Ali und wetteiferten darin, seine »Antäuschen-wie-ein-Schmetterling-und-Stechen-wie-eine-Biene«-Nummer nachzuahmen. Ich freute mich über diesen Sieg eines Schwarzen über einen Weißen genauso wie alle anderen um mich herum: endlich hatte mal ein Schwarzer einen weißen Mann »zu Tode geprügelt«, auch wenn das, wie sich inzwischen herausgestellt hatte, eine ziemliche Übertreibung des Jungen gewesen war: mit »zu Tode geprügelt« hatte er einen Knockout gemeint.

Heimlich träumte auch ich davon, eines Tages ein so guter Kämpfer wie Ali zu werden und alle Weißen, die mir unter die Finger kamen, »zu Tode zu prügeln«. Anfangen, da gab's gar keine Frage, würde ich mit dem Superintendenten und den weißen Polizisten. Die Verbrechen ihrer schwarzen Kollegen, die gegen ihre eigenen Leute vorgingen, fand ich hingegen so abscheulich, daß »zu Tode prügeln« in meinen

Augen eine viel zu milde Strafe für sie war. Sie würde ich, sobald ich ein richtiger Kämpfer war, wie Ungeziefer zertreten, oder besser noch, von einem Bulldozer zermalmen lassen. Den würde ich mir, angesichts der riesigen Siegesprämien, bestimmt leisten können.

Um den Traum von einer Boxer-Karriere tatkräftig in die Wirklichkeit umzusetzen, begleitete ich eines Abends eine Gruppe von Jungen aus der Nachbarschaft in den örtlichen Box-Club. Obwohl »Club« eine äußerst hochgegriffene Bezeichnung dafür war: es handelte sich um einen kleinen, stickigen, schlecht beleuchteten Raum mit nackten Wänden und einem Zementfußboden, der so feucht und schlüpfrig war, daß es mir wie ein Wunder vorkam, daß die Männer und Jungen, die hier trainierten, sich nicht sämtliche Knochen brachen. Tagsüber wurde das Kabuff, wie ich erfuhr, als Klassenzimmer benutzt.

»Wir möchten Boxen lernen«, erklärte unser Anführer dem Besitzer der Trainingshalle, einem alten Mann mit schütterem Haar.

»Boxen lernen, so so . . . Wie alt seid ihr denn?«

Stolzgeschwellt gaben wir alle unser Alter an.

»Okay«, meinte er, »geht da rüber.« Er wies auf eine halbdunkle Ecke, in der sich bereits eine Gruppe älterer Jungen versammelt hatte.

In der Turnhalle wimmelte es nur so von Männern und Jungen, die mit freiem Oberkörper trainierten und dabei heftig ins Schwitzen geraten waren. Einige übten Seilspringen, manche schlugen wie wild auf einen geflickten Punchingball ein, der von der Decke baumelte, und andere hielten sich mit Kniebeugen oder Liegestützen fit.

»Guck dir diese Kerle an, die schlagen ja immerzu in die Luft!« sagte ich kichernd zu einem der Jungen und wies auf ein paar Männer in einer Ecke.

»Das ist Schattenboxen.«

»Was ist das?«

»Sie kämpfen gegen ihren eigenen Schatten.«

»Wozu soll das denn gut sein?«

»So wird man ein guter Boxer.«

Ich bombardierte ihn mit Fragen über den Faustkampf. Was die hier taten, schien so völlig anders zu sein als das, was ich auf der Straße gelernt hatte. Es sah sauberer aus. Dann kam der Besitzer zurück. Er trug zwei Paar abgenutzter, übergroßer Handschuhe. »Wer von euch will zuerst in den Ring?«

Einer meiner Freunde deutete lachend auf mich. Ich lachte mit. Der alte Mann rief mich zu sich. Ich ging hin. Er sagte mir, ich solle mein Hemd ausziehen. Dann wandte er sich an die Horde gefährlich aussehender Jungen in der anderen Ecke.

»Wer von euch will gegen diesen Jungen antreten?« fragte er.

Ich hielt den Atem an. Gegen wen? Gegen mich? Ich schaute mich um ... er konnte nur mich meinen.

»Ich habe keine Ahnung vom Boxen, Sir«, jammerte ich. »Ich habe noch nie geboxt.«

»Nun sei kein Waschlappen«, sagte der alte Mann. »Reiß dich zusammen. Es ist nichts dabei. Oder hast du Angst vor ihm, weil er so groß ist?« Ein kahlgeschorener Junge mit muskulösen Armen und kräftigen Schenkeln hatte sich auf der anderen Seite fertiggemacht. Mein Stolz erwachte. Großspurig erklärte ich dem alten Mann: »Ich habe vor nichts und niemandem Angst!« »Das ist die richtige Einstellung, Junge«, sagte der Alte und haute mir kräftig auf die Schulter. »Ali ist viel kleiner als der Weiße und er hat ihn trotzdem k.o.-geschlagen.«

Das machte mir Mut.

»Ihr Bengel kloppt euch doch tagtäglich in den Straßen«, meinte der Mann, während er mir die Handschuhe überzog, »hier lernt ihr die Kunst des Boxens.«

Die Augen meines Gegners waren groß, rot und sie glänzten als wäre er high. Ich tippte auf Benzol. Er wirkte roh und erbarmungslos, wie er da stand und ihm die Handschuhe über seine Pranken gestülpt wurden. Ich war nicht mehr sicher, ob ich mich wirklich mit ihm anlegen sollte. Der alte Mann verkündete, daß er als Schiedsrichter fungieren würde und daß der Kampf über drei Runden ginge. Die Menge begann, unsere jeweiligen Chancen zu diskutieren und über den Ausgang zu spekulieren. Mir wurde eine »Ecke« zugewiesen. Da standen zwei Teenager, die mich in den Pausen »betreuen« sollten.

»Du bist Ali«, sagte der Alte zu mir, als er meinen Gegner und mich in der Mitte des »Rings« zusammenführte. Zu dem Glatzkopf sagte er: »Und du bist Schmeling.«

»Nein, ich will lieber Ali sein«, beschwerte der sich.

»Du wirst tun, was ich sage«, meinte der »Schiedsrichter«. Dann wandte er sich an die Zuschauer und riß dabei meinen Arm hoch: »Dies hier ist Muhammed Ali, alias Cassius Clay!« Dann riß er auch die Hand des anderen Jungen hoch und rief: »Und dies hier ist Max Schmeling!«

»*Yeah, Yeah, Yeah*«, rief jemand, »*Mach ihn fertig, Ali!*«

»Gib's ihm, Smelling«, sagte eine einsame Stimme.

Ich zitterte jetzt vor Angst und Aufregung. Die Handschuhe, die mir der Alte gegeben hatte, waren so schwer, daß ich die Arme kaum noch heben konnte.

»Schüttelt euch die Hände!« forderte uns der alte Mann da auf.

Instinktiv riß ich den Arm hoch und knallte dem Glatzkopf meine Linke ganz gemein und unerwartet gegen die Kinnlade. Er stolperte, aber er fiel nicht. Grimassen schneidend kam er auf mich zu. Seine Augen glühten und er wollte sich auf mich werfen. Doch der alte Mann ging dazwischen und fuhr mich ärgerlich an: »Ich hab' gesagt, ihr sollt euch die Hände schütteln. Von Schlagen war nicht die Rede.« Ich wollte ihm gerade erklären, daß ich die Regeln nicht kannte, als er brüllte: »Ring frei zur ersten Runde!« Bevor ich wußte, wie mir geschah, landete eine gewaltige Rechte auf meiner Nase. Ich fiel rücklings in die Menschenmauer. Die Zuschauer schubsten mich augenblicklich in den »Ring« zurück. Schäumend vor Wut stürzte ich mich auf meinen Gegner. Ich sah nur noch rot und schlug mit meinen behandschuhten Fäusten wie verrückt um mich. Ich schwang sie immer wieder hoch, was bei dem immensen Gewicht schon anstrengend genug war, verfehlte meinen Gegner und drehte mich um mich selbst.

»*Mach ihn tot! Mach ihn tot! Mach ihn tot!*« brüllte die Meute.

Ich wußte nicht, ob sie wollten, daß ich den Glatzkopf »totmachen« sollte oder ob sie den Glatzkopf anfeuerten, mich »totzumachen«. Während ich blind drauflosschlug, erwischte der Glatzkopf mich mit einem Uppercut am Kinn. Ich wirbelte um 180 Grad herum und spuckte Blut. Ich hatte mir auf die Zunge gebissen. Auch meine Lippe blutete. Ich war noch ganz benommen von dem Schlag, als mich der nächste traf, und dann kam noch einer und noch einer. Einer auf die Nase, einer in den Magen, einer an den Kopf, einer in den Unterleib. Ich war ein lebendiger Punchingball.

»Hör auf! Höf auf! Hör bitte auf!« flennte ich und versuchte, die Schläge abzuwehren oder dem Jungen wenigstens auszuweichen. Doch ich sah nicht einmal mehr, wo die Schläge herkamen. Um mich wallten dicke Nebel. »Ich sehe nichts mehr!«

»Tu so, als hättest du das nicht gehört«, sagte der Alte zu meinem Gegner. Ich versuchte, meinen Kopf hinter den riesigen Boxhandschuhen in Sicherheit zu bringen. Doch das klappte nicht. Die Schläge erreichten mich trotzdem. Ich fühlte, wie meine Knie wackelig wurden.

»Wehr dich, Junge! Kämpfe! Sei keine Memme! Schlag zurück!«

»Ich kann nicht mehr«, wimmerte ich. Plötzlich verschwamm alles um mich herum. Dann hüllte Dunkelheit mich ein. Die Beine rutschten mir weg. Ich fiel zu Boden. – k.o. – Als ich wieder zu mir kam, lag ich in einer Ecke. Der alte Mann betupfte meine Stirn mit einem nassen, schmutzigen Schwamm. Die Freunde, die mich zu dieser Schlachtbank geführt hatten, standen um mich herum und meinten, ich solle mir aus der Niederlage nichts machen. Ich schob sie beiseite. Ich haßte sie!

»Das war kein schlechter Kampf, Junge«, sagte der Alte. »Nein, wirklich gar nicht so schlecht. Du kannst es lernen.« Er redete pausenlos auf mich ein. »Bist du in Ordnung?« fragte er auf einmal, als er sah, wie ich meine verschwollenen Augen rieb.

Ich nickte, obwohl sich mein Kopf wie ein Klumpen Blei anfühlte. »Mir geht's gut.« Ich sagte ihm, daß ich nun gehen wolle.

»Kommst du morgen wieder?« fragte er erwartungsvoll. »Du hast gar nicht schlecht geboxt, weißt du. Die Fehler, die du gemacht hast, kann man leicht ausmerzen. Und außerdem ist der andere Junge einer meiner erfahrensten Kämpfer. Wenn du noch ein paar Kämpfe gemacht hast, wer weiß ... Dann könntest du vielleicht ein neuer Ali werden. Das Zeug dazu hast du gewiß.«

»Zur Hölle mit Ali«, sagte ich und verließ die Turnhalle. Mein erster »Boxkampf«, das schwor ich mir, war zugleich auch mein letzter gewesen. Damit war mein Traum von einer Karriere, wie Ali sie gemacht hatte, geplatzt. Mehr noch: Von diesem Tag an haßte ich das Boxen.

25   Man schrieb das Jahr 1968, und einer seiner kalten, grauen Tage wurde ein langer, verwirrender Tag für mich: Denn die Welt um mich herum befand sich in tiefer Trauer. Wo immer ich hinkam traf ich schwarze Menschen, deren Blicke Gram, aber auch Wut verrieten. In der Schule bemerkte ich, wie die Lehrer in gedämpftem Ton miteinander flüsterten. Auch sie sahen traurig aus.

»Diese weißen Bastarde haben ihn tatsächlich ermordet.«

»Ja, da drüben ermorden sie sie und hier sperren sie sie ins Gefängnis und werfen den Schlüssel weg.«

»Die weißen Bastarde sind überall auf der Welt aus einem Guß. Sie unterscheiden sich höchstens in ihren Methoden, uns Schwarze zu unterdrücken.«

»Sein Tod wird gerächt werden. Warten Sie's nur ab, Sie werden's schon noch erleben!«

Ich fragte mich, wer wohl ermordet worden war und warum gerade sein Tod soviel Zorn und Trauer erregte. Daß Leute ermordet worden waren, hatte ich schließlich schon oft gehört. Also versuchte ich, bei den älteren Jungen in der Schule etwas über den Toten in Erfahrung zu bringen.

»Es ist ein Schwarzer, der ermordet wurde.«

»Er lebte in Amerika.«

»Ich weiß nicht wie er geheißen hat.«

Daraus konnte ich mir nicht viel zusammenreimen.

Als ich an diesem Nachmittag durch das Township ging, hörte ich eine Menge Gerüchte. Jemand erzählte, der schwarze Mann, auf den man ein Attentat verübt hatte, sei ein Prediger gewesen, der Kirchenführer von St. Augustine und zugleich der Anführer der Bürgerrechtsbewegung in Amerika. Ein anderer erzählte, ein Weißer hätte den Anschlag verübt.

Je mehr ich über den Tod dieses Mannes munkeln hörte, desto größer wurde meine Verwunderung darüber, daß man soviel Aufhebens darum machte. Auf einen Schwarzen mehr oder weniger kam es doch wirklich nicht mehr an – jeden Freitagnacht wurden im Getto schwarze Männer von anderen Schwarzen meuchlings ermordet, und kein Hahn krähte danach. Dieser hier, hieß es, war von einem Weißen getötet worden. Na und? Wenn es stimmte, was ich in den Geschichtsstunden gelernt hatte, war es bereits unzählige Male so gewesen, daß Schwarze von Weißen kaltblütig niedergemetzelt, erschossen oder erhängt worden waren. Und soweit ich mich erinnerte, hatte keiner dieser Toten jemals auch nur annähernd so viel Aufmerksamkeit und Anteilnahme erregt; hatte kein Mord an einem Schwarzen Schwarze so sehr aufgebracht. Besonders widersinnig erschien mir die Aufregung in Anbetracht der Tatsache, daß der ermordete Prediger und Friedenskämpfer nicht einmal aus Alexandra kam. Doch überall im Getto standen schwarenweise Erwachsene zusammen, lasen die Zeitungen und flüsterten miteinander. Weil meine Eltern, die ja nicht lesen konnten, nie eine Zeitung kauften, ging ich zum Zeitungsstand auf der 12th Avenue. Ich hoffte, ich würde dort vielleicht ein Foto des Mannes sehen, um dessen Tod hier alle so einen Wirbel machten. Aber an diesem Tag war so viel los, daß ich nicht einmal auch nur in die Nähe der Zeitungsstapel kam, geschweige denn einen Blick in eine der Zeitungen werfen konnte. Die Exemplare wurden den Zeitungsjungen direkt aus der Hand gerissen. Ich schaute dem ungewohnten Treiben gebannt zu und überlegte, wie ich es anstellen konnte, mehr zu erfahren. Da fiel mein Blick auf einige Plakate, die an einem Zaun befestigt waren. Darauf stand in roter Tinte:

Extra! Extra
King
ist
tot

Aufgeregt rannte ich nach Hause. Ich wollte dringend wissen, wer dieser »King« gewesen war. Meine Mutter war daheim und stillte meine jüngste Schwester Dinah.

»Was ist das für ein Mann, der getötet wurde, Mama?«

»Ich habe keine Ahnung, wer das ist«, antwortete sie. Ich spürte, daß sie nicht darüber reden wollte. »Ich habe heute zum ersten Mal von ihm gehört.«

»Sein Name ist ›King‹. War er so eine Art Häuptling?«

»Ich weiß nicht. Er lebte nicht hier.«

»Er lebte in Amerika«, sagte ich mit einer Selbstverständlichkeit, als ob ich wüßte, wo Amerika lag. Seit dem Tag, an dem Ali den Boxkampf gewonnen hatte, war mir der Name *Amerika* nicht mehr aus dem Kopf gegangen.

»Wer hat dir das erzählt?« fragte meine Mutter.

»Ich hab's gehört.«

»Ja, sie sagen, er lebte in ›Amerika‹. Aber ich hab keine Ahnung, wo das ist. Alles, was ich kenne, ist dieses Land. Von diesem ›King‹, nach dem du fragst, haben mir heute viele Leute erzählt – Leute, die zur Schule gegangen sind und die Zeitungen lesen können. Er soll ein gottesfürchtiger Mann gewesen sein, der starb, weil er seinen Leuten helfen wollte. Er kämpfte dafür, daß Schwarze die gleichen Rechte haben sollten wie Weiße.«

»Was ist das, ›gleiche Rechte‹, Mama?«

Sie dachte angestrengt nach und sagte dann: »›Gleiche Rechte‹, das sind Gesetze, die den schwarzen Leuten die gleichen Möglichkeiten geben wie den weißen.«

»Haben die Schwarzen in unserem Land gleiche Rechte?«

»Nein.«

»Warum nicht?«

»Weil uns die Weißen alle Rechte weggenommen haben.«

Wieder mal die Weißen! Warum bekam ich für alles als Erklärung immer nur »die Weißen« zu hören? Warum standen sie hinter jedem Kummer, der Schwarze berührte? Warum nahmen sie den Schwarzen immer alles weg? Waren sie denn nicht zufrieden mit dem, was sie schon alles hatten? Und warum wehrten die Schwarzen sich nicht? Lag es vielleicht daran, daß die Weißen – wie ich im Kino gesehen hatte – Gewehre, Schwerter, Bomben und Panzer besaßen?

»Haben die Schwarzen denn niemals versucht, ihre Rechte zurückzubekommen?« Ich dachte mir, daß, wenn die Schwarzen irgendwie an Bomben, Panzer, Gewehre, Schwerter und Macheten kämen, die Weißen endlich dran glauben müßten. Und oh, wie ich mich nach diesem Tag sehnte! Nach diesem Tag, an dem ganze Armeen Schwarzer in die Weiße Welt eindringen und alle schlechten weißen Männer abschlachten, hängen, köpfen, erschießen, lebendig begraben oder in kochendem Blei ertränken würden!

Meine Mutter zögerte mit der Antwort: »Du bist sehr neugierig, Kind. Aber ich bezweifele, daß die Geschichte, die ich dazu weiß, dir irgendetwas sagt.«

»Ich möchte sie trotzdem hören, Mama.«

»Einmal«, begann sie, »wenn ich mich recht erinnere, einmal haben die Schwarzen versucht, für ihre Rechte zu kämpfen. Das war in dem Jahr, in dem du geboren wurdest. Eine Gruppe gebildeter Schwarzer hatte zu einem Protestmarsch aufgerufen, einem Protestmarsch, bei dem es um die Paßgesetze ging. Sie wollten den Weißen klarmachen, daß sie nicht ständig Pässe mit sich herumtragen wollen.«

»Haben sie etwas erreicht?«

»Nein.«

»Wieso nicht?«

»Viele dieser Leute wurden von der Polizei erschossen. Die meisten von ihnen in den Rücken.«

»Wie viele?«

»69.«

»So viele?« Ich war erschüttert. »Wo war das?«

»Es war in Sharpville, in der Nähe einer Polizeistation.«

»Warum haben die Schwarzen sich nicht gewehrt? Hatten sie denn keine Gewehre? Haben sie denn nicht zurückgeschossen?« fragte ich in meiner grenzenlosen Naivität.

»Nein, nichts von alledem«, erwiderte meine Mutter. »Schwarze Leute dürfen keine Waffen tragen. Das verbietet das Gesetz.«

»Hat seitdem irgend jemand anderes versucht, für irgendwelche Rechte zu kämpfen?«

»Nein.«

»Warum nicht?«

»Weil alle Angst haben.«

»Angst wovor?«

»Angst vorm Sterben, Dummkopf. Nun hör auf, mir Fragen zu stellen und mach' deine Hausaufgaben.«

»Wenn ich groß bin, Mama«, sagte ich mutig und nahm meine Bücher, um mit einem Freund aus der Nachbarschaft meine Hausaufgaben zu machen, »werde ich für meine Rechte kämpfen.«

Meine Mutter starrte mich an, sagte aber nichts.

26   Eines Tages beschloß ich mal wieder, mit der Schule aufzuhören. Nach Monaten über Monaten, in denen ich ständig von Lehrern verprügelt worden war, weil ich gewisse Lehrbücher nicht vorweisen konnte, hatte ich endgültig die Nase voll. Um mir lange Diskussionen mit meiner Mutter zu ersparen, plante ich, mich aus der Schule rausschmeißen zu lassen. Die Schulordnung erlaubte es den Lehrern nämlich, Schüler von der Schule zu entfernen, die vier Wochen lang ohne Entschuldigung gefehlt hatten.

Deshalb schwänzte ich von diesem Tag an die Schule. Morgens verließ ich wie immer unsere Hütte und tat natürlich so, als ginge ich zur Schule. In Wirklichkeit aber nahm ich den Weg zum Schrottplatz an der 14th Avenue, wo sich eine Ausreißerbande traf. Die Jungen gehörten ebenfalls zu Stammesschulen und hatten wie ich keine Lust mehr. Das Durchschnittsalter war acht. Wir verstanden uns prächtig und verbrachten Tage damit, das Getto nach Lagerhäusern abzusuchen, in denen illegal gebrannter Schnaps aufbewahrt wurde. Hatten wir sie gefunden, sprengten wir die Türen mit Brecheisen auf und stahlen Bier- und Whisky-Flaschen, die wir anschließend verkauften. Manchmal sogar an ihre legitimen Eigentümer – die Schnapsbudenbesitzer. Den Erlös setzten wir in Karten für das King's Bioscope um. Wir gingen in die Nachmittagsvorstellungen, in denen es normalerweise Western – oder Gladiatoren-Filme gab. Danach wanderten wir ins offene Buschland hinaus und übten uns in den verschiedensten Kampfmethoden, die wir auf der Leinwand gesehen hatten. Wir benutzten Stöcke und Eisenstangen und ahmten die Schlachten aus den Filmen nach. Und bei all dem glaubten wir, den Alltag der Weißen nachzuspielen.

Bei Sonnenuntergang ging ich gewöhnlich nach Hause.

»Warum kommst du so spät?« fragte meine Mutter dann.

Und ich log sie tagtäglich an. Meist erzählte ich ihr, ich hätte noch zu einer Chorprobe bleiben müssen. Weil meine Mutter nicht lesen konnte, fühlte ich mich sicher, denn ich konnte mir nicht vorstellen, daß sie irgendeine Möglichkeit hätte, die Wahrheit herauszukriegen. Nur – da kannte ich meine Mutter schlecht. Als ich sie wieder mal so frech angelogen hatte, wartete sie nur darauf, bis ich wieder draußen war. Dann nahm sie meine Hefte und ging damit zu unserer Nachbarin. Die konnte nämlich lesen und somit feststellen, ob das, was da auf den letzten Seiten stand, tatsächlich dem neuesten Stand entsprach. Nach ein paar Tagen schon wußte meine Mutter, was gespielt wurde. Nachdem sie das Datum der letzten Eintragungen herausgefunden hatte, zählte sie die Tage, die ich geschwänzt hatte, zusammen, unternahm aber noch nichts. In der vierten Woche ging sie zur Schule und sprach mit dem Direktor. Das alles tat sie nicht nur ohne mein Wissen, sondern auch so geschickt, daß ich nicht den geringsten Verdacht hegte, daß da irgendwas im Busch war.

Am nächsten Montagmorgen, in der Woche, in der meine »Vier-Wochen-Frist« ablief, folgte Mutter mir heimlich und erkundete, wo ich mich herumtrieb. Diese Information gab sie an den Schuldirektor weiter.

Zwei Tage später, am Mittwoch, verließ ich die Hütte und gab wie immer vor, zur Schule zu gehen. In Wirklichkeit steuerte ich natürlich auch an diesem Tag den Schrottplatz an. Dabei war ich guter Dinge. Die Bande wartete schon auf mich. Die Jungen rekelten sich lässig auf der Kühlerhaube eines ausgeschlachteten '65er Chevy im warmen Licht der Vormittagssonne. Ich gesellte mich zu ihnen.

»Wir müssen heute früher ins King's«, verkündete unser zwölfjähriger Anführer Mnyamani (Der Schwarze). »Heute gibt es eine Doppelvorführung«, fügte er hinzu und ließ dabei kleine Flaschen mit Leim und Benzol rumgehen. Meine Freunde schnüffelten alle. Ich tat es nur deshalb nicht, weil mir immer speiübel wurde von dem Zeug.

»Was gibt's denn heute?« fragte ich.

»*Spartakus* und *Für eine Handvoll Dollar*.«

»Ich dachte, die gibt's erst nächste Woche«, sagte ich und verstaute meine Schulbücher unter dem Armaturenbrett. »Ich dachte, heute gibt's *Straße ohne Namen* und *Friedhof ohne Kreuze*.«

»Die haben sie wegen der Osterfeiertage auf nächste Woche verschoben.«

Als Mnyamani gerade daran gehen wollte, unseren heutigen Raubzug – wir brauchten schließlich Geld fürs Kino – auszubaldowern, sah ich aus den Augenwinkeln eine Gruppe von Schuljungen auf uns zukommen. Ich schenkte ihnen keine weitere Beachtung, bis ich feststellte, daß sie den Schrottplatz umzingelt hatten.

»Johannes«, dröhnte eine Stimme irgendwo hinter mir. Das kam völlig unerwartet. »Johannes, wir sind gekommen, um dich in die Schule zu bringen!«

Ich wirbelte herum und erstarrte zur Salzsäule, als ich erkannte, wer da gerufen hatte. Es war Mandleve (Großohr), ein hünenhafter Bursche, der fürs Einfangen von Schulschwänzern einen schrecklichen Ruf genoß. Mandleve stand nicht mal drei Meter von mir entfernt.

»Mich kriegst du nicht«, schrie ich, sprang auf die Chevy-Haube und bereitete mich darauf vor, mich und meine Freiheit gegen ihn zu verteidigen.

»Sei nicht blöd«, warnte Mandleve und kam weiter auf mich zu. »Wir sind in der Überzahl. Und außerdem, wenn du freiwillig mitkommst, wird dir keiner was tun.«

»Wir haben nichts gemacht«, jammerten meine Freunde und ließen mich im Stich.

»Ich denk ja gar nicht dran zurückzugehen!« erklärte ich Mandleve. Der Kreis schloß sich um mich. Als ich merkte, daß sie mich gleich haben würden, griff ich unter die Haube des Schrottautos und schnappte mir das Brecheisen, das wir normalerweise benutzten, um in die Lagerhäuser einzubrechen.

»Wagt es nicht, näherzukommen, oder ich bring euch um«, brüllte ich und schwang meine Waffe.

»Du kannst es nicht mit uns allen aufnehmen«, stellte Mandleve ganz ruhig fest. »Gib auf und komm mit. Dann werde ich dem Direktor und den Lehrern sagen, daß du keinen Ärger gemacht hast und deine Strafe wird nur halb so schlimm sein.«

»Nein!« Ich schüttelte heftig den Kopf. Ich wußte, daß er log. In dem Augenblick, in dem sie mich in der Schule hätten, würde die Hölle los sein. Kein Lehrer würde auch nur im entferntesten daran denken, Gnade walten zu lassen. Die Strafe fürs Schuleschwänzen war allgemein bekannt: es gab Dresche, daß man nicht mehr sitzen konnte.

»Geht wieder in die Schule«, sagte ich. »Geht zurück und ich verspreche euch, morgen auch zu kommen – freiwillig.« Das war natürlich eine Lüge, um Zeit zu gewinnen. Ich dachte fieberhaft darüber nach, wie ich es schaffen konnte, von zu Hause wegzulaufen. Da lebte ich doch lieber auf dem Schrottplatz.

»Komm schon«, sagte Mandleve. »Was macht das für einen Unterschied? Komm jetzt mit und bring es hinter dich.«

»Ich habe meine Bücher nicht mit«, log ich.

»Du brauchst heute keine Bücher«, schwindelte er. »Heute ist kein Unterricht. Heute sind nur Chorproben wegen des Wettbewerbs nächste Woche.«

»Ich bin nicht im Chor«, sagte ich. »Also vermißt mich keiner.«

Mandleve hatte es nun satt, mit mir zu verhandeln – er sprang mich an. Instinktiv ließ ich das Brecheisen fallen. Er duckte sich, und die schwere Eisenstange knallte auf die Autohaube. Und das mit solcher Wucht, daß es das Blech durchschlug. Mandleve packte meine Beine und ich fiel auf die Erde. Ich blutete aus Mund und Nase, gab mich aber noch längst nicht geschlagen. Ich wehrte mich mit Händen und Füßen und brüllte: »Laß mich los! Laß mich los!« Doch die anderen Jungen kamen Mandleve zu Hilfe. Gegen die Übermacht hatte ich absolut keine Chance. Ein paar hielten mich fest, während Mandleve mir Hände und Füße mit einem dicken Seil fesselte.

In der Schule warteten bereits der Direktor und sämtliche Lehrer auf mich. Sie schauten mich kalt und verachtungsvoll an und ließen ihre Rohrstöcke auf mich niedersausen. Auch meine Mutter war da. Sie schaute teilnahmslos zu.

»Prügelt ihn richtig durch«, sagte sie auch noch, was nun wirklich nicht nötig gewesen wäre. Sie waren alle mit Hingabe bei der Sache. Meine Mutter verließ das Büro und wartete draußen auf mich. Die Lehrer schlugen mich immer noch. Sie wechselten sich ab, wenn einer mal müde war, und machten weiter, bis ich ohnmächtig wurde. Dann kippten sie Wasser über mich, bis ich wieder zu Bewußtsein kam – und verprügelten mich genußvoll weiter. Eine Woche lang mußte ich danach im Bett bleiben. Für den Rest meiner Grundschultage hatte ich genug vom Schuleschwänzen. Wenn ich mal in der Schule fehlte, mußte das schon einen guten Grund haben. Sogar wenn ich wirklich krank war, wagte ich es nicht mehr, zu Hause zu bleiben, sondern kroch in die Schule und wartete darauf, daß der Lehrer mich heimschickte.

27   Ich wurde zehn. Mein zehnter Geburtstag kam und ging, so wie alle bisher. Geburtstage wurden bei uns nicht gefeiert. Deshalb vermißte ich auch nichts. Es waren Tage wie alle anderen, sie hatten nur einen Sinn: man mußte sie überleben. Und dennoch hatten Geburtstage etwas Besonderes – ich hatte immer das Gefühl, um einiges älter geworden zu sein als um dieses eine Jahr, das der Kalender zeigte. Die Kindheit endet eben früh im Getto.

In Alexandra, so versicherte mir meine Mutter, hatte sich in den zehn Jahren, die ich schon auf der Welt war, wenig verändert. Vieles konnte ich selbst beurteilen. Die Hütten und Baracken faulten vor sich hin oder brachen zusammen. Neue Bruchbuden schossen wie Pilze aus dem Boden. Ganze Familien wurden in die Stammesgebiete abgeschoben. Andere »Illegale« nahmen ihren Platz ein. Und die Ströme der Wanderarbeiter, die ihre Familien in den Reservaten zurücklassen mußten, rissen nicht ab. Sie wurden nur neuerdings in sogenannten »Hostels« untergebracht, die entweder nur Frauen oder nur Männer beherbergten und noch unpersönlicher waren, als die Barackensiedlungen, die ich kannte. Wenn es nach den Behörden ging, sollte ganz Alexandra bald nur noch aus Hostels bestehen. Auch in unserer Nachbarschaft war, obwohl sie gewechselt hatte und die Leute, die dort wohnten, immer wieder andere waren, alles beim alten geblieben: die Schwarzen bezichtigten sich nach wie vor gegenseitig der Hexerei und machten Voodoo-Flüche verantwortlich für alles, was ihnen an Bösem widerfuhr. Und in meiner Familie? Nun, mein Vater trank immer noch, verspielte seinen Lohn, stritt häufig mit meiner Mutter und schlug sie auch manchmal. In mir wuchs das Gefühl, daß man uns Schwarze in Alexandra wie Tiere hielt. Daß der Weiße Mann uns einen Käfig gebaut hatte, in den er uns einsperrte. Und wir, wir konnten nichts dagegen tun. Jeder von uns konnte nur eines – abwarten.

Mir half das Fußballspielen, das Elend zeitweise zu vergessen. Jeden Freitagabend ging ich in das Stadion an der 12th Avenue zum Training. Nach Sonnenuntergang erst machte ich mich auf den Heimweg. Die dunklen, staubigen Straßen wimmelten an diesen Abenden von schwarzen Männern, die von der Arbeit nach Hause eilten. Sie hatten ihren Lohn in der Tasche und freuten sich auf das bevorstehende Wochenende. Bei vielen der Männer, die mir begegneten, konnte ich das Geld in den Taschen klimpern hören, wenn sie an mir vorbeihasteten. Einige waren auf dem Nachhauseweg, um die vielen hungrigen Mäuler zu stopfen, die auf sie warteten. Andere waren bereits unterwegs zu einem ausgelassenen Abend in einer der Schnapsbuden. Hier konnten sie sich am Ende eines Zahltags für wenige Stunden der Illusion hingeben, Herr ihres Schicksals zu sein.

Als ich in die 13th Avenue einbog, sah ich am anderen Ende sechs *tsotsis*, die zwei Männer verfolgten. Es war eine Vollmondnacht und ich konnte alles ganz deutlich sehen. Die beiden Männer und ihre Verfolger kamen auf mich zu. Sofort erinnerte ich mich an die Worte meiner Mutter: »Wenn du *tsotsis* siehst, Kind, renn und versteck dich und wage dich nicht wieder raus, bevor sie nicht verschwunden sind!« Ich floh in den nächstbesten Hof, den ich erreichen konnte, und warf mich in die hohen Grasbüschel neben dem Tor. Es raschelte laut. Das Gras war trocken.

Ich legte mich flach hin und beobachtete die Straße durch den Zaun. Die *tsotsis* näherten sich den beiden Männern mit schnellen Schritten. Die Männer gingen ziemlich langsam, denn sie trugen schwere Papiertüten. Wahrscheinlich hatten sie, so wie mein Vater früher auch, für ihre Familien eingekauft. Und offenbar waren sie, obwohl sie die *tsotsis* hinter sich längst bemerkt haben mußten, nicht bereit, ihre Einkäufe einfach zu opfern. Sie näherten sich jetzt meinem Versteck. Ich hielt den Atem an und bewegte mich nicht. Der eine der Verfolgten schlug jetzt einen Haken. Er rannte in den Hof, in dem ich mich verborgen hatte. Vermutlich glaubte er, daß die Bewohner ihm aus seiner bedrängten Lage helfen würden. Doch da hatte er sich gründlich geirrt. In dem Moment, in dem er durchs Tor kam, wurden alle Türen verriegelt und sämtliche Fenster geschlossen. Vor den *tsotsis* hatten alle Angst. Und es waren sechs, die dem Mann folgten – den zweiten Mann ließen sie laufen.

»Bitte tötet mich nicht! Bitte tötet mich nicht!« flehte der Mann, als die *tsotsis* ihm auf den Leib rückten. »Ihr könnt alles haben, was ich habe, aber bitte tötet mich nicht!«

»Halt's Maul!« kam es hart zurück. Die *tsotsis* umzingelten ihn. Sie standen so nahe bei mir, daß ich im hellen Mondlicht ihre Zähne blitzen sehen konnte. Nun blitzte noch etwas. Die *tsotsis* hatten glänzende Messer, Fleischhacker und kleine Äxte gezogen, und hieben auf ihr Opfer ein. Ohne Gnade. »Tötet mich nicht, bitte, tötet mich nicht. Ich habe zehn Kinder. Bitte tötet mich nicht. Nehmt alles, was ich habe, aber bitte tötet mich nicht.«

Die *tsotsis* lachten über sein Flehen.

Unter Aufbietung seiner letzten Kräfte gelang es dem Mann, der schon aus vielen Wunden blutete, den Kreis seiner Peiniger zu durchbrechen. Er versuchte auf die Straße zu entkommen. Die *tsotsis* verfolgten ihn nicht sofort. Sie nahmen sich Zeit, die Papiertüten zu durchsuchen, die der Mann nun hatte fallen lassen. Der Verwundete stolperte, umklammerte verzweifelt seine Kehle, aus der das Blut nur so schoß. Die *tsotsis* mußten die Schlagader getroffen haben. Ich war in Schweiß gebadet. Als der Mann an mir vorbeiwankte, sah ich, daß sie ihm auch den Bauch aufgeschlitzt hatten. Seine Eingeweide quollen heraus. Mir wurde übel. Ich wünschte mir, in Ohnmacht zu fallen und dies alles nicht miterleben zu müssen. Ich hatte Angst, daß die *tsotsis* mich entdecken würden. Sie duldeten keine Augenzeugen, das hatte meine Mutter mir gesagt, und sie scheuten auch nicht davor zurück, Kinder umzubringen. Der Mann war vor einer der Hütten stehengeblieben, als hoffte er, daß ihm doch noch jemand zu Hilfe käme. Aber das war gegen jede Vernunft. Sterbensangst lag in seinem Blick. Zum ersten Mal sah ich dem Tod ins Auge.

Die *tsotsis* hatten den Mann nun wieder eingeholt und hieben und stachen erneut auf ihn ein, als gälte es, eine teuflische Mission zu Ende zu führen.

Der aufgeschlitzten Gurgel des Todgeweihten entwichen noch einige unverständliche Laute. Sie wurden immer leiser. Der Mann fiel mit ausgebreiteten Armen vornüber. Die Beine rutschten ihm weg. Ein letzter, schrecklicher, gurgelnder Laut entfuhr seiner Kehle. Dann lag er ganz still. Doch da waren die *tsotsis* schon über ihm. Wie ein Rudel Hyänen stürzten sie sich auf den Leichnam und zerfetzten den Overall auf der Suche nach Geld. Dann drehten sie den Toten um, um an die anderen Taschen zu kommen. Sein schäbiger Mantel, den sie auch mitnahmen, war bestimmt keinen Mord wert gewesen –, ebensowenig wie die durchgetretenen Schuhe, die sie ihm grob von den Füßen gerissen hatten. Es dauerte keine zwei Minuten, da waren sie mit ihrem Opfer fertig und verschwanden wie Schatten aus dem Hof. Die Beute ihres schrecklichen Raubzugs unter die Arme geklemmt, rannten sie an mir vorbei. Den Anblick ihrer blutunterlaufenen Augen und der gebleckten Zähne werde ich mein Leben lang gewiß genausowenig vergessen, wie die Qualen des Sterbenden. Noch heute spielt sich diese Szene in manchen Nächten wieder und wieder vor meinem geistigen Auge ab.

Ich blieb stocksteif liegen, klammerte mich im hohen Gras fest und wagte kaum zu atmen. Und ich schloß die Augen, um den leblosen Körper in seiner Blutlache nicht sehen zu müssen. Aber das Bild blieb. Panik ergriff mich, ich schoß hoch, brüllte wie ein Irrer und rannte los, als sei der Teufel hinter mir her. Blind vor Angst vergaß ich alles, was meine Mutter mir eingeschärft hatte. Ich lief nach Hause, ohne auch nur einmal anzuhalten, wich Autos und Pfeilern gerade noch aus und achtete nicht auf die Menschen, die ich anrempelte. Kaum war ich in der Hütte angelangt, fiel ich endlich in eine gnädige Ohnmacht. Meine Mutter kannte das ja bei mir und war sofort mit einem Wassereimer zur Hand.

»Was ist passiert?« fragte sie. Ich lag auf dem feuchten Boden und zitterte wie ein Blatt im Wind.

Mit angehaltenem Atem versuchte ich, etwas zu sagen. Ich brachte nur unverständliche Laute heraus. Schweiß rann in Strömen über meine Stirn.

»Was ist geschehen?« fragte meine Mutter wieder.

Mein Mund zuckte. Doch so sehr ich mich auch anstrengte, ich konnte immer noch kein Wort sagen und wurde wieder ohnmächtig.

Erst am Samstagmorgen wachte ich auf. Ich lag unter dem Tisch.

Meine Mutter war damit beschäftigt, Frühstück zu machen. Als sie sah, daß ich wach war, kam sie herüber.

»Wie geht es dir?« fragte sie.

»Ein bißchen schwindlig«, antwortete ich, gähnte und reckte mich. »Mein Kopf ist schwer und alle Knochen tun mir weh.«

»Hast du einen schlechten Traum gehabt?« forschte meine Mutter vorsichtig.

»Nein. Warum?«

»Oh, nichts«, sagte sie.

Dann kam mit einem Schlag die Erinnerung. Ich sah das schreckverzerrte Gesicht des Mannes im Angesicht des Todes, wußte plötzlich wieder alles, was geschehen war. Ich war Augenzeuge eines Mordes gewesen. Ich erzählte es meiner Mutter. Sie wurde aschfahl. Tiefe Falten gruben sich in ihre Stirn.

»Ich habe die Leiche heute morgen gesehen, als ich zum Laden ging«, erzählte sie. »Jemand hatte Zeitungen darüber gebreitet.«

»Weißt du, wer es war?«

»Nein«, erwiderte sie, »aber ich habe gehört, daß in der letzten Nacht einige Leute aus der Nachbarschaft ermordet worden sind.«

Einen Moment lang herrschte atemlose Stille. Meine Mutter schaute mich nachdenklich an.

Seufzend sagte sie: »Was hast du überhaupt so spät dort draußen gemacht?«

»Ich war Fußballspielen«, erklärte ich. »Die Mannschaft trainiert doch jeden Freitag bis sechs.«

»Immer dieser Fußball. Und wann machst du deine Hausaufgaben?«

»Die mache ich immer, bevor ich zum Fußball gehe«, sagte ich.

»Und wann liest du mal was? Ich habe dich noch nie ein Buch lesen sehen ...«

»Du weißt, ich habe keine Bücher, die ich lesen könnte.«

»Dann borg dir welche bei deinen Freunden.«

»Die haben doch selbst keine, Mama.«

Meine Mutter murmelte irgendwas vor sich hin und ging wieder an ihre Arbeit. An diesem Nachmittag lief ich an der Stelle vorbei, wo der Mann ermordet worden war. Die Leiche war abtransportiert worden. Doch die Blutspuren hatte niemand fortgewaschen. Ich schüttelte mich. In dieser Nacht hatte ich den ersten Alptraum, der mir diesen

Vorfall wieder vor Augen führte. Es sollte nicht der letzte sein. Die größte Krise meines jungen Lebens begann. Ich wurde mit diesem Erlebnis einfach nicht fertig und verschloß mich noch mehr. Ich wollte mit dem Rest der Welt, zu dem die *tsotsis* gehörten, nichts zu tun haben. Ich schwamm in einem Meer von Hilflosigkeit und Verzweiflung.

Meine Eltern bemerkten natürlich die Veränderung, die mit mir vorging. Schon dachten sie wieder einmal, die Nachbarn hätten mich verhext, und schleppten mich zu einem Medizinmann. Der gab mir ein eigenartiges Gebräu zu trinken. Dann wurde ich mit einer Rasierklinge zur Ader gelassen. Es trat keine Besserung ein. Ich weiß nicht, warum der Tod dieses Fremden mir so nahe ging. Ich hatte doch schon so viele Tote gesehen.

Mir war völlig unverständlich, daß die vielen Morde, die jede Woche geschahen, von den Leuten mit einem Schulterzucken abgetan wurden. Und was brachte Menschen dazu, andere Menschen zu töten? Ich fragte mich immer wieder, warum sie das taten und wofür? Ich hatte keine Ahnung, was in den Papiertüten gewesen war, die der Mann bei sich getragen hatte. Aber was es auch gewesen sein mochte, rechtfertigte es doch niemals einen Mord. Was also hatten die *tsotsis*, die ja selbst im Getto geboren waren, davon, einen ihrer Leidensgenossen umzubringen? Warum verletzten sich Menschen gegenseitig, wenn sie sich eigentlich helfen und beistehen sollten? Warum schien es statt Liebe und Zuneigung nur Haß, Zwietracht, Eifersucht und Neid zu geben? Ich konnte mir nicht vorstellen, den Rest meines Lebens unter solchen Bedingungen zu verbringen, gleichgültig hinzunehmen, was da geschah. Oder war das Leben überall so?

Das war eine Frage, die ich nicht beantworten konnte. Ich begann mich selbst zu bemitleiden, weil ich in Zeiten wie diesen leben mußte. Ich wurde ein Einzelgänger. Ja, ich mochte nicht einmal mehr essen, obwohl ich mich gleichzeitig weiterhin über den Hunger beklagte. Ich konnte kaum schlafen. Meine schulischen Leistungen ließen nach. Ich ging auch seltener zum Spielen als früher. Statt dessen saß ich tagelang nur da und brütete. Ich verfluchte meine Hilflosigkeit und die Sinnlosigkeit dieses Lebens. Das schwächte meine Lebensgeister von Tag zu Tag. Warum bloß war das Leben so hart? Warum gab es keine Hoffnung auf eine bessere Welt?

Meine Gedanken drehten sich im Kreis. Ich fand keine Antworten.

Würde sich mein Leben jemals ändern? Hatte ich an meinem zehnten Geburtstag diese Hoffnung noch gehabt, war der Silberstreif am Horizont nun erloschen. Würde ich jemals die Verantwortung für mein Leben selber tragen dürfen? Diese Frage konnte ich beantworten: Nein!

28   Die Monate vergingen. Ich hatte den gräßlichen Mord nicht vergessen. Mein eigenes Leben erschien mir mit jedem Tag sinnloser. Alles, worunter ich jemals in meinem Leben gelitten hatte, kam mir ins Gedächtnis zurück. Und erschien mir doppelt und dreifach so schlimm wie zuvor. Das Leben war eine Last, von der ich glaubte, sie nicht mehr tragen zu können.

Ich war es leid, immer hungrig zu sein; haßte es, immer geschlagen zu werden – ob zu Hause, in der Schule oder in den Straßen. Mir war, als ob sich die ganze Welt gegen mich verschworen hätte. Ich fühlte, wie mein Mut, meine Kraft und mein bislang so zäher Überlebenswille schwanden. Ich *wußte*, ich hatte mir jedesmal etwas vorgemacht, wenn ich von einer hellen Zukunft geträumt hatte.

Seit meinem vierten Lebensjahr hatte ich alles um mich herum bewußt wahrgenommen und hatte den Beteuerungen meiner Mutter geglaubt, daß es besser würde, wenn ich nur darum kämpfte. Ich hatte mich meinem Schicksal nicht ergeben, hatte Armut, Furcht, Qual und Leiden für etwas gehalten, was man überwinden konnte, überwinden mußte. Ich hatte mich immer wieder bemüht, Rückschläge eingesteckt und unvermindert kräftig an »Türen geklopft, die mir Möglichkeiten eröffnen konnten«, und geduldig darauf gewartet, daß diese Türen aufgehen würden. »Geh weiter zur Schule, lerne fleißig und laß den Mut nicht sinken«, hatte meine Mutter mir wieder und wieder gesagt und versprochen: »Alles wird besser werden.«

Doch in diesen einsamen Wintertagen glaubte ich nicht mehr an Mutters Worte. Meine Kampfbereitschaft war am Nullpunkt angekommen. Die Tragweite des Elends um mich herum hatte mich zermürbt. Ich war enttäuscht, verbittert, und hatte alle Hoffnungen fahren lassen. Die Türen, von denen meine Mutter behauptet hatte, daß sie sich öffnen würden, wenn man nur immer wieder klopfe, schienen sich vor mir zu verschließen. Hatte ich mir denn nicht alle Mühe gegeben, hatte ich es nicht immer wieder versucht?

Ich fühlte mich ungeliebt, unerwünscht, verlassen und betrogen von einer Welt, die mir nicht einmal die Möglichkeit bot, mir einen Platz in ihr zu erobern. Einer Welt, die außer Hunger, Qual, Gewalt und Tod nichts für mich bereitzuhalten schien. Oh nein, ich war ganz gewiß nicht der Meinung, daß diese Welt mir etwas schuldete! Trotz meiner Fragerei nach den Lebensbedingungen der Weißen und der Schwarzen, trotz meines gelegentlichen Aufbegehrens gegen die offensichtliche Resignation meiner Eltern war das eine Idee, die mir nicht gekommen war. Ich glaubte auch nicht, daß mir irgend jemand etwas schuldig sei. Ein solcher Gedanke lag ebenfalls jenseits meines kindlichen Denkens. Was ich jedoch vermißte, war eine Chance, meinen Wert unter Beweis zu stellen, etwas aus mir zu machen, was auch immer das sein mochte.

Ich konnte meine Gefühle nicht in Worte kleiden und hätte niemandem meine Verzweiflung erklären können. Meine Gedanken schienen genauso in einem Getto gefangen zu sein wie ich. Und dieses Leben, das hatte ich mir ja schon so oft überlegt, war ganz einfach nicht lebenswert. Ich war fest überzeugt davon, lange genug gelebt zu haben, um das beurteilen zu können. An einem bitterkalten Vormittag dieses Winters beschloß ich, daß heute der letzte Tag meines Lebens angebrochen sei. Meine Seele hatte einen Knacks. Jede Angst, die ich bisher erfahren hatte, wurde an diesem Tag von einer anderen in den Schatten gestellt: der Angst vor dem Leben. Ich stand auf den Stufen vor der Hütte, drehte ein Schnappmesser in den zitternden Händen und war völlig blind für alles, was um mich herum geschah. Ich wollte mich töten. Aber wie?

Ich dachte an die vielen Nachmittage, die ich im King's Bioscope verbracht hatte. Ein Satz der furchtlosen, weißen Gladiatoren war mir in Erinnerung geblieben: sie wollten »ehrenvoll sterben«. Wenn wir unsere Kampfspiele im Buschland übten, bestand Einmütigkeit zwischen den Jungen, daß dies der beste Weg zu sterben sei. Und so wollte ich es nun auch tun!

Ich hatte wieder ein Ziel: den »ehrenvollen Tod«. Irgendwie war ich erleichtert. Ich wußte, daß ich sterben mußte, und dieser Tag schien mir der richtige zu sein.

Dennoch gab es da noch einige ungeklärte Punkte. Zweifel und

Ängste gingen mir durch den Kopf. Sollte ich meiner Mutter eine Nachricht hinterlassen? Und wo sollte ich sie hintun? Was geschah, wenn man starb? Wohin sollte ich das Messer stoßen – in den Bauch oder in die Brust? Würde ich schnell tot sein, oder würde sich das Sterben hinziehen wie bei dem Mann, der von den *tsotsis* ermordet worden war? Was würden meine Eltern sagen, wenn sie meine Leiche fanden? Würde irgend jemand meinen Tod beweinen? Würde überhaupt jemand merken, wenn ich nicht mehr da wäre? Und hatte ich wirklich den Mut, es zu tun?

Plötzlich stand meine Mutter hinter mir. Ich versuchte, das Messer hinter dem Rücken zu verstecken. Zu spät, sie hatte es bereits gesehen. Ganz still saß sie neben mir auf den Stufen, schaute abwechselnd mich an und das Messer. Ich fühlte mich schuldig und senkte den Blick. Minuten vergingen. Keiner von uns sagte ein Wort. Offenbar wartete meine Mutter darauf, daß ich den Anfang machte, ihr vielleicht erklärte, wozu ich das Messer hielt, ihr verriet, warum ich so zitterte.

»Mama, was wäre, wenn ich tot wäre?« brachte ich endlich mit leiser Stimme heraus. »Würde mich jemand vermissen? Würde jemand traurig sein? Macht es jemandem etwas aus, ob ich lebe oder tot bin?«

Meine Mutter hörte schweigend zu. Sie sah besorgt aus. Sie blickte mich gedankenversunken an und schwieg lange. Ich fühlte mich noch schuldiger, als sie mir die Hand auf die Schulter legte. Ihr Blick wanderte über mein Gesicht. Ich sah Tränen in ihren Augen.

»Schau dir deine Schwestern da drüben an«, sagte sie. Das kam für mich überraschend. Damit hatte ich nicht gerechnet. Sie deutete auf Merriam und Dinah, die im Matsch spielten. Ich hatte bis zu diesem Augenblick gar nicht bemerkt, daß sie da waren. Nun sah ich, wie sie mit kleinen Stöckchen in alten Blechdosen rührten. Sie spielten »Kochen«, vielleicht bereiteten sie gerade Porridge. Schmeißfliegen umsurrten die beiden kleinen Mädchen, ließen sich von Zeit zu Zeit nieder auf dem Schleim, der ihnen aus der Nase lief. Doch Merriam und Dinah schienen das gar nicht mitzukriegen. Sie spielten selbstvergessen in ihrer kleinen Welt aus Matsch, Steinen und Blechdosen. Daß ich nicht mehr leben wollte, interessierte sie bestimmt nicht.

»Sie würden dich sehr vermissen«, sagte meine Mutter mit einem tiefen Seufzer. Der Ton ihrer Stimme hatte sich völlig verändert. Sie klang sehr traurig. »Sie hätten dann keinen großen Bruder mehr, der ihnen helfen und sie beschützen könnte. Sie hätten keinen großen Bruder mehr, zu dem sie aufblicken und der ihnen helfen könnte, wenn sie alt genug für die Schule sind. Sie würden dich sehr, sehr, sehr vermissen.«

Was sie sagte, rührte mich. Meine Mutter hatte recht: ich erinnerte mich, wie oft meine Schwestern mich um Hilfe gebeten hatten, wenn jemand sie ärgerte oder quälte. Ich erinnerte mich auch an die vielen Male, bei denen ich meiner Mutter erzählt hatte, daß ich später helfen würde, meinen Schwestern den Schulbesuch zu ermöglichen. Ich hatte mir schon vorgestellt, daß sie einmal Lehrerinnen oder Krankenschwestern werden könnten. Der Gedanke an die Kleinen trieb mir die Tränen in die Augen. Meine Mutter nahm mich in die Arme.

»Weine nicht«, sagte sie, »du bist doch ein großer Junge.«

Ich kam mir vor wie ein Dummkopf.

»Würdest du mich auch vermissen, Mama?« schluchzte ich.

Sie drückte mich fest an sich. »Ich würde dich mehr vermissen als irgend jemanden sonst«, sagte sie. »Ich würde auch sterben wollen, wenn du tot wärst. Du bist die einzige Hoffnung, die ich habe, und ich hab dich sehr, sehr lieb.«

Nun weinte ich hemmungslos. Die Tränen ließen sich nicht aufhalten. Ich schämte mich deshalb, fühlte mich einer unbekannten Missetat schuldig.

»Gib mir jetzt das Messer«, hörte ich meine Mutter sagen. Ich konnte sie nicht sehen. Meine Augen waren blind vor Tränen. Ich streckte die Hand aus und öffnete sie. Meine Mutter nahm das Messer.

»Versprich mir, daß du nie wieder versuchen wirst, was du gerade mit dem Messer tun wolltest«, forderte sie.

Ich nickte zerknirscht und reumütig und versuchte ein schüchternes Lächeln. Es mißlang kläglich. Nach diesem Vorfall beobachtete meine Mutter mich noch genauer als vorher. Jedesmal, wenn ich ihr ungewöhnlich übelgelaunt, traurig, ärgerlich oder verzweifelt erschien, nahm sie mich zur Seite. Und dann führten wir ein Gespräch, in dem sie sich meine Sorgen und Nöte anhörte. Das schaffte zwar die Probleme nicht aus dem Weg, aber es erleichterte mich wenigstens.

Aus diesem Wintervormittag, an dem meine Mutter mich davor bewahrte, mich ernsthaft oder gar tödlich zu verletzen, hatte ich viel gelernt. Ich wußte nun, daß es wichtig ist, jemanden zu haben, der einen versteht und liebt, wenn die Last zu schwer zu werden droht, jemanden, der die Sorgen teilt und einem dadurch hilft, die großen und kleinen Probleme des Lebens wieder in normale Dimensionen zu rücken. Denn dann – und nur dann – läßt sich die tägliche Schlacht erfolgreich schlagen.

29   Ganz unerwartet verlor Granny einen ihrer Jobs. Bislang hatte sie in zwei Gärten Ordnung gehalten. Jetzt war es nur noch einer. Und mit den acht Rand, die sie da monatlich bekam, konnte sie unmöglich die Miete zahlen, Lebensmittel kaufen und Onkel Piet und Tante Bushy weiter zur Schule gehen lassen. Granny sorgte sich sehr. Doch sie hatte Glück. Durch einen Freund fand sie einen neuen Job als Gärtnerin in Rosebank. Das war einer von Johannesburgs vornehmen Vororten, in denen ausschließlich Weiße wohnten. Grannys Arbeitgeber waren Engländer und hießen Smith.

Kurz nachdem sie angefangen hatte, für sie zu arbeiten, brachte sie stapelweise Comics mit nach Hause. *Superman*, *Tarzan*, *Sherlock Holmes* und viele mehr.

Da ich noch nie in meinem Leben ein vollständiges Comic-Heft gesehen hatte – höchstens mal eine rausgerissene Seite, die an irgendeinem Zaun hängengeblieben war – las ich die Hefte wieder und wieder. Oder vielmehr die Teile davon, die ich verstehen konnte. Ich war unersättlich. Das Lesen war wie ein Betäubungsmittel. Die Comics ließen mich die Härten meines Lebens vergessen und gaben ihm stattdessen eine bislang unbekannte Heiterkeit. Wo ich auch hinging, nahm ich ein Comic mit: an den Fluß, zum Fußballspielen, wenn ich schlafen ging und sogar in die Schule. Dort versteckte ich das Buch unterm Tisch und las begierig darin, sobald der Lehrer mir den Rücken kehrte. Es machte mir nicht mal was aus, wenn ich erwischt und verprügelt wurde.

Seit ich die Comics hatte, wollten alle Nachbarskinder meine Freunde sein. Und ich schlug sogar Kapital aus Grannys Geschenken: ich nahm einen Cent, wenn ich mal eines der Hefte verlieh. Ich lebte ausgesprochen glücklich in dieser Welt der Phantasie und Abenteuer.

Ein ganzes Jahr lang ging das so. Die Smiths gaben Granny regelmäßig Comics mit. Ich fragte mich, seit wann Weiße sich die Mühe machten, Schwarzen etwas zu schenken. »Granny, warum geben diese weißen Leute dir all die schönen Comic-Hefte?« wollte ich von ihr wissen.

»Tja, weißt du«, antwortete sie lächelnd, »Mrs. Smith hat mich einmal gefragt, ob ich kleine Jungen im Alter ihres Sohnes hätte. Da habe ich ihr von dir erzählt und ihr gesagt, wie gut du in der Schule bist, und da hat sie mir die Hefte eben gegeben.«

Auch die Tatsache, daß Weiße einem schwarzen Kind etwas schenkten, paßte nicht in meine Vorstellung. Taten sie das aus lauter Menschenliebe? Nein, die Weißen hatten kein Herz – das hatte ich jeden Tag im Getto erleben müssen. Man konnte die Weißen nur fürchten und hassen.

»Wie sind die Weißen, für die du arbeitest, Granny?« fragte ich weiter.

»Wie meinst du das?«

»Du hast doch dein Leben lang für Weiße gearbeitet«, meinte ich, »und bisher hast du immer gesagt, sie geben dir nicht ›das Schwarze unterm Fingernagel‹.«

»Die Smiths sind ganz anders. Sie sind sehr nett«, erzählte meine Großmutter. »Aber ich glaube, es gibt nicht viele von der Sorte.«

Ungefähr ein Jahr später, ich war inzwischen fast elf, begann Granny auch seltsam aussehende Bücher und Spielzeug mitzubringen. Richtige Bücher und richtiges Spielzeug! Die Bücher, sagte sie, seien Schulbücher, die der kleine Sohn von Mrs. Smith benutzt habe. Ihre Namen waren mir so fremd wie die Inhalte. *Pinocchio*, die *Fabeln von Aesop* und die Märchen der Gebrüder Grimm. Mein Englisch hatte sich dadurch, daß ich einen Comic nach dem anderen verschlungen hatte, rapide verbessert, und so war ich in der Lage, einfache Sätze in der Fremdsprache zu verstehen. Ich fand die Bücher fesselnd!

Bei dem Spielzeug lagen auch Bilderbücher mit Kinderreimen und Spiele wie Monopoly und Wortassoziationsspiele. Es gab Bausteine, Puzzles und viele andere Spiele, die wir schwarzen Kinder noch nie gesehen hatten. Meine Mutter bat eine Farbige aus der Nachbarschaft, die früher als Kindermädchen in einem weißen Haushalt gearbeitet hatte, mir die Spiele zu erklären. Die Regeln waren schnell zu lernen, und bald brachte ich sie dann George und meinen Schwestern bei.

Die Bücher und das Spielzeug beanspruchten meine Gedanken und Gefühle und brachten mich zum Träumen. Mein Interesse an der Schule und am Lernen im allgemeinen nahm wieder zu. Ich spielte nicht mehr den ganzen Tag Fußball, verzichtete auf die blöden Kämpfe mit der Gang und war auch nicht mehr so wild darauf, Geld fürs Bioscope aufzutreiben. Ich blieb häufig in der Hütte, um die Geheimnisse des Monopoly-Spiels zu ergründen, englische Begriffe zu formen oder das Spielzeug auseinanderzunehmen und wieder zusammenzusetzen.

Manchmal waren einige Freunde da, die mit mir spielten. Manchmal war ich allein. Abends erzählte ich nun, so wie es meine Mutter früher getan hatte, meinen Geschwistern Geschichten. Ich erzählte von Hänsel und Gretel, von Pinocchio, von Aschenbrödel oder eine Fabel von Aesop. Auch meine Mutter hörte aufmerksam zu. Und wir beide waren uns einig, daß es viele Ähnlichkeiten zwischen den Geschichten gab, die schwarzen und weißen Kindern erzählt werden – so unterschiedlich ihre Welten ansonsten auch sein mochten.

Auch in meiner Schulklasse wußten bald alle, daß ich Kinderreime und Geschichten auswendig konnte, von denen nicht einmal der Lehrer gehört hatte; ich war ja überall herumgelaufen und hatte mit meinen neuerworbenen Kenntnissen geprahlt. Natürlich blieb das auch dem Lehrer nicht verborgen. Eines morgens rief er mich also nach vorn und wollte, daß ich etwas aufsagte.

Ich erzählte das Märchen von Hänsel und Gretel.

»Wo hast du das gelernt?« fragte der Lehrer verblüfft.

»Aus Büchern, Sir«, antwortete ich mit verhaltenem Stolz.

»Du und Bücher ... Wo hast denn ausgerechnet du plötzlich Bücher her?« wollte er wissen. Schließlich war es ja allgemein bekannt, daß ich immer Schwierigkeiten hatte, an die nötigen Schulbücher zu kommen.

»Von meiner Großmutter, Sir.«

»Wenn deine Großmutter Geld hat, dir so teure Bücher zu kaufen«, sagte der Lehrer, »warum kauft sie dir dann nicht die billigen für die Schule?«

»Sie kauft die Bücher nicht, Sir.«

»Oh, woher hat sie sie denn dann?«

»Von den weißen Leuten, für die sie arbeitet, Sir.«

»Wie geht das denn? Stiehlt sie die Bücher?« fragte der Lehrer ärgerlich.

»Nein!« brüllte ich abwehrend. »Meine Großmutter stiehlt nicht. Die Weißen geben sie ihr.«

Der Lehrer lachte verhalten. Er hakte die Daumen unter die Aufschläge seines abgetragenen, zu engen Jacketts und wippte ungeduldig auf den Zehenspitzen. »Hab ich richtig verstanden, hast du wirklich gesagt, ›die Weißen *geben* ihr Bücher?‹ Weiße Leute, mein Junge? Bist du verrückt? Weiße sollen einer Schwarzen Bücher gegeben haben? Solche Weiße gibt es nicht!«

»Es sind nette weiße Leute, Sir.«

Als ob ich gerade den Witz des Jahrhunderts erzählt hätte, brach der Lehrer in ein hysterisches Lachen aus. Die Klasse stimmte höhnisch ein. Ich kochte vor Ärger und Wut. Hätte ich doch bloß meinen Mund gehalten, hätte ich doch bloß nicht mit den Büchern angegeben . . .

»Nun hör mir mal gut zu, mein Junge«, sagte der Lehrer mit Nachdruck. »Ich lebe lange genug in dieser verdammten Welt, um die Weißen in- und auswendig zu kennen. Also lüg' mich nicht an. So etwas wie ›nette weiße Leute‹ gibt es nicht! Verstanden?! Und nun sag mir endlich, woher deine Großmutter die Bücher hat. Und denk dran: ›Ehrlichkeit ist die beste Politik‹. Du weißt doch, daß Gott schwarze Lügner nicht ausstehen kann! Sag die Wahrheit! Woher hat sie die Bücher?«

»Ich schwöre es, Sir, die Weißen haben sie ihr gegeben.« Ich war den Tränen nahe.

»Was arbeitet sie denn bei den Weißen, daß sie ihr Bücher geben?«

Ich antwortete nicht. Es war mir peinlich. Ich mochte nicht erzählen, daß meine Granny Blätter zusammenfegte und Unkraut zupfte. Ich hatte Angst, meine Klassenkameraden würden mich auslachen. Viele von ihnen hatten Eltern, die in Fabriken arbeiteten oder Läden besaßen, und sie blickten auf die Garden-Boys und Garden-Girls herab. Der Lehrer wartete auf meine Antwort. Ich war unschlüssig, ob es nicht besser sei zu lügen.

Ich beschloß die Wahrheit zu sagen. Sollten sie doch lachen! Wenn es ihnen Spaß machte! Immerhin ging es ja um meine Großmutter, die mich liebte und so stolz auf mich war. Ich wollte auch stolz auf sie sein.

»Sie arbeitet im Garten, Sir«, murmelte ich. Die Worte waren kaum verständlich, und das Wort *Garten* brachte ich kaum über die Lippen.

»Was hast du gesagt?« Der Lehrer hatte mich offenbar wirklich nicht verstanden.

»Sie arbeitet im Garten«, wiederholte ich leise. Schweiß stand mir auf der Stirn.

»Sprich lauter!«

»Sie arbeitet im Garten!« brüllte ich nun und begann zu weinen. Voller Scham ließ ich den Kopf sinken und erwartete das höhnische Lachen. Es kam nicht. Einige Mitschüler kicherten, doch auf die ging der Lehrer los. Mit grimmiger Miene und in grimmigem Ton forderte er sie auf: »Steht auf und berührt eure Zehen!« Die drei taten, was er verlangt hatte, und der Lehrer zog ihnen eins mit dem Rohrstock über. »Macht das nicht noch einmal!«

Zu mir gewandt sagte er: »Was ist so schlimm daran, im Garten von Weißen zu arbeiten? Meine Großmutter hat auch im Garten gearbeitet, als ich zur Schule ging. Und ehrlich gesagt: Hätte sie das nicht getan, hätte ich gar nicht zur Schule gehen können. Das sind die Jobs, für die die Weißen uns wollen. Du solltest dankbar sein, daß deine Großmutter da arbeitet, sonst hättest du ja nicht alle diese schönen Bücher.«

Von diesem Tag an schämte ich mich nie mehr, Leuten zu sagen, daß meine Großmutter im Garten arbeitete oder daß sie und auch meine Eltern nie zur Schule gegangen waren. Dieser Vorfall half mir, jene Scham zu überwinden, die bei manchen Leuten dazu führt, daß sie ihre Herkunft verleugnen, nur um von anderen akzeptiert zu werden.

Die Schnapsbuden gaben dem Leben im Township in gewisser Weise eine Seele. In unserer Nachbarschaft existierten etwa ein Dutzend von ihnen friedlich nebeneinander. Fast jede Hütte war eine Art Trinkbude. Und die, die's nicht waren, hatten bestimmt Nachbarn, bei denen sie Schnaps und Bier kaufen konnten.

Schnapsbuden waren verboten, weil sie den regierungseigenen Bierhallen Konkurrenz machten. Deshalb also veranstaltete die Peri Urban regelmäßig Razzien, um den illegalen Schnapshändlern das Handwerk zu legen und den illegalen Schnaps zu beschlagnahmen. Dennoch blühten und gediehen die Schnapsbuden. Sie waren ein unverzichtbarer Bestandteil des Getto-Lebens. Denn sie halfen ihren Besitzern, die meist nebenbei Sklavendienste für die Weißen verrichteten, über die Runden zu kommen.

Viele Schnapsbuden verkauften Brandy, Whisky und *cartoons* – ein Gesöff aus dem gegorenen Sirup der Zuckerhirse, das die Regierung speziell für Schwarze herstellte. Und da *cartoons* die tückische Angewohnheit hatte, weiterzugären, konnte es passieren, daß es einem arglosen Trinker in der Hand explodierte, wenn der Druck zu stark wurde. Neben *cartoons* verkauften die Besitzer der Schnapsbuden noch so manchen geheimnisvollen Trunk, den sie in den Hinterhöfen selbst herstellten, ohne dabei natürlich auf die nötige Sauberkeit zu achten. Das Wort »Hygiene« kannten wir im Getto nicht.

So mancher hoffnungsfrohe, aufstrebende Schnapsbudenbesitzer warf, so hatte ich gehört, Tabakblätter und sogar Schuhe und Unterwäsche in die Mischung, die er braute, um die Gärung schneller voranzutreiben. Das taten diese Männer und Frauen allerdings nicht allein aus reiner Profitgier, sondern vor allem, um die Früchte ihrer Arbeit vor der nächsten Razzia ernten zu können. Diese illegalen Gebräue waren so berauschend, daß sie auch phantasievolle Namen verdienten. Ich erinnere mich heute noch an Namen wie *Mbamba* (Fang mich), *Sibapala Mazenke* (Greif dir schnell einen Zaun, wenn du mich getrunken hast) und *Kill Me Quick* – das war der Silvesterfavourit.

Der Schwarzhandel mit Alkohol galt als schweres Verbrechen und die, die während der Razzien geschnappt wurden, mußten sich auf schlimme Strafen gefaßt machen. Einige erhielten hohe Gefängnisstrafen, manche wurden sogar in die Stammesreservate abgeschoben. Trotz dieser Gefahren breitete sich der Schwarzhandel immer weiter aus. Jeden Tag eröffneten neue Leute Geschäfte, so daß es kaum auffiel, wenn mal wieder jemand verhaftet und eine Bude geschlossen worden war.

Sogar mein Vater kam plötzlich auf die Idee, in den Alkoholhandel einzusteigen. Eines Freitags sagte er beim Essen zu meiner Mutter: »Nachdem wir jetzt beide arbeiten, könnten wir doch auch ein kleines Geschäft eröffnen. Schau dir unsere Nachbarn an, die haben einen solchen Profit gemacht, daß sie sich eine neue Garderobe und sogar eine Badewanne leisten konnten.«

Meine Mutter, die sich der Risiken voll bewußt war, warf ein: »Du hast wohl noch nichts von den Razzien auf Schnapsbuden gehört? Reichen dir denn die Probleme, die wir mit unseren Pässen und den Erlaubnisscheinen haben, noch nicht aus?«

»Ich hab ja nicht gesagt, daß du irgendwas von dem illegalen Zeug verkaufen sollst«, verteidigte sich mein Vater. Er hielt ein großes Stück kalten Haferbrei in der Hand, stippte ihn ins *xixevo* (eine Fleischsauce), nahm einen Bissen, kaute einen Moment und schluckte ihn dann runter.

»Was gibt es denn, was nicht illegal ist, wenn man Schnaps ohne Lizenz verkauft? Du weißt doch, daß Peri Urban das Monopol der Bierhallen für den Verkauf von Schnaps und Bier erhalten will, so daß die Regierung Geld für Schwarzenprogramme hat und nicht das Geld der weißen Steuerzahler dafür nehmen muß.«

Mein Vater nahm noch einen Klumpem von dem Haferbrei in die Hand und sagte dann: »Laß uns doch beim *stockvel* mitmachen, dafür brauchen wir keine Lizenz.«

Stockvel war das neueste Vergnügen im Township: Verschiedene Nachbarn schlossen sich zu einem Club zusammen, der an jedem Wochenende eine Party gab. Immer in einer anderen Hütte. Alle Mitglieder hatten sich verpflichtet, einen Kostenanteil zu übernehmen. Im Klartext hieß das, der jeweilige Gastgeber erhielt eine bestimmte Summe und mußte die anderen bewirten. Die Gäste konnten trinken soviel so wollten und bekamen auch was zu essen – meist Platten mit Huhn, Reis und Gemüse. Daneben aber bekam der Gastgeber auch noch Geld von denen, die dem »Club« nicht angehörten. Die zahlten bar für den Schnaps und das *stockvel*-Essen, das es auf dieser »Party« gab.

Stockvels waren meist sehr unterhaltsam, so daß sie immer gut besucht waren. Die Gastgeber konnten ihre Investition verdoppeln oder gar verdreifachen.

Um aber Mitglied in einem *stockvel*-Club zu werden, brauchte man zunächst ein beträchtliches Startkapital. Und außerdem die Fähigkeit und Schlauheit eines indischen Händlers, sowie eine unglaubliche Wendigkeit. Denn die Razzien verschonten auch die *stockvels* nicht.

»Wo sollen wir denn das Geld hernehmen, um beim *stockvel* mitzumachen?« fragte meine Mutter nüchtern.

»Indem wir unseren Lohn zusammenschmeißen«, antwortete mein Vater und ließ sich von meiner Mutter noch eine Portion Haferbrei mit Hühnerinnereien geben.

»Mein hartverdientes Geld wird für nichts anderes ausgegeben werden, als dafür, die Kinder zur Schule zu schicken«, erklärte Mutter mit Entschiedenheit.

»Red nicht so'n Quatsch«, entgegenete mein Vater wütend. Er tobte immer, wenn er nicht sofort seinen Willen bekam. »Du weißt genau, daß ich es nicht alleine schaffen kann. Diese verdammten weißen Bastarde bezahlen mir ja nicht mal genug, damit ich mir eine gebrauchte Unterhose kaufen kann. Ich habe vor, diesen dämlichen Sklavenjob an den Nagel zu hängen, sobald das Bier-Geschäft läuft. Ich habe es verdammt nochmal satt bis obenhin, immer wieder zu hören: ›*Kom jong, kom jong, ons moet werk, ons moet werk, tyd is geld, tyd is geld!*‹ (Nun mach, Junge, wir müssen arbeiten, Zeit ist Geld). Ich bin es leid, daß weiße Jungs im Alter von Johannes mit mir reden und dabei im Sessel sitzen und Whisky und Brandy trinken, den sie mit dem Geld kaufen, das sie aus meiner Lohntüte geklaut haben. Es ist höchste Zeit, daß ich aufhöre ein Sklave zu sein und mein eigener *baas* werde.«

Ein schadenfrohes Lächeln huschte über Mutters Gesicht. »Hättest du das Geld, das du in all den Jahren verdient hast, gespart, statt es für Schnaps und Würfelspiele rauszuhauen, wärst du vielleicht längst dein eigener *baas*«, entgegnete sie boshaft. »Wer weiß, vielleicht wärst du sogar längst Millionär. Du hast doch Köpfchen, Jackson – du hast es nur lange nicht benutzt. Was ist bloß aus dem ehrgeizigen, arbeitsamen, sparsamen Mann geworden, der mich vor 13 Jahren im Sturm erobert hat? Aus dem Mann, der mir schwor, ›es zu schaffen, egal, was die andern sagen‹?«

Die Vorwürfe, die meine Mutter ihm machte, verletzten Vaters Stolz. Er sprang vom Stuhl, als hätte er auf einer Pfanne voller glühender Kohlen gesessen. »Halt mir keine Vorträge, hörst du, Frau? Halt mir keine Vorträge!« schäumte er. »Ich bin der Herr im Haus. Ich habe hier die Hosen an, nicht du! Hüte deine Zunge oder ich schneide sie dir raus! Hast du gehört? Ich schneid sie dir raus!« Er drohte Mutter mit einem Hühnerknochen. »Dieses dumme Gerede muß aufhören, mir erzählen zu wollen, was ich zu tun habe, – mir, deinem Ehemann und Herrn! Und es wird aufhören, dein dummes Gerede. Und zwar in diesem Moment. Wenn nicht, wirst du erfahren, warum man mich Mathabane nennt!« Er haute mit der Faust auf den Tisch, ließ sich auf den Stuhl fallen und fuhr in scharfem Ton fort: »Du hast wohl vergessen, daß ich dich gekauft habe! Daß du mein Eigentum bist!

Daß es deine Pflicht ist, meine Kinder aufzuziehen, für mich zu kochen und genau das zu tun, was ich sage. Und da wir gerade übers Kochen reden«, er spuckte angewidert in seine Schüssel mit Haferbrei, »dieser Brei hier schmeckt wie Scheiße. Was ist bloß aus deinen Kochkünsten geworden?«

Er gab Mutter keine Möglichkeit zu antworten: »Statt deine Kraft aufs Kochen und die Kindererziehung zu verwenden, vergeudest du deine ganze Kraft mit dem Versuch, der Mann im Haus zu sein. Was für 'ne Art Frau bist du eigentlich, he?«

»Ich bin genau so, wie eine Frau sein sollte«, sagte meine Mutter so kühl und gelassen, daß sogar ich verdattert war. »Ich bin eine Frau, die das Beste will für ihren Ehemann und ihre Kinder.«

»Wenn das so ist, dann laß uns zusammenarbeiten«, sagte mein Vater selbstzufrieden. »Denn dann wollen wir beide dasselbe.«

»Nicht, wenn du dich nicht besserst«, sagte meine Mutter. »Erst, wenn du ein treusorgender Ehemann und Vater bist, der sich um seine Familie kümmert und das Geld nicht rauswirft wie einer dieser jungen Männer, die keine Verantwortung tragen. Ich kann mir nicht vorstellen, daß ich dich auch noch durchbringen kann. Ich als Frau?«

Mein Vater schüttelte ungläubig den Kopf. »Weißt du, daß das, was du da gerade gesagt hast, ein Scheidungsgrund ist? Ginge es nicht um *meine* Kinder und hätten *deine* Eltern nicht längst mein *lobola* verjubelt, würde ich dich auf der Stelle vor die Tür setzen. Du bist eine Frau, die zu nichts nutze ist. Andere Frauen gehorchen ihren Männern aufs Wort und ohne Widerspruch, denn sie wissen, daß ihre Männer recht haben. Was ist bloß in dich gefahren, Frau? *Swikwembus* (Dämonen)? Wie sollen wir jemals miteinander auskommen, wenn du gegen alles, was ich sage, was einzuwenden hast. Begreifst du denn nicht, daß *stockvel* vielleicht der einzige Weg ist, um aus diesem Elend rauszukommen?«

»Das ist der Punkt, in dem du unrecht hast, Jackson«, gab meine Mutter zurück. »Den Kindern eine Erziehung zu ermöglichen ist der einzige Weg, aus dem Elend rauszukommen.«

»Ich? Unrecht?« fragte mein Vater bestürzt. »Nennst du mich einen Lügner? Ist es das? Bin ich ein Lügner?«

»Niemand hat behauptet, daß du ein Lügner bist«, beschwichtigte meine Mutter. »Ich erzähle dir nur, was ich denke. Die Kinder zur Schule gehen zu lassen ist der einzige Weg, unsere Zukunft zu sichern. Und solange das Herz in mir schlägt, werde ich dafür arbeiten.«

Nach diesen Worten wurde es still in der Küche. Meine Mutter schien nicht nachgeben zu wollen. Und mein Vater brütete mit gerunzelter Stirn vor sich hin und kratzte sich dabei am Kopf. Plötzlich heiterte sich sein Gesicht auf, wie bei einem Menschen, der eine rettende Idee hat.

»Du hast gesagt, ich sei kein guter Ehemann und Vater gewesen. Vielleicht hast du recht. Doch ich bin bereit, mich zu ändern.«

»Wie meinst du das?« fragte meine Mutter.

»Ich bin bereit, die folgenden Opfer zu bringen, wenn du bereit bist, meinem *stockvel*-Plan zuzustimmen: ich höre auf zu spielen, und sobald wir unser eigenes Geschäft haben, betrete ich auch keine Schnapsbude mehr. Ist das nicht das, was du dir immer gewünscht hast? Wolltest du nicht immer, daß ich Freitagnacht mit der vollen Lohntüte nach Hause komme?«

Ich war jetzt mit dem Essen fertig, saß in einer Ecke und tat so, als machte ich meine Hausaufgaben. Natürlich hörte ich die ganze Zeit über zu. Hätte es nicht dieses blöde Stammesgesetz gegeben, das es Kindern verbietet, Erwachsenengespräche zu stören, hätte ich wohl längst etwas dazu gesagt gehabt. Denn auch ich hatte eine Meinung zu dem, was da geredet wurde.

Zum Beispiel hätte ich gern erzählt, welche wunderbaren Veränderungen bei den Leuten vorgegangen waren, die sich am *stockvel* beteiligten. Ihre Hütten hatten sich beinahe in Paläste verwandelt. Die Leute, die das Risiko auf sich genommen hatten, konnten sich nun neue Möbel, neue Betten, *tapeits* (Linoleum), Kersosin-Lampen, Grammophone, Regale voller Essen und manchmal sogar gebrauchte Autos leisten.

Und was für mich am wichtigsten war: die Kinder aus diesen Familien bekamen jedes Jahr eine neue Schuluniform und nagelneue Bücher. Sie durften bei den Klassenreisen mitfahren und konnten sich mittags so richtig den Bauch vollschlagen. Also, ich konnte mir nicht helfen: mein Vater hatte recht, und ich wünschte, meine Mutter würde das einsehen. Vielleicht war das *stockvel* das Wundermittel, nach dem wir all diese Jahre gesucht hatten.

Erstaunlicherweise ließ sich meine Mutter von den Beteuerungen meines Vaters überhaupt nicht beeindrucken. »Mit dem Spielen aufhören und eine volle Lohntüte nach Hause bringen zu wollen, Jackson«, sagte sie, »das ist kein Opfer. Das ist nicht mal ein klitzekleines Opfer. Als Mann, der eine Familie zu ernähren hat, hättest du das schon längst tun sollen. Das ist deine Verantwortung als Vater, ich bin froh, daß du sie endlich erkennst. Ich werde meine Verantwortung weiterhin tragen und für die Schule aufkommen. Ich gebe zu, daß es uns schlecht geht und daß wir arm sind – und wir könnten sogar noch ärmer werden. Ich bekomme nicht viel für meine Arbeit bei diesem *Mqula* (indischen) Shortie. Doch das wenige, das ich verdient habe, hat es Johannes ermöglicht, ›Standard 2‹ zu erreichen, und Florah ›Sub-Standard 2‹. Und bald wird, so Gott es will, George mit ›Sub-A‹ beginnen. Was mich betrifft, so ist das eine ganze Menge, wofür ich dankbar bin.«

»Glaubst du wirklich, daß du sie mit dieser lächerlichen Summe, die du verdienst, auch künftig durchbringen kannst?« schnaubte mein Vater. »Vielleicht sogar noch bis zur Universität! Kann man mit Worten Bücher, Schuluniformen, Schiefertafeln und Schuhe bezahlen?«

»Mag sein, daß ich das nicht alles bezahlen kann, aber zumindest will ich es versuchen«, sagte meine Mutter. »Außerdem hat mir meine Mutter erzählt, daß eine Freundin ihrer Arbeitgeberin eine verläßliche Frau für die Wäsche sucht, und daß sie auch jemanden ohne Arbeitserlaubnis nehmen würde. Also habe ich vielleicht bald einen besseren Job. Und dann werde ich *alle* Schulkosten für meine Kinder tragen. Denn ich sehe ja, daß sie keinen Vater haben, der das tut.«

Nachdem meine Mutter mit dieser Überraschung herausgerückt war, hätte mein Vater eigentlich seine Pläne aufgeben müssen. Ich war gespannt, was nun passieren würde.

Heftig schnaufend sagte er: »Ich verstehe nicht, wie ich diesen schändlichen Ungehorsam so lange ertragen habe. Du mußt mich verhext haben oder ich muß langsam verrückt werden.«

»Keins von beidem«. Meine Mutter lachte laut. »Da ist weder Hexerei noch Wahnsinn im Spiel. Denn ich glaube nicht, daß ich eine schlechtere Frau bin, nur weil ich das Beste für unsere Kinder will. Welche Zukunft hätten sie denn ohne Erziehung? Erzähl's mir! Schau dich nur um, da wirst du schon sehen, welche Art Jobs die bekommen, die nicht zur Schule gegangen sind. Sie schuften als Müllmänner, Minenarbeiter, Hausmädchen oder Shitmen ... Möchtest du wirklich, daß unsere Kinder das auch tun müssen? Ich nicht! Und wenn diese Kinder die Schule hinter sich haben und gutes Geld nach Hause bringen, dann werden wir auch nicht länger in dieser schäbigen Hütte leben und uns von Brotkrumen und Resten ernähren müssen. Wenn das dann so ist, wirst du dann immer noch sagen: ›Ich glaube nicht an die Schule?‹ Nein, Jackson, dazu kenne ich dich zu gut. Nach all diesen Jahren als deine Sklavin, Jackson, weiß ich, daß du dann der ganzen Welt erzählen wirst, daß aus deinen Kindern nie etwas geworden wäre, wenn du sie nicht zur Schule geschickt hättest.«

Wie recht Mutter hatte. Mein Vater hatte angesichts meiner schulischen Erfolge tatsächlich begonnen, damit zu prahlen. Wann immer jemand zu Besuch kam, erzählte er stolz davon und behauptete, das läge nur daran, daß ich seinen »klugen Kopf« geerbt hätte. War der Besuch weg, stritt er allerdings sofort wieder mit meiner Mutter, weil sie seiner Ansicht nach zuviel Geld für Schulbücher verschwendete. Dann war die Schule wieder »völlig wertlos für den schwarzen Mann«. Dieser Widerspruch fiel mir immer wieder auf.

Aber meine Mutter, die meiner Meinung nach allen Grund gehabt hätte, das Verdienst für meine Fortschritte einzuheimsen, ließ ihn gewähren. Das konnte ich auch nicht verstehen. Dennoch machte ihre Bescheidenheit sie für mich noch liebenswerter. Denn ich wußte, daß sie im Grunde ihres Herzens sehr stolz auf mich war. Und wenn ich Spaß an der Schule hatte und die vielen kleinen Ungereimtheiten und Schläge der Bantu-Erziehung ertrug, so lag das in erster Linie an Mutter und Granny.

»Also hör zu«, sagte mein Vater. »Wenn ich verspreche, daß Teile des Gewinns aus dem *stockvel*-Geschäft für die Erziehung der Kinder ausgegeben werden, wirst du mir dann helfen?« Bei diesen Worten griff er in die Gesäßtasche seines schäbigen Overalls und zog einen schmalen, braunen Umschlag heraus. »Hier ist mein Lohn für diese Woche. Jeder Penny ist noch da.« Und dann zu mir: »Johannes, komm her, zähl das Geld für deine Mutter.«

Meine Mutter starrte Vater erstaunt an, und ich begann, mit zitternden Fingern langsam das Geld zu zählen. Es war alles da – zehn Rand und 40 Cents. Es war das erste Mal seit Jahren, daß mein Vater tatsächlich die volle Lohntüte mit nach Hause gebracht hatte.

»So«, sagte er und klang sehr zufrieden, »ändert das vielleicht deine Meinung?«

Bevor Mutter auch nur antworten konnte, bat ich: »Bitte sag ja, Mama, bitte sag ja!«

»Da ist einer mit gesundem Menschenverstand«, lobte mein Vater, der sich erstmals über mein Dazwischenreden nicht aufregte. »Also ist die Schule vielleicht doch zu etwas nutze.«

»Na, endlich hat dein Vater es geschafft, dich auf seine Seite zu ziehen.« Meine Mutter lachte. Auch sie war nicht böse.

»Ich glaube, es ist einen Versuch wert, Mama«, sagte ich. »Viele Kinder in der Schule haben Eltern, die Bier verkaufen oder sich an den *stockvels* beteiligen. Und sie haben alles, was sie für die Schule brauchen. Vielleicht können Florah, George und ich auch dazugehören.«

Unser Eintritt ins Biergeschäft brachte zwar nicht ganz die Wunder hervor, auf die ich gehofft hatte, doch mein Vater hörte tatsächlich mit dem Spielen auf. Er kam jetzt jede Woche mit dem vollen Lohn nach Hause. Er ging nun auch nicht mehr auf nächtelange Sauftouren, sondern brachte statt dessen seine trinkenden Freunde in unsere Hütte.

Von dem Gewinn des Bierverkaufs zahlte meine Mutter die Miete und kaufte uns die nötigsten Schulsachen. Außerdem konnten meine Eltern es sich jetzt leisten, meine kranken Geschwister in der Klinik behandeln zu lassen und machmal sogar so luxuriöse Lebensmittel wie Erdnußbutter auf den Tisch zu bringen. Sogar für Bonbons war manchmal Geld übrig. Der Rest des Geldes wanderte aufs Sparkonto. Das erste der Familie. Mutter hatte es ganz stolz bei *Barclays* eröffnet.

Das Schnapsgeschäft lief immer besser. Jeden Freitag und Samstag waren unsere beiden kleinen Räume gerammelt voll. Wanderarbeiter, Hausangestellte und Müllmänner kamen zum Trinken. Das ging jedesmal bis Mitternacht. Allerdings hatte dann auch niemand mehr seine Ruhe. Wenn wir Kinder müde waren und schlafen wollten, konnten wir uns nur in irgendeine Ecke oder unter den Tisch verziehen und darum beten, daß wir trotz des Lärms einschlafen konnten, und daß keiner der Betrunkenen auf uns trat oder uns anpißte, was gelegentlich geschah. Abgesehen von vereinzelten Tumulten ging es aber recht gesittet und sehr gesellig zu.

Da ich inzwischen ganz gut rechnen konnte, wurde ich der Familienbuchhalter. Meine Mutter kaufte ein kleines Notizbuch, in das ich die Namen all unserer Kunden schrieb und dahinter, was sie uns schuldeten. Weil viele unserer Besucher nicht lesen konnten, geriet ich öfter in Versuchung, sie zu betrügen. Ich hätte sie leicht übers Ohr hauen und für ein Bier bezahlen lassen können, das sie gar nicht getrunken hatten. Ich habe es aber dann doch nicht fertiggebracht. Außerdem bekam ich reichliche Trinkgelder.

Ich führte so sorgfältig und genau Buch, daß viele unserer Kunden mir bald blind vertrauten. Einige der Wanderarbeiter, die weder lesen noch schreiben konnten, baten mich, ihnen Briefe von Frau und Kindern im Stammesgebiet vorzulesen oder welche an ihre Verwandten zu schreiben.

Dafür bezahlten sie mich, und ich konnte dafür wieder Schulsachen kaufen. Viele dieser Briefe aus den Stammesgebieten erzählten nur vom täglichen Einerlei, aber manche beinhalteten auch wirkliche Probleme. Da ging es um Kinder, die die Schule verlassen mußten, weil kein Schulgeld und keine Bücher da waren. Und dann die vielen Krankheiten: Kinderlähmung, Cholera, Tuberkulose und verschiedene Leiden, die durch Unterernährung verursacht werden. Viele der Kinder starben, weil das Geld für ärztliche Betreuung fehlte. Probleme, die es auch im Getto gab. Dann teilten die Frauen manchmal mit, daß der habgierige Stammeshäuptling das bißchen Land beschlagnahmt hatte, weil die Stammessteuer nicht bezahlt worden war. Auch Mißernten wegen Dürre waren ein häufiges Thema, genauso wie die Hexerei der Nachbarn und die Bösartigkeit der übrigen Dorfbewohner. Die Liste der Miseren war endlos.

Ich mußte oft weinen, wenn ich diese Briefe las, besonders wenn die Krankheiten der Kinder ausführlich beschrieben wurden. Phineas, einer der Wanderarbeiter, der auch einen so traurigen Brief bekommen hatte, versuchte mich zu trösten.

»Nun beruhige dich, mein Junge«, sagte er, als wir in seiner winzigen Hütte auf ausrangierten Milchkannen saßen, der einzigen Sitzgelegenheit. »Ich gebe ja zu, daß es denen zu Hause schlecht geht, aber es hätte noch schlimmer kommen können. Versuch' mal die andere Seite zu sehen: wenn dieses eine Kind stirbt, wie der Brief sagt, dann bleiben mir immer noch sechs. Ich arbeite sieben Tage in der Woche. Und eines Tages werde ich soviel Geld zusammenhaben, alle Bedürfnisse meiner Familie erfüllen zu können. Vielleicht reicht mein Geld dann sogar dazu aus, einen dieser Peri-Urban-Polizisten zu bestechen, daß er mir die Papiere gibt, die nötig sind, damit ich meine Frau und meine Kinder hierherholen kann.«

»Aber werden sie Ihnen jemals die Erlaubnis geben?« fragte ich. Phineas, das wußte ich, arbeitete seit Jahren als Wachmann in der Stadt und hatte seine Frau und seine Kinder wegen der Zuzugsgesetze nur einmal pro Jahr besuchen können. Seine Familie wiederum hatte nie zu ihm kommen dürfen.

»Ich werd's weiter versuchen«, sagte er. Doch der Ausdruck der Hoffnungslosigkeit auf seinem Gesicht strafte seine Worte Lügen.

Phineas gehörte zu den Tausenden von Wanderarbeitern, die durch die Zuzugsgesetze gezwungen waren, Hunderte von Meilen von ihren Familien entfernt zu leben. Diese Gesetze machten es schwarzen Familien unmöglich, im sogenannten »Weißen Südafrika« zusammen-zubleiben. In den Townships lebte niemand unter schlimmeren Bedingungen als die Wanderarbeiter. Sie hausten in riesigen Gemeinschafts-baracken und waren leichte Beute für Prostituierte, *Mantanyula*, Raubüberfälle und sinnlose Gewalt. Viele wurden Alkoholiker. Sie hatten sich daran gewöhnt dahinzuvegetieren, und waren hart und grausam geworden. Kaum einer von ihnen war noch irgendwelcher Liebe oder Güte fähig. Sie kannten nur noch ein Gefühl: den Haß.

Ihrer Männlichkeit beraubt, haßten sie die Weißen mit jeder Faser ihres Herzens. Sie gerieten schon in Rage, wenn jemand *weißer Mann* sagte. Wut stieg in ihnen hoch, wenn man sie daran erinnerte, daß es die Weißen waren, die sie von ihren Familien getrennt hatten. Doch sie waren nicht einmal mehr fähig, diese Wut und diesen Ärger mit Worten auszudrücken. Und obwohl sie viel lachten und scherzten, wenn sie zusammen waren und ihre Sorgen und Qualen mit Unmen-gen von Schnaps und Bier hinunterzuspülen versuchten, waren sie niemals wirklich fröhlich. Mir kam es immer so vor, daß sie langsam, aber sicher innerlich starben.

Bei lebendigem Leibe tot zu sein ist, glaube ich, noch viel schreckli-cher als der körperliche Tod. Die Trennung von ihren Familien war für die Wanderarbeiter viel schlimmer als die Plackerei, der sie sich unterwarfen, und die es ihnen trotzdem nicht gestattete, ihre Lieben so zu versorgen, wie es nötig gewesen wäre.

30   Weil meine Großmutter die Miete für die Hütte auf der 15th Avenue nicht länger aufbringen konnte, zog sie in eine kleinere auf der 8th Avenue um. Sooft ich konnte, verbrachte ich die Abende bei ihr, denn sie ließ nie einen Zweifel daran, daß ich ihr »Lieblingsenkelkind« war. Sie verwöhnte mich immer mit den Köstlichkeiten der traditionellen Küche und erzählte mir wunderschöne Geschichten aus ihrer Jugend.

Außerdem durfte ich, wenn ich bei Granny war, auch die Schulbücher von Onkel Piet und Tante Bushy lesen; die beiden waren in »Standard 5« und »Standard 6«. Großmutter hatte neuerdings große Sorgen, weil sie sich nicht länger in der Lage sah, ihre beiden Jüngsten noch weiter zur Schule gehen zu lassen. Die Kosten für die Schule waren in den letzten Jahren stark angestiegen, ihr Lohn aber nicht um einen Cent. Es wurde sogar schon davon gesprochen, daß Tante Bushy die Schule aufgeben und einen Job in der Fabrik annehmen sollte, um mitzuhelfen, wenigstens das Schulgeld für Onkel Piet zu zahlen. Granny war ganz bedrückt. Doch dann kam sie eines Tages von der Arbeit zurück und strahlte, wie ich es schon lange nicht mehr gesehen hatte. Ich saß am Fenster und lernte ein Stammesgedicht für die Schule auswendig und meine Mutter putzte. Granny warf den Zeitungsstapel, den sie auf ihrem *doek*-bedeckten Kopf getragen hatte, achtlos irgendwohin und fiel meiner Mutter um den Hals.

»Mujaji, er hat ja gesagt! Er hat ja gesagt! Endlich hat er ja gesagt!« rief Granny.

»Tatsächlich«, war alles, was meine Mutter entgegnete. Doch sie packte meine Großmutter an den mit vielen Ringen geschmückten Armen und tanzte mit ihr in der Küche herum. Ich konnte mir keinen Reim darauf machen. Dann kamen beide zu mir. Granny umarmte und küßte auch mich, und meine Mutter stand strahlend daneben. So glücklich hatte ich sie ebenfalls noch nicht gesehen.

»Was ist los?« fragte ich und befreite mich verlegen aus Grannys Umarmung. »Seid ihr beide verrückt geworden?«

»Ehre sei Gott im Himmel«, sagte Granny. Sie war völlig außer Atem. »Heute«, sagte sie dann noch, »ist ein Wunder geschehen.«

»Was für ein Wunder?« fragte ich und zog meine Stirn kraus. Doch dann erinnerte ich mich daran, daß Großmutter einmal gesagt hatte, es wäre schon ein Wunder, wenn sie jemals einen ordentlichen Mann fände, und ich hielt das für des Rätsels Lösung. Mit verständnisvollem

Lächeln sagte ich: »Herzlichen Glückwunsch, Granny. Wer ist denn der Glückliche?«

Großmutter starrte mich verblüfft an. »Nein, Dummkopf, deine Granny hat nicht geheiratet«, warf meine Mutter lachend ein. »Das Wunder hat mit dir zu tun.«

Bevor ich um eine Erklärung bitten konnte, fragte Großmutter: »Erinnerst du dich noch an die Spiele und die Bücher, die ich dir immer gebracht habe?«

»Ja, was ist damit?«

»Ich habe dir doch von Mrs. Smith erzählt, oder?« Ich nickte. »Nun«, erklärte Granny, »vor einiger Zeit habe ich sie gefragt, ob ich dich einmal mitbringen darf, sodaß sie dich kennenlernen kann. Sie hat zugestimmt. Allerdings brauchte sie noch die Erlaubnis ihres Ehemannes, weil schwarze Kinder normalerweise nicht in die Weiße Welt dürfen. Heute hat sie mir mitgeteilt, daß ihr Mann ebenfalls ja gesagt hat. Also werde ich dich am nächsten Dienstag mitnehmen.«

»Ich werde nicht mitgehen«, sagte ich.

»Was?« schrie Granny.

»Ich hab' gesagt, ich komme nicht mit«, wiederholte ich und blätterte wie beiläufig die Zeitungen durch, die sie mitgebracht hatte. Ich suchte mir zuerst immer die Comic-Seiten heraus.

»Natürlich wirst du gehen, Dummkopf«, bestimmte meine Mutter.

»Wie kann ich denn?! Wie kann ich denn?!« fragte ich meine Mutter heftig. »Ich kann doch am Dienstag nicht aus der Schule wegbleiben. Wir haben Prüfungen.« Die »Prüfungen« hatte ich schnell erfunden.

»Mach dir keine Sorgen wegen der Schule«, entgegnete meine Mutter. »Ich werde den Direktor um Erlaubnis bitten. Es ist sehr wichtig, daß du deine Großmutter begleitest.«

»Ich will nicht gehen.« Das war nun die Wahrheit. »Ich will mit den Weißen nichts zu tun haben.«

Granny schüttelte ganz niedergeschlagen den Kopf und murmelte: »Herr, hör dir dieses dumme Kind an.« Sie guckte mich an, als würde sie mich nicht wiedererkennen. Meine Weigerung hatte ihre Gefühle verletzt. Ich wünschte, ich hätte ihr erklären können, daß mich der bloße Anblick von Weißen in Angst und Schrecken versetzte, hätte ihr erklären können, daß ich diese Welt nicht betreten wollte, daß ich die Weißen haßte.

»Warum tust du mir das an, Kind?« beklagte sich Granny. Sie schien den Tränen nahe. Ihre Stimme zitterte. »Hast du eine Ahnung, wie lange ich gebettelt habe, daß ich dich mitbringen darf? Du weißt wohl nicht, was es bedeutet, betteln zu müssen, oder Kind? Liebst du mich denn nicht? Liebst du denn deine Granny nicht?« Das ging mir nahe. Sollte ich nachgeben?

»Ich liebe dich so sehr, Granny«, flüsterte ich. »Daran liegt es nicht. Ich . . .« Ich fühlte mich so schuldig, daß ich nicht weiterreden konnte. Ich griff mir ein paar Comics und wollte nach draußen rennen. Ich konnte die Situation nicht länger ertragen. Doch gerade als ich nach der Klinke griff packte meine Mutter, die in der Nähe der Tür gestanden hatte, mich am Arm. »Nun warte mal, du undankbares Geschöpf«, sagte sie ganz böse. »Bevor du abhaust, möchte ich, daß du deiner Großmutter etwas sagst. Du wirst ihr sagen: ›Ich komme nächste Woche mit!‹ Denn wenn du dich weigerst, das zu tun, brauchst du niemals mehr wiederzukommen . . .«

Ich war ganz entgeistert. Mutter meinte, was sie sagte! »Warum wollen Grannys weiße Leute mich plötzlich sehen?« fragte ich und suchte fieberhaft nach einer Ausrede, einem Ausweg. »Und warum gerade mich? Was ist an mir so besonderes? Warum kann denn nicht jemand anders mitgehen? George oder Onkel Piet zum Beispiel?«

Granny beantwortete meine Fragen: »Weil ich in diesem einen Jahr, das ich nun schon für sie arbeite, immerzu erzählt habe, wie klug mein Enkelsohn Johannes ist. Darum haben sie mir all die Bücher, die Spiele und das Spielzeug gegeben. Nun sind sie sogar bereit, dich selbst zu sehen.«

»Warum?«

»Hör auf nach dem Warum zu fragen, Dummkopf!« brüllte meine Mutter. Ihre Augen blitzten vor Zorn. »Der Sohn von Mrs. Smith ist in deinem Alter, weißt du, was das bedeutet? Es bedeutet, daß du *magabulelas* (abgelegte Kleidung) bekommst, wenn sie dich erst einmal kennengelernt haben. Dies ist eine der Gelegenheiten, wie man sie nur einmal im Leben bekommt. Du beklagst dich ständig, daß du nichts Anständiges hast, was du Weihnachten tragen kannst. Und darüber, daß du nicht genug Bücher hast. Hier ist deine Chance – und du wirfst sie weg. Du könntest Kleider und Bücher und mehr bekommen, aber du bist zu dumm. Erinnerst du dich an das, was ich dir einmal erzählt habe? Daß man an Türen klopfen muß, damit sie sich öffnen? Nun, jetzt sind diese Türen weit offen, und alles, was du tun mußt, ist hindurchgehen.«

»Deine Mutter hat recht, Kind«, kam Granny ihr zu Hilfe. »Der Sohn von Mrs. Smith bekommt jeden Tag so viele neue Sachen, daß er gar nicht weiß, was er mit den alten tun soll, außer sie wegzuwerfen. Wirf aber du nicht diese Chance weg, Kind, oder du wirst es für den Rest deines Lebens bereuen.«

»Nur über meine Leiche wird er diese Chance wegwerfen«, erklärte meine Mutter.

Ich gab mich geschlagen. Gegen diese beiden Frauen kam ich nicht an. Allerdings mußte Granny das Versprechen ablegen, in der Welt der Weißen die ganze Zeit über nicht von meiner Seite zu weichen. Sie versprach es hoch und heilig. Danach brachte sie mir bei, wie ich mich den Weißen gegenüber zu benehmen hatte: »Sprich nur, wenn du gefragt wirst; lächle, am besten immer strahlend; sag: ›Ja, Missis‹ zu Mrs. Smith und ›Ja, *baas*‹ zu Mr. Smith und ›Ja, Master‹ zu ihrem Sohn.«

Sogar mein Vater gab seine Erlaubnis für meinen Ausflug in die Weiße Welt und fügte hinzu: »Frag den *baas*, ob er vielleicht ein paar alte Kleider hat, die er loswerden möchte. Ich brauche dringend Unterwäsche und Socken.«

Am Montag, dem Tag vor dem »größten Tag meines Lebens«, ging meine Mutter zum Direktor und sagte ihm, ich würde am nächsten Tag nicht in die Schule kommen können. An diesem Abend bekam ich das gründlichste Bad meines bisherigen Lebens. Es war noch gründlicher, als das, das ich hatte, bevor meine Mutter mich zur Schule anmeldete. Dabei wäre diese Gründlichkeit gar nicht mehr erforderlich gewesen. Meine Lehrer hatten mir nämlich auch eingeprügelt, daß »Sauberkeit gleich nach Gottesfurcht kommt«. Das vergaß ich nie mehr. Ich wusch mir nun regelmäßig das Gesicht, stutzte mir die Fingernägel allwöchentlich mit Vaters Rasiermesser, hielt das Haar kurz und frei von Schuppen und Läusen. Ich putzte mir sogar jeden Morgen die Zähne. Dabei benutzte ich den linken Zeigefinger als Zahnbürste und Asche als Zahncreme – zu Zahnbürsten und Zahnpasta reichte es noch nicht bei uns. Aber Seife war jetzt immer da.

An diesem Abend bestand Mutter wieder darauf, mich höchstpersönlich abzuschrubben.

»Aber ich bin doch alt genug, mich selbst zu waschen«, protestierte ich.

»Mag sein«, entgegnete sie. »Aber ich gehe das Risiko nicht ein, daß du's vielleicht doch nicht bist. Du verbringst morgen den ganzen Tag bei weißen Leuten, den saubersten Leuten auf der ganzen Welt. Das letzte, was die gebrauchen können, ist ein schmutziger, schwarzer Junge, der ihr Haus verunreinigt. Dieses Stückchen Seife wird dich nach Blumen duften lassen«, fügte sie lächelnd hinzu.

»Aber ich will nicht nach Blumen riechen, ich bin doch kein Mädchen«, sagte ich und rieb mir den Seifenschaum aus den Augen.

Danach kam die schwerste Entscheidung für meine Eltern: was sollte das Kind anziehen? Die Auswahl war klein. Zu meiner spärlichen Garderobe gehörte aber ein schäbiger Khaki-Anzug, den mir meine Eltern vor zwei Jahren zu Weihnachten gekauft hatten. Er war inzwischen sehr eng geworden. Meine Mutter ging nach nebenan und borgte bei den Nachbarn ein Paar passende Schuhe. Die waren nun wieder so groß, daß sie mit Papier ausgestopft werden mußten, damit ich sie nicht verlor. Mein Vater zeigte sich großzügig und lieh mir einen Schlips. Er hatte nur drei, und alle drei waren schreiend bunt und im Hals so weit, daß ich sie gut um den Oberkörper hätte tragen können. Doch meine Mutter machte mal wieder »alles passend«.

Der sieben-Uhr-Bus für Schwarze nach Johannesburg, den Großmutter und ich bestiegen, war gerammelt voll. Auf einem großen Schild über dem Eingang stand:

DIESER BUS DARF 65 SITZENDE UND
15 STEHENDE PASSAGIERE BEFÖRDERN

Doch es müssen knapp hundert Männer und Frauen gewesen sein, die mit dem Bus unterwegs zu ihrer Arbeit in der Weißen Welt waren. Sie drängten sich auf den Sitzen und einige waren in dem engen Gang zwischen den Bänken eingeklemmt. Großmutter hatte einen Sitzplatz in der Busmitte ergattert und mich auf den Schoß genommen. Wir saßen direkt an dem großen, schmierigen Fenster. Während sich der Bus den Grenzen Alexandras näherte, konnte ich meinen Blick nicht vom Fenster lösen. Ich hatte ja schon immer einen Blick in die Weiße Welt werfen wollen. Mutter hatte recht getan, als sie mich gezwungen hatte, diese Gelegenheit zu nutzen. Ich kam aus dem Staunen nicht mehr heraus und fragte meiner Großmutter Löcher in den Bauch.

»Was ist das?«

»Wolkenkratzer.«

»Warum reichen sie bis in die Wolken?«

»Weil so viele Menschen da drinnen wohnen und arbeiten.«

Sekunden später: »Wow! Schau dir nur all diese hübschen Häuser an, Granny. Sie sind so groß! Wohnen und arbeiten da auch viele weiße Leute drin?«

»Nein, das sind Herrenhäuser. Jedes gehört nur einer einzigen Familie.«

»Einer Familie!« rief ich ungläubig. Jedes dieser Häuser war ungefähr dreimal so groß wie unser Hof, und da wohnten 20 Familien!

»Ja«, sagte Granny sachlich. »Dein Großvater hat für eine dieser Familien gearbeitet, als er damals nach Johannesburg kam. Die Familie war so reich, daß sie sogar ein Flugzeug hatte.«

»Warum stehen so viele Autos vor den Häusern der weißen Leute?«

»Weil sie gerne viele Autos haben.«

»Was für ein Spiel spielen denn die Leute, die ganz weiß angezogen sind?«

»Die spielen Tennis. Master Smith spielt das auch. Alle hier spielen Tennis. Meine Mrs. Smith spielt das jeden Dienstag und jeden Donnerstag.«

Da kam der Bus mit quietschenden Bremsen zum Halten. Die Leute fielen durcheinander. Ich wurde gegen die Holzbank vor mir geworfen. Es tat weh. »Warum hat der Bus so plötzlich angehalten?« fragte ich meine Großmutter. »Ich habe keine Ampel gesehen.«

»Schau da rüber«, erklärte sie. »Weiße Schulkinder überqueren die Straße.«

Neugierig starrte ich durchs Fenster und sah zum ersten Mal in meinem Leben weiße Schulkinder. Ich betrachtete sie ganz genau. Auch von der Hautfarbe abgesehen war das ein Unterschied wie Tag und Nacht. Sie sahen aus wie kleine Modepuppen. Die Jungen waren so ordentlich angezogen, wie ich es nur in einem Magazin gesehen hatte. Sie trugen schneeweiße Hemden, Blazer mit Abzeichen, Schulkappen mit Abzeichen. Die Schlipse paßten zu den Abzeichen. Ihre schwarzen oder braunen Schuhe glänzten. Sogar die kniehohen Socken sahen sauber und ordentlich aus. Die Mädchen trugen Faltenröcke, schneeweiße Blusen, Kappen mit Abzeichen und ebenfalls glänzende braune und schwarze Schuhe. Alle trugen Schuhe! Jedes dieser Kinder hatte einen Schultornister auf den Rücken geschnallt. Und an jedem der milchweißen Handgelenke sah ich eine Armbanduhr. An jedem! Und wir besaßen nicht einmal eine Uhr. Wir richteten uns noch immer nach dem Hahnenschrei und nach dem Stand der Sonne.

Die weißen Schulkinder gingen auf ein riesiges, rotes Backsteingebäude mit vielen, vielen Fenstern zu. Vor dem Haus waren große Blumenbeete. Ein großer, schwarzer Mann in einer Uniform und einer Trillerpfeife zwischen den Zähnen stand auf der gepflasterten Straße und hatte mit erhobener Hand den Verkehr angehalten. In der anderen Hand hielt er ein Schild, auf dem in Englisch und Afrikaans stand:

KINDER ÜBERQUEREN DIE STRASSE

STOP

KINDERS STAP OOR

Vor unserer Schule im Getto hatte noch nie jemand den Verkehr geregelt. Wir mußten selber sehen, wie wir über die Straße kamen.

Das rote Backsteingebäude stand auf einem großen Grundstück und war von kurzgeschorenen Rasenflächen, Sportplätzen, Spielplätzen mit Schaukeln, Karussells, einem Swimming pool von olympischen Ausmaßen, Tennisplätzen und schönen, alten Bäumen umgeben. In der Auffahrt, die zum Eingang des Gebäudes führte, waren viele gelbe Schulbusse geparkt. Nicht einmal die beste Stammesschule in Alexandra – bestimmt auch nicht im übrigen Südafrika – bot solche Einrichtungen. In unserer Schule gab es nicht einmal einen Schulbus. Oh, wie ich die weißen Schulkinder beneidete! Wie gern hätte ich eine ihrer Schulen besucht!

Erst nachdem auch das letzte weiße Kind die andere Straßenseite erreicht hatte, bewegte sich unser Bus weiter. An der nächsten Haltestelle stiegen wir aus und warteten an der Ampel auf Grün. Erst dann erlaubte Granny mir, die Straße zu überqueren. Auf dem Fußweg zu Großmutters Arbeitsplatz klammerte ich mich an ihren langen Rock. Ich hatte Angst vor den vielen Autos und Bussen. Das ständige Hupen machte mich richtig nervös. Mir war ganz schwindelig. Ich konnte all das Neue, Wunderbare gar nicht fassen.

Es gab so viele phantastische Dinge um mich herum. Soviel, was ich aufnehmen wollte. Doch je länger wir liefen, desto stärker fühlte ich, daß auch ich angestarrt wurde. Die Weißen sahen uns so neugierig an, wie sie wohl entlaufene Affen begaffen würden. Manchmal mußten

Granny und ich auf die Straße springen, um für *Missis* Platz zu machen, die ihre Pudel und Spaniels spazieren führten. Weil ich ständig den Blick schweifen ließ, um nur ja nichts zu verpassen, rannte ich prompt gegen eine Parkuhr. Von da an paßte ich auf, wohin ich ging.

Wir bogen in eine Seitenstraße ein. »Dort ist das Haus von Mrs. Smith«, sagte Granny, als wir die breite Auffahrt zu dem schönen Haus hinaufgingen. Rundherum sah ich die Rasenflächen, die Granny pflegte, die farbenprächtigen Blumenbeete und die süß-duftenden Rosenbüsche. Wir gingen um das Haus herum zu einem Stahltor, an dem Granny klingelte.

»Ich bin hier, Missis«, rief sie durch das Tor.

Augenblicklich schlug ein Hund an. Ich zitterte.

Granny beruhigte mich. Eine Tür schwang auf und eine hohe Frauenstimme rief: »Ich komme, Ellen. Sei still, Buster, du ungezogener Hund. Es ist doch nur Ellen.« Das Bellen verstummte, das Tor klickte auf, und da stand eine kleine, schlanke weiße Frau. Sie hatte wunderschönes Silberhaar und trug eine weiße Hose, einen weißen Pullover, weiße Schuhe und eine weiße Schirmmütze.

»Ich mache mich gerade fertig für den Tennisplatz«, sagte sie zu Granny. Mich hatte sie noch nicht gesehen.

»Missis, raten Sie, wen ich heute mit habe!« Granny hatte ihr freundlichstes Lächeln aufgesetzt.

Ich fühlte mich wie ein Schachtelmännchen, nachdem jemand den Deckel geöffnet hatte. »Oh, schön, du hast ihn endlich mitgebracht!« rief Mrs. Smith, als sie mich sah. Sie schien sich ehrlich zu freuen.

Sie lächelte genauso freundlich wie Granny und zeigte dabei viele glänzende Zähne. Einige davon waren sogar aus Gold. »Oh, was für ein großer Junge er ist! Und wie klein seine Ohren sind«, sie berührte sie kurz, »ist er wirklich dein Enkelsohn, Ellen?« Ja, sie freute sich tatsächlich, mich zu sehen! Es war nicht zu fassen! Die Wärme, die in ihrer Stimme schwang, nahm mir etwas von meiner Angst. Und ihre Augen hatten denselben, von Herzen kommenden Glanz wie die der katholischen Schwestern in der Klinik.

»Ja, Missis«, sagte Granny stolz. »Das ist der Enkel, von dem ich Ihnen erzählt habe. Das ist der, der eines Tages zur Universität gehen soll wie Master Clyde. Und dann wird er mich in meinen alten Tagen versorgen.«

»Das glaube ich dir, Ellen«, sagte Mrs. Smith. »Er sieht aus wie ein ganz besonders kluges *pickaninny*.« Zu mir gewandt fragte sie: »Wie alt bist du?«

»Elf, Missis, elf«, sagte ich und setzte ebenfalls mein strahlendstes Lächeln auf.

»Er ist ein Jahr jünger als Master Clyde«, erklärte Granny, »und natürlich noch nicht so groß und kräftig wie der Master.«

»Du meinst so rundlich wie Master Clyde.« Mrs. Smith lächelte wieder. »Wenn du wüßtest, wieviel der kleine Master ißt, Ellen ... Manchmal habe ich Angst, daß er sich in ein kleines Schweinchen verwandelt. Hin und wieder bedaure ich, daß ich kein zweites Kind habe. Hätte er Geschwister, hätte Master Clyde sich vielleicht anders entwickelt. Doch jetzt ist er eben ein verwöhntes Einzelkind. Man kann es nicht ändern.«

»*Pickaninny* hat einen Bruder und vier Schwestern«, erzählte Granny, »und bald ist sicherlich wieder was unterwegs.«

»Mein Gott, was für eine große Familie! Wie heißt *pickaninny*?«

In Pidgin Englisch versuchte ich, nicht nur meinen Vor- und Familiennamen zu sagen, sondern auch meine Schulklasse, unsere Adresse, unsere Stammesverbindung, den Namen meiner Schule, den des Direktors und des Lehrers. Ich tat das, um zu beweisen, daß Granny nicht angegeben hatte, als sie mich als den »Klugen in der Familie« vorgestellt hatte.

Mrs. Smith war verblüfft. »Was für ein kluges, kluges *pickaninny*! Sie wandte sich an einen großen, schlanken schwarzen Mann, der mit ausdruckslosem Gesicht hinter ihr stand. Der Mann in der makellosen Dieneruniform (Khaki-Hemd und -Hose) führte einen Pudel an der Leine. »Hast du das gehört, Absolom? Bantu-Kinder sind sehr klug. Bald werden sie dieses Land regieren.« Absolom lächelte stumm und brach zu einem Spaziergang mit dem Pudel auf, nachdem er noch ein paar Instruktionen entgegengenommen hatte. Mrs. Smith trug ihm auf, Brandy, Whisky, Wein und Gin aus dem Schnapsladen zu besorgen. Granny merkte noch an, daß ich deshalb ein »kluges *pickaninny*« sei, weil ich all das Spielzeug, die Spiele, die Comics und die Bücher gehabt hätte, die Master Clyde ihr für mich gegeben hatte. Mrs. Smith schien sehr erfreut, das zu hören.

Bevor sie zum Tennisspielen ging sagte sie: »Ellen, dein Frühstück steht auf der Waschmaschine in der Garage. Ich bin irgendwann am frühen Nachmittag zurück. Bitte sieh doch zu, daß die Blumen am Pool Wasser bekommen und die Rosenbüsche am Eingang geschnitten werden.« Sie hatte *bitte* gesagt!

Nach einem köstlichen Frühstück mit Kaffee und Sandwiches mit Erdnußbutter und Marmelade holte Granny ihre Gartenwerkzeuge aus der Scheune, und wir begannen mit der Arbeit. Ich fegte mit einem Rechen die Blätter zusammen und goß die Blumen, und Granny zupfte Unkraut. Auf dem Nachbargrundstück spielten weiße Kinder. Sie schauten ebenso neugierig von ihrer Seite über den Zaun, wie ich von meiner in ihre Richtung. Mir schien, als sähen sie zum erstenmal in ihrem Leben ein schwarzes Kind.

Obwohl die Sonne in der Mittagszeit unbarmherzig vom Himmel brannte, arbeitete Granny unermüdlich durch. Mit großer Geschicklichkeit schnitt sie die Rosenbüsche und erzählte mir alles über Bäume und Blumen, die sie kannte und welche Pflege sie brauchten.

»Eines Tages werde ich ein Haus bauen, das so groß und schön ist, wie das von Mrs. Smith«, versprach ich ihr. »Und der Garten wird genauso groß und schön sein.«

»Dann werde ich bei dir Gärtnerin.« Granny lächelte.

Am frühen Nachmittag kam Mrs. Smith zurück. Sie rief mich zu sich, und ich holte mehrere Einkaufstüten vom Rücksitz ihres Autos. Sie selbst nahm ihren Tennisschläger und seufzte tief. »Pff, was für ein anstrengender Tag. Spiel bloß nicht Tennis«, sagte sie zu mir. »Es macht dich kaputt.«

»Was ist Tennis, Missis?« fragte ich schüchtern.

»Du weißt es nicht?« rief sie aus. »Welchen Sport betreibst du?«

»Fußball, Missis.«

»Oh, das ist ein gefährlicher Sport. Fußball ist zu rauh. Du solltest es vielleicht doch mit Tennis versuchen. Tennis ist ein Sport für Gentlemen. Wärest du nicht gern ein Gentleman?«

»Ich wäre schrecklich gern ein Gentleman, Missis«, gab ich zurück, obwohl ich nicht den blassesten Schimmer hatte, was ein Gentleman war.

»Gibt es in Alexandra Tennisplätze?«

»Ich glaube ja, Missis.« Neben dem Stadion, in dem wir Fußball spielten, gab es vier Sandplätze, die hin und wieder von den Küchenmädchen und Hausboys an ihrem freien Tag benutzt wurden. Ich konnte mir vorstellen, daß das Tennisplätze waren, wenn Tennis das war, was ich mir darunter vorstellte. Auf jeden Fall hatte ich im Township noch nie jemanden ganz in weiß Tennis spielen sehen.

»Dann werde ich mal nachsehen, ob ich einen alten Schläger für dich finde«, sagte Mrs. Smith.

Während sie mit mir sprach, fuhr der gelbe Schulbus vor, dem eine Menge weißer Schulkinder entstieg. Ein Junge mit widerspenstigem braunen Haar löste sich aus der Gruppe und rannte auf Mrs. Smith zu. Nachdem er sie geküßt hatte, fragte er: »Wer ist das, Mutter?«

»Das ist Ellens Enkelsohn. Der, dem du all die Spielzeuge und Comics gegeben hast.«

»Was macht er hier?«

»Er besucht uns.«

»Weshalb? Ich will ihn nicht hier haben.«

»Warum nicht, Clyde? Er ist ein so nettes *pickaninny*. Ellen ist doch auch immer nett zu dir, oder?« Der Junge nickte und schürzte die Lippen. »Also sei du nett zu Ellens Enkel«, ermahnte Mrs. Smith ihren Sohn. »Aber jetzt lauf erst mal rein. Absolom wird dir zeigen, was ich dir mitgebracht habe.«

»Hast du mir das Go-Cart gekauft?«

»Ja, es wird am Samstag geliefert. Nun beeil dich, zieh dich um und iß etwas. Danach kannst du vielleicht mit *pickaninny* spielen.«

»Ich spiele nicht mit Kaffern«, erklärte der weiße Junge. »In der Schule haben sie uns gesagt, das dürfen wir nicht.«

»Paß auf, was du sagst, Clyde«, sagte Mrs. Smith wütend. »Ich habe dir schon hundertmal gesagt, daß du den Blödsinn über ›Kaffern‹ im Klassenzimmer lassen sollst. Ellens Leute sind keine Kaffern. Sie sind Bantus. Jetzt geh rein und tu, was ich dir gesagt habe.«

Im Ton eines Menschen, der eine aussichtslose Schlacht schlägt, wandte sich Mrs. Smith an Granny, die immer noch die Rosenstöcke schnitt: »Weißt du, Ellen, ich verstehe einfach nicht, warum diese dämlichen, unzivilisierten Buren aus Pretoria den Kindern solchen Unsinn beibringen. Welche Zukunft hat dieses Land, wenn dieser Wahnsinn weitergeht?«

»Da stimm ich Ihnen zu«, sagte Granny und wischte sich den Schweiß von der Stirn. »Alle Kinder – ob schwarz oder weiß – sind doch Gottes Kinder ... Jedenfalls sagt der Prediger in meiner Kirche, daß das so in der Bibel steht. Stimmt das, Missis? Glauben Sie an die Worte der Bibel?«

»Ja, ja, Ellen, du hast recht. Das steht in der Bibel und ich glaube dran. Deshalb rege ich mich auch so über die Gesetze in diesem Land auf. Wir Weißen sind Heuchler. Wir nennen uns Christen, doch das, was wir hier tun, läßt den Teufel als einen Heiligen erscheinen. Manchmal wünschte ich, ich wäre nicht hierher gekommen, sondern wäre in England geblieben ...«

Das Gespräch zwischen Mrs. Smith und Granny verblüffte mich. Ich war erstaunt, wie offen die beiden miteinander redeten.

»Sie sind anders als die Weißen, für die ich schon gearbeitet habe, Missis«, sagte Granny. »Der Master und Sie sind freundlich zu den Schwarzen. Sie behandeln uns wie menschliche Wesen.«

Mrs. Smith antwortete nicht. Sie ging ins Haus. Kurz darauf kam Clyde. Er trug jetzt eine Leinenhose und ein T-Shirt von einer südafrikanischen Rockgruppe. »Komm her, *pickaninny*. Meine Mutter hat gesagt, ich soll dich herumführen.«

Ich ging zu ihm.

Er zeigte mir alles, was seine Eltern ihm gekauft hatten. Spielzeug, ein Fahrrad, einen Flipperautomaten, eine Tischtennisplatte, eine elektrische Eisenbahn. Ich hörte kaum zu. Diese Dinge waren mir so fremd. Warum hatte ich so etwas noch nie gesehen? Warum hatten meine Geschwister und meine Freunde nicht auch solche Spielzeuge? Wie kam es nur, daß hier alles im Überfluß vorhanden war, und bei uns nichts? Waren die Weißen bessere Menschen?

Dann gingen wir in Clydes Zimmer. Ich kriegte vor Staunen den Mund nicht mehr zu. Der Raum war etwa so groß wie unsere ganze Hütte. Überall hingen Poster von weißen Fußballhelden, Cricketteams, Rockstars und viele Fotos von Clyde selbst – Bilder von seiner Babyzeit bis heute. Was mich am meisten fesselte, waren die Stapel von Comics und Regale über Regale voller Bücher. So viele hatte ich in meinem ganzen Leben noch nicht gesehen. Selbst in meiner Schule mit ihren mehr als 2000 Schülern gab es nicht mal halb so viele Bücher. Mir war ganz schwindelig.

Offenbar hatte Clyde gemerkt, wie sehr mich die Bücher beeindruckten. »Hast du auch so viele Bücher in deinem Spielzimmer?« fragte er.

»Ich habe kein Spielzimmer.«

»Du hast kein Spielzimmer?« Er glaubte mir nicht. »Kannst du lesen?« Er lächelte bösartig. »Unser Boy Absolom kann nicht lesen.

Und er sagt, daß schwarze Kinder in der Schule kaum Englisch lernen.«

»Ich kann ein wenig Englisch lesen«, sagte ich stolz.

»Ich glaube nicht, daß du irgendeines meiner Bücher lesen kannst. Hier lies!« befahl er und zog ein dickes Buch aus dem Regal. Es sah wunderschön aus. Sehr vornehm.

Ich schlug es nervös auf und plagte mich durch ein paar Zeilen mit langen Wörtern, die ich weder aussprechen noch verstehen konnte. Verlegen und niedergeschlagen gab ich das Buch zurück. »Diese Art Englisch kann ich nicht lesen.«

»Dann mußt du zurückgeblieben sein«, sagte Clyde höhnisch. »Das ist ein Buch von Shakespeare; das ist der größte Schriftsteller, der jemals gelebt hat. Ich habe es von vorn bis hinten gelsen, als ich halb so alt war wie du. Aber du kannst ja nichts dafür ... meine Lehrer haben gesagt, daß Kaffern nie so lesen, schreiben und Englisch reden können wie Weiße, weil ihr Hirn viel zu klein ist. Und weil es schon mit Stammesaberglauben vollgestopft ist. Meine Lehrer sagen, ihr könnt nie so werden wie wir, weil ihr aus dem Urwald kommt – wie die Affen. Deshalb könnt ihr nicht so leben wie wir oder mit uns in die Schule gehen. Ihr könnt bestenfalls unsere Dienstboten sein.«

Mrs. Smith hatte, von uns unbemerkt, das Zimmer betreten und die letzten Sätze gehört. »Hör auf, diesen Blödsinn auch noch zu erzählen, du ungezogener Junge«, fuhr sie ihren Sohn an. »Das sind Dinge, die Politiker sagen, die die Apartheid stützen wollen. Damit halten sie euch genauso dumm wie sie die Schwarzen dumm zu halten versuchen. Ich habe dir oft genug gesagt, daß sie euch anlügen.«

»Was weißt du schon, Mama«, erwiderte Clyde frech. »Du bist doch keine Lehrerin! Und außerdem gibt es Bücher, in denen steht, daß die Schwarzen dumm sind ...«

»Es ist trotzdem nicht wahr«, beharrte Mrs. Smith. »Nicht alles, was in deinen Büchern steht, ist wahr. Das gilt besonders für deine Geschichtsbücher über dieses Land!« Sie wechselte das Thema und sagte ihm, er solle sich für die Geburtstagsparty fertig machen, zu der sie ihn fahren wollte. Aber vorher sollte er mir noch seine »einfachen« Bücher zeigen. Er tat's. Ich sah: *die drei Musketiere, Die Schatzinsel, David Copperfield, Tom Sawyer, Robinson Crusoe,*

Der Glöckner von Notre Dame und *Geschichte zweier Städte.* Oh, wie ich ihn darum beneidete! Ich hätte viel dafür gegeben, nur eine Handvoll dieser Bücher zu besitzen.

Was er über das kleinere Hirn der Schwarzen gesagt hatte, und daß sie deshalb unfähig seien, Englisch so zu lesen, zu schreiben und zu sprechen wie die Weißen, hatte mich getroffen und gleichzeitig meinen Ehrgeiz angestachelt. Ich schwor mir, ich würde Englisch lernen und nicht aufhören, mich zu bemühen, bis ich es genauso gut konnte wie er – wenn nicht besser!

Granny bat ich dann, sie möge aufpassen, falls Mrs. Smith einmal eines der Bücher wegwerfe. Am Abend, als Granny und ich fertig waren, gab Mrs. Smith mir einen kleinen Karton.

»Das ist von Clyde«, sagte sie. »Es tut ihm leid, daß er dich so schlecht behandelt hat. Er hat versprochen, so etwas nie wieder zu tun. Und ich werde dafür sorgen, daß er sein Versprechen hält. Begleite deine Großmutter so oft du willst. Du kannst dir ein wenig Taschengeld verdienen, wenn du hilfst.«

In der Schachtel waren einige Hemden, Hosen und Pullover. Und darunter lag ein Buch: es war *Die Schatzinsel.*

31   Seit meiner Begegnung mit Clyde Smith war mein oberstes Lebensziel, perfekt Englisch zu lernen. Ich wollte in der Lage sein, meine Gedanken und Gefühle in dieser Sprache auszudrücken. Beherrschte ich die englische Sprache erst einmal, hätte ich auch den Schlüssel für die wundervolle Welt der Bücher. Robert Louis Stevensons packende Geschichte von dem vergrabenen Schatz, der Meuterei auf hoher See und dem einbeinigen Seemann konnte nur ein Anfang sein. Wie gerne würde ich noch weitere dieser Zauberwelten betreten und meine Phantasie in ihnen ausleben, wie ich es schon bei den Geschichten meiner Mutter getan hatte. Ich glaubte fest daran, daß Mrs. Smith mir mehr Bücher geben würde, wenn sie erst einmal erführe, wie gut mein Englisch geworden sei. Inzwischen ging ich gern mit Granny in die Weiße Welt, obwohl diese Ausflüge selten waren. Ich konnte schließlich nicht jede Woche in der Schule fehlen.

Zu Hause machte ich mir oft Gedanken darüber, warum es in der kleinen Bücherei meiner Schule keine Bücher wie *Die Schatzinsel* gab.

Warum hatten all die Bücher, die dort zu finden waren, nur mit Stammesgeschichten und -traditionen zu tun? Ich fragte meinen Lehrer und der erklärte mir, es gäbe ein Bantu-Erziehungs-Gesetz, nach dem schwarze Kinder in erster Linie eine solide Grundlage erhalten sollten, die sie für das Leben in den Homelands vorbereitete. Dr. Verwoerd, der damalige südafrikanische Premierminister, der dieses Bantu-Erziehungs-Gesetz maßgeblich gestaltet hatte, wollte damit erreichen, daß ein »Eingeborenenkind in den Dingen unterrichtet wird, die es ihm ermöglichen, mit seinen eigenen Leuten zu leben und zu arbeiten«. Aus diesem Grund hielt er es für völlig verkehrt, schwarze Kinder dadurch, daß man ihnen »die grüne Weide der europäischen Gesellschaft« zeigte, »auf den falschen Weg zu führen, weil sie auf dieser Weide später doch nicht grasen dürfen.« Die Bantu-Erziehung sollte keine »Imitationen der Weißen« hervorbringen.

Wie ich Dr. Verwoerd und sein Gesetz verwünschte! Woher wußte er, wie schwarze Kinder denken? Wie sie fühlen? Aber ich vertraute darauf, daß Mrs. Smith mir mit diesen Büchern diese »grünen Weiden« doch noch zeigen würde. Jedesmal, wenn Granny aus Johannesburg zurückkam, fing ich sie am Tor ab und stellte immer dieselbe Frage: »Hast du wieder Bücher für mich?« Wenn sie keine hatte, was oft vorkam, las ich noch einmal die alten. Sie waren schon voller Eselsohren. Und jedesmal entdeckte ich in Geschichten, die ich schon auswendig zu können glaubte, neue Gesichtspunkte, neue Dinge, über die sich nachzudenken lohnte. Langeweile kannte ich nicht mehr.

Mein dürftiger Sprachschatz tat meiner Lesebegeisterung keinen Abbruch. Als ich wieder einmal mit Granny bei den Smiths war, borgte ich mir ein Wörterbuch. Ich schlug alles nach, was mir einfiel und merkte mir jedes Wort. Abends schrieb ich es dann in ein kleines Notizbuch. Manchmal las ich mir dann laut vor, was ich aufgeschrieben hatte. Ich war erstaunt, wie viele Wörter die englische Sprache hatte, und noch viel erstaunter über die vielen verschiedenen Bedeutungen eines einzelnen Wortes. Obwohl manche Wörter in Schreibweise und Aussprache identisch waren, hatten sie doch einen unterschiedlichen Sinn, weil es allein darauf ankam, in welchem Zusammenhang man sie benutzte. Würde ich all das jemals lernen können?

Ich versuchte auch, der Aussprache Herr zu werden. Ich ahmte stundenlang nach, was weiße Leute gesagt hatten. Das Ergebnis war meist lächerlich, doch nach und nach trugen meine Anstrengungen

Früchte. Ich lernte aus jedem Fehler, den ich machte und wiederholte ihn kein zweites Mal. Jeden Tag, so hatte ich mir vorgenommen, würde ich zwei neue Wörter lernen.

Zu dieser Zeit war Onkel Pietrus in unseren Hof gezogen. Er war ein Verwandter meines Vaters, ein Junggeselle, der ein wenig gebildet war. Onkel Pietrus las zu meiner Freude die *World* und die »schwarze Ausgabe« des *Star*. Jeden Abend ging ich in seine Hütte, um mir die Zeitungen zu borgen. Wenn er seine Hausarbeit erledigt hatte, setzte sich Onkel Pietrus zu mir und wir diskutierten über die wichtigsten Neuigkeiten. Beide Zeitungen berichteten, als ob Schwarze keine anderen Interessen hätten, in erster Linie über Sport und über Verbrechen. Beim Sport standen Fußball und Boxen an erster Stelle. Bei den Verbrechen ging es um die ansteigende Zahl der Morde, die Ergebnisse der letzten Razzien – und die Blätter bewiesen, daß jede einzelne Razzia gerechtfertigt gewesen war, ob es nun um illegale Arbeiter oder illegalen Schnaps ging.

Montags und freitags beteiligten wir uns an den Preisrätseln. Wir gewannen zwar nie, doch das Tüfteln an den manchmal kniffeligen Kreuzworträtseln erweiterte meinen Sprachschatz erheblich. Meine Englischkenntnisse hatten sich überhaupt verbessert. Es mangelte mir lediglich an praktischen Gelegenheiten, das Gelernte an den Mann zu bringen. In der Schule hatte Tsonga Vorrang, und die wenigen Englischstunden – die den geringsten Anteil am Lehrplan hatten – waren für eine Unterhaltung völlig ungeeignet. In der Schule brachte man uns lediglich »Diener-Englisch« bei, das unseren Platz in der Weißen Welt festschrieb. Die fehlende Möglichkeit, das Gelernte auch zu benutzen, ließ mich viele Wörter wieder vergessen. Dennoch dachte ich nicht im Traum daran aufzugeben. Jedesmal wenn ich das Gefühl hatte, ich hatte etwas verlernt, fing ich wieder von vorne an.

Meine neu entdeckte Leidenschaft für die englische Sprache hielt mich von der Straße fern, und vor allem auch von den Gangs. Meine Mutter freute sich darüber, doch der Anführer der »13th Avenue Tomahawks« hatte eine Stinkwut auch mich, wie mir Freunde aus der Bande erzählten. Und ich hatte leider keinen Grund, an ihren Worten zu zweifeln.

Die »13th Avenue Tomahawks« trugen fast wöchentlich Kämpfe mit anderen Gangs aus. Gründe fanden sich immer. Mal ging es um »Gebietsansprüche«, die verteidigt werden mußten, dann ging es um die jeweiligen Freundinnen. Freunde aus der Bande warnten mich, daß der Anführer mir »eine Lektion erteilen« wolle.

Eines Nachmittags, als ich vor unserer Hütte Holz hackte, kam Jarvas, so hieß er, tatsächlich auf mich zu. Er war schon 16 und hatte bereits im Gefängnis gesessen. Angeblich hatte er einen Rivalen erstochen, der ihm die Freundin ausgespannt hatte. Diese Freundin, so prahlte Jarvas, habe er anschließend geschwängert und dann sitzen lassen. Jarvas kam an diesem Nachmittag natürlich nicht allein, sondern hatte einige seiner Gefolgsleute im Schlepptau. Die »13th Avenue Tomahawks«, so erklärte Jarvas, lägen gerade in einem erbitterten Zweifrontenkrieg mit den »Mongolen von der 16th Avenue« und dem »Schmutzigen Dutzend von der 11th Avenue.«

»Gehörst du noch zu uns?« wollte Jarvas von mir wissen. Er stellte diese Frage in einem Ton, der eindeutig verriet, daß Jarvas normalerweise sein Messer für sich sprechen ließ, aber daß er mir ausnahmsweise eine Chance gab.

»Ja«, log ich sicherheitshalber. Denn wenn ich ehrlich war, hatte ich überhaupt keine Lust mehr, mich an diesen dummen »Kriegen« zu beteiligen.

»Wie kommt es dann, daß du dich an unseren letzten Kämpfen nicht beteiligt hast?«

»Ich hatte zuviel zu tun.«

»Zuviel, um deine ›Bandenpflicht‹ zu erfüllen?« schnauzte Jarvas mich an.

»Ich mußte soviel für die Schule arbeiten.«

»Oh, für die Schule hast du gearbeitet, he!« rief er, schwenkte seine abgewetzte Kappe und machte eine spöttische Verbeugung. »Entschuldigen Sie, daß wir Sie belästigt haben, Professor. Wir hatten ja keine Ahnung, daß Sie soviel zu tun hatten!« Jarvas' Gefolgsleute brachen in höhnisches Gelächter aus.

Ich hielt den Mund, denn ich ahnte, was Jarvas vorhatte: er wollte mich provozieren. Sagte ich auch nur ein falsches Wort, gab ihm das einen Grund, auf mich loszugehen. Diesen Grund wollte ich ihm nicht liefern. Da war ich lieber willens, seine Beschimpfungen und die der Bande lautlos zu erdulden. Es war, so hatte ich herausgefunden, manchmal leichter, ein Feigling zu sein und zu leben, als den Helden zu spielen und als Krüppel zu enden. Von Jarvas und den Seinen wußte ich, sie machten keine Späßchen. Wenn sie Prügel austeilten, dann richtig.

»Was hast du dazu zu sagen, du Memme?« brüllte der Bandenführer mich an. »Wirst du kämpfen oder willst du dich hinter der Schürze deiner Mutter verstecken wie ein Mädchen?«

»Ich werde beim nächsten Kampf dabei sein«, versprach ich.

»Wenn du weißt, was gut für dich ist, bist du wirklich da«, sagte Jarvas.

Für diesmal war ich davongekommen. Die Gang verschwand und ließ mich verzweifelt zurück. Warum mußte das gerade jetzt passieren, wo sich mein Leben doch gerade zum Besseren änderte!

Der nächste Kampf fand am Samstag statt – gegen die »Mongolen«. Der Verkehr kam zum Stillstand, als die beiden Gangs mit allen möglichen und unmöglichen Waffen aufeinander losstürmten. Neben den Tomahawks, Macheten und Messern wurden auch Flaschen, Schlingen, Brecheisen und Steine zu Kampfwerkzeugen erklärt.

Ich war tatsächlich dabei. Meine Angst vor Jarvas' »Lektion« war größer als meine Angst vor den »Mongolen«. Ich stand, mit einer Steinschleuder in der Hand, in der Mitte der »Tomahawk«-Formation, aber ich hatte nicht vor, die Schleuder ernsthaft gegen einen »Mongolen« zu benutzen. Einige Flaschen und Steine waren schon haarscharf an meinem Kopf vorbeigeflogen. Ein Stein hatte einen schmalbrüstigen 13jährigen neben mir erwischt. Er ließ seine Schleuder fallen, schrie und griff sich ans Auge. »Diese Hunde! Mein Auge ist verletzt!« Einige von uns wollten ihm helfen. »Nimm die Hände weg und laß dein Auge sehen«, sagte einer. Der Junge zog die blutige Hand weg. Sie hatten ihm sein rechtes Auge ausgeschossen.

Blut quoll aus der Augenhöhle und lief die Wangen hinunter. Es gab kein einziges fahrbereites Auto in der Nähe, kein Telefon. Was sollten wir machen? Er mußte in die Klinik, sonst würde er verbluten. Andererseits, meinte einer, bekäme er das Auge in der Klinik auch nicht zurück. Bei diesen Worten erstarrte ich. Mir war mit einem Male deutlicher als je zuvor, daß die Denkweise der Bandenmitglieder so völlig anders war als meine. Wir holten dann die Mutter des Jungen, die sich um ihn kümmern sollte. Damit war der Kampf für mich beendet.

Auf dem Nachhauseweg wurde mir klar, daß ich sofort Schluß machen mußte mit der Gang und ihren blödsinnigen, gefährlichen »Kriegen«. Auch ich könnte ein Auge verlieren. Nein, diesen Preis wollte ich nicht zahlen, nur um im Getto nicht als Außenseiter verschrien zu werden. Denn alle Jungen waren in irgendwelchen Gangs. Gut, vielleicht würde Jarvas mir einen Denkzettel verpassen, aber meine beiden Augen und mein Leben waren mir doch wichtiger. Ich wollte mich gern für den Rest meines Lebens einen Feigling schimpfen lassen. Hauptsache, ich lebte. Ich war jedenfalls nicht bereit, meine Zukunft wegen solcher Kindereien aufs Spiel zu setzen. Dieser Kampf war mein letzter gewesen!

Ich kämpfte tatsächlich nie wieder in einer Gang. Und Jarvas' »Rache« konnte mich nicht mehr allzu sehr erschüttern.

»Entweder«, ließ er mir mitteilen, »du trittst sofort wieder an oder deine Tage sind gezählt.« Obwohl mir ganz schön mulmig war, ließ ich ihm ausrichten, daß ich nicht wieder antreten würde. Ich sagte ganz offen, daß ich nicht bereit war, weiterhin mitzumachen. Lügen und Ausreden hatten mir bislang ja auch nichts genützt. Als »Memme«, »Waschlappen« und »Aussätziger«, der ich nun war, beachtete ich von nun an allerdings ein paar Vorsichtsmaßnahmen. Nach Anbruch der Dunkelheit ging ich nur noch in Ausnahmefällen allein auf die Straße. Nach Schulschluß steuerte ich geradewegs unsere Hütte an, wo ich den Rest des Nachmittages verbrachte. Ich machte meine Hausaufgaben, las und half meiner Mutter. Sogar das Fußballspielen hatte ich aufgegeben. Es war nun mal so gut wie nicht machbar, im Township zwei Mannschaften zusammenzutrommeln, die keiner Gang angehörten.

Meine Eltern hatten natürlich immer gewußt, daß ich den Banden nicht, wie sie mir geraten hatten, ferngeblieben war, doch sie hatten sich nie eingemischt. Als Jarvas »Rache«-Drohungen immer heftiger wurden beschloß ich, meinen Eltern zu sagen, daß ich das Bandenleben aufgegeben hatte.

»Für dich gab es in Alexandra zwei Möglichkeiten – ein *tsotsi* zu werden oder kein *tsotsi* zu werden«, sagte meine Mutter mit einem tiefen Seufzer der Erleichterung, als ich ihr die Geschichte erzählt hatte, die hinter meinem Entschluß stand. »Zum Glück«, fuhr sie fort, »hast du den härteren, aber besseren Weg gewählt. Von jetzt an wirst du viele Schwierigkeiten haben, weil deine *tsotsi*-Freunde dir das nicht verzeihen werden. Ich hoffe, daß du bei deiner Entscheidung bleibst und dich nicht doch wieder mit ihnen einläßt. Denn dann hast du die Chance, alt genug zu werden, um diese Entscheidung nicht zu bereuen.«

Mein Vater gab mir einen seiner üblichen Ratschläge: »Sei von jetzt an vorsichtig, sonst bringen sie dich um.« Dann machte er eine Pause und fügte hinzu: »Vielleicht ist es ohnehin Zeit, dich auf eine Schule ins Homeland zu schicken, damit sie einen Krieger aus dir machen.«

32 Nachdem ich meine Verbindung zu den Gangs abgebrochen hatte, blieb mir mehr Zeit zum Lernen und für Bücher. Ich war weiterhin der Klassenbeste und wurde bald in »Standard 4« versetzt. Meine Lehrer prophezeiten mir eine strahlende Zukunft. Einige glaubten, ich würde einmal ein guter Lehrer werden, andere meinten sogar, ich hätte das Zeug zum Arzt. Doch all diese Voraussagen hingen von einer Grundvoraussetzung ab: genügend Geld. Ich hatte schon einige wirklich gute Schüler erlebt, die plötzlich nicht mehr kamen. Ihre Eltern konnten sich die Kosten für die Schulgebühren, die Bücher und die Uniform nicht mehr leisten. Diese Jungen und Mädchen, das wußte ich, waren genauso wißbegierig wie ich. Ich wollte mich nicht darauf verlassen, daß ich tatsächlich die Schule beenden und »etwas werden« könnte. »Lerne soviel du kannst, solange du Gelegenheit dazu hast«, wurde mein Motto.

Obwohl der Einfluß des Stammes auf den Lehrplan auch in »Standard 4« stark war, und damit der Schwerpunkt unserer Erziehung ein Hinführen zum Stammesdenken blieb, gab es doch ein paar neue und aufregende Dinge, mit denen wir uns beschäftigten. Zum Beispiel lasen wir eine Tsonga-Übersetzung von Booker T. Washingtons Autobiographie *Up from Slavery*. Die Lehrer ermunterten uns, uns wie Washington aus eigener Kraft aus der Armut zu befreien. Wir mußten ganze Passagen auswendig lernen. Aus irgendeinem Grund mochte ich das Buch allerdings nicht so sehr. Es klang mir alles ein wenig zu einfach und war mir ein bißchen zu vertraulich im Ton.

Ganz anders war es mit den Tsonga-Übersetzungen aus der griechischen und römischen Mythologie. Die Geschichten um Atalante, Philemon und Baucis oder Odysseus und den Trojanischen Krieg ließen mich nicht mehr los. Zugegeben, sie waren den afrikanischen Sagen, die meine Mutter und Großmutter so gut erzählen konnten, nicht unähnlich, doch da sie mir neu waren, regten sie mich an und beschäftigten meine Phantasie. Bei den Prüfungen wählte ich sie besonders gern und mein schwungvoller Vortrag brachte mir regelmäßig gute Noten ein. Ich galt bald als einer der besten Vorleser in der Schule und wurde häufig ausgewählt, wenn weiße Inspektoren auftauchten, um die Fortschritte, die wir machten, zu beobachten.

Es gab allerdings auch etwas, womit ich meine Lehrer und Mitschüler manchmal zur Verzweiflung trieb, und zwar meine Art zu schreiben: ich schrieb von oben nach unten. Ich hatte es mir schon in »Sub-Standard A« so angewöhnt. Denn irgendwie schienen mein Hirn und meine linke Hand nur dann in Einklang zu stehen, wenn ich von oben nach unten schrieb. Für mich war das ganz natürlich. Da das, was ich schrieb, auch so lesbar war, ließen mich die Lehrer gewähren.

Nachdem ich etwa ein dutzendmal mit Granny bei den Smiths gewesen war, begann ich mich unter diesen vielen weißen Gesichtern nicht mehr ganz so fremd zu fühlen. Ich hatte meine Kindheitsfurcht vor den Weißen zwar noch nicht völlig verloren, aber es war auch nichts geschehen, was sie neu geschürt hätte. Im Gegenteil, weil die Smiths mich jedesmal so freundlich aufnahmen, wenn ich Granny begleitete, hatte ich diese Furcht eher ein klein wenig abgebaut. Allmählich glaubte ich, daß die Weißen vielleicht doch nicht so böse waren, wie mein Vater und die Wanderarbeiter behaupteten. Ich war bereit, mein Weltbild zu ändern und zu glauben, daß möglicherweise die weißen Filme, die die Gewalt verherrlichten, nicht viel mit der Wirklichkeit zu tun hatten.

Doch dann lernte ich die andere Seite der Medaille kennen. An einem Samstag fragte Großmutter, ob ich ihr nicht helfen könne. Sie mußte nach Pretoria, in die Hauptstadt der Apartheid, wo sie den zweiten Gärtner-Job hatte, der sie über Wasser hielt. Ich sagte begeistert ja, sah ich doch eine neue Möglichkeit, wieder an Bücher zu kommen. Es gab keine. Granny und ich arbeiteten vom frühen Morgen bis vier Uhr am Nachmittag. Wir gossen Blumen, harkten Blätter zusammen und zupften Unkraut. Ich wusch die Autos, fegte die Auffahrt und putzte die Schuhe vom *baas*. Als wir fertig waren, waren wir rechtschaffen müde.

Die Haltestelle war etwa eine Meile von Grannys Arbeitsplatz entfernt und wir schleppten uns hin. Dann nahm Großmutter ihren

Lohn aus dem Tuch, das sie um die Hüfte gebunden trug. »Warte hier, Kind«, sagte sie, »ich gehe nur eben drüben im Laden Geld wechseln. Diese schwarzen Busfahrer sind glatt imstande, uns hier stehen zu lassen, wenn wir's nicht passend haben. Falls der Bus in der Zwischenzeit kommt, gib mir ein Zeichen und bitte den Fahrer höflich, einen Augenblick zu warten. Und rühr dich nicht von der Stelle, sonst könnte es Ärger geben.«

Ich verstand gut, was sie mit »Ärger« meinte. Es war ein sonniger Tag, und der Platz wimmelte von Weißen. Sie kamen aus Geschäften, Blumenläden, Hotels und aus Kaufhäusern. Auf der Straße fuhren teure Autos wie Rolls-Royce und Mercedes, die ich neugierig anstarrte. Ich hatte gewiß nicht vor, mich von der Stelle zu rühren.

Granny rannte über die Straße und hatte Mühe, den Autos auszuweichen. Niemand dachte daran, wegen einer schwarzen Frau zu bremsen. Erschöpft von diesem langen Tag, setzte ich mich auf einen Zeitungspacken und holte ein altes Comic-Heft aus meinem Rucksack. Ich war ganz vertieft in die Lektüre, als ich einen Bus quietschen hörte. Ich ließ den Comic fallen und rannte zur Tür, um den Fahrer zu bitten, auf Granny zu warten. Ich sah Großmutter auf der anderen Straßenseite. Sie winkte mir heftig und rief mir etwas zu, was ich nicht verstehen konnte. Als ich den Kopf hob, stellte ich fest, daß ich auf einen ›weißen‹ Bus gesprungen war. Ich erstarrte. Mein Auftauchen erschreckte einige alte weiße Damen, die aussteigen wollten, so sehr, daß sie in den Bus zurückflüchteten.

»*Vootsek* (eine Beschimpfung für einen bissigen Hund), hau ab aus diesem Bus, Kaffer!« schnauzte der weiße Fahrer mich an. Sein Gesicht war rot vor Zorn. »Siehst du denn nicht, daß das ein ›weißer‹ Bus ist?«

Als mir mein schrecklicher Irrtum bewußt wurde, versuchte ich zu fliehen. Es ging nicht. Hinter mir blockierten Weiße meinen Fluchtweg. Ich war völlig durcheinander, denn ich hatte mich auch in einem zweiten Punkt geirrt. Weil es hier so viele Autos gab, hatte ich geglaubt, die Weißen brauchten keine Busse. Die ganze Situation kam mir so unwirklich vor.

Doch der Busfahrer holte mich schnell in die Realität zurück. Er hatte Schaum vorm Mund, als er die Sperre öffnete. »Ich hab gesagt, du sollst abhauen, Kaffer!« Ich schloß die Augen. Ein paar eiskalter, roher Hände zerrte mich aus dem Bus. Ich stolperte und landete auf dem

Pflaster. Vor meinen Augen sah ich die eisenbeschlagenen Stiefel des Busfahrers. Ich dachte, er würde jeden Moment zutreten.

»Entschuldigen Sie, *mei baas*«, wimmerte ich. »Entschuldigen Sie bitte, *mei baas*«, bettelte ich, »ich habe einen großen Fehler gemacht. Bitte vergeben Sie mir, *mei baas*. Dieser Kaffer wußte nicht, daß dies der Bus für Weiße ist.«

In Erwartung des Fußtritts hatte ich die Augen geschlossen.

Plötzlich war da Grannys Stimme. »Er ist mein *pickaninny*, *baas*. Es ist mein Fehler.« Ich öffnete die Augen. Da war sie nicht. Sie mußte wohl hinter mir stehen.

»Er ist harmlos, *mei baas*«, redete sie weiter. So kriecherisch hatte ich sie noch nie gehört. »Er ist nicht der Grund für den Ärger. Es ist meine Schuld, *mei baas*. Ich hab ihn allein gelassen.«

»Es ist mir egal, wessen Schuld das ist«, sagte der weiße Fahrer böse. »Warum läßt du ihn in die falschen Busse steigen? Du weißt, dafür könnte ich euch beide ins Gefängnis werfen lassen.«

»Er hat es nicht gewußt, *mei baas*. Er hat es nicht gewußt. Er ist doch noch ein *pickaninny*.«

»Wie meinst du das, ›er hat es nicht gewußt‹?« brüllte der Busfahrer. »Bringt ihr Kaffern eueren Bälgern nicht mal die Gesetze bei?«

»Er kann sie nicht lernen, *mei baas*«, erwiderte Granny und schmückte ihre Rede mit dramatischen Gesten aus. »*Lo pickaninny lo mal* (verrückt)«. Granny gestikulierte weiter und machte ihm klar, daß es sich nicht um eine »normale« Verrücktheit handele. Dann schob sie mich beiseite und begann mit ihrem Rock die Stufen abzuwischen, auf denen ich gestanden hatte. Das besänftigte den Fahrer ein wenig. Nach einer Tirade über die Dummheit und die Frechheit der Schwarzen stieg er in den Bus und fuhr ab. Granny packte mich am Nacken und zerrte mich zur Haltestelle zurück.

»Was fällt dir ein, in einen ›weißen‹ Bus zu steigen?« herrschte sie mich an. »Weißt du denn nicht, daß wir beide hätten getötet werden können?«

»Ich habe nicht gewußt, daß es ein ›weißer‹ Bus ist«, sagte ich zerknirscht.

»Du schwarzer Lügner.« Granny war mächtig wütend auf mich. »Wie meinst du das, ›du hast es nicht gewußt‹? Hast du denn keine Augen im Kopf?«

»Granny, ich schwöre dir, ich habe es nicht gewußt. Ich habe niemals vorher weiße Leute in einem Bus gesehen. Deshalb habe ich gedacht, es ist unser Bus, der anhält.«

»Lüg mich nicht an«, drohte sie. »Du mußt doch gesehen haben, daß es ein ›weißer‹ Bus war. Seit wann bist du farbenblind? Oder bist du wirklich verrückt geworden? Das müssen die Bücher sein, die du immer liest!«

»Ich verspreche dir, es wird nicht wieder passieren.«

»Wenn du dich noch einmal in der Gegenwart von Weißen so dumm benimmst, nehme ich dich nie wieder mit! Wenn dieser weiße Busfahrer nicht so nett gewesen wäre, säßen wir jetzt beide in ›Nummer Vier‹. Hast du das kapiert?«

»Aber Granny, ich habe doch nur auf den Stufen gestanden. Das kann doch kein Grund sein, uns ins Gefängnis zu werfen«, sagte ich. »Wenn ich mich auf einen Sitz gesetzt hätte, könnte ich die Aufregung ja noch verstehen.«

»Halt den Mund, du schwarzer Waschlappen«, schrie Granny. »Halt den Mund, bevor ich ihn dir schließe! Du tust immerzu Dinge, die du nicht tun sollst! Du willst ja nicht hören! Mit deinem schlechten Benehmen kommst du vielleicht bei den Schwarzen in Alexandra durch, aber nicht hier. Dies ist die Weiße Welt.«

Ich hielt den Mund. Doch ich fragte mich, ob ich mein Verbrechen tatsächlich unterbewertete. Aber ich hatte doch nur auf den Stufen eines ›weißen‹ Busses gestanden. Daran würde doch wohl kein Weißer sterben, oder?

Es dauerte eine ganze Weile, bis Granny sich beruhigt hatte. »Tut mir leid, daß ich dich so angebrüllt habe, Kind«, sagte sie dann. »Doch das, was du getan hast, ist in den Augen der Weißen und des Gesetzes durchaus keine Kleinigkeit. Wie ich sehe, gibt es wohl doch einiges in diesem Land, was deine Mutter dir noch nicht beigebracht hat. Schwarze und Weiße leben getrennt – sehr, sehr weit getrennt – das ist ja wohl etwas, was du bereits mitbekommen hast. Was du aber vielleicht noch nicht weißt, ist, daß sie immer getrennt gelebt haben und immer getrennt leben werden. Das ist es, was mit der Rassentrennung, der Apartheid gemeint ist. Die Weißen wollen es so. Sie haben eine Menge Gesetze gemacht, damit das immer so bleibt. Und sie haben die Waffen durchzusetzen, daß das immer und ewig so bleibt.«

»Wir leben in unserer Welt«, fuhr sie fort, nachdem sie eine Prise Schnupftabak genommen hatte, »und die Weißen in ihrer. Wir sind die

Sklaven, sie sind unsere Herren. Unsere Leute haben darum gekämpft, daß sich das ändert, doch jedesmal hat der Weiße Mann gesiegt. Er hat ja auch die Waffen. Vielleicht wächst ja einmal eine Generation Schwarzer heran, die die Weißen besiegen kann, obwohl sie all die Waffen haben. Doch heute hilft uns das nichts. Der Weiße sagt etwas, und wir müssen gehorchen. Siehst du die beiden Dinger da drüben?« Granny zeigte auf die andere Straßenseite.

»Ja, Granny, das sind Telefonzellen.«

»Ganz richtig«, bestätigte sie. »Doch es sind weit mehr als einfache Telefonzellen. Eine ist eine *schwarze* Telefonzelle und die andere ist eine *weiße*. Vergiß das nie! Solange ich bei den Weißen arbeite – und Gott weiß, daß ich das seit Jahrzehnten tue – habe ich niemals einen Schwarzen, der bei klarem Verstand war, in die falsche Zelle gehen sehen. Selbst dann nicht, wenn es um Leben und Tod ging. Sogar Blinde erkennen die richtige.«

»Welches ist denn die für Schwarze, Granny?« fragte ich. Aus der Entfernung sah eine Telefonzelle wie die andere aus. Sie waren gleich groß und in der gleichen Farbe gestrichen.

»Ich weiß nicht, welche welche ist.« Großmutter suchte nach Worten. »Aber da ist ein Zeichen an jeder Tür, das sagt, welche Rasse welche Telefonzelle benutzen darf.«

Als sie das sagte, fiel mir ein, daß Granny, wie Millionen anderer Schwarzer, die für die Weißen arbeiten, ja nicht lesen konnte. Wie fand sie sich nur durch in dieser Welt, in der alles mit Schildern geregelt war?

So also lernte ich das Vorhandensein der sogenannten »Bagatellen« der Apartheid kennen. Wo ich auch hinging in der Weißen Welt, stieß ich auf sichtbare und unsichtbare Barrieren der Rassentrennung. Sie waren einfach überall. Auf überlebensgroßen Schildern stand: »Nur für Europäer«, »Nur für Nichteuropäer«, »Nur für Weiße«, »Nur für Nichtweiße«, *Slegs Blankes, Slegs Nie-Blankes*. Diese lautlosen Wächter der Apartheid begrüßten mich überall und führten mich zu der Tür, durch die ich gehen durfte; zu dem Aufzug, den ich – wenn überhaupt – benutzen durfte; zu dem Brunnen, aus dem ich trinken durfte; zu der Parkbank, auf der ich sitzen durfte; zu dem Bus, mit dem ich fahren durfte und zu der Toilette, in die ich pissen durfte.

Das waren die sichtbaren Zeichen. Die unsichtbaren wiesen mir meinen Platz im Leben zu. Bemerkungen wie »Du bist hier am falschen Platz, Kaffer«, »Wir bedienen hier keine Schwarzen, Kaffer«, »Was glaubst du, wer du bist, Kaffer?«, »Bist du verrückt geworden, Kaffer?« bewiesen mir, daß auch hier die Wächter von Jim Crow sprachen.

Ich sah viele Schwarze, die die Gesetze der Rassentrennung unwissentlich verletzten. Sie wurden beschimpft, geschlagen oder ins Gefängnis geworfen. Seit diesem Gespräch mit meiner Großmutter hütete ich mich, noch einmal einen solchen Fehler zu begehen. Ich suchte erst nach einem Hinweis, bevor ich einen Schritt tat.

Ein Schulfreund hatte mir einen Job als Zeitungsjunge verschafft. Jeden Tag nach der Schule, und dazu an Samstag- und Sonntagvormittagen, verkaufte ich nun Tageszeitungen. Das machte mir Spaß, denn ich schlug zwei Fliegen mit einer Klappe. Erstens bedeutete der Job »Extra«-Geld, mit dem ich die Schule finanzieren konnte, und zweitens konnte ich kostenlos alle Zeitungen lesen. Auch die gut geschriebenen wie den *Star*, die *Rand Daily Mail*, die *Sunday Times* und den *Sunday Express*.

Ich war inzwischen in »Standard 6« versetzt worden, mein letztes Grundschuljahr. Durch mein festes Einkommen als Zeitungsjunge und auch das Geld, das ich von den Wanderarbeitern fürs Briefeschreiben und Briefevorlesen bekam, konnte ich es mir jetzt sogar leisten, an einer der jährlichen »Bildungsfahrten« unserer Schule teilzunehmen.

Einer dieser Ausflüge ging in den Zoo von Johannesburg. Wie alles, was in irgendeiner Art wertvoll war, war auch der Zoo nur für Weiße gebaut worden. Schwarze Gruppen mußten eine Erlaubnis einholen, wenn sie ihn besuchen wollten. Nachdem der Direktor diese Genehmigung in den Händen hatte, zahlte ich für Florah und für mich. Tatsächlich war jeder, der es sich nur irgend leisten konnte, dabei. An einem Dienstagmorgen wurden vierhundert aufgeregte Schulkinder wie Sardinen in drei Busse gepackt. Wir waren alle so glücklich, daß wir, kaum hatten die Busse Alexandra hinter sich gelassen, zu singen und mit den Füßen zu trampeln begannen. Es passierte schließlich nicht alle Tage, daß die Söhne und Töchter Afrikas Tiere zu sehen bekamen, die zu Lebzeiten ihrer Vorfahren in diesem Land noch frei herumgelaufen waren. Als wir in die weißen Bezirke einfuhren, mahnten uns die Lehrer zur Ruhe. Doch viele von uns wurden, gerade weil hier Menschen waren, die »Ruhe und Frieden« liebten, nur noch lauter. Einige steckten sogar die Köpfe aus den Fenstern und erschreckten völlig verblüffte weiße Fußgänger zum Spaß. Was das für eine Wirkung auf die Leute hatte, die von »geborgter Zeit« lebten! Weiße Frauen rannten ins Haus, verriegelten flugs die Türen und ließen gleichzeitig die Wachhunde los. Offensichtlich hielten die Weißen unsere Busse für eine Vorhut der schwarzen Invasion.

Der Pförtner des Zoos war ein kleiner, weißer Mann mit einem runden Gesicht. Er war sehr höflich. Er verbeugte sich tief, als er dem Direktor erklärte, daß wir den Zoo diesen gesamten Tag lang so gut wie für uns allein hätten. »Weiße«, sagte er, »kommen dienstags nur selten.« Eine Handvoll Weißer war gerade durch den Eingang gekommen, auf dem stand: »Nur für Weiße«. Wir marschierten durch den für »Nur Nichtweiße«, doch kaum waren wir drinnen, kreuzten sich unsere Wege. Die Pfade, die zu den Käfigen und Freigehegen führten, waren nicht getrennt.

»Warum stellen sie diese blöden Schilder überhaupt auf, wenn schwarze und weiße Leute sich drinnen doch treffen?« fragte einer der Jungen.

»Das weiß Gott allein«, antwortete unser Lehrer.

Ich mußte lachen. Das war nicht der erste Widerspruch, auf den ich stieß – und Widersprüche bereiteten mir schon lange keine schlaflosen Nächte mehr. Für mich und für viele andere Schwarze waren die Weißen eine Rasse, die geradezu besessen war von der Sucht, Verbote zu erteilen und Verordnungen zu erlassen, die nur sie – und nur sie allein – verstand. Wenn sie sie verstand ...

Die meisten meiner Mitschüler hielten sich an die Anordnung unseres Direktors, zusammenzubleiben wie eine Schafherde, weil »draußen der Wolf« ist. Doch einige andere Einzelgänger und ich entfernten uns von der Herde. Wir wanderten allein durch den Zoo, hatten einen ungeheuren Respekt vor den Tieren in den Käfigen und fühlten uns gleichzeitig ebenfalls eingesperrt. Vor einem Gorilla-Käfig trafen wir auf eine Traube weißer Schulkinder in ihren grün-weißen Uniformen.

»Schaut euch das an«, rief einer von ihnen in Afrikaans, als er uns kommen sah. Seinem erstaunten Gesichtsausdruck nach zu urteilen, war dies sein erstes Zusammentreffen mit schwarzen Schuljungen, und ich schätze, daß es seinen Klassenkameraden kaum anders erging.

»Hier kommen die kleinen Gorillas«, pöbelte ein anderer weißer Junge.

»Laßt uns umkehren«, schlug einer aus unserer Gruppe vor.

»Ja, warum nicht«, unterstützte ihn ein anderer. »Wir wollen schließlich keinen Ärger haben. Laßt uns lieber zu den Löwen gehen.«

»Nein«, sagte Phineas. Er war 18 und der Anführer der »Einzelgänger«. »Wir haben zuviel bezahlt, als daß wir auch nur irgendetwas in diesem verdammten Zoo auslassen könnten.«

»Ja, das stimmt.« Ich knirschte mit den Zähnen. »Laßt uns weitergehen. Wir haben mindestens das gleiche Recht, die Gorillas anzugucken, wie sie. Wenn sie uns dumm anreden, werden wir ihnen freundlich antworten.«

»Bist du verrückt?« fragte einer meiner Freunde. »Willst du rausgeschmissen werden?«

Phineas machte dem Disput ein Ende. »Alle, die keine Feiglinge sind«, sagte er, »und die mit Johannes und mir mitkommen wollen, stellen sich auf diese Seite!«

Es blieben etwa zwei gleich große Lager. Die einen gingen zurück und Phineas führte uns hinüber zu den weißen Jungen vor dem Gorilla-Käfig.

»Hey, *kyk* (schau), die kleinen Gorillas *kommen* zu den großen Gorillas«, kreischte einer der weißen Jungen, und seine Freunde brachen in höhnisches Lachen aus.

Es war kein Erwachsener unter ihnen. Doch vielleicht gehörte der große, schlanke Mann mit der silbergefaßten Brille zu ihnen, der gedankenverloren vor einem Käfig mit verspielten Klammeraffen stand. Uns war das egal. Wir drängten uns durch die Gruppe der weißen Jungen bis zum Käfig durch. Die waren ganz baff.

»Verdammte Kaffern«, fluchte einer von ihnen, nachdem ich ihn gegen das Schienbein getreten hatte.

»Deine Mutter ist ein Kaffer«, sagte ich in Tsonga, worauf meine Begleiter brüllend lachten. Die weißen Jungen wußten nicht mehr, was sie tun sollten. Tsonga verstanden sie ganz offensichtlich kein einziges Wort. Doch wir verstanden Afrikaans.

Vor dem Käfig angekommen, machten wir uns einen Spaß daraus, jedem einzelnen weißen Kind einen Gorilla-Großvater, eine Gorilla-Mutter und einen Gorilla-Vater zuzuordnen. Sie ahnten vielleicht, daß wir über sie sprachen, doch außer »Verdammte Kaffern« fiel ihnen keine Beschimpfung ein.

Der weiße Mann hatte wohl doch zu ihnen gehört. Er kam herüber und führte sie wortlos zum Löwen-Käfig. Wir gingen ebenfalls. Wir lachten und sangen und kehrten triumphierend zu unserer Gruppe zurück. Wir hatten uns nicht kleinkriegen lassen! Nach dem Mittagessen gingen wir ins Armee-Museum, gegenüber vom Zoo. Dort sahen wir die Relikte der vielen Kriege, in die Südafrika verwickelt war. Darunter auch die des Buren-Krieges von 1899 bis 1902, eines Kolonialkrieges, der so verbittert geführt wurde, daß er tiefe Narben zwischen den Engländern und den Afrikanern hinterließ. Das gegenseitige Mißtrauen und der Haß saßen so tief, daß eine wirkliche Versöhnung bis heute nicht möglich war.

33 Ein Jahr, nachdem unsere Familie ins Biergeschäft eingestiegen war, geriet es wegen ständiger Razzien in ernsthafte Schwierigkeiten. Schließlich gaben wir dieses Geschäft ganz auf, und Vaters alte Laster machten sich augenblicklich wieder bemerkbar. Er begann wieder zu spielen und er begann auch wieder zu saufen – um die Verluste zu vergessen. Ich fand einen Job in einem Schlachthaus, das einer chinesischen Familie gehörte, die eine Kette von Fleischereien in Alexandra unterhielt. Meine Mutter arbeitete als Wäscherin in einem der Vororte von Johannesburg. Sie besaß zwar immer noch keine Arbeitserlaubnis, aber ihre Dienstherren schauten darüber hinweg, wie unzählige andere Weiße es bei ihren Dienstboten, die in einer ähnlichen Situation waren, auch taten.

Nachdem mein Vater sein Geld wieder mal aus dem Fenster warf, mußte meine Mutter die Familie allein ernähren. Mein Lohn wurde benutzt, um die Schulkosten für mich und meine Geschwister zu zahlen. Wir kamen gerade so über die Runden. Tante Bushy hatte die Schule tatsächlich nach »Standard 6« verlassen und einen Job in einer Kleiderfabrik in einem Außenbezirk Alexandras annehmen müssen. Kurz danach wurde sie schwanger. Sie war nicht verheiratet und erst 18. Onkel Piet bestand darauf, nun ebenfalls von der Schule abzugehen. Er war zwar erst 16, doch da Onkel Cheeks immer noch im Gefängnis saß, war er »der einzige Mann in der Familie«. Deshalb hielt er es für seine Pflicht, für seine Schwester zu sorgen. Er mochte einfach nicht zuschauen, wie sich Granny, seine Mutter, abrackerte.

Onkel Piet und Tante Bushy hätten bei der Arbeitssuche mit Sicherheit ähnliche Schwierigkeiten gehabt wie meine Mutter, hätte Granny nicht ihr mühsam erschuftetes Geld dazu benutzt, schwarze Polizisten zu bestechen. Es gab da nämlich welche, die sich darauf spezialisiert hatten, illegal Papiere zu beschaffen. Granny hatte alles, was sie besaß, für diese Polizisten ausgegeben. Für die Polizisten waren diese Bestechungsgelder ein lohnender Nebenverdienst. Die schwarzen Arbeiter, die sich eine solche Bestechung leisten konnten, wurden erstaunlicherweise nie geschnappt. Auch von weißen Polizisten nicht, die wohl beide Augen zudrückten, weil sie vermutlich wiederum von ihren schwarzen Kollegen bestochen worden waren.

Meine Mutter war mal wieder schwanger. Da sie kein Geld für die Klinik und für Windeln hatte, arbeitete sie, bis das Baby geboren war. Das bißchen Geld, das mein Vater ihr während der Schwangerschaft gegeben hatte, war wie Mutters und mein Lohn für Miete, Essen und Bestechungsgelder draufgegangen. Mutter war ein paarmal bei Razzien verhaftet worden und hatte aus dem Gefängnis freigekauft werden müssen. Auch George ging inzwischen zur Schule, und Mutter dachte nicht daran, auch nur einem ihrer Kinder diese Chance nicht zu geben. Das Schulgeld wurde nun regelmäßig bezahlt. Als das Baby, sie nannten es Linah, endlich geboren war, waren wir total pleite. Meine Mutter mußte in der Nachbarschaft betteln gehen, um Babynahrung und Medizin kaufen zu können.

Morgens um vier, an einem Montag, weckte mich mein Vater. Er war verlegen. »Kannst du mir 30 Cents für den Bus leihen, damit ich zur Arbeit fahren kann« fragte er.

Er hatte am Wochenende jeden Cent seines Lohns beim Würfelspiel verloren und er hatte auch schon alle Nachbarn anzupumpen versucht – vergebens. Ich war seine letzte Möglichkeit.

»Ich habe kein Geld«, sagte ich.

»Aber ich habe gesehen, daß du gestern abend Geld gezählt hast«, erwiderte er.

»Na und? Das ist mein Geld, und es ist schon so gut wie ausgegeben. Wir brauchen es für den Haushalt.« Ich war ärgerlich auf meinen Vater, weil er mal wieder alles verspielt hatte, obwohl meine Mutter ihn angefleht hatte, ihr wenigstens ein paar Cents für das Baby zu geben.

»Was ist das für ein Ton?« brüllte mein Vater. »Ich bin dein Vater, verdammt noch mal!«

»Na und?« fragte ich arrogant. Sein Gezeter schüchterte mich schon lange nicht mehr ein, und er wußte das. Ich hatte an diesem Tag mehr Geld in der Tasche als er in der Woche verdiente, und war nicht bereit, ihm auch nur einen Cent davon zu geben. Selbst dann nicht, wenn er vor mir auf die Knie fallen und mich darum anbetteln würde.

»Ich muß zur Arbeit, Sohn.« Nun versuchte er es auf die sanfte Tour. »Gib mir wenigstens die 15 Cents für die einfache Fahrt. Ich werde einen meiner Freunde um das Geld für die Rückfahrt bitten. Wenn mir keiner was leiht, schlafe ich einfach in der Fabrik und komme erst am Freitag wieder. Und dann zahl ich dir dein Geld mit Zinsen zurück. Ich werde dir einen Rand geben. Nun, was meinst du dazu, mein Junge?«

»Laß mich weiterschlafen«, sagte ich. »Ich schulde dir kein Geld.«

»Ich habe gesagt, borg mir was!«

»Ich habe nichts, was ich dir borgen könnte!« Damit griff ich nach meiner Hose. Ich wollte verhindern, daß er mir zuvorkam. Die Münzen in der Tasche klingelten.

»Aha, und was ist das!?« wetterte mein Vater. Seine Augen sprühten Funken. »Ich habe doch gewußt, daß du noch Geld hast. Gib mir was!« Er streckte seine schwielige Hand aus. »Gib es mir sofort, sonst verpasse ich noch den Bus!«

»Dieses Geld ist schon ausgegeben«, erklärte ich, faltete die Hose zusammen und legte sie mir unter den Kopf.

»Alles?«

»Alles.«

»Wofür?«

»Für Babynahrung und Bücher.«

»Scheiß-Babynahrung und Bücher . . . Ich muß zur Arbeit!«

»Ich halte dich nicht auf.«

»Gib mir jetzt das Geld, verdammt nochmal!« schrie er.

Ich verlor die Nerven. »Es ist mein verdammtes Geld und ich gebe es so aus, wie ich will«, brüllte ich zurück.

»Hast du mich eben angebrüllt?« fragte Vater ungläubig. »Mich, deinen Vater? Du, du, du mein eigen Fleisch und Blut?« stammelte er.

»Das ist es also, was du in dieser dämlichen Schule gelernt hast, he? Unverschämt zu sein! Und bloß weil du arbeitest und ein paar Cents verdienst, bildest du dir ein, du bist ein Mann, he? Nun, ich werde dir mal was sagen – hier bin immer noch ich der Herr im Haus!« Er warf sich in die Brust. »Und ich bestimme, was gemacht wird! Entweder gibst du mir jetzt sofort das Geld oder ich schmeiße dich raus – auf der Stelle!«

Ohne ein weiteres Wort stand ich auf, zog mich an, sammelte meine Bücher ein und ging.

»Mit dir werde ich schon fertig«, drohte mein Vater, der tatenlos zusehen mußte. »Das wirst du noch bereuen. Warte nur, bis ich dich in die Bergschule drüben im Homeland schicke. Da werden sie dir schon Respekt beibringen. Wart's nur ab.«

Ich war um fünf bei Granny und blieb eine Woche lang dort. Als ich dann in unsere Hütte zurückkam, sagte mein Vater nichts, doch ich ahnte, daß er Rachepläne schmiedete. Ich war auf alles gefaßt.

Er konnte mich nicht mehr auspeitschen wie er es früher getan hatte. Ich war zu groß und auch zu bockbeinig. Wir wußten beide, daß wir Krach kriegen würden. Ich hatte meinen Kopf, er seinen. Er lehnte die Schule ab, ich schätzte sie. Bei jeder möglichen Gelegenheit verbrannte er meine Bücher. Ich kaufte neue. Er mißhandelte meine Mutter, ich versuchte, ihr zu helfen. Er glaubte alles das, was der Weiße Mann über Schwarze sagte, ich glaubte dem Weißen Mann kein Wort. Er lebte für den Augenblick, ich für die Zukunft, so unsicher sie auch sein mochte.

Mir war schon lange klar, daß mein Vater nur deshalb für den Augenblick lebte, weil er Angst vor der Zukunft hatte. Er hatte Angst, den Tatsachen ins Auge zu blicken. Er wollte einfach nicht einsehen, daß ich dabei war, »jemand« zu werden in einer Welt, in der er ein »niemand« war und es immer bleiben würde. In einer Welt, die ihm seine Männlichkeit, seinen Stolz genommen hatte, in einer Welt, in der er seine Stärke nicht länger beweisen konnte.

Nach Jahren, in denen er unter der doppelten Last der Apartheid auf der einen Seite und den Forderungen der Stammestraditionen auf der anderen Seite gelebt hatte, war er zu einem hoffnungslosen Fall geworden. Solange mein Vater sich an den Stammesglauben klammerte und dem Weißen Mann erlaubte, ihm sein Leben vorzuschreiben, würde er weiter leiden müssen.

Deshalb, so glaube ich, war er auch nicht in der Lage, die Realität zu sehen, geschweige denn die Richtung, in die ich gehen wollte. Ich war – und dazu hatte mich meine Mutter ermuntert – fest entschlossen, etwas aus meinem Leben zu machen. Mich nicht, wie mein Vater, Systemen anzupassen. Für ihn konnte ich deshalb nicht länger »sein Sohn« sein, und er konnte nicht mehr länger »mein Vater« sein. Nicht mehr der Vater, dessen Blut in meinen Adern pulsierte.

Da er immer noch der festen Überzeugung war, daß die Tage der Trommeln, der tapferen Krieger, des Lendenschurzes, der Strohhütten und des Frauenkaufs zurückkommen würden, wußte ich, daß er meine Einstellung nicht auch nur im entferntesten begreifen konnte. Er verstand einfach nicht, warum ich all das, woran er aus tiefstem Herzen glaubte, mit jeder Faser meines Herzens ablehnte.

Den dicken Schleier des Stammesdenkens, der ihn blind machte für das Morgen, hatte ich schon sehr früh abgelegt. Ich hegte nicht den mindesten Zweifel daran, daß die Zeit, von der mein Vater träumte, niemals mehr wiederkehren würde. Es war absolut undenkbar, daß Südafrika jemals wieder so werden würde, wie es vor der Zeit der Weißen Knechtschaft gewesen war, als die Schwarzen in Frieden und Zufriedenheit auf ihrem eigenen Land gelebt hatten.

Mein Vater hatte den Zeitpunkt verpaßt, sich auf ein neues Denken und neue Ziele einzustellen. Unwissenheit und der Glaube an die Stammesriten beherrschten sein ganzes Denken und füllten es aus. Deshalb glaubte er wohl auch, daß seine Frau und seine Kinder sich gegen ihn verbündet hätten, daß »alle Welt« ihn ablehnte.

Er gab sich gewiß Mühe, Ordnung in das Choas zu bringen, in dem er lebte. Doch er sah offensichtlich nicht ein, daß er dieses Chaos teilweise selbst verantwortet hatte, weil er an Vorstellungen festhielt, die wertlos geworden waren, denn die Welt hatte sich längst verändert. Die Zeit war an meinem Vater vorbeigegangen. Er lebte in einer Welt, die der Weiße Mann für sich geschaffen hatte und in der für Männer wie meinen Vater kein Platz war.

Und wie ihm ging es vielen schwarzen Männern, die erzogen waren wie er. Sie versuchten sich durchzuschlagen, aber sie scheiterten immer wieder. Sie waren auf diese Welt und auf diese Zeit einfach nicht vorbereitet worden.

34 An einem Samstagnachmittag, an dem ich, wie Mrs. Smith sagte, »fabelhafte Arbeit« geleistet hatte, schenkte sie mir einen alten Tennisschläger. Damit machte sie das Versprechen wahr, das sie mir bei meinem ersten Besuch gegeben hatte. Und ich war froh, mir das Racket verdient zu haben. Ich hatte ihr Silber und Messing geputzt und Mr. Smith's Schuhe zum Glänzen gebracht. Der Tennisschläger freute mich sehr, denn Fußball langweilte mich schon seit einiger Zeit.

»Übe fleißig!« sagte sie. »Denn eines Tages möchte ich in der Zeitung lesen, daß du ein neuer Arthur Ashe bist.«

»Ich glaube nicht, daß ich das jemals schaffe, Missis«, schränkte ich ein. Ich hatte Arthur Ashe's Aufstieg in den Tennismagazinen verfolgt, die ich regelmäßig von Mrs. Smith bekam. Ich konnte mir einfach nicht vorstellen, wie ein Schwarzer in einem Sport, der von Weißen dominiert wurde, jemals so gut werden konnte, wie Arthur Ashe es geworden war. Was für eine Art Schwarzer war er wohl, daß es ihm gestattet war, gegen Weiße zu spielen und sogar noch zu gewinnen? Welche Art von Gesellschaft erlaubte es einem Schwarzen schon, auf Kosten der Weißen reich und berühmt zu werden? Ich kannte das nur andersherum.

Und wie, bitte sehr, sollte ich Tennis lernen? Ich war fast 14 und hatte noch nie in meinem Leben einen Tennisschläger in der Hand gehabt. Von den Regeln dieser Sportart hatte ich erst recht keine blasse Ahnung. Da halfen mir auch die Tennismagazine nicht weiter. Da stand zwar viel über Siege drin, und wer welchen neuen Schlag erfunden hatte, aber für einen Anfänger war das alles völlig belanglos.

Ich wollte es trotzdem versuchen. So ging ich ins Alexandra-Stadion und begann auf einem der ungepflegten Sandplätze den Ball gegen die Wand zu knallen. Denn abgesehen davon, daß Mrs. Smith gesagt hatte, »Tennis ist ein Sport für Gentlemen«, gefiel mir noch eines am Tennis: es war kein Mannschaftssport. Mein Erfolg und meine Fortschritte hingen allein von mir ab. Und von sonst niemandem. Das stachelte meinen Ehrgeiz an.

An unserer Schule gab es keinen Tennisunterricht. Aber ich hatte gehört, daß es ihn an einigen schwarzen Colleges im Lande gab. Würde ich jemals ein College besuchen können? Seit unserem Ausstieg aus dem Biergeschäft hatte sich unsere finanzielle Situation sehr verschlechtert. Meine Mutter rackerte sich zwar weiterhin ab, doch nun galt es ja auch, noch ein weiteres Maul zu stopfen. Ich hatte meinen Job in der Schlachterei aufgeben müssen und verdingte mich nun an den Wochenenden bei Mrs. Smith und ihren Nachbarn. Ich wusch Autos, jätete Unkraut, putzte Schuhe, reinigte die Swimming pools und so weiter. Ich tat alles, was man mir anbot.

Das Geld gab ich meiner Mutter für den Haushalt und für unsere Schulgebühren. Ich las gerade ein zerfleddertes Exemplar von Alan Patons *Denn sie sollen getröstet werden*, als ich meine Mutter neben der Kohlenpfanne knien sah. Sie kochte und hatte sich die schreiende Linah auf den Rücken gebunden. Meine Mutter sah so mitgenommen und so elend aus, wie ich sie nie vorher gesehen hatte. Dennoch beklagte sie sich nie darüber, daß sie sich so schinden mußte. Nur einmal hatte sie sich darüber lustig gemacht. »Schuften«, hatte sie gesagt, »muß ich wie ein Maultier, behandelt werde ich wie Ungeziefer und verdienen tue ich nichts.«

»Ma«, sagte ich und klappte das Buch zu. »Ich werde die Schule nach dem Abschluß von ›Standard 6‹ verlassen.«

»Warum?« fragte sie.

»Weil ich Geld verdienen will. Denn du hast sieben Kinder zu versorgen und einen Ehemann, der dir nicht hilft.«

»Oh, ich werde schon allein damit fertig.«

»Nein, Mama«, beharrte ich. »Du glaubst, daß du es kannst und du denkst, daß du es mußt. Aber du kannst das nicht allein schaffen. Du brauchst Hilfe.«

»Also willst du die Schule gerade zu einem Zeitpunkt verlassen, wo du so gute Fortschritte machst, Kind? Willst du das tatsächlich? Wo sind deine Träume geblieben, du wolltest doch eines Tages vielleicht Lehrer werden oder sogar Arzt?«

»Das kann ich auch noch werden, wenn ich später Abendkurse mache.«

»Was glaubst du denn, was du für einen Job kriegst, wenn du jetzt von der Schule abgehst?«

»Jeden, den ein ›Standard 6‹-Abgänger bekommen kann.«

»Und was sind das für welche? Willst du den Abfall der Weißen einsammeln oder Botenjunge werden? Glaubst du wirklich, daß ich dafür all die Opfer auf mich genommen habe? Hast du dafür acht Schuljahre lang durchgehalten?«

»Ich könnte in einer Fabrik arbeiten«, wich ich aus. »Onkel Piet tut's ja auch.«

»Ist es das, was du wirklich willst? Ich glaube dir kein Wort.«

»Du kannst doch keine Gedanken lesen, Mama.«

»Oh doch, ich kann. Ich bin schließlich deine Mutter«, sagte sie. »Ich habe dich neun Monate in meinem Leib getragen, du hast meine Milch getrunken, ich habe gesehen, wie du krabbeln und laufen gelernt hast. Kind, ich weiß mehr von dir, als du selbst.«

Natürlich hatte sie recht. Natürlich ging ich nicht leichten Herzens von der Schule. Natürlich würde ich gern weiter zur Schule gehen, wenn das möglich wäre. Natürlich wollte ich »Form 1, 2 und 3« erreichen und dann den zweijährigen Vorbereitungskurs für die Universität machen. Natürlich wollte ich gern studieren, am liebsten auf der Ingenieurschule, oder Medizin. Da hatte ich mich noch nicht endgültig festgelegt. Es war sogar mein größter Traum, ein Studium zu machen. Keiner in unserer Familie hatte es bislang so weit gebracht. Aber ich träumte schon lange davon, es einmal so weit zu bringen.

Andererseits aber mochte ich auch nicht zuschauen, wie meine Mutter sich zugrunde richtete. Wie sie auf verlorenem Posten kämpfte, um die Familie durchzubringen.

Wenn ich arbeitete – und wäre es auch die niedrigste Sklavenarbeit – würde ich sie wenigstens dabei unterstützen können, und sicherstellen, daß mein Bruder und meine Schwestern die Erziehung bekamen, die sie sich wünschten. Der Schmerz darüber, daß meine eigenen Träume dann zerschlagen wären, würde vielleicht dadurch wettgemacht, daß meine Geschwister ihre Träume verwirklichen könnten.

»Ich möchte, daß du weiter zur Schule gehst«, sagte meine Mutter nach langem Schweigen.

»Woher willst du denn das Geld nehmen?«

»Irgendwoher«, meinte sie beiläufig. »Und wenn ich mich dafür krumm und lahm arbeiten muß . . .«

»Aber warum denn, Mama?«

»Weil ich möchte, daß du ein gebildeter Mensch wirst, darum!«

»Aber ich bin gebildet«, entgegnete ich.

»Nein, das bist du nicht«, widersprach sie mir. »Ich selbst mag ja ungebildet sein, aber ich erkenne einen gebildeten Menschen, wenn ich einen sehe.«

So ging es eine Weile lang hin und her. Endlich einigten wir uns auf einen Kompromiß: ich würde die weiterbildende Schule besuchen, wenn ich die Grundschule mit den besten Noten abschließen könnte. Gelänge mir das nicht, würde ich den Overall anziehen und in irgendeiner der Fabriken arbeiten, die es um Alexandra herum gab.

Hätte ich es geschafft, einen Teilzeitjob zu bekommen, hätte ich das Tennisspielen bestimmt aufgesteckt. Aber ich fand keinen Job, den ich in meiner Freizeit hätte ausüben können. Teilzeitjobs waren Mangelware. Also schlug ich meine Zeit an der Wand im Stadion tot. Je mehr ich über Arthur Ashe und Tennis gelesen hatte, desto öfter träumte ich jetzt von den Möglichkeiten, die dieser Sport offenbar bot. Ashe imponierte mir maßlos. Was, wenn ich eines Tages den gleichen Ruhm und dasselbe Vermögen anhäufen könnte wie er? Würden die Weißen mich ebenso ernst nehmen wie ihn? Würde ich so frei sein wie er? Diese Träume waren verführerisch, doch ich wußte, daß es nur Träume waren. Trotzdem träumte ich weiter. Träumen ist ja kein Verbrechen.

Ich übte regelmäßig, aber es gab niemanden, der meine Fortschritte beurteilen konnte. Bis eines Nachmittags ein Farbiger an den Zaun kam. Er war sehr groß und hatte ein Gesicht voller Sommersprossen. Er beobachtete mich lange.

»Nimm den mit der Rückhand! Nimm den mit der Rückhand!« brüllte er mir zu. »Und renn nicht so planlos herum!«

Ich versuchte tatsächlich eine Rückhand. Der Schlag war lausig. Ich hatte bisher alle Returns nur mit der Vorhand geschlagen, die ich wirklich beherrschte.

»Du Dummkopf«, sagte der Farbige. »Tu was für deine Rückhand, sonst kannst du Tennis gleich vergessen. Fehlt es dir denn an gesundem Menschenverstand? Weißt du denn nicht, daß es unsinnig ist, an seinen Stärken zu arbeiten? Deine Vorhand ist gut. Jetzt mußt du an deinen Schwächen arbeiten – und das ist die Rückhand. Die ist saumäßig schlecht.«

Der Mann hieß Scaramouche, wie sich herausstellte, und er haßte es, wenn man ihn einen »Farbigen« nannte, obwohl dies unter der Apartheid die offizielle Bezeichnung für etwa 2 000 000 afrikanische Mischlinge war. Sie waren der Schandfleck in der Theorie der Weißen, eben keine »reine Rasse«. Deshalb hatte die Regierung beschlossen, sie als weder schwarz noch weiß einzustufen, obwohl einige so schwarz wie der schwärzeste Schwarze und andere so weiß wie der weißeste Weiße waren. Farbige durften damals schon mit Schwarzen zusammenleben, allerdings nur in bestimmten Bezirken, die nach dem *Group Areas Act* ausgesucht waren.

Die Farbigen wurden im allgemeinen von der Regierung etwas besser behandelt als die Schwarzen. Ihnen standen bessere Jobs zu, bessere Hütten und eine bessere Erziehung. Das war wohl der Grund, weshalb sich viele Farbige ihres schwarzen Bluts schämten und häufig noch schlimmere Vorurteile gegen Schwarze hegten als die Weißen. Doch jetzt war eine neue Generation Farbiger herangewachsen. Eine Generation, die sich selbst eher als schwarz denn weiß einstufte und die dieselben Hoffnungen hegte wie ihre schwarzen Brüder.

Scaramouche, ein freiberuflicher Maler, war einer der besten Tennisspieler unter den Farbigen von Johannesburg. Er war ein ausgezeichneter Trainer und hatte zu allen schwarzen und weißen Tennisclubs gute Beziehungen. Vorausgesetzt, daß ich hart an mir arbeitete und bereit wäre, die Unarten wieder abzulegen, die ich mir bereits angewöhnt hatte, könnte ich ein guter Tennisspieler werden, meinte er: »Du hast das Zeug dazu, Junge! Du mußt es nur wollen!« Ich wollte – und er versprach mir, mich zu trainieren.

Teil III
Der Paß in die Freiheit

35   Nach kurzer Zeit schon hatte ich eine neue Lieblingsbeschäftigung: Tennis. Es hatte sich herausgestellt, daß Scaramouche nicht nur ein fabelhafter Coach, sondern auch ein Vertrauter und Ersatzvater für mich geworden war. Er war streng und verlangte mir viel ab, doch er war niemals autoritär oder einschüchternd. Statt mir, was ihm ein leichtes gewesen wäre, seinen Tennisstil aufzudrängen, ließ er mich meinen eigenen Stil entwickeln. Er war großzügig mit Lob, wenn ich es verdiente, und unbarmherzig, wenn es darum ging, Bequemlichkeit und Nachlässigkeit zu kritisieren.

Jedesmal, wenn ich ihn in seiner Hütte auf der Second Avenue besuchte, sprach er mit mir wie mit einem Erwachsenen und erklärte mir alles, was es über Tennis für Schwarze zu wissen gab. Durch ihn erfuhr ich, daß die *South African National Lawn Tennis Union* (S.A.N.L.T.U.), die Organisation, die für Schwarzen-Tennis verantwortlich zeichnete, so hoffnungslos verschuldet und unterbesetzt und außerdem noch in innere Machtkämpfe verstrickt war, daß sie es mit Müh und Not fertig brachte, eine Handvoll schlecht organisierter Tennisturniere pro Jahr auf die Beine zu stellen.

Im Gegensatz dazu, so erfuhr ich von Scaramouche, bot die weiße Organisation, die *South African Lawn Tennis Union* (S.A.L.T.U.), die besten Trainingsmöglichkeiten, wurde hervorragend verwaltet, konnte aus dem vollen schöpfen und veranstaltete pro Jahr etwa hundert Turniere – und zwar meistens für Profis, die erhebliche Siegprämien einstrichen. »Weißt du, mein Junge«, sagte Scaramouche einmal, »wenn wir Schwarzen auch nur die Hälfte dieses Geldes und die Trainer der Weißen hätten, wären aus dem Schwarzen-Tennis schon längst eine Unzahl von Arthur Ashes hervorgegangen. Und auch mehrere Althea Gibsons und Evonne Goolagongs.«

Scaramouche rüstete mich auch mit Tennishandbüchern und den neuesten Magazinen aus. Bald wußte ich soviel über die Geschichte des Tennis, daß ich – wenn das Wissen um den Sport ein Kriterium gewesen wäre – bestimmt zu den Superstars gezählt hätte. Ich kannte sogar die Erfolge von Spielern wie Susanne Lenglen und Bill Tilden.

Mein Leben drehte sich jetzt ausschließlich um die Schule, ums Lesen und ums Tennisspielen. An regnerischen Tagen spielte ich

»Schatten-Tennis« und schlug imaginäre Bälle. Ich ging so in diesem Spiel auf, daß meine Mutter mich warnte: »Tennis ist nicht alles, Johannes! Vergiß nicht, daß die Schule wichtiger ist!«

»Das vergesse ich schon nicht, Mama«, sagte ich und träumte trotzdem unbeirrt weiter, daß man vom Tennisspielen leben könnte. Die Profis taten's ja auch.

Für meinen Vater war Tennis ein Sport für »Weichlinge, Heulsusen und Waschlappen«. Er hätte sich bestimmt gefreut, wenn ich meine Interessen auf die Kriegsspiele seines Stammes gelenkt hätte, in denen die Jungen einander mit Speeren und Knüppeln bezwangen.

»So«, meinte er eines Abends, als ich gerade meine Schuhe putzte, »du bist also nicht nur auf dem Wege eine Frau zu werden, weil du heulst, statt Qualen wie ein Mann durchzustehen, sondern du willst auch noch eine Imitation des Weißen Mannes werden, indem du dieses lächerliche Spiel spielst, das sie Tennis nennen ...«

»Die Weißen haben kein Monopol auf Tennis.«

»Manchmal bezweifle ich wirklich, ob du mein Sohn bist. Verstehst du das?« fragte er. »Ich kann mir wirklich nicht vorstellen, einen solchen Feigling gezeugt zu haben.«

»Laß mich in Ruhe«, sagte ich ärgerlich.

»Wenn du dieses Dings, dieses Tennis spielst und dann womöglich auch noch gegen Frauen, könnte man wirklich annehmen, du bist ein Mädchen, das zufällig einen Penis hat.«

»Ach, laß mich doch in Ruhe.«

»Aha, du bist sauer, weil's wahr ist«, sagte er grinsend. »Aber es gibt immer noch eine Möglichkeit, dich von all den Büchern, all dem Tennis und all dem Benehmen der Weißen zu kurieren ...«

Ich ging raus. Ich konnte dieses Gerede nicht mehr ertragen.

36   Es läßt sich nicht leugnen, daß ich, weil meine Mutter unter dem Verhalten meines Vaters litt, zu ihrem Verbündeten geworden war, der sich ebenfalls gegen Vaters Willkür auflehnte. Auch daß ich bei den meisten Gelegenheiten eher ihren Rat befolgte als seinen, ist richtig. Und daß sich meine Lebensbedingungen nur dank ihrer Anstrengungen und ihrer Ermutigung zum Besseren gewendet hatten, steht völlig außer Frage.

Doch es gab ein Gebiet, auf dem sie keinen Einfluß auf mich ausüben konnte: die Religion. Meine Mutter hatte sich inzwischen zu einem treuen Mitglied der *Full Gospel Church of God* auf der 12th Avenue entwickelt. Jeden Sonntag nahm sie George und meine Schwestern dorthin mit. Sie sangen Hymnen, priesen Gott und baten ihn um Kraft und Zuversicht, um »die Prüfungen und Versuchungen« zu überstehen, die »wie Sandkörner am Strand über unser Leben verteilt sind«.

Ich lehnte es ab, mich, wie ich es nannte, »unter ein leckes Dach zu setzen und einem Demagogen zuzuhören, der nur Geld machen will, indem er den Leuten einen Schuldkomplex einredet«. Denn das taten einige der Prediger in Alexandra tatsächlich. Ihre äußerst gehorsamen Schäflein waren als »Die Affen-Kirche«, »Die Sieben-Frauen-Kirche« und »Die Hundert-Rand-Wert-Kirche« bekannt.

Ich hatte im Laufe der Jahre gelernt, diesen religiösen Organisationen zu mißtrauen. Ich war ziemlich sicher, daß sie mißbraucht würden: einmal von der Regierung, die behauptete, es sei Gottes Wille, daß Weiße über Schwarze herrschen und daß unsere Unterwerfung unsere »natürlichste und himmlischste« Pflicht sei. Dann, das war leicht festzustellen, nahmen einige Kirchen den Schwarzen den letzten Cent weg. Das gelang ihnen mühelos, indem sie vorgaben, nur so könnten die Schwarzen für ihre Missetaten Buße tun. Für Sünden, die sie wahrscheinlich nie begangen hatten. Auch daß diese Kirchen es schafften, aus ganz normalen Männern und Frauen eine Schafherde zu machen, indem sie ihnen die Verantwortung für ihr Leben aus der Hand nahmen und sie in »Gottes Hand« legten, machte mich wütend. Schlimm fand ich es auch, wie sie die Hoffnung der Schwarzen schürten, irgendein göttliches Wunder werde ihnen schon irgendwann zu ihrem Recht verhelfen.

Am schlimmsten aber fand ich, daß einige Mitglieder dieser Kirchen ihr Schicksal bereitwillig als »von Gott gegeben« akzeptierten und fernerhin bereit waren, ihre eigene schwarze Herkunft zu verleugnen, weil sie sie mit dem Christentum des Weißen Mannes für unvereinbar hielten. Daß sie den Kampf um Gerechtigkeit in dieser Welt aufgaben und stattdessen darauf bauten, daß »Gottes Gerechtigkeit am Ende siegen« werde. Sie schienen allen Ernstes zu glauben, daß über alle »die hungrig und beladen und versklavt« sind, eines Tages ein Füllhorn ausgeschüttet würde, wenn sie ihre Friedenslieder und Hosiannas nur lange genug sängen. Die Kirchen vertrösteten ihre Schäfchen auf den Himmel, wo es keine Vorurteile und Rassenschranken gäbe. Meiner Ansicht nach machte die organisierte Religion die Schwarzen blind dafür, selbst einen Ausweg aus ihrer bedrängten Lage zu suchen. Das hielt ich für verwerflich. Allerdings gab es auch Ausnahmen, Priester, die es ehrlich meinten. Doch damals in unserem Township ist mir kein solcher begegnet.

Mag sein, daß meine Mutter die Kirche lediglich benutzte, um Eigenschaften wie Geduld, Seelenstärke, Hoffnung und Optimismus zu nähren und zu pflegen. Ich weiß es nicht. Was ich aber schon damals wußte, war, daß ich die Last meines Lebens selbst tragen und jedes Talent nutzen mußte, um mir einen Platz in dieser Welt zu erobern. Einen annehmbaren Platz in einer Welt, in der so vieles dagegen sprach, daß mir das je gelingen könnte. Für mich stand fest, daß die Kirche mich bei meinem Vorhaben eher behindern als unterstützen würde.

Meine Mutter versuchte zwar, mich dazu zu überreden, den Priester mit einzubeziehen, wenn es darum ging, meine Ziele zu erreichen. Doch überzeugen konnte sie mich nicht. Was wußte der Priester schon vom Tennis? Und das war neben der Schule »mein Leben«.

»Glaubst du nicht, daß Gott Einfluß auf unseren Lebensweg nimmt?« fragte meine Mutter mich einmal, nachdem ich ihr abends aus der Bibel vorgelesen hatte. Weil sie nicht lesen konnte, hatte sie mich gebeten, ihr jeden Abend einige Verse vorzutragen, bevor sie schlafen ging. Ich tat das nur allzu gern, denn wäre sie nicht gewesen, wäre ich mein Leben lang ebenfalls ein Analphabet geblieben. Sie hatte soviel für mich getan und tat es auch weiterhin, daß ich froh war über jede Gelegenheit, bei der ich ihr meine Dankbarkeit zeigen konnte. Und ganz davon abgesehen las ich gern in der Bibel. Ich liebte die Schönheit ihrer Sprache und die Weisheit, die aus vielen Passagen klang.

»Das weiß ich nicht, Mama«, sagte ich. »Ich weiß nur, daß ich daran glaube, daß es da draußen im Universum etwas gibt, was mächtiger ist als der Mensch. Einige nennen es »Die Macht«, andere nennen es »Gott« und wieder andere sagen dazu »Glück«.

»Wie nennst du es?«

»Ich nenne es ›Die Macht‹«, sagte ich und lachte.

»Glaubst du denn, daß ›Die Macht‹ beispielsweise von unserem Pastor übermittelt wird?«

»Das bezweifle ich sehr«, entgegnete ich, »doch auch dafür gibt es keinen Beweis.«

»Na gut, dann laß mich was anderes fragen: glaubst du, daß ›Die Macht‹ in der Kirche ist?«

»Vielleicht!«

»Und warum gehst du dann nicht in die Kirche?«

»Ich habe nicht gesagt, daß ›Die Macht‹ nur in Kirchen ist. Sie könnte beispielsweise auch hier, in unserer Hütte sein. Wenn ich es recht bedenke, glaube ich sogar, daß sie hier ist!« sagte ich und lächelte meine Mutter an. »Sie muß hier sein, oder wie erklärst du dir, daß Papa uns nicht längst alle umgebracht hat und sich selbst dazu. Angedroht hat er es schließlich oft genug.«

»Du weißt, daß dein Vater das nicht so ernst meint.«

»Da bin ich aber gar nicht *so* sicher. Darf ich jetzt zu Bett gehen?«

»Lies mir erst noch einen Vers vor.«

So endeten die meisten unserer Gespräche über Religion. Meine Mutter war mir nicht böse deshalb, denn es gab viele Leute im Getto, die über die Kirchen dachten wie ich. Limela, zum Beispiel, einer der Wanderarbeiter, dem ich die Briefe seiner Frau vorlas. Er war ein kleiner, schmalbrüstiger Mann mit pockennarbigem Gesicht. Er haßte das Christentum und mißtraute seinen »Vertretern auf Erden« so sehr, daß er jedesmal einen Wutanfall bekam, wenn er einen Evangelisten nur aus der Entfernung sah. Die Prediger, die im Township von Hütte zu Hütte gingen, um »die Lehre zu verkünden«, brachten ihn in Rage. Er machte es zu seinem persönlichen Kreuzzug, regelmäßig die Schnapsbuden aufzusuchen und dort, nach kräftigem Bierkonsum und wilden Reden zusammenfassend zu verkünden, daß »das Christentum eine schlaue List der Weißen ist, uns Schwarze für immer als Sklaven zu halten«.

Ein Ausspruch, den er immer wieder anbrachte und der immer wieder Lachsalven auslöste, war: »Als die Weißen kamen, hatten sie die Bibel und wir hatten das Land – heute haben wir die Bibel und sie haben unser Land.« Priester, Pastoren, Evangelisten und Zeugen Jehovas verdächtigte Limela deshalb der Zusammenarbeit mit den »Nachfahren der hinterhältigen weißen Missionare«.

Limela war Analphabet. Er hatte eine Frau und sechs Kinder im

Stammesreservat zurücklassen müssen. Seine Frau schrieb ihm regelmäßig ellenlange und dringliche, aber gefühllose Briefe. Sie verlangte Geld fürs Essen, für Kleider, für die Miete, für Medizin, für die Schulgebühren, für Bücher, für Saatgut und für Reparaturen am lecken Dach oder der Wasserpumpe.

Es waren immer schlechte Nachrichten. Einmal war sein klapperiges Vieh von den Behörden beschlagnahmt worden, weil er die Pacht für das Stück Brachland, auf dem seine Frau und Kinder lebten, nicht pünktlich zum Ende des Monats gezahlt hatte. Wenn er seiner Verpflichtung nicht sofort nachkäme, hatte seine Frau in ihrem Brief geschrieben, stünde ihr und den Kindern der Rausschmiß bevor. Limela runzelte die Stirn. Er wußte nicht mehr aus noch ein. In diesem Augenblick öffnete ein kleiner, plumper schwarzer Mann, der leise geklopft hatte, die Hüttentür. Er hatte kringeliges graues Haar und trug ein grün-weißes Gewand wie die Evangelisten, aber keine Schuhe. Direkt hinter ihm folgte eine genauso kleine und genauso plumpe Frau. Sie trug ein ähnliches Gewand wie der Mann, nur war ihres noch mit einigen billigen Stickereien verziert. Die beiden hielten Stöße von Pamphleten in der Hand.

»Nicht schon wieder ihr!« rief Limela wütend. Der Mann hatte bereits einen Fuß in der Hütte und räusperte sich, während die Frau noch in der Tür stand. »Dürfen wir uns setzen?« fragte die Frau.

»Nein!« brüllte Limela entrüstet.

Die Evangelisten setzten sich trotzdem auf die Bank aus Backsteinen und Brettern, die dort stand.

»Ich hab euch doch verboten, jemals wieder einen Fuß in meine Hütte zu setzen, *mfundisi* (Prediger)«, schimpfte Limela. »Ich will nichts mehr von eurem weißen Gott hören. Warum, verdammt nochmal, kommt ihr trotzdem immer wieder? Glaubt ihr, daß ihr keinen Arschtritt kriegt, bloß weil ihr euch selbst ›Menschen Gottes‹ nennt?«

»Wenn es für Gottes Ruhm ist, nehme ich auch gern einen Tritt in Kauf«, sagte der *mfundisi* kriecherisch. »Wir sind Seine Hirten und Er erwartet von uns, daß wir uns auch Seiner wildesten Schafe annehmen.«

»Gott liebt auch dich«, kreischte die Frau dazwischen. »Du kannst den Weißen Mann zwar hassen, aber du darfst nicht auch Gott hassen.«

»Wer ist dieser Gott?! Wer ist dieser Gott?! Limela regte sich fürchterlich auf. »Ist er denn nicht der Gott des Weißen Mannes?«

»Gott ist farbenblind«, erwiderte *mfundisi*. »Die Weißen gehen genau wie wir zu Gott, um sich ihre Sünden vergeben zu lassen.«

Nun geriet Limela völlig außer sich. »Du bist ja total verrückt, *mfundisi*. Du willst mir doch nicht allen Ernstes erzählen, daß die Weißen nicht wissen, was sie uns antun? Du willst doch nicht tatsächlich behaupten, daß sie nicht wissen, daß meine Familie wegen ihrer verdammten Gesetze verhungert? Willst du mir tatsächlich weismachen, daß Gott ihnen all das vergibt? Jeder Gott, der die Sünden der Weißen vergibt, muß so verrückt sein wie du, *mfundisi*. Dieser Gott ist nicht nur farbenblind, er ist total blind!«

Den Evangelisten stand der Schweiß auf der Stirn. Sie hörten sich Limelas Schmährede still an. Sie schien kein Ende zu nehmen. Limela war in Fahrt. Er verglich das Christentum mit der Hexerei. Ich genoß den lautstarken Streit und wünschte mir, daß Limela die *mfundisi* endlich rausschmeißen würde.

»Sie kommen immer wieder, Kind«, sagte Limela verzweifelt zu mir und schüttelte fassungslos den Kopf. »Und jedesmal erzählen sie mir denselben Quatsch. Jedesmal mit anderen Worten, und von mal zu mal hört sich das alles abwegiger an. Sie behaupten immer, daß ihr Gott alle Sünden vergibt – dem Weißen und dem Schwarzen Mann. Junge, wenn du Gott wärst, würdest du den Weißen verzeihen, was sie uns antun?«

»Niemals«, sagte ich.

»Führe jetzt nicht auch noch die Kinder auf den falschen Weg, Limela«, warnte der *mfundisi*. »Jesus sagte: ›Lasset die Kindlein . . .‹«

Ich unterbrach ihn: »Ich bin kein verdammtes Kind mehr, Mister, und ich gehe zu keinem verdammten Jesus.« Es machte mir Spaß, Widerworte zu geben. »Ich kenne die Leute eures Schlages! Ihr seid stinkige, schmutzige Lügner! Ihr macht den Leuten etwas vor und laßt sie von irgendeinem verdammten Himmel träumen, von dem keiner weiß, ob es ihn wirklich gibt! Wenn Leute wie Limela der Wirklichkeit nicht ins Gesicht sehen, wer soll es dann für sie tun? He? Wer soll für ihre Ehre, ihre Rechte, ihre Würde kämpfen?«

»Und außerdem« – das mußte ich auch noch loswerden – »sind Leute wie ihr Betrüger und Diebe! Wie oft nehmen Sie, *mfundisi*, den Leuten den letzten Penny weg im Namen der ›Errettung von den Sünden‹? Ihr würdet ihnen sogar ihre Seele stehlen, wenn ihr könntet!«

»Mein Kind«, sagte der *mfundisi*. Er war schockiert. »Unwissend, wie du bist, ist deine Seele auf dem besten Weg, in der Hölle zu landen!

Indem du Gott und Seine Heiligkeit schmähst, begehst du eine Sünde, die so schwer ist, daß es eigentlich eine viel zu geringe Strafe für dich wäre, in der Hölle zu braten.«

»Erzählen Sie mir nicht so'n Quatsch, *mfundisi*«, schnauzte ich ihn an. »Wir wissen doch alle, daß es gar nicht bewiesen ist, ob es einen Gott gibt oder nicht. Die Bibel ist für mich nur eine Sammlung verschiedener Geschichten der Weißen.«

»Du wirst in der Hölle braten«, wiederholte der *mfundisi*.

»Unter der Herrschaft des Weißen Mannes gehe ich längst durch die Hölle«, sagte ich. »Eine weitere Feuerprobe in der Hölle macht mir da nichts mehr aus. Ich frage mich aber, wo ihr landen werdet, ihr Betrüger und Lügner, die ihr eure eigenen Leute reinlegt.«

Der *mfundisi* war fassungslos. Er starrte mich nur noch blöde an. Die Frau stieß Schreckenslaute aus. Was hatte ich da bloß angerichtet? Ich wandte den Blick ab.

»Ist das so?« Limela grinste triumphierend. »Ist die Bibel wirklich nichts anderes als ein einfaches Geschichtenbuch? Die Geschichten des Weißen Mannes? Wir Schwarzen brauchen die Geschichten der Weißen aber nicht. Oder bist du da anderer Meinung, Junge? Wir haben unsere eigenen Geschichten, und die sind doch viel besser, oder?«

Ich nickte.

Der *mfundisi* hatte inzwischen seine Fassung wiedergewonnen. »Es ist noch nicht zu spät für euch beide«, sagte er in einem Ton, der Vertrauen erwecken sollte und breitete die Arme in Richtung Himmel aus. »Ihr könnt dem Teufel noch entrinnen ...« Ich bewunderte seinen Mut. »... das Himmelreich ist euer, wenn ihr mir und meiner Schwester in Christi erlaubt, die bösen Geister auszutreiben, die in euch wohnen. Dann dürft auch ihr euch zu den Glücklichen zählen, die eines baldigen Tages den Segen des glorreichen Lebens erfahren können.«

»Welches Leben soll da kommen, du Lügner?« fragte ich ärgerlich. »Welches Leben kommt da?! Es gibt nur ein Leben und das ist das, was wir leben. Und wie geht es den schwarzen Menschen in diesem Leben? Genießen sie es wie die Weißen? Bekommt jeder von uns einen Rolls-Royce, ein Herrenhaus, einen Swimming pool von ihm? Oder ›segnet‹ er uns mit Hunger, Krankheiten, Armut und Leiden? Warum tragen Sie, zum Beispiel, keine Schuhe? Tun Sie es, weil es eine Freude ist, barfuß auf Straßen mit spitzen Steinen, Dornen und Scherben zu laufen? Oder tun Sie es, weil Sie kein Geld haben? Sagen Sie mir, *mfundisi*, warum haben die Weißen ihr Paradies schon auf Erden? Warum leiden sie nicht wie wir und warten auf den ›ewigen Frieden‹? Wissen Sie, warum? Weil sie schlau sind! Sie kennen das Spiel, denn sie haben es selbst erfunden!«

»Gib's ihnen, mein Junge!« feuerte Limela mich an und klatschte begeistert in die Hände. »Gib's ihnen richtig!«

»Kind«, sagte der *mfundisi*, »du mußt ein Kind des Teufels sein.«

Bevor ich den Evangelisten weiter beleidigen konnte, sagte Limela: »*Mfundisi*, ich brauche deinen Gott nicht. Meine Götter sind die Geister meiner Ahnen.«

»Die können gar nichts für dich tun«, antwortete der *mfundisi*. »Sie können überhaupt nichts tun, um deine Seele vor der ›ewigen Verdammnis‹ zu retten.«

Wütend sprang Limela auf und ballte die Fäuste. »Raus aus meiner Hütte, aber schnell, du Hund!« brüllte er den *mfundisi* an. »Hau ab, bevor ich dich rausjage!«

Schweigend standen der Prediger und die Frau auf und gingen, ließen aber ein paar ihrer Pamphlete auf der Bank liegen, auf der sie gesessen hatten.

»Was ist das, Junge?« fragte Limela, als er sah, wie ich in den Broschüren blätterte.

»Oh, nur ein weiterer Haufen von Lügen. Sogenannte ›Zeugnisse von Schwarzen‹, die über ihre ›Begegnungen mit Gott‹ berichten.«

»Noch ein Trick der Weißen also, uns reinzulegen«, schloß Limela. »Mich schüttelt es, Junge. Wollen wir uns nicht draußen ein hübsches, kleines Feuer machen?«

Ich verstand, was er meinte. Er wollte die Pamphlete verbrennen. Wir gingen vor die Hütte. Die Nacht war kalt und der Himmel bedeckt. Wir suchten noch ein wenig Holz und Pappe, und zusammen mit den Broschüren gab das ein herrliches Feuer.

37   An einem Winterabend – ich las gerade das *Drum*-Magazin – stürzte mein Vater durch die Tür. Er war nicht allein. Zwei tiefschwarze Männer begleiteten ihn. Sie waren so groß und so behaart wie Gorillas.

»Das ist er«, rief mein Vater in dem Moment, in dem er mich entdeckte, als wäre er ein Medizinmann, der einen Dorfbewohner der Hexerei bezichtigt. »Fangt ihn!«

Die beiden Männer kamen auf mich zu.

Ohne langes Nachdenken sprang ich auf, griff mir das lange Messer, das auf dem Tisch lag und stellte mich mit dem Rücken zur Wand. Meine Mutter, die mit George und meinen Schwestern in der Schlafkammer gewesen war, hörte die Stimmen und kam in die Küche.

»Was ist hier los?« fragte sie.

»Diese Männer sind gekommen, um ihn in die Beschneidungs-Schule mitzunehmen«, erklärte mein Vater und ein Ausdruck tiefster Genugtuung lag auf seinem Gesicht.

Nach dem Stammesgesetz der Venda mußte jeder Junge, bevor er zum »Mann« wurde, eine »Berg-Schule« besuchen. Diese Schulen liegen in bewaldeten Gegenden, weit von den Dörfern entfernt. Während dieser Zeit werden die Schüler von einigen beschnittenen Männern in verschiedene Rituale eingeführt. Danach findet, als Hauptzeremonie, eine Mannbarkeitsprüfung statt, bei der die Beschneidung ohne Betäubung durchgeführt wird.

Meine Mutter war alles andere als einverstanden. »Wieso hast du das entschieden, ohne mit mir darüber zu reden?« fragte sie.

»Er ist mein Kind«, sagte mein Vater.

»Aber auch meins«, erwiderte meine Mutter.

»Er ist zu frech geworden«, schimpfte mein Vater. »Es wird Zeit, daß er in einer der Bergschulen lernt, sich zu benehmen. Er kommt überhaupt nicht nach mir.«

»Nach dir kommen . . .!« brüllte ich. »Das fehlte noch! Was hast du getan, worin ich dir nacheifern könnte? Dein Saufen, dein Spielen, deine Unwissenheit, deine Unverantwortlichkeit! Ich wäre lieber tot, als so wie du!« Ich spuckte ihn an.

»Hört euch an, wie er mit mir redet! Mit mir, seinem Vater! Er spuckt mich sogar an!«

»Okay, Junge!« dröhnte einer der Männer. »Leg das Messer hin und komm mit. Du wirst ja nur drei Monate weg sein.«

»Drei Monate!« protestierte meine Mutter. »Er kann es sich nicht leisten, so lange weg zu sein. Die Prüfungen fangen bald an.«

»Dies ist das wichtigste Examen seines Lebens, *musadi*« warf einer der Männer ein. »Er muß seine Männlichkeit unter Beweis stellen.«

»Vielleicht kann er ja nächstes Jahr gehen.«

»Ich gehe nirgendwo hin«, versicherte ich. »Wenn ich schon beschnitten werden muß, gehe ich in die Klinik. Und sonst bringe ich jeden um, der versucht, Hand an mich zu legen.«

»Der gibt doch nur an«, sagte mein Vater. »Er wird das Messer nicht benutzen.«

»Versucht's nur«, knirschte ich.

Die Männer zögerten.

»Er ist ein *tsotsi*«, sagte meine Mutter ganz beiläufig.

Die beiden Männer wechselten Blicke. »Sprich mit deinem Sohn, Jackson«, forderte der eine schließlich meinen Vater auf. »Wir kommen dann morgen wieder und nehmen ihn mit.«

Sie gingen und mein Vater ging mit ihnen. Ich packte sofort meine Bücher zusammen, nahm etwas zum Anziehen mit und lief zu Großmutter. Erst zwei Wochen später kam ich wieder nach Hause. Das Thema Beschneidungs-Schule griff mein Vater nie wieder auf. Er sprach überhaupt so gut wie gar nicht mehr mit mir: dieser Zwischenfall hatte unsere ohnehin schon gestörte Beziehung noch mehr verschlechtert, und bald gab es eigentlich gar keine Beziehung mehr. Der häusliche Unfrieden, für den ich keine Lösung wußte, machte mich zu einem Nervenbündel. Ich litt unter ernsten Beschwerden. Da mal wieder kein Geld für die Klinik da war, gab es nicht einmal die Möglichkeit festzustellen, was mir fehlte. Ich bildete mir sogar ein, mein Vater hätte versucht, mich zu vergiften. Aber das war natürlich Blödsinn.

Trotz des bösen Blutes zwischen meinem Vater und mir und der damit verbundenen Belastung mußte ich die Abschlußprüfungen für »Standard 6« ablegen. Dafür mußte ich mich sehr anstrengen, denn wenn ich besonders gut abschloß, bestand die winzige Möglichkeit, ein Stipendium für eine höhere Schule zu bekommen. Unter normalen Umständen hätte ich nicht daran gezweifelt, ein sehr gutes Examen ablegen zu können. In allen meinen Schuljahren war ich immer unter den Klassenbesten gewesen. Doch das Zerwürfnis mit meinem Vater hatte mich mutlos gemacht und mein Selbstbewußtsein angeknackst. Und so, wie ich mich fühlte, konnte ich mich wohl glücklich schätzen, die Prüfungen überhaupt zu bestehen. Ich erzählte meiner Mutter von meinen Sorgen, und sie fand wie immer ermunternde Worte für mich.

»Du mußt an dich glauben, Kind«, meinte sie. »Du hast es doch bisher geschafft. Warum solltest du es da diesmal nicht auch schaffen?! Du mußt nur an dich glauben!«

Ich beherzigte Mutters Rat und bemühte mich, das Examen so selbstbewußt wie möglich anzugehen. Als Wochen später die Ergebnisse bekanntgegeben wurden, gehörte ich zu denen, die von der ganzen Schule bejubelt wurden. Wir wiesen die besten Noten unter den Stammesschulen von Alexandra auf. Die höchste Auszeichnung hatte ich zwar um einige wenige Punkte verpaßt, aber ich hatte den »First Class«-Abschluß gemacht, den ich meiner Mutter versprochen hatte. So konnte ich nun, wie sie und ich es abgemacht hatten, weiter zur Schule gehen.

Einen Tag nachdem die Ergebnisse unserer Abschlußprüfung in der *World* erschienen waren, rief mich mein Schuldirektor zu sich. In seinem Büro standen auch einige meiner Lehrer. Alle strahlten und beglückwünschten mich. Der Direktor forderte dann meinen Klassenlehrer auf zu sprechen.

»Du bist zweifellos einer der besten Schüler, die Bovet je hatte«, begann der. »Wir sind alle sehr stolz auf dich. Obwohl ich dich manchmal mehr geprügelt haben mag als andere, wußte ich doch tief in meinem Herzen, daß du ein hervorragender Schüler bist und daß du es mit dem richtigen Quantum an Prügeln und Ermunterung weit bringen würdest. Ich hoffe, du machst weiter so. Ich hoffe, du arbeitest hart weiter und hörst auch niemals auf zu fragen. Selbst dann nicht, wenn du weißt, daß es auf deine Fragen keine Antworten geben kann. Gott schütze dich!«

Alle klatschten. Ich wußte nicht, was ich sagen sollte. Der Direktor rettete mich, indem er das Wort ergriff: »Johannes«, sagte er, »ich bin stolz darauf, dir mitteilen zu können, daß du in Anbetracht deiner schulischen Leistungen mit einem Regierungsstipendium für die drei Jahre der weiterführenden Schule bedacht worden bist.«

Ich mochte meinen Ohren kaum trauen. Davon hatte ich geträumt, gewiß – aber wirklich und wahrhaftig damit gerechnet, das hatte ich nicht. Ich wußte nicht, ob ich vor Freude in die Luft springen oder schreien sollte. Es war tatsächlich geschehen! Ich hatte es geschafft!

»Es stimmt, mein Junge, du hast richtig gehört«, fuhr der Direktor fort, als hätte er in meinen Gedanken gelesen. »Und niemand hat das mehr verdient als du. Es ist die angemessene Krönung einer exzellenten Leistung hier an dieser Schule. Das, was du in den letzten Jahren erreicht hast, wird dir so bald niemand nachmachen. Selbstverständlich muß ich nicht betonen, daß das Stipendium an weiterhin gute Leistungen gebunden ist. Glaubst du, daß du den Standard halten kannst?«

Ich war immer noch sprachlos und brachte nicht einen Ton heraus.

An diesem Abend weinte meine Mutter Freudentränen. »Gott lebt, Kind. Er lebt! Er hat meine Gebete erhört!« schluchzte sie.

Granny, Onkel Piet und Tante Bushy bekamen sofort Bescheid und versprachen, mich zu unterstützen, damit ich »der erste Arzt in der Familie« werden könne. Nur einer unkte. Mein Vater: »Wird dir die Regierung auch einen Job geben, wenn du mit der Schule fertig bist?«

Hätte ich nicht eine solche Abneigung gegen die Stammesreservate entwickelt gehabt, wäre ich wohl mit meinen Schulfreunden von Bovet in das Internat von Giyani, im Stammesreservat der Tsongas gegangen. Doch ich konnte mich nicht dazu überwinden und entschied mich stattdessen für die Höhere Schule in Alexandra. Das erwies sich als eine außerordentlich glückliche Wahl, denn *Alexandra Secondary School* hatte ein Tennis-Team.

Alexandra Secondary School war die einzige »gemischte« Schule im Getto. Die Schüler der verschiedenen Stammesschulen kamen hier erstmals zusammen, weshalb der Unterricht in den Stammessprachen entfiel. Mathematik, Geschichte, Geologie, Physik, Biologie, Religion, Werken und Hauswirtschaftslehre wurden in Englisch unterrichtet, der in Südafrika meistverbreiteten Sprache. Zum Lehrplan eines jeden Schülers gehörten ferner Afrikaans, Englisch und andere Sprachen.

Die Höhere Schule war wesentlich besser ausgestattet als die Grundschule, aber es fehlte dennoch an vielem. An Platz zum Beispiel, denn das größte Problem war die Überbelegung. Das Schulmotto hieß *Labor Vincit Omnia* (Arbeit überwindet alles) und etwa ein Dutzend Lehrer achteten gemeinsam mit dem Direktor darauf, daß konzentriert gearbeitet wurde. Zur Erhaltung der Disziplin wurde »körperliche Züchtigung« eingesetzt. Ansonsten gab es strenge Ver- und Gebote: Drogen waren verboten, die Schuluniform mußte untadelig sein, die gründliche Sauberhaltung des Schulgeländes durch die Schüler verstand sich von selbst, und es wurde verlangt, daß nur Englisch gesprochen wurde. Ich nahm mir vor, mich an die Regeln zu halten, und bei der letzten tat ich es sogar ausgesprochen gern. Endlich hatte ich die Gelegenheit, wirklich richtig Englisch sprechen und schreiben zu lernen.

Weil die meisten Fächer auf Englisch unterrichtet wurden und ich durch meine Bekanntschaft mit der Familie Smith bereits einige praktische Erfahrungen mit dieser Sprache gesammelt hatte, mauserte ich mich bald zu einem der besten Schüler. In »Form A« lag ich bei den Examen an der Spitze. Meine Leistungen waren zwar in allen Fächern überdurchschnittlich, aber wenn es um Sprachen und naturwissenschaftliche Fächer ging, wuchs ich über mich selbst hinaus. Als Mitglied des Debattierclubs fiel die Wahl auf mich, bei Inspektionen durch die Schulbehörde Prosa und Lyrik in Afrikaans, Englisch und Tsonga vorzutragen. Das war eine große Verantwortung. Dennoch fand ich auch weiterhin die Zeit zum Tennisspielen. Ich genoß dieses Leben, das mir soviel Freiheit gab. Viele der Jungen und Mädchen, mit denen ich die Grundschule beendet hatte, arbeiteten bereits. Ihre Eltern konnten sich das Schulgeld für eine weiterführende Schule nicht mehr leisten. Nur zwei Prozent aller Grundschulabgänger in Alexandra machten mit der Schule weiter. Daß ich zu diesen wenigen gehören durfte, war Glück. Dank des Stipendiums mußte ich weder für Bücher noch Schulgeld aufkommen, sondern lediglich die Kosten für meine Uniform und sonstige Ausgaben bestreiten. Mein Teilzeitjob bei den Smiths half mir dabei einigermaßen über die Runden.

Das wenige, was ich verdiente, wurde dann von Tante Bushy und Onkel Piet aufgebessert.

»Eines Tages, das verspreche ich euch, werde ich euch eure Hilfe vergelten«, sagte ich zu Onkel Piet, der mir gerade ein neues weißes Hemd und eine lange, graue Flanellhose gekauft hatte.

»Mach dir mal keine Sorgen, Neffe«, erwiderte Onkel Piet. »Arbeite nur fleißig. Ich bezweifle stark, daß ich jemals solche Leistungen erbracht hätte wie du, wenn ich weiter zur Schule gegangen wäre. Aber deinetwegen werde ich heute auf der Straße angesprochen, als ›Onkel dieses klugen Jungen‹. Erinnerst du dich an den Tag, an dem deine Abschlußnoten in der *World* standen? Ich habe ein Exemplar mit zur Arbeit genommen, und weißt du, was passiert ist? Alle haben mich um dich beneidet! Sogar ein paar Weiße haben mich an diesem Tag gegrüßt! Wenn du fleißig weiterarbeitest, Kleiner, wer weiß ... vielleicht werde ich dann sogar noch befördert.«

Tante Bushy, die mir regelmäßig Geld fürs Mittagessen zusteckte und auch die gelegentlichen Schulausflüge finanzierte, dachte genauso wie Piet. Und meine unerschütterliche Großmutter sagte: »Solange ich dich habe, Kind, brauche ich keinen Ehemann. Ich würde sowieso auf der ganzen Welt keinen finden, der so ansehnlich, klug und lieb ist wie du. Wo ich neuerdings auch hingehe, erzählen mir Großmütter und Mütter, welch schöne Enkelinnen und Töchter sie haben, ›genau das richtige für dich‹. Doch ich sage immer: ›Er ist schon vergeben‹. Und dann fragen sie: ›Wer ist denn die Glückliche?‹ Und ich sage: ›Du schaust sie gerade an.‹«

Die Tatsache, daß ich mich – wann immer ich Hilfe brauchte – auf die Unterstützung dieser drei Menschen verlassen konnte, ermöglichte es mir, dem Tennis mehr Zeit zu widmen. Ich machte allerdings kaum Fortschritte. Da mußte etwas passieren! Also marschierte ich, mit Notizblock und Bleistift bewaffnet, in die Buchläden von Johannesburg, studierte alle Tennis- und Trainingsbücher, schrieb mir die wichtigen Punkte heraus und stellte mir einen festen Trainingsplan auf. Um mein Konzentrations- und Reaktionsvermögen zu verbessern, begann ich mit Yogaübungen. Weil ich irgendwo gelesen hatte, daß Sex die Energie und Zielstrebigkeit schwächt, hatte ich mir vorgenommen, mit allen sexuellen Aktivitäten zu warten, bis ich »es« geschafft hatte.

Zu meiner eigenen Überraschung verbesserte sich mein Spiel tatsächlich. Ich besiegte einige der Spieler, die mich bislang vom Platz gefegt hatten. Zum ersten Mal, seit ich mit dem Tennisspielen angefangen hatte, schlug ich sogar Scaramouche. Und als sei das noch nicht genug, wurde ich bald der Nummer Eins-Spieler der Schule. Das war 1972. Bei den Schulexamen, die im Dezember abgenommen wurden, war ich der Beste von »Form 1«.

1973 wurde ein großes Tennisjahr. Ich wurde zum Mannschaftsführer gewählt, spielte als Nummer Eins in Singles und im Doppel und führte die Schule zu einigen sehr wichtigen Siegen über hartnäckige Rivalen. Scaramouche hatte mich auch bei etlichen Turnieren für Schwarze in Soweto, Tembisa, Daveyton und Kwa-Thema angemeldet. Ich war nicht besonders. Doch die Erfahrungen, die ich dort gegen die schwarzen Spitzenspieler machte, waren außerordentlich wertvoll.

Scaramouche gelang es auch, seinen reichen, weißen Freunden einige alte Schläger für mich abzuschwatzen, so daß ich mich von da an aufs Spiel konzentrieren konnte und mir keine Gedanken mehr darüber machen mußte, ob das Racket zerbrechen oder eine Saite reißen könnte.

Im Juni 1973 traf ich Tom, einen schlacksigen Zulu, der gerade zu unserer Tennismannschaft gestoßen war. Er hob sich von uns anderen auf den ersten Blick ab. Sein Tennisdress und seine Schläger wirkten ausgesprochen teuer und hatten mit Sicherheit ein Vermögen gekostet. Doch Tom sah zu harmlos aus, um ein Dieb zu sein. Also faßte ich mir ein Herz und fragte ihn, woher er die Ausrüstung hatte. Er erzählte mir von einer Tennis Ranch in Halfway House (das diesen Namen trug, weil es auf halbem Weg zwischen Johannesburg und Pretoria lag). Dort, so sagte er, sei er beschäftigt, doch jetzt wolle er den Job aufgeben, weil er ein besseres Angebot von einer anderen Ranch habe. Die Tennis Ranch in Halfway House, sagte Tom weiter, hieße Barretts und sei nach der Baufirma benannt, die fast alle Tennisanlagen in Südafrika gebaut hatte. Geleitet würde sie von Wilfried Horn, einem Einwanderer aus Deutschland.

»Wie lange ist er schon in Südafrika?« fragte ich.

»Nicht lange genug, um ein *Afrikaner SOB* (Hurensohn) geworden zu sein«, antwortete Tom. »Er ist während des Zweiten Weltkriegs in Deutschland aufgewachsen und hat mir einmal gesagt, er habe den Eindruck, die *National Partei* (die regierende Afrikaner Partei, die die Apartheid unterstützt) müsse ihre irren Ideen von Hitler und seinen Nazis übernommen haben.«

»Hört sich an, als sei er ein interessanter Mensch.«

»Wilfried respektiert die Schwarzen«, sagte Tom. »Er und seine südafrikanische Frau Norma haben, wie die meisten Weißen, für sich und ihren vierjährigen Sohn eine Menge Dienstboten. Doch sie behandeln sie gut.«

»Wenn sie so viele Dienstboten haben, was tust du dann da?«

»Ich spiele Tennis, Bruder«, prahlte er.

»Ich dachte, du arbeitest da...«

»Ja, ich arbeite an meinem Tennis...«

»Mit wem spielst du? Gibt es denn auch schwarze Spieler und schwarze Plätze auf der Ranch?«

»Nein, die Ranch ist so lilienweiß wie der *broedersbond* (ein weißer

Geheimbund, der die politischen Führer Südafrikas hervorbrachte). Ich war der einzige Schwarze dort und ich spielte gegen Weiße.«

»Du hast gegen Weiße gespielt?« Ich konnte es gar nicht fassen. »Wer bist du?«

»Ich bin Tom. Ganz einfach Tom. Der simple Tom.«

Tom mußte ein Polizeispitzel sein! Von allen möglichen Schwarzen waren diejenigen die Verräter, die am ehesten enge Verbindungen zu Weißen unterhielten. Und die Weißen, die Beziehungen zu Schwarzen unterhielten, konnten nur bei der Polizei sein. Wahrscheinlich war die Ranch nichts anderes als ein unauffälliger Treffpunkt für weiße Geheimagenten und ihre schwarzen Kontaktleute.

»Ich bin nicht das, was du jetzt glaubst«, unterbrach Tom meinen Gedankengang. »Ich bin kein ›Onkel Tom‹. Die Mitglieder dieses Clubs sind in erster Linie reiche Deutsche und liberale Engländer, denen es nichts ausmacht – nein, die es sogar mögen – einem Schwarzen zu begegnen. Den richtigen Schwarzen natürlich. Klar gibt es dort auch ein paar selbstgerechte Afrikaner, aber wen stört's? Denn die Liberalen mögen mich, weil ich so blitzsauber bin, weil ich eine höhere Schule besuche und weil ich fließend Englisch, Afrikaans und Deutsch spreche. Was können weiße Liberale mehr verlangen? Wenn alle unsere Leute wären wie ich, gäbe es keine Notwendigkeit für eine Apartheid. Jedenfalls nicht für die Liberalen.«

Das war seine feste Überzeugung.

»Und du hast gesagt, du gehst da weg?« fragte ich.

»Ja, zum Monatsende. Ich habe ein noch besseres Paradies gefunden.«

»Tom, ich flehe dich an«, sagte ich, »bring mich bitte in das Paradies, das du verläßt. Stell mich bitte Wilfried vor und ich werde für den Rest meines Lebens den Boden küssen, auf dem du wandelst. Und außerdem habe ich eine sehr schöne Schwester!«

Wilfried war genauso wie Tom ihn beschrieben hatte. Ein warmherziger Mann, ohne Vorurteile. Wir mochten uns auf Anhieb. Er war beeindruckt von meinem Englisch – es war besser als seins – und von meinen guten Schulleistungen. Einzelheiten, die ich ihm über meine Kindheit und das Getto erzählte, schockierten ihn allerdings.

»Aber das darf doch nicht wahr sein! Menschen können doch Menschen nicht so behandeln!« sagte er. »In Deutschland haben wir über die Apartheid gelesen, aber das, was du mir da erzählst, hätte ich nie für möglich gehalten. Darüber haben wir nie etwas erfahren.«

»Das überrascht mich nicht«, erwiderte ich. »Nicht einmal die Weißen in diesem Land wissen die Wahrheit über das Leben im Getto.«

»Es ist schwierig, in diesem Land zu leben«, erklärte er. »Und dabei ist es doch so ein schönes Land!« Nach einer Pause fuhr er fort: »Ich würde mich freuen, wenn du auf meiner Ranch spielen würdest. Vielleicht kannst du uns auch etwas über die Wirklichkeit in diesem Land erzählen, über die wir Weißen so wenig wissen. Aber wovon wir unbedingt wissen sollten.«

Aus irgendeinem Grund, der mir bis heute schleierhaft ist, habe ich Wilfried Horn gesagt, ich hieße Mark – nicht Johannes.

38   Im November 1973 bekam Arthur Ashe endlich die Erlaubnis, südafrikanischen Boden zu betreten. Sechs Jahre lang war ihm die Einreise und die Teilnahme an Tennis-Turnieren verweigert worden. Das hatte einen einfachen Grund: er, ein schwarzer Mann, hatte die Südafrikanische Regierung wegen ihrer Apartheid Politik verschiedentlich angegriffen. Der Tropfen, der das Faß zum Überlaufen gebracht hatte, war eine Pressekonferenz gewesen, die Ashe in London gehalten hatte. Da soll er gesagt haben, er würde »eine H-Bombe auf Johannesburg werfen«. Das sei wohl der einzige Weg, die Regierung zur Vernunft zu bringen.

»Ich kann mir nicht vorstellen, daß Arthur Ashe das wörtlich gemeint hat«, sagte ich zu meinem Freund David, als wir die Zeitungen lasen, die Ashes Eintreffen ankündigten, und wir über ihn diskutierten. Wir hatten unser Tennistraining unterbrochen und waren auf dem Weg ins »Café«. »So etwas kann ihm nur, wenn überhaupt, in blinder Wut rausgerutscht sein.«

David war die Nummer Zwei in unserem Team und mein Partner im Doppel. Er war ein stiller, politisch interessierter Zulu und ein exzellenter Schüler. Er liebte die englische Sprache ebensosehr wie ich. Wir tauschten Bücher aus, machten die Hausaufgaben gemeinsam, lasen Prosa und Gedichte zusammmen, trainierten zusammmen und saßen bei den Tennistrips im Bus nebeneinander. Er war der erste enge Freund, den ich jemals hatte. Das einzige, was uns unterschied – er war ein Frauenheld, ich nicht. Ich hielt mich immer noch an meine »Geheimformel für den Erfolg«, die Sex ausschloß.

»Diese verdammte Regierung ist so verdammt empfindlich, wenn Schwarze etwas sagen«, meinte David, »daß sie jedes Wort auf die Goldwaage legt. Am besten wäre, wir hielten alle den Mund.«

»Ich glaube«, flüsterte ich, »wenn Arthur Ashe Südafrikaner wäre, hätten sie ihn wegen dieser Bemerkung sofort verhaftet.«

»Ach was, die Hunde hätten ihn gleich nach Robben Island geschickt«, erwiderte David zornig. »Oder vielleicht hätten sie ihm ›erlaubt‹, sich schon im Polizeigewahrsam an den Saiten seines Tennisschlägers aufzuhängen.«

Wir brachen in Lachen aus. Es war ein nervöses Lachen und wir schauten uns schnell um, ob nicht jemand zufällig unsere Unterhaltung mitbekommen oder gar belauscht hatte. In einem Land, in dem es schon als Schwerverbrechen gilt, politische Slogans an Wände zu schreiben, waren Äußerungen gegen die herrschende politische Meinung gleichbedeutend mit Verrat. Und wenn sie von einem Schwarzen kamen, wurden sie mit empfindlichen Strafen geahndet.

Ich erinnerte mich, in den Zeitungen von Schwarzen gelesen zu haben, die sich in den Arrestzellen der Polizei auf mysteriöse Weise erhängt hatten. Von den schwarzen politischen Aktivisten wurde immer wieder mal einer tot aufgefunden. Sie hatten sich mit Gürteln, Hemden, Hosen und Laken erhängt. In unserer Schule wurde während der Pausen viel über diese Todesfälle geredet, die die Polizei »Selbstmorde« nannte, die in unseren Augen aber »kaltblütige Morde« waren.

Davids politische Interessen waren, so hatte er mir erzählt, durch einen seiner entfernten Verwandten geweckt worden, der dem *African National Congress* (ANC) angehörte, als diese Bewegung noch legal war. Später hatten die Behörden, weil die ANC ihnen gefährlich geworden war, diese Befreiungsbewegung für illegal und staatsgefährdend erklärt, und sie hatte in den Untergrund gehen müssen.

Die politische Stammes-Geschichte ausgenommen, galt es an schwarzen Schulen als gesetzeswidrig, schwarze politische Geschichte zu unterrichten. Die Stammespolitik langweilte uns allerdings, weil wir genau wußten, daß die Regierung sie nur zuließ, um die Apartheid zu unterstützen, daß das, was wir erfahren durften, manipuliert war.

Über die ANC Befreiungsbewegung erfuhr ich also nicht von meinen Lehrern, sondern durch meine Freundschaft zu David. Er erzählte mir eine ganze Menge darüber.

Die ANC war 1912 von einer Gruppe schwarzer Intellektueller gegründet worden. Die meisten ihrer Mitglieder hatten in England oder Amerika studiert. Die ANC begann als gewaltlose Organisation, die von den Ideen Mahatma Gandhis inspiriert war, der von 1893 bis 1914 in Südafrika gelebt hatte und der Überzeugung war, man könne rassische Vorurteile auf friedlichem Wege abbauen.

Die ANC-Anführer gingen davon aus, daß sie die weißen Südafrikaner überzeugen könnten, die Rassentrennungspolitik aus moralischen und humanitären Gründen zu beenden. Doch die *National Partei* weigerte sich, von der Apartheid abzulassen und erließ statt dessen Jahr für Jahr Gesetze, die die Überlegenheit der Weißen weiter festigten und die Rechte der Schwarzen weiter beschnitten.

Schwarze Bürgerrechts-Führer gaben ihre friedlichen Anstrengungen nicht auf, doch die Apartheid ging erbarmungslos gegen sie vor. Friedliche Demonstranten wurden niedergeschossen, ganze Gruppen führender Bürgerrechtler ins Gefängnis geworfen und zu »lebenslänglich« verurteilt. Diese Strafe saßen sie auf Robben Island, einem hochgesicherten Gefängnis im eiskalten Atlantik ab. Unter den Gefangenen waren Nelson Mandela, Gouan Mbeki, Walter Sisulu und Robert Sobukwe.

Die, die der Verhaftungswelle entgingen, mußten in den Untergrund und führten ihren Kampf gegen Ungerechtigkeit und Rassismus nun von dort aus weiter. Und nachdem die gewaltlosen Maßnahmen keine Erfolge gezeitigt hatten, bewaffneten sie sich nun ebenfalls, und die Gruppe *Umkhonto We Sizwe* (Speer der Nation) wurde gebildet. Aber auch diese Untergrundkämpfer waren bereit, die Waffen jederzeit niederzulegen, um die Zukunft Südafrikas mit den Weißen zu diskutieren. Ihr Ziel blieb »ein freies und demokratisches Südafrika, in dem alle Menschen – schwarz und weiß – in friedlicher Koexistenz leben und gleiche Rechte und Möglichkeiten haben.«

Trotz der sich ausbreitenden schwarzen Rebellion zeigte sich die Regierung nicht gesprächsbereit. So kam es, daß meine Generation in einem Jahrzehnt erhöhter Konflikte aufwuchs. Und als wir die Realität der Apartheid begriffen, wurden Haß, Ärger und Frustration mehr und mehr ein Teil unseres täglichen Lebens. Und alle, die die Möglichkeit hatten, sich dieses destruktiven Kreislaufs bewußt zu werden, suchten nun nach Wegen, ihrer negativen Emotionen Herr zu werden.

Diejenigen von uns, die die historischen Zusammenhänge der schwarzen Freiheitsbewegung und den Anteil, den die ANC daran hatte, kannten, schlossen sich der Bewegung an, um den Mandelas, Mbekis, Sisulus und Sobukwes nachzueifern. Jenen Männern, die für den Freiheitskampf unseres Volkes ihre eigene Existenz aufs Spiel gesetzt hatten. Sie waren deren Helden. Diejenigen von uns, die die Zusammenhänge nicht kannten und denen die Rolle der ANC nicht klar war, suchten nach neuen Ideen, die sie aufgreifen könnten, um die Lebensbedingungen der Schwarzen zu verbessern. Ich gehörte noch zu der zweiten Gruppe, als Arthur Ashe 1973 Südafrika besuchte.

Sein Kommen bedeutete den Schwarzen Südafrikas viel. Sie beteten die amerikanischen Schwarzen geradezu an, weil sie bewiesen hatten, daß sie in der Welt des Weißen Mannes Rechte geltend machen konnten; in einer Welt, von der viele von uns sich vorstellten, daß man in ihr auf Schritt und Tritt über versteckte Bomben stolpern würde; einer Welt, von der viele von uns annahmen, daß sie uns Schwarze noch tiefer in den Schmutz und in die Knechtschaft ziehen würde als jede andere, weil die Weißen, denen sie gehörte, uns darin nur in Schmutz und Knechtschaft dulden würden.

Einen Tag bevor Arthur Ashe erwartet wurde, war ich unterwegs zur Barrets Ranch. Ich trainierte inzwischen drei- bis viermal wöchentlich bei Wilfried Horn. Der Deutsche war genauso begeistert über Ashes Kommen wie ich, und so hatten wir an diesem Tag nur ein einziges Gesprächsthema: Arthur Ashe.

»Ich habe ihn in Deutschland spielen sehen«, erzählte Wilfried. »Er ist phantastisch! Er hat einen der gefährlichsten Aufschläge in der Welt. Und er ist ein wirklicher Gentleman. Tennis könnte keinen besseren Botschafter haben als ihn. Wäre er in die Politik gegangen, hätte er bestimmt einen brillanten Politiker abgegeben.«

»Ich würde ihn gern treffen«, sagte ich.

»Ich habe uns Tickets besorgt«, sagte Wilfried, »so daß wir ihn spielen sehen können.«

»Ich würde ihm gern von Angesicht zu Angesicht begegnen.« Die Worte sprudelten nur so aus mir heraus. Ich war so besessen von dem Gedanken, daß es mir gar nicht in den Sinn kam, ich könnte etwas Unmögliches verlangen.

»Ich habe zwar hervorragende Verbindungen«, sagte Wilfried, »aber trotzdem bezweifle ich stark, daß ich das möglich machen kann.«

In derselben Woche, in der Ashe kam, gab es einen weiteren Meilenstein im südafrikanischen Sport. Zum ersten Mal in der Geschichte des Landes durfte ein schwarzer Mann gegen einen Weißen boxen. Daß das geschehen konnte, wurde überall als der größte Durchbruch in der Sport-Apartheid bejubelt, zumal die Regierung sogar die Veröffentlichung von Photos erlaubte, die zeigten, wie der schwarze Boxer mit den Fäusten auf seinen weißen Gegner einschlug. Bis dahin waren Bilder wie diese der Zensur zum Opfer gefallen, weil sie, so hatte es geheißen, nur dazu angetan seien, »rassistische Spannungen zu schüren«.

Im Ring standen sich Bob Foster, ein schwarzer Amerikaner und Weltmeister im leichten Halb-Schwergewicht und sein weißer, süd-afrikanischer Herausforderer gegenüber. Seit meinem ersten und letzten eigenen »Box-Kampf« konnte ich dem Boxsport nichts mehr abgewinnen und lehnte Onkel Pietrus' Einladung dankend ab, ihn zu dem Match zu begleiten.

Meine Entscheidung, mir den Kampf nicht anzuschauen, gründete sich allerdings nicht allein auf meine Abneigung gegen diesen Sport. Es gab einen weitaus wichtigeren Grund dafür als die Brutalität, der ich im Stadion begegnen könnte. Und dieser Grund hatte mit einem der Boxer zu tun: mit Bob Foster.

Der Mann hatte seit seiner Ankunft in unserem Land eine Reihe von Interviews gegeben, die mich und andere Schwarze gegen ihn auf-brachten. Er sei gekommen, um zu boxen, hatte er gesagt, nicht, um sich politisch zu äußern. Deshalb, hatte er gebeten, solle man ihm in Zukunft Fragen zur Apartheid ersparen. Weiterhin hatte er behauptet, er glaube nicht, daß Südafrika ein Land sei, in dem sich für die Schwarzen nicht gut leben ließe und hatte hinzugefügt: »Ich kann mir gut vorstellen, daß ich mir eines Tages hier ein Ferienhaus baue.«

Was uns Schwarze am meisten an ihm erzürnte, war, daß er versuch-te, eine Distanz zwischen sich und uns aufzubauen, als seien wir von einer ansteckenden Krankheit befallen. Er blieb in der Weißen Welt und weigerte sich, eines der Gettos zu besuchen. Das führte dazu, daß viele ihn als einen Verräter, einen ›Onkel Tom‹ ansahen. Was mich anging, so hätte er genausogut ein Weißer sein können, wahrscheinlich wäre er dann ein Bure gewesen. Mir schien es, als habe er überhaupt keinen Kontakt zur Realität – zu meiner Realität, die auch die seine hätte sein sollen. Im Grunde tat er mir leid. Deshalb wollte ich mir auch den Kampf nicht anschauen.

Statt dessen konzentrierte ich all meine Bemühungen darauf, Arthur Ashe zu sehen. Obwohl er, wie Bob Foster, während seines Besuches ebenfalls in der Weißen Welt blieb, hatten ihn seine Äußerungen über die Apartheid doch zu einem der unseren gemacht. Er tat zumindest nicht so, als sei er ein Weißer, der versehentlich in ein Faß mit schwarzer Farbe gefallen war.

Zu Leuten wie Ashe schauten die Schwarzen Südafrikas auf. Wir wußten es zwar nicht mit Bestimmtheit, aber wir konnten uns sehr wohl vorstellen, daß schwarze Amerikaner in Südafrika gezwungen waren, bestimmte Regeln einzuhalten und gewisse Kompromisse zu schließen – ob sie nun Sänger, Sportler oder Schauspieler waren. Dennoch glaubte ich damals aber auch, daß sie als schwarze Amerikaner die Apartheid aus einer sichereren Position heraus kritisieren konnten.

Die meisten kamen, da machten wir uns nichts vor, wegen des Geldes oder um eine Karriere wieder aufzupolieren, die im Schwinden begriffen war. Was wir nicht wußten, war, daß es den schwarzen Künstlern und Sportlern unter keinen Umständen erlaubt war, eine Hütte in Alexandra oder Soweto aufzusuchen und somit ihre Solidarität zu beweisen.

Uns war völlig gleichgültig, ob sie in den Fünf-Sterne Hotels blieben, in denen sie als »Ehren-Weiße« aufgenommen wurden und die sie sich leisten konnten und die sie verständlicherweise auch bevorzugten. Alles, was wir von ihnen verlangten, war, daß sie sich ihrer Hautfarbe bewußt waren, wußten, was es bedeutet, in diesem Land ein Schwarzer zu sein, und daß sie Interesse für unser Leiden aufbrachten. Wenn sie aber die Apartheid gut hießen oder vorgaben, sie gut zu heißen, konnten sie uns gestohlen bleiben. Und natürlich wünschten wir uns, daß sie in die Gettos kämen, weil wir sonst ja keine Möglichkeit hatten, ihre Auftritte zu sehen.

Am Dienstag, dem ersten Turniertag, ging ich allein zum Ellis Park Stadion. Wilfried konnte mich nicht begleiten, weil er Tennisstunden geben mußte und für diesen Tag total ausgebucht war. Er hatte mir aber neben der Karte auch noch Geld in die Hand gedrückt, damit ich über den Tag käme. Arthur Ashe sollte sein erstes Spiel am Nachmittag bestreiten. Als ich auf der North Street aus dem schwarzen Bus stieg und mich auf den Weg zum Stadion machte, fragte ich mich, wie es wohl sein würde, ein Turnier zu beobachten, bei dem Weltklassespieler antraten. Es war das erste Turnier dieser Art, das ich mir anschauen konnte, und allein die Tatsache, daß Arthur Ashe daran teilnahm – der erste Schwarze in der Geschichte des südafrikanischen Tennis – machte dieses Ereignis noch bedeutsamer für mich.

Ellis Park war gerammelt voll. Die wenigen Schwarzen bewegten sich völlig ungezwungen unter den Weißen und gingen auf Autogrammjagd. Das wunderte mich. Ich schnappte Gespräche auf, die Arthur Ashe favorisierten, sein erstes Spiel gegen Sherwood Stewart, einen bärtigen, schlaksigen Amerikaner aus Goose Creek in Texas, zu gewinnen.

Auf den Tribünen, die keine offizielle Trennung von Schwarz und Weiß aufwiesen, sah das Bild allerdings schon anders aus. Die meisten Schwarzen blieben unter sich. Sie saßen in der Nordost-Sektion der Tribüne, die nicht überdacht und der sengenden Transvaal Sonne voll ausgesetzt war. Mit einer Gruppe von Freunden aus Soweto machte ich den Versuch, mich zwischen einige Weiße zu setzen, die aussahen, als kämen sie aus Pretoria. Doch die Atmosphäre war so angespannt, daß wir uns dann doch in die schwarze Sektion zurückzogen.

Uns gegenüber, an einer der Werbeflächen, hing ein großes Plakat für die Whiskymarke *Black & White*. Darauf stand: »(Es ist) Zeit *Black & White* zu servieren.« Ich mußte lachen. Das Wortspiel gefiel mir. In diesem Stadion würde gleich zum erstenmal ein Schwarzer gegen einen Weißen versuchen, seinen Service durchzubringen. Ansonsten sah man auf dem Plakat noch zwei Hunde, einen schwarzen und einen weißen, sowie eine Großvater-Uhr in der Mitte des Bildes.

Arthur Ashe gewann sein erstes Spiel glatt in drei Sätzen – 6:1, 7:6 und 6:4. Während des Matchs gab es immer, wenn er einen Punkt machte, tosenden Beifall von der schwarzen Minderheit auf der Tribüne – und auch die Fehler seines Gegners wurden heftig bejubelt. Ich freute mich über den ungläubigen Ausdruck auf den Gesichtern mancher Weißer, die offenbar ihren Augen nicht trauten, daß ein Schwarzer einen Weißen besiegte. Einige Weiße, vermutlich die echten Tennisfans unter ihnen, waren allerdings auch auf Ashes Seite. Ashe war nun einmal der bessere Spieler. Ich fragte mich allerdings, wie sie reagiert hätten, hätte Ashe gegen einen weißen Südafrikaner und nicht gegen einen weißen Amerikaner gewonnen.

Am Abend dieses ersten Turniers fuhr ich mit einem überfüllten schwarzen Bus nach Hause. Je mehr der Tag sich neigte, desto mehr hatte meine Begeisterung abgenommen. Die Realität hatte mich wieder eingeholt. Die ganze Zeit im Stadion, das wurde mir jetzt bewußt, hatte ich in einer anderen Welt gelebt, einer Traumwelt. Ich hatte frische Luft geatmet, war über gepflasterte Straßen gegangen und hatte mich frei unter Weißen bewegt. Ich hatte mich auf dem grünen Rasen ausgeruht und Hot Dogs gegessen, die ein Weißer bezahlt hatte und die Weiße mir verkauften.

Doch als der überfüllte Bus dann die Louis-Botha-Avenue entlangratterte, die »Stadt des Goldes« mit ihren Neonlichtern verließ und sich der Dunkelheit des Gettos näherte, wo mich Smog, Furcht und Gewalt erwarteten, wurde ich traurig. Vor allem, als ich in die müden und ausdruckslosen Gesichter um mich herum sah. Das war die Wirklichkeit, meine Wirklichkeit. Hier saßen und standen Menschen, die den ganzen Tag lang hart geschuftet hatten und die wahrscheinlich nie in ihrem Leben ein Tennisturnier sehen würden. Ich zog Bilanz: Jetzt, nachdem ich Arthur Ashe gesehen hatte, konnte ich mir gar nicht mehr vorstellen, daß er ein Schwarzer war. Konnte ein Schwarzer wirklich ein so exzellentes Tennis zeigen, sich mit solcher Selbstverständlichkeit auf dem Platz bewegen, einen Weißen schlagen und von Weißen beklatscht werden? Wie war das nur möglich?

Während ich durch den Smog nach Hause hastete und sorgfältig darauf achtete, *tsotsis* aus dem Weg zu gehen, fragte ich mich, ob ich wohl tatsächlich so wie Arthur Ashe werden könnte, oder ob das nur ein schöner Traum war, der wie eine Seifenblase zerplatzen würde.

Wie war es Arthur Ashe nur gelungen, in einer Sportart, die Weiße dominierten, so gut zu werden? Welche wundersamen Möglichkeiten mußte Amerika bergen, um es Schwarzen zu gestatten, solch hervorragende Sportler zu werden? Waren die Schwarzen in Amerika überhaupt mit uns zu vergleichen? Oder hatten sie irgendetwas in ihrem Blut, das sie dazu befähigte, ehrgeizige Pläne zu verwirklichen, deren Ziele so hochgesteckt waren, daß sie weit über den Möglichkeiten lagen, die selbst die Besten bei uns hatten?

Irgendwo hatte ich einmal gelesen, daß es unter den Schwarzen in Amerika gefeierte Sänger, Pädagogen, Politiker, Bürgermeister, Erfinder, Wissenschaftler, Schauspieler, Schauspielerinnen, Richter, Generäle, Piloten, Schriftsteller, Sportler und so weiter gäbe – Leute, deren Namen nicht afrikanisch waren, aber deren Haut so schwarz war wie meine. Es war eine schier endlose Liste: W. E. B. Dubois, Frederick Douglass, Martin Luther King jun., Joe Louis, Muhammad Ali, Jesse Owens, Harry Belafonte, Marcus Garvey, Paul Robeson, Richard Wright, Sammy Davis jun., Nat »King« Cole, Lena Horne, Booker T. Washington, James Baldwin, Jesse Jackson, Sidney Poitier, Duke Ellington, George Washington Carver, Malcolm X., Marian Anderson, Ralph Bunche, Jackie Robinson, Thurgood Marshall, Ella Fitzgerald, Eldridge Cleaver, Langston Hughes, Louis Armstrong . . .

Diese Namen fielen mir in Zeitungen, Magazinen und Büchern auf. Und wenn ich über die Verdienste ihrer Träger las, erschien es mir als unwahrscheinlich, daß sie, die die Geschichte als Nachkommen von Sklaven bezeichnete, – Sklaven, die aus Afrika gekommen waren – so viel erreicht hatten.

Wir in Südafrika waren niemals Sklaven genannt worden und waren dennoch – tagein und tagaus – schlimmer als Sklaven behandelt worden. Keiner unserer Vorfahren war, soweit ich unsere schmerzliche Vergangenheit zurückverfolgen konnte, wie die Vorfahren der schwarzen Amerikaner jemals gefesselt, als »Leibeigener« gezüchtet und wie Vieh verkauft worden.

Dennoch war unsere Entwicklung zu Menschen, waren unsere Aussichten als Individuen, waren unsere Möglichkeiten zu träumen und etwas Eigenes zu schaffen, waren unsere Hoffnungen auf eine Zukunft als eine Nation von Weißen rücksichtslos eingeschränkt worden. Von Weißen, die unser Leben beherrschten – von der Geburt bis zum Tod.

Es schien, als habe sich in all den Jahren der unerschütterliche Glaube vieler südafrikanischer Weißer, besonders aber der Advokaten der Weißen Oberhoheit, noch verstärkt, daß wir Schwarzen Untermenschen seien, und die Natur und Gott uns die Chance, irgendetwas Großes zu leisten, vorenthalten habe. Denn es waren Jahre um Jahre vergangen, ohne daß einer von uns irgendeinen Erfolg errungen hätte, der nach internationalen Maßstäben als herausragend hätte bezeichnet werden können.

Ja, auch hier gab es einige Sänger, Pädagogen, Schauspieler, Schauspielerinnen und ein paar Schriftsteller, aber die wenigsten hatten auch nur entfernt den internationalen Bekanntheitsgrad ihrer amerikanischen Ebenbilder.

Würde ich je wie Arthur Ashe sein können? Diese Frage wurde fast zu einer fixen Idee.

Allmählich dämmerte mir, daß das wohl kaum gelingen könnte, solange ich in Südafrika war. Amerika, so schien mir, war das Land, in dem sich meine Träume erfüllen könnten. Amerika schien das Land zu sein, in dem ich meine Möglichkeiten im Tennis und im Leben ausschöpfen konnte. Dort, so schien mir, hatten Schwarze, die das Talent, den Willen, den Ehrgeiz und das Durchsetzungsvermögen hatten, die Chance, ihre Träume zu verwirklichen. Ich aber war in Südafrika ...

Ich ging weiterhin ins Stadion, um Ashe spielen zu sehen, seinen Tennisstil zu studieren und seinen »Sieg« über die Apartheid mitzuerleben. Ich schwänzte sogar die Schule seinetwegen.

Seine Glückssträhne hielt an. Seine Erfolge machten Schlagzeilen in allen schwarzen Zeitungen. Die Schwarzen im ganzen Land freuten sich. Selbst die, die nicht einmal wußten, was Tennis ist. Arthur Ashes Triumphe auf dem Center-Court wurden zu Triumphen der schwarzen Rasse. Überall hörte man seinen Namen, in Läden, Schulen, Schnapsbuden oder Kirchen und auch in den Gärten und Küchen der Weißen Missis und Masters. Jeden Tag bat ich meine Mutter, Arthur Ashe in ihr Gebet einzuschließen. Zu beten, daß er das Turnier gewänne. Ob ihm das wirklich helfen würde, war ich mir nicht sicher. Aber ich wünschte mir seinen Sieg so sehr, daß ich bereit war, alle Kräfte, die ich kannte, für diesen Zweck einzuspannen. Und da ich gar keine, meine Mutter aber offenbar eine sehr enge Verbindung zu dem Gott der Weißen hatte, der auch ihr Gott geworden war, konnte es zumindest nicht schaden, sie um diesen Gefallen zu bitten.

Warum es mir so wichtig war, daß Arthur Ashe aus jedem Match als strahlender Sieger hervorgehen sollte, hatte mehrere Gründe. Zum einen war er mir, durch alles, was ich über ihn wußte, ungeheuer sympathisch. Zum anderen aber, und das war für mich der springende Punkt, würde er mit seinen Siegen auf dem Tennisplatz die Apartheid härter kritisieren, als er es mit Worten – selbst wenn er sie hätte sagen dürfen – je gekonnt hätte. Seine Siege würden beweisen, daß Schwarze die Fähigkeit haben, Großes zu erreichen; vorausgesetzt natürlich, daß man ihnen Gelegenheit dazu gibt, ihre Fähigkeiten unter Beweis zu stellen.

Wenn er jedoch verlöre, würde das für einige weiße Südafrikaner bedeuten, ihre Theorien von der Unterlegenheit der schwarzen Rasse bestätigt zu sehen. Und es würde schwarzen Sportlern in Südafrika doppelt schwer, wenn nicht gar unmöglich werden, die Rassenschranken zu überwinden.

An einem der Turniernachmittage war neben dem Hauptplatz ein Zelt aufgebaut worden, in dem Arthur Ashe persönlich erscheinen sollte. Ich mischte mich unter die lange Menschenschlange, die sich in das Zelt schob und versuchte, möglichst weit vorn einen Platz zu ergattern. Es gelang mir nicht. Weiße, Schulkinder, Erwachsene und Journalisten hatten einen dichten Ring um den Sportler gebildet. Sie wollten Autogramme und Kommentare.

Obwohl ich recht weit von Arthur Ashe weg stand, konnte ich Bruchstücke von dem verstehen, was er sagte. Sein Englisch klang fremd in meinen Ohren. Er sprach mit einem starken Akzent. Doch seine Beredsamkeit war so einnehmend, daß weiße Frauen fasziniert zu ihm aufschauten. Nachdem er die Fragen der Reporter beantwortet hatte, ging er zu einem Auto und fuhr weg. Ich bewunderte seinen stolzen, aufrechten Gang, war beeindruckt, wie sicher er sich unter Weißen bewegte. Er schien ruhig, gelassen und cool zu sein, obwohl er von unzähligen weißen Gesichtern umgeben war.

Ebenfalls bemerkenswert fand ich, daß Arthur Ashe es während des Interviews gewagt hatte, auf Fragen weißer Leute gar nicht erst einzugehen, wenn er sie unerheblich fand, und wie er andererseits darauf bestanden hatte zu sagen, was ihm wichtig war. Noch nie hatte ich einen Schwarzen erlebt, der diesen Mut aufgebracht hätte. Jedenfalls keinen Schwarzen, der bei klarem Verstand war. Uns hatte man eingetrichtert, immer und unter allen Umständen alles zu beantworten, was ein Weißer uns fragte und mehr ...

Gegen Ende der ersten Turnierwoche erschien ein Artikel in der *World*, in dem zu lesen war, daß Arthur Ashe eine Tennis-Wohltätigkeitsveranstaltung in Soweto angeregt habe. Einige weiße südafrikanische Spieler, unter ihnen Ray Moore, hatten sich bereit erklärt, ihn zu unterstützen. Moore war ein beeindruckender Kerl. Ein, besonders was den Sport anging, erklärter Gegner der Apartheid-Politik seiner Regierung, war er der typische südafrikanische Liberale, der sich häufig zwischen zwei Fronten fand – und zwischen seinem Gewissen und dem Patriotismus hin- und hergerissen war. Ein offener Feind der Rassentrennung hatte Moore doch ein ausschließlich weißes Team zum ersten südafrikanischen Davis-Cup-Sieg in der Geschichte geführt. Ein Triumph, der keiner war, weil der Endspielgegner Indien aus Protest gegen die Apartheid nicht angetreten war und die Südafrikaner die Trophäe kampflos erhielten.

Junge schwarze Spieler aus dem gesamten Transvaal wurden aufgefordert, sich an den Spielen von Soweto zu beteiligen. Ich wurde nicht eingeladen, obwohl ich nachweisbar der beste Nachwuchsspieler Alexandras war. Die Gründe dafür waren, wie Scaramouche mir erklärte, lächerliche Fehden und Eifersüchteleien unter den einzelnen Townships. Wahrscheinlich »übersahen« mich die Organisatoren wegen meiner Verbindung zur Barrets Ranch. Ich war enttäuscht, beschloß aber trotzdem, nach Soweto zu fahren, denn ich wollte mir die Möglichkeit, Ashe noch einmal zu sehen, nicht entgehen lassen. Er hatte mich so sehr fasziniert, daß ich hoffte, diesmal nahe genug an ihn heranzukommen, um ihm einige Fragen über Amerika stellen zu können. Wilfried gab mir einige Rand, weil ich kein Geld für die Fahrkarte besaß. Er hatte sich zu meinem inoffiziellen Tennis-Sponsor entwickelt. Er schob mir Geld zu, damit ich mich an Turnieren beteiligen oder mir Turniere ansehen konnte. Er kaufte mir Tenniskleidung, Schläger und Bälle, und manchmal gab er mir sogar Geld für die Familie. Und das alles tat er ohne auch nur die geringste Spur von Bevormundung und schon überhaupt nicht herablassend. Obwohl die meisten Weißen Südafrikas Vorurteile gegen Schwarze hegten und uns behandelten wie den letzten Dreck, ließ mich das Wissen darum, daß es Weiße wie Wilfried gab, wieder hoffen. Diese Handvoll Weißer, die alles dransetzte uns Schwarzen zu helfen, die uns nicht als Diener, sondern als Menschen betrachten. Leute wie Wilfried sind der einzige Lichtblick, die das Schwarze Südafrika hat! Je mehr von ihnen heranwachsen, desto mehr wächst auch die Chance für eine friedliche Veränderung.

Die Zugfahrt nach Soweto war ein gefährliches Abenteuer. Der Zug war so voll, daß sich einige Reisende auf dem Dach festklammerten oder außen an den Fenstern und Türen hingen, um mitzukommen. In dem Abteil, in dem ich war, standen wir zusammengepfercht wie eine Herde Vieh. Ein schwarzes Baby, das lose auf den Rücken seiner

Mutter gebunden war, wäre beinahe zu Tode gequetscht worden. »Drängelt nicht so!« brüllte die Frau. »Ihr bringt mir noch mein Kind um!«

»Warum hast du den verdammten Balg denn auch mitgenommen?« tönte es von irgendwoher.

Es war ein Hexenkessel. Auf den anderen Gleisen aber sahen wir Züge für Weiße vorbeirasen. Sie waren schneller und bis auf einzelne Passagiere, die gemütlich ihre Zeitung lasen, fast leer. Wir konnten sogar die gutgepolsterten Sitze sehen.

Zwei schwarze Jungen, die sich oben auf dem Dach unseres Zuges festgeklammert hatten, verfingen sich in der Starkstromleitung, als der Zug in den *Croesus*-Bahnhof von Soweto einlief.

»Zwei mehr, die ins Gras gebissen haben«, sagte ein alter Mann.

»Aber warum haben sie sich auch aufs Dach gelegt, das ist doch gefährlich!« sagte ein anderer, der offenbar die Reisebedingungen nach Soweto nicht kannte.

»Wie sollten sie denn sonst herkommen?« erwiderte der alte Mann nüchtern.

»Sie hätten doch auf den nächsten Zug warten können. Wenn dieser so voll ist, müßte doch der nächste leerer sein, wenn nicht gar fast ganz leer ...«

»Kommst du vom Mond, Bruder?« fragte der Alte. »Es gibt nicht einen einzigen Zug nach Soweto, der leer oder wenigstens fast ganz leer ist. Du hast diesen für überfüllt gehalten? Warte mal ab, bis du die Züge siehst, die morgens und abends zur Hauptverkehrszeit fahren, oder an den Wochenenden. Dann erwischts nicht nur die, die auf dem Dach liegen, sondern auch die, die an den Fenstern hängen. Die fallen runter und werden überrollt. Warte, bis du das einmal gesehen hast, Bruder. Dann wirst du ein anderes Lied singen.«

Der Fremde schüttelte fassungslos den Kopf.

Ich hoffte, mein Ziel ohne weitere Vorfälle zu erreichen. Doch weit gefehlt! Als ich auf die Tennisplätze zuging, sah ich, wie ein Mann am hellichten Tag von *tsotsis* überfallen und ermordet wurde. Ich machte kehrt und suchte mir einen anderen Weg. Als ich die beiden verwahrlosten Plätze mit ihren zerrissenen Netzen und kaputten Zäunen endlich erreichte, fand ich die größte Ansammlung Schwarzer, die ich bisher auf einem Tennisplatz gesehen hatte. Ich drängte mich durch die Menge, als ein Glatzköpfiger, der offensichtlich total betrunken war, mir den Weg verstellte und mich ansprach: »Sipho ist hier, Bruder.«

»Wer ist Sipho, Bruder?«

»Kennst du ihn nicht?« lallte der Mann. »Er ist einer von uns.«

»Wer ist einer von uns?«

»Der aus Amerika«, sagte der Besoffene und stolperte weiter.

»Sipho« ist das Zulu-Wort für »Geschenk«. Also betrachteten sie Arthur Ashe als »Geschenk aus Amerika«, als »Erlöser«. Er, ein Tennisspieler, war zum schwarzen Messias geworden, der von fremden Gestaden gekommen war, uns zu erretten, uns zu befreien. Mit seinen Attacken gegen die Apartheid, die er in einer Art vorgebracht hatte wie kein anderer amerikanischer Sportler oder Künstler vor ihm, hatte er die Herzen aller Schwarzen erobert.

Ich hatte das Gefühl, als sei er gekommen, um eine bis dahin verborgene Wahrheit über das ans Licht zu bringen, was schwarze Leute erreichen können. Eine Wahrheit, auf die wir unser Leben, unsere Hoffnungen ausrichten könnten. Der Unterschied zwischen ihm und mir – das war ein Schluß, der sich nun leicht ziehen ließ – war der, daß er die Hürden überwunden, seine Angst vor dem Weißen Mann abgelegt und gelernt hatte, die Weißen in einem Spiel zu schlagen, das sie selbst erfunden hatten. Und ich wußte nun, was ich zu tun hatte, wenn ich – und ich hatte mir das x-mal gewünscht! – wirklich so werden wollte, wie Arthur Ashe: ich mußte, so wie er, die Hürden überwinden, meine Furcht vor dem Weißen Mann ablegen und lernen, die Weißen zu besiegen.

Dazu brauchte ich Selbstbewußtsein und die Kraft, mir meine Menschenwürde von der Apartheid nicht nehmen und auch nicht einschränken zu lassen.

Irgendwo tief drinnen spürte ich, daß ich auf dem richtigen Weg war. Daß es nur eine Frage der Zeit war, bis etwas passieren würde, was meine Träume wahr werden ließ. Dabei konnte ich nicht einmal begründen, warum ich so zuversichtlich war.

Wieder gelang es mir nicht, an Arthur Ashe heranzukommen. Ich wanderte verschiedene Male um die Menschenmauer herum, konnte aber nirgendwo eine Öffnung finden. Also blieb ich hinten stehen und versuchte, wenigstens soviel wie möglich zu sehen. In meiner Nähe hatte sich eine Horde jugendlicher Demonstranten zusammengerottet. Einige trugen Plakate, die ich allerdings nicht lesen konnte.

Ihre Rufe jedoch konnte ich verstehen: »Go home, Arthur Ashe, go home! Wir lieben dich, Bruder, aber geh'. Wir können dich hier nicht brauchen, weil deine Anwesenheit das System legalisiert. Go home, Bruder, und laß uns unseren Frieden. Du machst mehr kaputt, als du Gutes tust, wenn du nach Südafrika kommst. Sag das auch den anderen Brüdern und Schwestern in Amerika. Sag ihnen, sie sollen wegbleiben, wenn sie uns helfen wollen.«

Die Demonstranten gröhlten unablässig ihre Slogans und ständig ratterte irgendein Zug vorbei. Es war ein Höllenlärm. Ich konnte nicht verstehen, was Arthur Ashe sagte, obwohl er ein Megaphon benutzte.

Arthur Ashe verlor im Finale gegen Jimmy Connors. Es war ein aufregendes Spiel. Arthur spielte als sei er besessen, und hätte Connors nicht einen seiner besten Tage gehabt, wäre ihm der Sieg über Ashe nicht gelungen. Trotz dieser Niederlage war Ashes Reise nach Südafrika nicht vergeblich gewesen: er gewann das Doppel zusammen mit dem Holländer Tom Ocker. Damit wurde Ashe der erste Schwarze, dessen Name im Ellis Park neben dem der weißen Sieger eingraviert wurde. Ein Ereignis, über dessen Wichtigkeit oder Unwichtigkeit auch spätere Generationen noch würden nachgrübeln können.

Während seiner letzten Tage in meinem Heimatland traf Arthur Ashe mit vielen hohen Regierungsbeamten zusammen und drängte sie, die Apartheid im Sport aufzuheben. Täten sie das nicht, so prophezeite er, würde der Rest der Welt in Zukunft südafrikanische Mannschaften boykottieren. Eine Zeitung zitierte seine Warnungen an die Weißen in aller Ausführlichkeit. Ashe hatte gesagt, wenn die Schwarzen nicht bald auf allen Gebieten die gleichen Rechte bekämen wie die Weißen, könnten sie die Geduld verlieren. Die Zeit der Weißen liefe ab. Wenn sie nicht selbst die Rassenschranken niederrissen, würden aus gemäßigten Schwarzen sehr bald radikale werden. Das könne nur Revolution bedeuten.

Arthur Ashe hinterließ auch ein bleibendes Monument in Südafrika. Er hob, gemeinsam mit Owen Williams, einem weißen Liberalen Tennisprofi des Landes, die *Black Tennis Foundation* (BTF) aus der Taufe. Williams war unter denen gewesen, die dafür gesorgt hatten, daß Ashe an diesem Turnier überhaupt hatte teilnehmen können. Einige der größten südafrikanischen Firmen und eine gemischtrassige Körperschaft Offizieller hatten die BTF ins Leben gerufen. Sie wollten es jedem schwarzen Kind im Lande, aus den Städten und aus den

Stammesreservaten, ermöglichen, Tennis spielen zu lernen. Und Arthur war nun das Vorbild all dieser Kinder, die sich endlich in einem Sport versuchen konnten, der als »weiß« galt.

Auch ich trainierte noch härter als zuvor. Nicht nur wegen Ashe, sondern auch, weil ein paar Jugendliche in Alexandra in mir plötzlich jemanden sahen, dem es sich nachzueifern lohnte. Wie sehr ich mir wünschte, so gut zu werden, daß sie wirklich allen Grund dazu hatten! Zum ersten Mal erzählte ich Scaramouche nun davon, daß ich mir vom Tennis eine Fahrkarte nach Amerika versprach, und er drängte mich, an Arthur Ashe zu schreiben.

»Glaubst du, er wird diesmal antworten, *Oom* (Onkel in Afrikaans) Scary?« fragte ich. Ich hatte nämlich bereits über die BTF einen Brief an Ashe geschickt, aber keine Antwort erhalten. Dennoch setzte ich mich hin und schrieb auf zehn Seiten, warum ich glaubte, ein Tennis-Stipendium wert zu sein. Ich sandte das Schreiben wieder über die BTF. Doch ich hatte Pech und bekam wieder keine Antwort. Meine Hoffnung, jemals nach Amerika zu kommen, zerstob. Also fuhr ich fort, Sechs-, Sieben- und Achtjährigen das wenige, was ich beherrschte, beizubringen und wünschte mir, daß sie mit meiner Hilfe vielleicht eines Tages das erreichen würden, woran ich gescheitert war. Doch ihre Aussichten waren gering. Sie hatten keine Schläger, keine Bälle, keine ordentliche Tenniskleidung, keine Schuhe. Alles, was sie besaßen, war Zielstrebigkeit, Mut und Einsatzwille – Eigenschaften, die so typisch sind für die schwarzen Kinder Südafrikas.

Dieses häufige Tennistraining im Township besänftigte auch die meisten all derer, die wütend auf mich waren, weil ich auf der »weißen« Ranch spielte. Einige wenige aber wollten oder konnten mir nicht vergeben, daß ich mich bei den Weißen »anbiederte« und schimpften mich weiterhin einen ›Onkel Tom‹. Sie drohten mir schreckliche Dinge an, und ich sah mich wieder einmal besonders vor. Ich versuchte, nie allein unterwegs zu sein, schränkte meine Besuche auf der Ranch ein und tat alles, meinen Feinden keine Gelegenheit und keinen Anlaß zu geben, ihre Drohungen auszuführen. Ich schätze, ich hätte sie nur dann vollends beruhigen können, wenn ich den weißen Tennisspielern ganz und gar ferngeblieben wäre. Doch dazu war ich nicht bereit. Ich wußte, daß meine einzige Chance, aus mir etwas zu machen, davon abhing, meine Freundschaft mit den Weißen zu pflegen. Zumal es »gute« Weiße waren. Denn die waren ja immerhin bereit, mir zu helfen. Außerdem hatte ich zu lange gebraucht, um die Tage der Furcht, des Hasses und der Unwissenheit zu überwinden. Zu lange, um jetzt umzukehren.

39   1974, zweieinhalb Jahre nachdem ich mit dem Tennisspiel begonnen hatte, gewann ich meine erste Meisterschaft, die *Alexandra Open*. David und ich hatten das Finale erreicht. Die Trophäe wurde mein wertvollster Besitz. Die ganze Schule sprach von mir, und die Lehrer meinten, ich sei »endlich mal ein Schüler, bei dem die Lernerfolge mit den sportlichen Schritt hielten«. Wilfried hätte mich gern spielen sehen, doch ihm wurde der Zutritt zum Getto verwehrt. Deshalb nahm ich die Trophäe mit zur Ranch hinaus, immerhin hatte er einen wesentlichen Anteil an meinem Sieg. »Ich wünschte, ich hätte das sehen können«, sagte er.

Wilfried stellte meine erste Trophäe in die Bar, wo sie jeder bewundern konnte. Viele der weißen Spieler ermutigten mich weiterzumachen und »mehr zu holen«. Sie behandelten mich wie ihresgleichen, und ich war oft traurig, weil so wenige schwarze Kinder Gelegenheit hatten, Weiße wie sie kennenzulernen.

»Also machen sich Wilfrieds Tennisstunden bezahlt, he?« fragte Wolfgang, ein Deutscher, der gelegentlich mit mir spielte.

»Ja, Wolfgang«, antwortete ich. »Ich hoffe, Sie können noch mithalten bei unserem nächsten Spiel.« Die meisten der weißen Spieler hatten mir erlaubt, sie mit Vornamen anzureden, anstatt mit *baas*. Der Ton auf Barrets Ranch war locker, Rassenschranken gab es nicht, und niemand reagierte böse auf einen Scherz. Aber das war mit Sicherheit eine Ausnahme für Südafrika.

»Ich glaube, wir müssen bald einen Fond für dich eröffnen, damit du bei den großen Turnieren in Übersee spielen kannst«, sagte Wolfgang ganz ernsthaft. »Glaubst du, du kannst eines Tages Wimbledon gewinnen?«

»Solange Sie mit mir trainieren«, erwiderte ich lachend, »sehe ich dafür nicht den Hauch einer Chance.« Er lachte mit. Ich servierte ihm einen Drink und er gab mir ein großes Glas Coca Cola aus. Wir saßen an einem Tisch und alberten. Der Gedanke, daß ich ins Gefängnis kommen könnte, wenn die Polizei Wind davon bekäme, schreckte mich schon lange nicht mehr.

Natürlich endete dieses fröhliche Leben jeden Abend auf der Schwelle der Ranch. Außerhalb dieses »Paradieses«, wie Tom Barrets es genannt hatte, war ich denselben entmenschlichten Gesetzen ausgesetzt wie jeder andere Schwarze. Ich entwickelte eine Doppel-Identität und anfangs gelang es mir auch mühelos, von der einen Rolle in die andere zu schlüpfen.

Doch mit der Zeit begann sich in mir noch eine zweite Persönlichkeit zu entwickeln, die – wie bei Jekyll und Hyde – die Oberhand gewann. Ich konnte den Menschen um mich herum nicht länger etwas vormachen, katzbuckeln oder mir die Maske der Beflissenheit aufsetzen.

Ich mußte jedoch einen Weg finden, »ich selbst zu sein«, ohne dabei irgendwelche Gesetze zu verletzen. Und ich mußte, das war mir klar, diesen Weg schnell finden, sonst würde ich noch verrückt werden.

Doch dann passierten Dinge, die mein Weltbild wieder völlig durcheinanderbrachten und mich von meinen eigenen Problemen ablenkten. Eines Nachmittags, als ich mich gerade zum Tennis-Training aufmachen wollte, stürzte meine Mutter durch die Tür. »Ich bin errettet worden, Kind!« schrie sie. »Ich bin wirklich und wahrhaftig errettet worden! Ich habe die Mitglieder der »Kirche von Gott und seinen Boten« getroffen.«

Meine erste Reaktion war: »Oh, zum Teufel, geht das schon wieder los?« Doch dann hörte ich ihr erst einmal zu.

Meine Mutter erzählte mir, sie habe die »Gottesboten«, Mitglieder der *Twelfth Apostle Church of God*, am Nachmittag im Bus getroffen, und die hätten sie so überzeugt, daß sie sich auf der Stelle habe bekehren lassen. Noch nie, so meinte sie, sei sie einem Glauben wie diesem begegnet.

»Diese Leute machen Prophezeiungen«, erklärte sie voller Hingabe. »Sie haben die Gabe des Zungenredens, genauso wie die Apostel zu Jesus Zeiten.«

»Ma, wirst du es jemals lernen, nicht gleich auf jeden falschen Propheten reinzufallen? Wirst du das jemals lernen? Die tun das doch nur, um Geld zu machen. So etwas wie die Gabe des Zungenredens gibt es nicht, und das weißt du auch. Wahrscheinlich ist das nur wieder so ein dummes Geschwätz, das sich jemand ausgedacht hat, um Leute wie dich einzufangen – aber vor allem, um Kapital daraus zu schlagen. Ich dachte wirklich, du seist schlauer, Mama!«

»Das ist kein dummes Geschwätz, Kind«, beharrte meine Mutter. »Ich hab genug dummes Geschwätz gehört, um es zu erkennen, wenn es mir zu Ohren kommt. Diese Leute sind ehrlich. Gott hat ihnen die Gabe verliehen! Und außerdem wollen sie gar kein Geld! Alles, was sie wollen, ist, daß du dich von Gottes Macht überzeugen läßt, zu deinem eigenen Besten. Und Kind, die Macht Gottes spricht aus diesen Leuten. Ich habe niemals glücklichere Versammlungen gesehen. Ich habe mich bekehren lassen und werde Teil dieser Kirche sein.«

»Gut, mach was du willst, es ist ja dein Leben. Ich kann dir keine Vorschriften machen.«

Eine Woche, nachdem meine Mutter die Kirche gewechselt hatte, ließ ihr Arbeitgeber in Randburg, einem Vorort von Johannesburg, sie registrieren, und sie bekam eine Arbeitserlaubnis. Nach all den Jahren, in denen sie sich vergeblich darum bemüht hatte, war dies wirlich ein Wunder. Und als wäre das noch nicht genug, fand sie in derselben Woche noch zwei Jobs als Wäscherin. Natürlich gab es für sie keinen Zweifel, daß Gott da seine Hand im Spiel gehabt hatte.

Die *Twelfth Apostle Church of God* hatte solch starken Einfluß auf meine Mutter, daß sie sich nicht mehr damit begnügte, die Gottesdienste am Sonntagmorgen und am Sonntagabend zu besuchen. Sie ging dienstags zur Chorprobe, nahm am Mittwoch-Gottesdienst teil und am Donnerstag, ihrem freien Tag, machte sie sich mit anderen Mitgliedern der Kirche auf, Kranke im Township zu pflegen und neue Anhänger zu finden.

Unsere Hütte wurde zur Kanzel. Jedem, der hereinkam, wurde vom Gott meiner Mutter gepredigt. Dieser neue Gott hatte sie völlig verwandelt. Mit seiner Hilfe war jedes Problem lösbar, jedes Hindernis zu überwinden. Sie wurde nie mehr ärgerlich, wünschte niemandem mehr Böses und haßte ihre Feinde nicht mehr, weil sie glaubte, daß ihr »Alle-liebender-Gott« mit solchen Gefühlen nicht einverstanden wäre. Selbst an meinem Vater übte sie kaum noch Kritik. Sie ertrug jede seiner Beschimpfungen geduldig und gab ihm sogar Geld. Von nun an teilte sie das Wenige, das sie hatte, und brachte oft wildfremde Leute mit nach Hause – Herumtreiber, Prostituierte, Geistesgestörte und sogar *tsotsis*. Und sie alle wurden von Mutter

»gespeist und getränkt«. Hin und wieder erlaubte sie auch jemandem, eine Nacht oder zwei bei uns zu schlafen.

»Bist du wahnsinnig geworden, Mama?« fragte ich, als sie eine offenbar verrückte, völlig verdreckte Frau mitbrachte, deren Lumpen von Läusen nur so wimmelten, und die dazu noch erbärmlich stank.

»Ist sie nicht ein menschliches Wesen wie du und ich?« fragte meine Mutter zurück und begann, der Irren etwas zu essen zu machen. Die Frau saß nahe bei meinem Bett und kratzte sich, bis sie blutete. Aus Angst vor dem Ungeziefer, das auf ihr herumkroch, bat ich sie, etwas abzurücken. Sie lachte wie ein Kind, das sich köstlich amüsiert und rückte noch näher.

Ich war wütend. »Mama, sag dieser verdammten Frau, daß sie wegrücken soll, sonst . . .!«

Meine Mutter bat die Irre höflich, und die gehorchte.

Dann saßen die beiden Frauen am Tisch, aßen aus einer Schüssel und meine Mutter erklärte der Irren alles über Gott und wie Er für alle, die aus vollem Herzen an ihn glauben und Ihn als ihren Erlöser annehmen, Wunder bewirken könne.

»Weißt du, daß Gott auch dich heilen kann, wenn du nur aus tiefstem Herzen an ihn glaubst?« fragte sie die Irre, die wieder nur lachte und wie ein kleines Kind lallte. Sie war zu beschäftigt, das Essen in sich hineinzustopfen. Meine Mutter schien das gar nicht zu stören, daß ihre Predigt auf taube Ohren stieß. Sie sprach ernsthaft weiter, als sei die Irre die aufmerksamste aller Zuhörerinnen und kurz davor, bekehrt zu werden.

Ich konnte diese Szene nicht länger ertragen, stand auf und ging hinaus. Konnte es sein, daß die Jahre des Elends den Geist meiner Mutter verwirrt hatten? War die Bürde zu schwer für sie gewesen? Ich konnte mir das nicht vorstellen, aber andererseits leuchtete mir das Verhalten, das sie neuerdings an den Tag legte, ebensowenig ein. Mit jedem Atemzug, »der sie näher zu Gott führte«, wurde sie eigenartiger und seltsamer. So eigenartig und seltsam, daß einige Nachbarn sie öffentlich als Geisteskranke bezeichneten.

Ich machte mir ernsthafte Sorgen und beschloß, mir die Kirche einmal anzusehen. Von außen sah sie aus wie alles im Getto. Innen gab es Holzbänke. Die Gläubigen waren gemischt: Zulus, Sothos, Tsongas, Xhosas und Farbige. Bevor der Gottesdienst begann, sprach ich mit mehreren »Bekehrten«. Sie waren alle so freundlich wie meine

Mutter, sprachen ebenso euphorisch über ihren Gott, redeten voller Überzeugung von einer glücklichen Zukunft und stellten schlicht fest, daß man die Gegenwart geduldig ertragen müsse.

Sie lachten und lächelten viel, als gäbe es kein Elend in der Welt und keine Tränen, und sie begrüßten sich gegenseitig als Brüder und Schwestern. Die Kirchen-Hierarchie bestand aus einem Priester, zu dessen Pflichten die Traumdeutung zählte und aus elf Diakonen, die ihm zur Seite standen.

Nach dem Absingen einiger Hymnen begann der Priester mit einer Predigt, die kein Ende zu nehmen schien. Da gab es plötzlich Tumult. Meine Mutter, die neben Florah und meiner jüngsten Schwester in der ersten Reihe saß, war aufgesprungen und hatte einen Schrei ausgestoßen, der so unvermutet endete, wie er begann. Ich starrte sie erschreckt an. Der Priester hielt in seiner Predigt inne und zeigte mit dem rechten Arm in die Richtung meiner Mutter, die jetzt »in Zungen zu reden« begann. Ich konnte kein Wort verstehen. Es hörte sich an, als würde jemand gewürgt. Doch die Menschen um mich herum schauten sie beseelt an. Während sie sprach, begann sie am ganzen Leib zu zittern. Ihre Pupillen erweiterten sich. Meine Mutter schien von einer dunklen Macht gefangen.

Sie machte »Prophezeiungen«. Das Ganze dauerte etwa fünf Minuten. Der Schweiß war ihr ausgebrochen. Sie war völlig durchnäßt. Ihr Gesicht war ausdruckslos. Sie ließ sich zu Boden fallen. Zwei Frauen, die hinter ihr saßen, fächerten ihr mit Taschentüchern Kühlung zu. Der Priester begann dann Mutters »Prophezeiungen« zu erläutern. Doch ich war zu besorgt um das Wohlergehen meiner Mutter, um überhaupt zuzuhören. Als er geendet hatte, begannen zwei weitere Frauen »in Zungen zu reden«. Was sie von sich gaben, war genauso unverständlich wie die Lautmalerei meiner Mutter. Und wieder bot der Priester Deutungsmöglichkeiten an, die mir genauso wenig sagten, wie das Gestammel der Frauen.

Ich verließ die Kirche so verwirrt, wie ich sie betreten hatte. Doch eines war mir klargeworden: meine Mutter war bestimmt nicht geistesgestört. Sie kommunizierte nur offenbar in einer geheimnisvollen, wunderbaren Weise, die ich nicht verstehen konnte, mit ihrem Gott – und sie war glücklich dabei. Das war die Hauptsache.

40   Im Juni 1975 gehörte ich zu den Spielern des südlichen Transvaal, die unsere schwarze Tennis-Jugend-Mannschaft beim *National Tournament* vertreten durften. Ich war der erste Spieler aus Alexandra, der jemals dabei war, und aus Angst vor den Spitzenspielern des ganzen Landes, die ich bei diesem Turnier treffen würde, tat ich zuviel des Guten. Das Ergebnis war, daß ich in den Einzelwettbewerben kläglich versagte. Doch zumindest hatte ich geholfen, die Mannschafts-Trophäe zu gewinnen – sie ging an den südlichen Transvaal.

Diese beiden Wochen in Pretoria öffneten mir endgültig die Augen für das, was vom Schwarzen Tennis zu erwarten war. Alles, was die Junioren, mit denen ich sprach, erzählten, ob sie nun aus dem Natal, dem Oranje Freistaat oder dem Kapland kamen, hörte sich wie ein Echo an: Alle hatten die gleichen Beschwerden: es gab kaum Anlagen, es mangelte an Ausrüstung, Sponsoren und qualifizierten Trainern. Solange die Apartheid unser Leben bestimmte, sah ich keine Zukunft für mich im Schwarzen Tennis. Um so dankbarer war ich dafür, daß ich auf der Tennis-Ranch trainieren durfte. Wilfried war zwar gewiß nicht der beste Trainer im Land, aber er war weit besser, als all die schwarzen Coachs zusammen. Und die Anlagen auf Barrets überstiegen bei weitem das, wovon ein schwarzes Kind auch nur zu träumen wagen konnte. Und ich durfte diese Anlagen benutzen. Unter Wilfrieds Anleitung und mit seiner Unterstützung konnten sich meine Träume vom Tennis und vom Leben erfüllen. Ohne ihn wäre ich bestimmt in einer der Sackgassen gelandet, in der sich so viele schwarze Jugendliche wiederfinden.

Etwa eine Woche, nachdem ich von dem Turnier in Pretoria zurückgekommen war, begannen meine Augen zu schmerzen. Zuerst maß ich dem wenig Bedeutung bei und dachte, sie seien lediglich überanstrengt. Ich hatte schließlich gelernt, die kleinen und großen Wehwehchen, von Zahnweh über Kopfweh bis zur Lungenentzündung, zu übergehen. Ich wußte, wie teuer die Klinik war, und daß man Ärzte nur in Anspruch nahm, wenn es um Leben und Tod ging. Deshalb hatte ich der Natur auch immer ihren Lauf gelassen. Ich war zäh und wurde immer wieder von alleine gesund. Also kümmerte ich mich um mein Auge auch nicht weiter.

Doch diesmal heilte die Zeit nicht. Der Zustand meines Auges verschlimmerte sich. Die Lider schwollen an und die Schmerzen gingen bis an die Grenze des Erträglichen. Ich konnte kaum noch lesen, besonders nicht abends bei Kerzenschein, so weh tat es. Auch meine Mutter machte sich Sorgen. Und meine Geschwister waren fest davon überzeugt, irgend jemand hätte mich verhext.

»Diese Schweine«, sagte meine Mutter, als ich ihr erklärte, ich könne nicht einmal mehr zur Schule gehen. »Sie schaffen es nicht, anders an dich heranzukommen, weil du soviel besser bist als sie – und deshalb haben sie deine Augen verhext. Sie haben dich verhext, mein Kind.«

Ich war verblüfft. »Aber ich denke, du bist Christin, Ma«, sagte ich.

»Daß ich Christin bin, bedeutet noch lange nicht, daß es deshalb kein Voodoo mehr gibt.«

»Ich glaube nicht, daß ich verhext bin«, erwiderte ich. »Es muß irgendeine natürliche Erklärung dafür geben. Sobald ich Geld habe, lasse ich mich in der Klinik untersuchen.«

Drei Wochen später, an einem Freitag, gab mir meine Mutter etwas von ihrem Wochenlohn, damit ich in die Klinik gehen konnte. Die Ambulanz war überfüllt wie immer. Schwarze Männer, Frauen und Kinder drängten sich in dem engen Gang. Alle brauchten eine Behandlung, die meisten waren schwerkrank. Ich stellte mich in der Warteschlange an. Es wurde Nachmittag und ich hatte noch keinen Arzt gesehen. Als endlich die Formulare ausgefüllt waren, hatten viele Ärzte schon Feierabend gemacht, und die, die noch da waren, behandelten nur noch Notfälle. Mein Auge war kein Notfall. Wenn es galt, Sterbenden zu helfen, mußte eine mögliche Erblindung als Bagatelle gewertet werden. Am Wochenende war die Ambulanz geschlossen, also versuchte ich es am Montag noch einmal – da war es noch voller als am Freitag.

»Ma«, fragte ich, als ich unverrichteter Dinge wieder nach Hause kam, »vielleicht sollte ich zu einem Spezialisten gehen?« Es gab einige weiße Ärzte, denen es erlaubt war, sich im Getto niederzulassen. Diese Ärzte waren gut, doch sie waren auch so teuer, daß nur die Reichen sie sich leisten konnten.

»Das würde bedeuten, daß wir einen Monat lang nichts zu essen hätten«, seufzte meine Mutter. »Warum versuchst du es nicht vorher im Tembisa Hospital oder in Baragwanath. Da brauchst du nur etwas Geld für den Bus.«

Zwei Stunden dauerte die Busfahrt nach Tembisa, nach Baragwanath wären es vier gewesen. Doch im Tembisa Hospital sah es noch schlimmer aus als in Alexandra. Sogar für die Notfälle gab es eine lange Warteliste. Da ich nicht »sterbenskrank« sei, sagte man mir, ich solle in einer Woche wiederkommen. Ich grinste bitter. Denn ich sah kaum noch etwas.

»Kind«, schlug meine Mutter vor, »komm mit zur Heilerin, bevor es zu spät ist.«

Ich stimmte zu. Am nächsten Tag fuhren wir drei Busstunden zum Hammanskraal, einem ländlichen Getto außerhalb von Pretoria. Dort, so hatte meine Mutter behauptet, säße die beste Wahrsagerin und Wunderheilerin des ganzen Landes. Die Frau war klein und fett und die vielen dünnen Zöpfe, die sie aus ihrem langen Haar geflochten hatte, standen in alle Richtungen wild und steif von ihrem Kopf ab: sie hatte sie in Lehm getaucht, der nun getrocknet war. Ihr Hals war mit Perlen- und Knochenketten, und ihre Arme mit Silber- und Kupferreifen geschmückt. Das Gesicht hatte sie mit Modder beschmiert, und ein Ziegenfell war malerisch über ihren Körper drapiert. Das sah schon furchterregend aus.

Nach der Eröffnungszeremonie gingen meine Mutter, die Wahrsagerin und ich in eine Hütte. Dort ließen wir uns auf Matten, die am Boden lagen, nieder. Die Wahrsagerin breitete Knochen und Muscheln vor sich aus und dann fragte meine Mutter sie, warum wir da wären. Das war ein Test, um ihre Fähigkeiten zu prüfen. Die Wahrsagerin nahm die Knochen und Muscheln in die Hände, schüttelte sie kräftig und murmelte Beschwörungsformeln. Danach ließ sie Muscheln und Knochen auf eine Matte fallen und starrte wie in Trance auf das Muster, das sie gebildet hatten. In Erinnerung an mein Erlebnis bei dem Medizinmann im Stammesreservat war ich sehr skeptisch.

Was dann aber passierte, konnte ich einfach nicht glauben. Die Wahrsagerin erzählte mir mit absoluter Genauigkeit meine gesamte Lebensgeschichte von der Kindheit bis in die Gegenwart. Ich war wie vor den Kopf gestoßen. Ich suchte nach einer rationalen Erklärung für etwas Übernatürliches. Oder hatte meine Mutter ihr etwa alles erzählt? Nein, das war unmöglich. Wir waren die ganze Zeit über zusammengewesen, und außerdem hatte die Wahrsagerin Dinge erzählt, von denen nicht einmal meine Mutter wußte.

Da gab die Wahrsagerin bereits ihre »Diagnose«. Sie sagte, verschiedene Leute, darunter auch einige entfernte Verwandte, hätten mich verhext. Und zwar aus Neid auf meine Schulerfolge. »Sie wollen dich nicht töten«, sagte sie, »so haben sie beschlossen, dir dein Augenlicht zu nehmen. Und das kommt gleich nach Mord.«

Nach all den Jahren westlicher Erziehung fand ich diese »Diagnose« ausgesprochen lächerlich.

»Wie haben sie mich denn behext?« wollte ich wissen, um die weise Frau auf die Probe zu stellen.

»Obwohl du das nur fragst, um mich zu testen, will ich es dir sagen«, antwortete sie und verblüffte mich damit ein zweites Mal. »Doch denk daran, ich kann deine Gedanken lesen! Und nun versuche einmal, die Welt wieder durch die Augen der Eingeborenen zu sehen und vergiß den Blick des Weißen Mannes, den du dir angewöhnt hast. Sei ein Sohn Afrikas, dann wirst du es auch verstehen.«

Wieder verfiel sie in Trance. »Sie haben es die ganze Zeit über getan. Und sie tun es auch jetzt, diese Kinder der Hölle. Und sie werden weitermachen, bis sie ihr Ziel erreicht haben. Schreibst du Briefe für Leute?«

»Ja«, sagte ich mit zitternder Stimme.

»Warum?«

Ich erklärte es ihr.

»Und du liest Leuten auch Briefe vor?«

»Ja.«

»Dann nimm dich in acht«, sagte sie geheimnisvoll. Ihre Stimme schwoll an. »Dadurch kommen sie an dich heran. Das ist der Grund für deine Erblindung. Hör damit auf!«

Das konnte nicht wahr sein! Diese Leute, für die ich Briefe schrieb oder denen ich Briefe vorlas, waren doch so unschuldig wie Jesus Christus oder seine Mutter Maria.

»Wirst du damit aufhören, wenn ich dich heile?«

»Ja.«

Die Behandlung begann. Ich mußte zwei Schüsseln dünnen Haferbrei essen, der mit einem bitteren, grauen Puder bestreut war. Dann gab mir die Wahrsagerin ein Säckchen mit einem Puder, den ich dem Essen zu Hause beimischen sollte. Danach führte sie mich zu einem fast ausgetrockneten Bach, wo sie mich zur Ader ließ, brachte mich zurück in die Hütte und ritzte mit einem Rasiermesser die Wangen unterhalb der Augen. In die Wunden schmierte sie eine fremdartige Salbe.

»So, das wär's«, sagte sie. »Die Nichtsnutze können dir jetzt nichts mehr tun. Doch du mußt aufhören, für Fremde zu schreiben und zu lesen«, warnte sie zum Abschied.

»Auch nicht für meine Lehrer?« fragte ich ungläubig.

Sie dachte kurz nach: »Die Schule hat damit nichts zu tun.«

Ich rätselte noch eine ganze Weile darüber nach, was ich von diesem Erlebnis halten sollte, und befand mich in einem Zwiespalt. Nüchtern betrachtet war für mich ganz klar: so etwas wie Hexerei gibt es nicht. Andererseits aber fragte ich mich manchmal doch, ob mich nicht doch jemand verhext haben könnte. Jedenfalls hörte ich ab meinem Besuch im Hammanskraal tatsächlich auf, für die Wanderarbeiter Briefe zu schreiben oder sie ihnen vorzulesen. Und ich verbrannte vorsichtshalber jedes Stückchen Papier mit meiner Handschrift – es könnte ja in die falschen Hände geraten. So ganz konnte ich dem Zauber der Wunderheilerin aber doch nicht glauben. Deshalb ging ich noch einmal ins Tembisa Hospital.

Diesmal hatte ich Glück. Ein Arzt untersuchte meine Augen. Es war nichts Schlimmes, ich hatte sie wohl nur überanstrengt. »Du solltest nicht so viel im Halbdunkel lesen!« riet er mir. Wie recht er hatte! Er gab mir Augentropfen, die ich genauso gewissenhaft anwandte, wie die Medizin der Wahrsagerin. Meine Mutter kaufte noch eine Kerosinlampe, damit ich besseres Licht zum Lesen hatte. Der Zustand meiner Augen besserte sich zusehends. Was mir tatsächlich geholfen hatte, weiß ich bis heute nicht. Die Antwort darauf liegt wohl irgendwo zwischen Zauberei und moderner Medizin.

Ich hatte zwar mit dem Briefeschreiben und -vorlesen aufgehört, aber nicht damit, den Wanderarbeitern zu helfen, wenn sie Unterstützung brauchten. Auch wenn mich das manchmal vor äußerst schwierige Aufgaben stellte. Ndlamini, zum Beispiel, der lange in einem Hostel in der Nachbarschaft gewohnt hatte, war »wegen Verletzung der Zuzugsgesetze« in das Büro des Superintendenten vorgeladen worden. Er war völlig verzweifelt und bat mich, ihn zu begleiten.

Daß er das »Gesetz gebrochen« hatte, war ihm schon bewußt: nach einer langanhaltenden Dürre und darauffolgenden Mißernten im Stammesreservat hatte er seine Familie – eine Frau und drei Kinder – mit nach Alexandra genommen. Denn im Reservat wären sie womöglich verhungert. Dann hatte Ndlamini eine Hütte gemietet, das Hostel verlassen, und lebte nun mit seiner Familie unter einem Dach.

»Ich konnte es nicht länger ertragen«, erklärte er mir. »Wir sind so viele Jahre getrennt gewesen. Und sie haben in dieser ganzen Zeit in Bantustan so sehr gelitten. Das bißchen Geld, das ich ihnen jeden Monat schicke, hat nicht geholfen. Das meiste ging für die Stammessteuern drauf und hat den Häuptling und seine *indunas* (Beisitzer) reich gemacht. Deshalb habe ich meine Frau und meine Kinder in die Stadt gebracht. Damit wir eine Familie zusammen sein können. Doch das wird ja nun bald vorbei sein. Deswegen ...« Ndlamini wedelte mit dem Stückchen Papier und zeigte mir die »Vorladung«.

»Wie soll ich dir da helfen?« fragte ich und schaute mich in der kleinen, aber sehr ordentlichen Hütte um. Die Augen seiner Frau und seiner Kinder waren auf mich gerichtet, als wäre ich ihre letzte Rettung.

»Jeder weiß, daß du Englisch und Afrikaans sprichst wie ein Weißer«, erwiderte Ndlamini. »Könntest du nicht mit dem Superintendenten reden und ihm sagen, daß die Familie hierbleiben muß, weil es in Bantustan zu große Schwierigkeiten gibt? Mein Paß ist in Ordnung, ich bezahle Miete, ich arbeite jeden Tag hart, ich habe nie ein Verbrechen begangen, nur das, daß ich mit meiner Familie leben will. Könntest du ihm das bitte sagen?«

»Ich weiß nicht, ob ich dem Superintendenten dein Problem verständlich machen kann«, sagte ich und dachte dabei an die Kämpfe, die meine Mutter in diesem Büro ausgefochten hatte.

»Aber die Leute sagen, du kannst gut mit den Weißen reden«, meinte Ndlamini. »Sie sagen, du spielst sogar Tennis mit ihnen.«

»Die Weißen, mit denen ich Tennis spiele, sind ganz anders als der Superintendent.«

»Wenn du schon nicht mit ihm reden kannst, dann komm wenigstens mit«, bat Ndlamini. »Und paß auf, ob diese verdammten Übersetzer auch richtig übersetzen. Diese verdammten Hunde erzählen den Weißen manchmal das Gegenteil von dem, was man sagt, außer man besticht sie. Nur dann erzählen sie die Wahrheit. Kannst du dir vorstellen, daß ein Schwarzer das seinem eigenen Bruder antut?« Ndlamini spuckte angewidert auf den Boden. »Oh, wie gut es dem Weißen Mann gelungen ist, Bruder gegen Bruder aufzubringen!«

»Die Leute tun alles, um zu überleben, und wenn auch nur einen Tag länger als ihr Opfer.«

Am nächsten Morgen fuhren wir mit einem sehr frühen Bus zum

Büro des Superintendenten. Da wir eine Vorladung hatten, mußten wir uns nicht in der langen Warteschlange anstellen. Mir klopfte das Herz im Hals, als wir hineingingen. Der Superintendent war nicht der, den ich kannte. Dieser war dicklich und trug einen braunen Anzug. Er saß hinter dem Schreibtisch und seine Füße standen ordentlich auf dem Boden. Neben sich hatte er einen schwarzen Übersetzer, der mich mißtrauisch beäugte. In meiner Schuluniform – lange, graue Flanellhosen, ein lilienweißes Hemd, blitzende schwarze Schuhe, ein blau-goldener Blazer mit passendem Schlips – paßte ich so gar nicht zu Ndlamini, der seinen schmutzigen Overall trug.

»Ist das dein Vater?« fragte der Übersetzer mich mit bösem Blick.

»Nein, mein Onkel«, antwortete ich und zwinkerte Ndlamini zu.

Der Superintendent, der die Akte des Wanderarbeiters bereits in der Hand hielt, beachtete mich nicht. »Warum hast du das Gesetz gebrochen, Alter?« fragte er. Der Schwarze übersetzte. Ich drückte Ndlaminis Hand, um zu zeigen, daß die Übersetzung von Afrikaans in Zulu korrekt war.

»Ich wußte nicht, daß ich das Gesetz gebrochen habe, *mei baas*«, erwiderte Ndlamini mit zitternder Stimme.

»Du wußtest nicht, daß es gegen das Gesetz ist, deine Familie hierherzubringen und mit ihr zu leben?« In der Stimme des Superintendenten schwang ungläubiges Staunen.

»Ich schwöre, ich wußte es nicht, *mei baas!*«

»Das ist sehr unglaubhaft«, sagte der Superintendent und schüttelte den Kopf. »Du wirst sie in den Bantustan zurückschicken, verstanden?« fragte er bestimmt.

»Ich werde sie zurückschicken, *mei baas.*« Ndlamini war völlig am Boden zerstört.

»Gut.« Der Superintendent nickte und zog ein weiteres Papier aus dem Dossier. »Ich sehe hier, daß du das Hostel verlassen hast, nachdem deine Familie hier war. Das Hostel, in das dich die Regierung eingewiesen hat! Und ich sehe, daß du ohne vorherige Erlaubnis in eine Hütte gezogen bist. Das ist ein weiterer Gesetzesbruch. Warum hast du das getan?«

»Ich konnte doch nicht mit meiner Frau und den Kindern in

einem Männer-Hostel wohnen, *mei baas*«, erklärte Ndlamini. »Und hätte ich erst auf die Erlaubnis warten wollen, wäre die Hütte längst vergeben gewesen. Es waren Hunderte von Leuten da, die die Hütte haben wollten. So wahr mir Gott helfe, das ist die Wahrheit!«

»Was ist wichtiger, Alter«, wollte der Weiße wissen. »Das Gesetz zu brechen, indem du ohne Erlaubnis in eine Hütte ziehst, nur weil andere sie auch haben wollen, oder sie dir wegschnappen lassen und dem Gesetz genüge tun?«

»Nicht das Gesetz zu brechen, ist das Wichtigste, *mei baas*«, sagte Ndlamini.

»Warum hast du dann das Gesetz gebrochen, wo du doch wußtest, daß es wichtig ist, das nicht zu tun?«

Ndlamini war am Ende. Schweißtropfen standen auf seiner Stirn. Seine Lippen zitterten. Er starrte den Superintendenten schweigend an. Dann ließ er mutlos den Kopf sinken, wie ein Opfer, das seine Strafe erwartet.

»Antworte, Alter! Warum hast du trotzdem das Gesetz gebrochen? Weißt du, daß ich dich auch abschieben kann?«

Ich unterbrach ihn. »Mein Onkel wußte es nicht besser, *meneer* (Sir)«, sagte ich in fehlerfreiem Afrikaans. Der schwarze Übersetzer starrte mich empört an. Offensichtlich war es ihm noch nie passiert, daß jemand wagte, den Superintendenten direkt anzusprechen und ihn »*meneer*« zu nennen, statt »*mei baas*«. Wahrscheinlich hielt er es für sein Privileg, den Weißen mit »*meneer*« anzusprechen. Außerdem hatte ich das Verhör unterbrochen.

»*Jy praat afrikaans* (Du sprichst Afrikaans)?« Die Miene des Superintendenten erhellte sich. Sein Tonfall verriet aufflackerndes Interesse. Meine Anmaßung, den Übersetzer auszuschalten, machte diese Routinehandlung von Verhör und Bestrafung plötzlich interessant.

»*Ja, meneer* (Ja, Sir)«, entgegnete ich.

»Lernt ihr Afrikaans in der Schule?« fragte er ganz aufgeregt. »Ich meine, lehren sie es euch *goed* (gut)?«

»*Baie goed, meneer* (Sehr gut, Sir).«

»Mögen alle schwarzen Schüler Afrikaans?« fragte er. »Es ist nämlich eine sehr schöne Sprache.«

Die Wahrheit war: schwarze Schüler haßten Afrikaans, die Sprache unserer Unterdrücker – da gab es keine Ausnahme. Doch diese Antwort wäre nicht in Ndlaminis Sinn gewesen. Deshalb sagte ich:

»*Dit is 'n mooier taal dan Engels, meneer* (Wir mögen es lieber als Englisch, Sir).«

Er freute sich. Endlich, so dachte er wohl, war seine Muttersprache Afrikaans auf dem Wege, Englisch als Hauptsprache Südafrikas zu verdrängen.

»Afrikaans ist eine verdammt schöne *taal* (Sprache)«, sagte der Superintendent. Er strahlte immer noch. »Alle Leute sollten sich die Zeit nehmen, Afrikaans zu lernen. Du weißt doch, daß Afrikaans auf dem afrikanischen Kontinent entstanden ist? Manche behaupten zwar, es sei eine Abart des Holländischen, doch das stimmt nicht – diese Sprache ist an den Grenzen geboren worden, ist unter Schmerzen geboren worden. Ist geboren worden, als wir *Afrikaner* lange, schwere Kämpfe ausfechten mußten, um die *hinterlands* zu erobern. Es ist die natürliche Sprache Südafrikas. Wissenschaftler meinen sogar, es sei die einfachste aller Sprachen; einfach zu lernen.«

Das stimmte nicht. Diese verdammte Sprache war so schwer zu lernen, daß viele schwarze Schüler wünschten, sie möge vom Lehrplan verschwinden. Wegen Afrikaans mußten viele die Klassen wiederholen. Nur Gott weiß, wie ich es je geschafft hatte, Afrikaans zu lernen.

»Es ist tatsächlich sehr leicht zu lernen, *meener*«, log ich.

»Die ganze Welt sollte es eines Tages lernen, meinst du nicht auch?« Er erwärmte sich richtig an dem Thema. »Statt des verdammten Englisch. Afrikaans ist so einfach, es würde auch die Verständigung erleichtern. Die meisten Leute verstehen unser politisches System nur deshalb nicht, weil sie kein Afrikaans können. Englisch ist tot. Das Empire ist längst zusammengebrochen. Obwohl die verdammt unpatriotischen und liberalen Engländer in diesem Land immer noch so tun, als sei ihr Empire in Ordnung.«

Ich lachte: »Die Engländer kennen weder die Realität noch die Welt so wie Sie, *meener!*«

Er kicherte in sich hinein. »He, he, he. Du bist ein kluger Bursche. Du hast das Zeug, eines Tages mal ein Stammesführer zu werden. Die Zukunft ist für dich so hell wie die Sterne in einer wolkenlosen Pretoria-Nacht.« Dann wandte er sich an Ndlamini. »Das nächste Mal wirst du die Dinge so machen, wie das Gesetz es befiehlt, Alter. Und du, Phineas«, sagte er zu dem schwarzen Übersetzer, »bringst jetzt die Akte zurück und gibst deinem schwarzen Bruder die Formulare für eine Zuzugserlaubnis für seine Frau und seine Kinder. Ich werde sie unterschreiben. Die Familie kann in Alexandra bleiben, bis sich die Verhältnisse in Bantustan gebessert haben.«

Auf dem Nachhauseweg nannte Ndlamini mich einen »Zauberer«. »Ich habe wirklich nichts Außergewöhnliches getan«, erklärte ich ihm. »Ich habe nur dem Hurensohn die Hucke vollgelogen und ihm erzählt, was er hören wollte.«

41   Auf dem Vorlesungsverzeichnis für »Form 3«, die Abschlußklasse, standen mehr »Debatten« als in den ersten beiden Jahren. Uns wurde auch schnell klar, warum: diese Diskussionen waren ein weiteres »Werkzeug« der Abteilung für Bantu-Erziehung, uns unseren Platz im Leben Südafrikas zuzuweisen und uns unsere Aussichten und Grenzen aufzuzeigen. Natürlich gab es keine Diskussionen über Sozialreformen, Freiheit, Gleichheit, das politische System und all die Themen, die mich und meine Mitschüler wirklich beschäftigten.

Trotzdem fand ich die Debatten sinnvoll. Sie waren eine gute Möglichkeit, unsere Englischkenntnisse anzuwenden.

Das Lieblingsthema der Schulbehörde war »Landleben ist besser als Stadtleben«. Die Schüler liebten und haßten dieses Thema. Die, die ausgewählt wurden, diese These zu vertreten, haßten es, und die, die dagegen sprechen durften, liebten es. Aus irgendeinem Grund wählten die Lehrer meist die besten Diskussionsredner aus, diese These zu stützen. Und ich gehörte dazu.

Bei meiner Abneigung gegen das Stammessystem könnte man annehmen, ich hätte nur halbherzige Versuche gemacht, die positiven Seiten des Stammeslebens aufzuzeigen. Doch das Gegenteil war der Fall. Gerade weil ich davon überzeugt war, daß das Stadtleben besser ist als das Landleben, betrachtete ich es als Herausforderung, so überzeugend wie möglich für die Vorzüge des Landlebens zu plädieren. Und ich bereitete mich natürlich entsprechend gewissenhaft auf dieses Thema vor.

In der kleinen Schulbücherei, die meine Klassenkameraden und ich immer aufsuchten, um uns für Diskussionen zu wappnen, gab es eine passable Auswahl an Büchern und Nachschlagewerken. Die meisten waren von weißen Liberalen aus Johannesburg und menschenfreundlichen Stiftungen wie der Harry Oppenheimers gespendet worden.

Trotzdem hatten viele meiner Mitschüler keine rechte Freude am Lesen. Nur denjenigen, die aus schwarzen Familien der Mittelschicht kamen, wo die Familien ihre Kinder schon in frühen Jahren zum Lesen ermuntert hatten, machte Lesen Spaß. Und daß ich meine Nase liebend gern in Bücher steckte, lag wohl daran, daß ich durch die Geschichten, die meine Mutter und meine Großmutter mir erzählt hatten, neugierig und wißbegierig geworden war.

Um meinen Lesehunger zu stillen, holte ich mir in sehr kurzen Abständen neue Bücher. Das fiel dem Direktor auf, der darauf achtete, daß auch die »richtigen« Bücher gelesen würden. »Hast du vor, jedes einzelne Buch dieser Bibliothek zu verschlingen?« fragte er mich.

»Ich lese gern, Sir«, sagte ich und lachte.

»Aber du übertreibst. Immer, wenn ich dich sehe, hast du ein Buch in der Hand. Weißt du denn nicht, daß man von Büchern allein nicht leben kann?«

»Ich lese gar nicht die ganze Zeit, Sir«, erwiderte ich. »Ich spiele auch Tennis.«

»Und was tust du sonst?«

Es gab nichts anderes. Lesen und Tennis, das war mein Leben.

»Zu viel Lesen und zu viel Tennis, das tut dir nicht gut«, entschied er. »So vergeudest du nur deine Zeit.«

»Aber das ist alles, wofür ich Zeit möchte, Sir.«

»Und die Bücher, die du liest«, fuhr er fort, »sind nicht das, was ich bei einem schwarzen Kind erwarte. Warum liest du sie?«

Der Direktor hatte recht. Mein Lesegeschmack war von der Literatur beeinflußt worden, die ich in den Häusern der Weißen gesehen hatte. Ich glaubte, daß sie ihre Macht über uns aus Büchern bezogen, die sie lasen – Gedichte, Philosophie, Klassiker und so weiter.

»Ich weiß nicht, Sir«, erwiderte ich kleinlaut.

»Was ist das für ein Buch, das du da in der Hand hast?«

Es war eine Ausgabe von *In 80 Tagen um die Welt.*

»Warum liest du das?«

»Vielleicht werde ich ja eines Tages selbst um die Welt reisen können, Sir.«

»Du sagst das sehr überzeugt«, meinte er. »Aber ist es nicht wahrscheinlicher, daß du für den Rest deines Lebens niemals aus Alexandra herauskommst?«

»Ich *werde* irgendwohin gehen, Sir. Ich habe das Gefühl, daß ich das kann. Aber ich weiß nicht, warum ich daran glaube. Vielleicht träume ich auch nur davon. Aber es gab so viele Träume in meinem Leben, die Wirklichkeit geworden sind, daß ich nun fest glaube, daß die Träume für mein künftiges Leben von Bedeutung sind.«

»Na gut, du Philosoph«, meinte er. »Darf ich dich fragen, wie du um die Welt reisen willst? Doch sicher nicht in einer Zeitmaschine, hoffe ich.«

»Das Tennis wird mir helfen herumzukommen, Sir«, antwortete ich.

»Warum willst du überhaupt herumkommen?« fragte er. »Bist du nicht zufrieden mit deinem Leben in Alexandra?«

»Selbst wenn ich der reichste Mann von Alexandra würde, könnte ich hier niemals glücklich sein«, sagte ich mutig. Nun war mir alles egal.

»Ich möchte in Freiheit leben. Und die Bücher, die ich gelesen habe, haben mir gezeigt, daß es Länder gibt, in denen man so denken und leben kann, wie man will. Und das werde ich unter der Apartheid niemals können. Und kein Geld der Welt kann mir diese Freiheit in Alexandra erkaufen. Um ganz ehrlich zu Ihnen zu sein, Sir, ich sehe hier keine Zukunft für mich. Keine Zukunft in ganz Südafrika. Und wenn ich das Land nicht verlasse – und zwar bald –, werde ich entweder verrückt oder ich tue etwas Wahnsinniges und töte die, die mich meiner Menschlichkeit berauben. Ich kann dieses Leben nicht länger ertragen, Sir, und es wird von Tag zu Tag schlimmer. Die Bücher, die ich lese, haben mein Wissen über die Welt erweitert, haben mir eine andere Realität gezeigt. Ich fühle mich manchmal wie ein Fremder in meinem eigenen Heimatland.«

Der Direktor hatte mir mit ausdrucksloser Miene zugehört. Sollte er mich doch rauswerfen. Ich erwartete kein Verständnis von ihm. Er mußte sich schließlich dem System anpassen, wenn er seine Stellung nicht verlieren wollte. Doch ich erlebte eine Überraschung. »Ich habe immer gewußt, daß du anders bist als die meisten«, sagte er. »Schüler, die so empfinden wie du, reagieren immer so. Ihr könnt anderen auf die Dauer nichts vormachen. Vielleicht ist es ja an der Zeit, daß wir Schwarzen überhaupt aufhören, anderen und uns selbst etwas vorzumachen. Meine Generation glaubte noch daran, daß der Weiße Mann seine Meinung ändern würde. Daß er uns als Menschen behandeln und mit der Apartheid Schluß machen würde. Es war eine Hoffnung, die uns getrogen hat. Vielleicht müssen wir wirklich aufstehen und um unsere Rechte kämpfen. Meine Generation hat ja erfahren, daß der Weiße Mann nicht mit sich reden läßt. Der Weiße ist nur an seinen eigenen Ängsten und Bedürfnissen interessiert.

Es wird Zeit, daß ihr Jungen den Kampf aufnehmt. Ihr habt alle Voraussetzungen zu gewinnen. Ihr seid ungeduldig, dickköpfig und bereit, euer Leben für das zu opfern, woran ihr glaubt. Deshalb lies ruhig weiter und spiel weiter Tennis. Vielleicht ist das ja wirklich dein Ausweg aus diesem Alptraum. Du bist zwar noch jung, aber du scheinst tatsächlich schon mehr über die Weißen zu wissen, als viele Schwarze meiner Generation: du weißt, daß es zwei Sorten Weiße gibt – die guten und die schlechten. Die meisten Schwarzen kennen nur die Rassisten, den unbarmherzigen *baas*, die Schinder. Dennoch rate ich dir – sei vorsichtig und überlege gut, wem du vertraust und was du wem anvertraust. Denn die Schwarzen, die nur den Rassisten kennen, werden dich für einen Verräter halten, wenn du zu vertraulich mit Weißen umgehst. Und denke immer daran, daß du im Getto lebst, daß deine Familie im Getto lebt und daß deine Freunde im Getto leben. Du könntest auch sie gefährden. Da könnten dir dann auch deine weißen Freunde nicht helfen. Denn selbst, wenn es keine Apartheid gäbe, würden sie dich nie ernsthaft als einen der ihren akzeptieren können.«

»Ich will gar nicht so werden wie sie«, sagte ich, »selbst dann nicht, wenn sie mich darum bäten. Ich bin schwarz und ich bin stolz darauf, auch wenn es in diesem Land nichts zählt, ein Schwarzer zu sein. Die Zeiten, in denen ich den Gedanken haßte, als Schwarzer geboren zu sein, sind längst vorbei. Heute sehe ich die Dinge klarer.«

»Ich verstehe, was du meinst«, sagte der Direktor. »Ich habe das selbst auch durchgemacht.«

Doch viele Schwarze verstanden mich nicht. Sie deuteten meine Liebe für die englische Sprache, für Gedichte und für Tennis als Zeichen dafür, daß ich versuchte, »weiß zu sein«. Mein Vater warf mir das ständig vor. Manchmal behauptete er sogar, ich wäre verrückt. Doch ich machte jetzt niemandem mehr etwas vor. Ich stand zu dem, was ich empfand und zu dem, was ich erreichen wollte.

Je mehr Bücher ich las, desto sicherer war ich mir, in der Lage zu sein, Englisch richtig zu verstehen – zumindest jedenfalls mit Hilfe eines Wörterbuchs. Doch als wir mit Shakespeare anfingen, war es mit meinem Selbstbewußtsein aus und vorbei. Und zwar schlagartig.

Mein Englischlehrer, ein drahtiger Mann, der an einer schwarzen Universität gerade seinen Doktor gemacht hatte, gab uns den *Kaufmann von Venedig.*

»Das ist ja ein schreckliches Englisch«, sagte ich zu einem Klassenkameraden, als wir versuchten, das Schauspiel zu lesen.

»Ich werde das nie verstehen«, seufzte der entmutigt. »Der Lehrer muß verrückt geworden sein, uns das anzutun. Wir haben schließlich noch keinen Doktorhut wie er.«

»Laß es uns nochmal versuchen«, ermunterte ich ihn.

»Diesmal ganz langsam, damit wir uns besser mit den Worten vertraut machen.«

Wir hatten unsere liebe Not. Und ich mußte an Clyde Smith denken, der mir bereits, als ich elf war, gesagt hatte, er habe Shakespeare schon verstanden, als er halb so alt gewesen war wie ich. Und wir – wir waren schon glücklich, wenn wir mal einen Halbsatz kapierten. Der Lehrer spürte die allgemeine Verzweiflung und ermutigte uns, indem er jedem Schüler, der sich einen Prosaabschnitt zum Vorlesen aussuchte und ihn auch interpretierte, eine Verdoppelung der Punktzahl bei der Prüfung versprach. Das war eine Herausforderung und ein Ansporn.

Ich suchte mir Portias Rede über die Gnade aus. Verstanden hatte ich sie, nur lesen konnte ich sie nicht. Ich wußte nicht, wie ich dieses alte Englisch aussprechen sollte.

Doch wir hatten eine Frist von drei Wochen bis zur Prüfung. Die Rettung kam durch Onkel Piet. Er schenkte mir ein Transistorradio. Und da wir niemals vorher ein Radio gehabt hatten, drehte ich wie verrückt an den Knöpfen herum und geriet an eine Station, die gerade ein Shakespeare-Drama übertrug: Den *Kaufmann von Venedig!* Ich war überwältigt. Hier konnte ich die korrekte Aussprache lernen!

Nachdem ich mir die Sendung, die in mehreren Folgen ausgestrahlt wurde, angehört hatte, las ich das Buch immer wieder laut und versuchte, die Radiostimmen zu imitieren.

Ich überstand die Prüfung. »Nun, hier ist jemand, der seinen Shakespeare lesen kann«, sagte mein Lehrer. »Wie hast du das geschafft, Mister Gänsehaut?« Er nannte mich »Mister Gänsehaut«, weil ich meinen Blazer immer anbehielt, auch wenn es noch so heiß war.

(Ich mußte das tun, weil meine Hose am Hinterteil einen riesigen Flecken aufwies, den ich verstecken wollte.)

Ich erzählte ihm von der Radiostation, und daß ich Shakespeare dort gehört hatte.

»Radio *Springbok* zu hören, scheint mir ein ausgezeichneter Weg zu sein, um Englisch zu lernen«, war sein Kommentar.

Von diesem Tag an war Radio *Springbok* mein Lieblingssender. Er strahlte neben den Schauspielen auch Kriminalhörspiele und die Weltnachrichten aus und berichtete über Abenteuer auf hoher See und brachte Gedichte. Wenn etwas kam, was mich interessierte, ließ ich alles andere liegen. So fesselnd waren die Sendungen. Und meine Aussprache und mein Empfinden für die englische Sprache profitierten ganz gewaltig davon.

Eines Tages hörte ich zufällig Antonin Dvořaks Symphonie *Aus der Neuen Welt*. Bis dahin hatte ich nur amerikanischen und afrikanischen Pop gekannt. Obwohl ich die Symphonie nicht verstand, berührte sie etwas in meinem Herzen.

Von da an stellte ich jedesmal klassische Musik an, wenn ich an der Bar auf der Ranch arbeitete. Wilfried erwischte mich, als ich mir ein Klavierkonzert anhörte.

»Verstehst du diese Musik denn?« fragte er.

»Ich weiß nicht genau, aber sie beruhigt mich irgendwie.«

»Da hast du schätzungsweise recht«, meinte er. »Man muß diese Musik nicht verstehen, um sie zu mögen. Trotzdem könnte sie dir noch mehr Vergnügen bereiten, wenn du lernen würdest, sie auch zu begreifen.«

Großzügig, wie er war, ließ Wilfried mich dann seine Sammlung klassischer Kompositionen – die meisten waren deutsche – anhören. Ich durfte den Plattenspieler in seinem Wohnzimmer benutzen, wann immer mir danach zumute war. Wilfried gab mir auch Biographien der Komponisten zu lesen, und allmählich begann ich zu begreifen, was sie zu ihrer Musik inspiriert hatte.

Meine Mitschüler hänselten mich wegen meiner Begeisterung für Klassik.

»Gibt's denn nichts Besseres?« fragten sie mich.

»Das ist etwas Besseres«, antwortete ich.

»Besser als Earth, Wind and Fire, Percy Sledge, The Beatles, Abba, The Supremes, Boney M?«

»Die höre ich doch auch«, erwiderte ich, »wenn ich in der richtigen Stimmung bin.«

»Warum behauptest du dann, daß klassische Musik besser ist?«

»Wenn ich in der Stimmung für Klassik bin, ist klassische Musik die beste Musik in der Welt. Und wenn ich in der Stimmung für Pop bin, ist Pop die beste Musik in der Welt – so einfach ist das.«

»Aber Klassik und Pop, das paßt doch nicht zusammen . . .«

Für mich paßten sie zusammen.

Mein Vater sah in meinem Interesse für Klassik ein weiteres Zeichen meiner Bemühungen, »weiß zu sein«.

»Erst waren es die Bücher«, beklagte er sich, »dann Tennis, dann Gedichte, und jetzt ist es dieser Quatsch, den sich die Weißen immerzu anhören. Du wirst wirklich langsam verrückt, Junge. Wie viele Schwarze, glaubst du, hören sich diesen Mist an?«

»Viele«, sagte ich.

»Nenn mir einen, den ich kenne«, verlangte er.

Es fiel mir keiner ein.

»Na, siehst du«, sagte er mit einem genüßlichen Grinsen, »du bist der einzige Verrückte.«

»Das macht mir nichts aus.«

»Ich geb's auf, Sohn – aus dir wird niemals mehr ein richtiger Mann!«

Bei dem Halbjahresexamen 1975 hatten Steve, ein Schüler aus meiner Parallelklasse, und ich jeweils die höchste Punktzahl erreicht und wurden beide als erste Empfänger eines neuen Stipendiums ausgewählt. Es bezog sich auf die zwei Jahre Universitätsvorbereitungsschule in Tembisa und dann natürlich auf das Studium selber. Simba Quix, der größte südafrikanische Hersteller von Kartoffelchips, hatte sich vorgenommen, den schwarzen akademischen Nachwuchs zu fördern, bei der Immatrikulation zu helfen und für Studiengebühren, Bücher und Uniform aufzukommen.

Daß Steve und ich ein Stipendium bekamen, wurde am »Elterntag« bekanntgegeben. Meine Mutter und all meine Verwandten waren da und lauschten voller Stolz, als der Schuldirektor die Liste meiner schulischen und sportlichen Leistungen verlas. Dann rief er Steve und mich auf die Bühne, damit Mr. Wilde, einer der Direktoren von Simba Quix, jedem von uns einen Scheck für das Stipendium überreichen konnte.

Mr. Wilde war ein breitschultriger Engländer und sehr freundlich.
»Die Idee, guten Schülern wie Steve und Johannes ein Stipendium für
die Universität zu geben, ist nicht neu«, sagte er. »Unsere Firma ist
schon seit langem der Meinung, daß man mehr jungen Schwarzen die
Möglichkeit geben sollte, in Spitzenpositionen der Wirtschaft aufzu-
rücken. Unsere Firma tätigt die meisten ihrer Abschlüsse mit Schwarzen, und wir würden unsere Geschäftsbeziehungen gern noch erwei-
tern. Hätten uns bislang nicht die Gesetze davon abgehalten, wäre
unser Förderungsprogramm für junge Schwarze schon längst in die
Wege geleitet worden. Doch nun, da sich die Lage etwas entspannt hat,
hoffen wir, daß Steve und Johannes nur die ersten von vielen schwarzen Schülern sind, denen wir helfen können. Und wir geben ihnen
nicht nur das Stipendium, das ihnen eine akademische Ausbildung
ermöglicht, sondern bieten ihnen für die Schul- oder Semesterferien
auch Arbeit in unserer Zentrale in Isando an. Dort können sie sich ein
sehr gutes Taschengeld verdienen und zugleich mehr über unsere
Firma erfahren. Wir hoffen nämlich«, er machte eine kleine Pause und
lächelte, »daß die beiden eines Tages, wenn sie ihr Studium abgeschlossen haben, für uns arbeiten werden. Wir jedenfalls werden alles, was in
unserer Macht steht, dazu tun, die beiden für unsere Firma zu gewinnen.«

Mr. Wilde wurde sehr beklatscht. Danach gab es zu Ehren der
anwesenden Eltern und der anwesenden Förderer unserer Schule
Schauspielaufführungen und Parodien. Und ich las einige Verse aus
Tennysons *In Memoriam*.

42   Keiner hatte daran geglaubt, daß es passieren würde und
doch hatte jeder gewußt, daß es irgendwann passieren *mußte* – ein
einziger Funke genügte schließlich, um das Pulverfaß anzuzünden.
Dieser Funke war die Entscheidung des Bantu-Department für Erzie-
hung, den Unterricht in den schwarzen Schulen künftig nur noch in
Afrikaans – nicht mehr in Englisch – abzuhalten. Als dieser Beschluß
verkündet wurde, suchten sich all der Ärger, all der Haß, all die
Bitterkeit und all die Frustration, die sich in den Köpfen schwarzer
Schüler eingegraben hatte, ein Ventil.
Zur ersten spontanen Explosion kam es am Nachmittag des 16. Juni

1976 in Soweto. Dort versammelten sich etwa 10 000 Schüler zu einem Protestmarsch gegen die »Afrikaans-Verfügung«. Die riesige Menschenmenge bewegte sich geordnet und friedlich durch die staubigen Straßen auf die *Pheteni High School* zu. Die Demonstranten trugen Transparente mit folgenden Inschriften: »Zur Hölle mit Afrikaans!«; »Wir wollen die Sprache unserer Peiniger nicht!«; »Hört auf, uns mit diesem Gift zu füttern!«; »Auch wir haben ein Recht auf Bildung!« und »Wir wollen keine Sklaven-Erziehung!«. Sogar Sechs- und Siebenjährige, die erst seit kurzem die Stammesschulen besuchten, hatten sich den älteren Schülern angeschlossen und stimmten begeistert in die Protestchöre ein.

Zur gleichen Zeit blockierten – was die Demonstranten nicht wußten – Polizei-Hundertschaften die Straße zur *Pheteni High School*. Die Polizisten, mit Schwarzen in der Überzahl, waren bis an die Zähne bewaffnet und mit Gewehren, Schrotflinten sowie *sjamboks* und Tränengas-Kanistern ausgerüstet. Als die Schüler diese Barrikade erreichten, hielten sie inne, schwenkten aber weiter ihre Transparente und riefen im Chor:

»*Amandla! Awethu! Amandla! Awethu! (Die Macht ist unser! Die Macht ist unser!)*«

Während die Anführer der Schülerbewegung noch darüber berieten, was jetzt zu tun sei, eröffneten die Polizisten das Feuer. Einen Moment lang stand die Menge wie versteinert. Die Kinder und Jugendlichen glaubten, es seien Schreckschüsse oder die Polizisten schössen in die Luft. Doch als mehrere der kleinen Kinder umfielen, als sich auf weißen Schuluniformen rote Blutflecken zeigten, brach die Hölle los.

Die Polizei schoß wahllos in die Menge. Einige der Schüler versuchten in Hütten und Baracken zu fliehen, andere fielen hin und wurden von der nachrückenden Masse niedergetrampelt. Die meisten standen unter Schock. Sie blieben still stehen, schrien und weinten. Manche versuchten, sich mit Schultaschen und mit Steinen, die sie von der Straße aufhoben, gegen die Kugeln zu wehren.

Ein Jugendlicher sah einen 13jährigen zu Boden gehen – eine Kugel hatte ihm die Stirn zertrümmert. Er hob den sterbenden Jungen auf und trug ihn in einen der Höfe. Das Photo dieser beiden – des leblosen Jungen in den Armen des Jugendlichen, dessen Augen vor Haß und Verachtung blitzten – ging auf Titelblättern von Zeitungen und Magazinen um die Welt.

Wir sahen dieses Bild erst am nächsten Tag. Im Schulbus nach Tembisa. Die Morgenausgabe der *World* war den Ereignissen des Vortags gewidmet. Ich fühlte Haß und Wut in mir aufsteigen, als ich die Photos dieses blutigen Gemetzels anschaute. Ich weinte. Ein Bild zeigte einen weißen Polizisten, der offenbar von Steinen getroffen, neben einem ausgebrannten, umgekippten Polizeiwagen lag. Schüler hatten einen Kreis um ihn gebildet und die Fäuste zum Black-Power-Salut gehoben. Ich weidete mich an diesem Anblick und wünschte, es wären mehr Weiße ums Leben gekommen.

Der Bus war so voll wie immer. Doch noch nie war es so still gewesen. Alle hielten die Gesichter hinter den Zeitungen verborgen. Die Tränen flossen uns übers Gesicht, und wir schämten uns nicht. Ich schaute noch einmal das Bild von den beiden Jungen an und wußte, daß mein Leben nie wieder so sein könnte, wie es bis gestern gewesen war.

»Sie haben das Feuer eröffnet!«, murmelte David, der neben mir saß. Er schüttelte immer wieder ungläubig den Kopf. »Sie haben sie nicht ein einziges Mal gewarnt, haben einfach das Feuer eröffnet. Einfach so. Einfach so«, wiederholte er ständig. »Und kleine Kinder, kleine hilflose Kinder . . . sie haben kleine, hilflose Kinder erschossen. Einfach so. Das ist Mord, kaltblütiger Mord.«

Es gab nichts, was ich dazu hätte sagen können. Ich starrte nur auf die Bilder. Worte hätten nicht ausdrücken können, was ich empfand. Keine Worte der Welt können je den Haß beschreiben, den ich in diesem Moment fühlte. Haß auf die weiße Rasse.

»Dies ist erst der Anfang von etwas, das so häßlich ist, daß ich gar nicht darüber nachdenken mag«, sagte David. »Unser Leben kann und darf nach dem, was in Soweto geschehen ist, nie wieder so sein, wie es war.«

Ich nickte.

Die Stimmung beim Schulappell an diesem Morgen war trübe, die Atmosphäre angespannt. Da war ein Feuer, eine Entschlossenheit zu spüren, wie ich sie noch nie erlebt hatte. Das erste, was der Direktor sagte, war: »Ich nehme an, ihr habt alle schon von der Tragödie gehört, die sich gestern in Soweto abgespielt hat.«

»Ja!« gröhlte die Menge.

»Dies ist in der Tat ein dunkler Moment in unserem Leben«, fuhr er fort. »Doch wir hier, wir müssen weiter lernen. Die Regierung hat angeordnet, daß alle anderen Schulen geöffnet bleiben, daß der Unterricht weitergeht. Ich bin sicher, daß sich die Lage in Soweto beruhigen wird und daß auch dort bald alles wieder normal läuft.«

Die Menge wurde unruhig. Keiner von uns glaubte, daß irgend etwas »wieder normal« laufen könnte. Ein Schüler, der ganz hinten stand, schrie: »Wir können nicht zur Schule gehen, während unsere Brüder und Schwestern in Soweto abgeschlachtet werden!«

»Ja, ja, keine Schule, keine Schule!« stimmten die anderen nach und nach ein, bis der ganze Chor brüllte: »Keine Schule!«

»In dieser Schule wird es keine Demonstrationen geben«, erklärte der Direktor in scharfem Ton. »In Soweto ist schon zuviel Blut vergossen worden.«

»Der Kampf von Soweto ist auch unser Kampf!« riefen viele Stimmen zurück. »Die ›Afrikaans-Verfügung‹ betrifft auch uns. Die verdammten Buren sollen endlich aufhören, uns diese Sklaven-Erziehung aufzuzwingen! Zur Hölle mit Afrikaans!« Keiner ging zum Unterricht. Wir Schüler organisierten uns in Gruppen und planten die Strategie für eine friedliche Solidaritäts-Kundgebung für unsere Brüder und Schwestern in Soweto. Der Direktor versuchte die Ruhe wiederherzustellen, aber es gelang ihm nicht. Viele Lehrer halfen uns bei den Vorbereitungen. »Bleibt friedlich und geordnet«, sagte einer warnend, »sonst sitzt euch in Nullkommanichts die gesamte Burenarmee im Nacken.«

Wir malten Plakate und Transparente, die die Bantu Erziehung, Afrikaans und die Apartheid verdammten. Wir bestanden auf unserem Recht auf »gleiche Bildung« und darauf, daß die Regierung dem Blutbad von Soweto ein Ende machte. Wir wählten die Anführer für unseren Zug, der auf dem Weg über andere Schulen – wo wir auf Unterstützung hofften – zum Stadion führen sollte. Innerhalb von einer Stunde hatten wir uns auf der Straße in Reihen aufgestellt. Wir marschierten los.

»*Amandla! Awethu! Amandla! Awethu!*« riefen wir im Sprechchor.

Weiße, die zu den Regierungsgebäuden in Tembisa wollten, sprangen schnell wieder in ihre Autos und fuhren unter Polizeischutz davon. Je weiter wir marschierten, desto mehr Jugendliche schlossen sich uns an. Schwarze Männer und Frauen jubelten uns in den Höfen, an denen wir vorbeizogen, zu und feuerten uns an: »*Zur Hölle mit dieser viertklassigen Erziehung!*«, »*Stoppt den Völkermord in Sowe-*

to!«, »*Amandla! Awethu! Amandla! Awethu!*« Die Luft vibrierte von diesem Schrei.

Hunderte von Schülern von anderen Schulen schlossen sich uns an, bevor wir unser Ziel erreicht hatten. Auf der Straße, die zum Stadion führte, erschien plötzlich, wie aus dem Nichts, eine ganze Schwadron von Polizeiwagen und Mannschaftswagen. Sie verbarrikadierten die Straße.

»Keine Panik! Nur keine Panik!« brüllten unsere Anführer. »Laßt uns friedlich bleiben! Sie werden uns nichts tun, wenn wir sie nicht provozieren!«

Polizisten in Kampfausrüstung kletterten aus den Wagen. Sie trugen Schutzschilde, Gewehre und *sjamboks* und luden Kanister mit Tränengas aus. Sie standen uns in breiter Phalanx gegenüber. Wie in Soweto waren die meisten von ihnen schwarz. Von einem der Wagen hörten wir über Lautsprecher die heisere, verzerrte Stimme eines weißen Mannes: »*Löst euch auf und geht nach Hause oder in eure Schulen zurück! Tut ihr das nicht, sind wir gezwungen, Gewalt anzuwenden!*«

Einige der Schüler verließen die Gruppe. Doch die Mehrheit blieb. Wir warteten und brüllten weiter unsere Sprechchöre. Unsere Fäuste waren zum Black-Power-Salut erhoben. Und dann begannen wir, *Nkosi Sikelel'i Afrika* (Gott schütze Afrika) zu singen, die Hymne der ANC:

> Gott schütze Afrika
> Zieh unsere Nachkommen auf
> Hör unsere Gebete
> Komm, Heiliger Geist
> Komm, Heiliger Geist
> Herr, schütze uns
> Uns, Deine Kinder.

Die Polizei griff an. Einzelne Schüsse fielen. Die Straße wurde zum Hexenkessel. Die Schüler flohen. Tränengas-Kanister flogen in die Menge. David und mir gelang es, unverletzt in einen der Höfe zu fliehen. Wir sprangen über Zäune und rannten den ganzen Weg zur Schule, wo die Lehrer uns rieten, unverzüglich nach Hause zu fahren. Die Polizei hatte Razzien in den Schulen angekündigt. Die Bushaltestelle war etwa eine halbe Meile entfernt. Auf dem Weg dahin sahen wir Feuerschein und dunkle Rauchwolken hinter den streichholzschachtelähnlichen Häusern von Tembisa aufsteigen. Einige Bierhallen und Autos waren in Brand gesteckt worden, erfuhren wir von Passanten.

»Ich hoffe, es gibt noch einen Bus aus dieser Hölle«, sagte David und atmete schwer.

Es gab noch einen. Wie sich später herausstellte, war es der letzte. Die Polizei hatte das Getto von Tembisa unter Quarantäne gestellt. Kein Fahrzeug durfte das Township verlassen. Auf unserer Fahrt nach Alexandra fiel uns der ungewöhnlich rege Verkehr auf dem Highway zum *Jan Smuts* Flughafen auf.

»Die Weißen fliehen in Scharen«, bemerkte ich.

»Sie haben Angst, daß diese ganze Sache in einer Revolution endet«, erwiderte David.

Als wir uns Alexandra näherten, sahen wir die Straßensperren. Alle Straßen nach und aus Alexandra waren abgeriegelt. Alle Fahrzeuge wurden angehalten und durchsucht. Auch unser Bus. Soldaten in Tarnanzügen, mit Maschinengewehren bewaffnet, forderten uns auf auszusteigen und uns neben dem Bus in einer Reihe aufzustellen. Ich zitterte wie ein Blatt im Wind. Alexandra, das ich in der Entfernung sehen konnte, glich einem Schlachtfeld. Flammen schlugen zum Himmel, eine Rauchwolke hing über dem Getto, und von Zeit zu Zeit waren Gewehrfeuersalven zu hören.

»Ihr müßt nach Hause laufen«, befahl einer der weißen Soldaten. »Busse dürfen da nicht mehr hinein. Ihr verdammten Kaffern brennt ja alles nieder.«

Durch das Buschland steuerten wir das Township an und schauten dabei – wie alle anderen Bus-Passagiere – häufig über die Schulter zurück. Wir hatten Angst, in den Rücken geschossen zu werden. Als David und ich das Getto erreichten, sahen wir, daß verschiedene Regierungsgebäude, Bierhallen, Schulen und die Läden der Inder und Chinesen in Flammen standen. Ein Bus war umgeworfen und in Brand gesetzt worden. Die Leute plünderten und machten sich mit ihrer Beute davon. Alles, was sie tragen konnten, nahmen sie mit. In den Gesichtern der Männer und Frauen war eine Kraft, die ich nie vorher gesehen hatte.

In Alexandra hatte die Rebellion begonnen.

Innerhalb der nächsten beiden Tage breitete sie sich auch in anderen schwarzen Gettos des Landes aus: in Pretoria, Springs, Daveyton,

Kwa-Thema, Durban, Port Elisabeth und Kapstadt brannten Schulen, Krankenhäuser, Regierungsgebäude, Bierhallen, die Läden der Inder und Chinesen, *PUTCO*-Busse, Lieferwagen von Coca-Cola und anderen Firmen ab. Der Unterricht an schwarzen Schulen war praktisch zum Stillstand gekommen.

Die Schüler- und Studentenbewegung begann, ihre Aktivitäten zu koordinieren. Protestmärsche wurden geplant, Demonstrationen abgehalten und die schwarzen Arbeiter wurden aufgefordert, in einen Solidaritätsstreik zu treten.

Zunächst unterstützten die Arbeiter die Bewegung und streikten. Doch nach einigen Tagen kehrten sie an ihre Arbeitsplätze zurück. Entlassungsdrohungen, Existenzangst und Einschüchterungen von Seiten der Polizei veranlaßten die schwarzen Männer und Frauen zur Aufgabe. Keiner konnte ihnen das zum Vorwurf machen, sie hatten ja Familien zu ernähren.

In einigen Bezirken gelang es der Polizei sogar, die Arbeiter gegen die Schüler und Studenten aufzuwiegeln. In Soweto, so erfuhren wir, hatten sich Zulu-Wanderarbeiter zu »Selbstschutztruppen« formiert. Mit polizeilicher Erlaubnis und Unterstützung prügelten sie auf die Schüler ein, schlugen sie tot oder erstachen sie. Bis zu einem gewissen Grad passierte Ähnliches in Alexandra. Als Schwarze gegen Schwarze zu kämpfen begannen, wurde das Township mit gepanzerten Mannschaftswagen voller Soldaten abgeriegelt, um eine Ausbreitung der Gewalt in die Vorstädte zu verhindern. Die Weißen dort kauften sich Schrotflinten und Gewehre. Viele, so wurde berichtet, waren aus dem Land geflohen. Und Premierminister Vorster als auch Polizeiminister Kruger bemühten sich Abend für Abend in den Nachrichten, die aufgeschreckten Weißen zu beruhigen. Täglich versicherten die Politiker, die Situation in den Gettos in der Gewalt zu haben.

Die Revolte forderte ihren Blutzoll: 100 Tote, ... 150 Tote, ... 200 Tote. Je mehr sie ermordeten, desto verbitterter kämpften wir Schwarzen weiter und desto mehr Verwüstungen richteten wir an. Die schwarzen Schulen waren für unbestimmte Zeit geschlossen worden. Das heißt, die, die nicht zuvor schon in Flammen aufgegangen waren.

Überall tauchten plötzlich schwarze Spitzel auf. Um am Leben zu bleiben, verkaufte ein Schwarzer den anderen an den Weißen Mann. Auch die Schülerbewegung wurde unterwandert. Ihre Anführer wurden in mitternächtlichen Razzien verhaftet und ohne Prozeß ins

Gefängnis geworfen. Notstandsgesetze traten in Kraft, die den Aufstand unterdrücken sollten. Journalisten und Lehrer wurden eingesperrt. Ohne ihre Anführer mußte die Schüler- und Studentenbewegung als zerschlagen betrachtet werden.

Ein blutdürstiger Mob zog durch die Straßen. Meine Schulkameraden und ich zogen mit. Wir hatten in unserem Haß die Kontrolle über uns verloren und wüteten wie Besessene. Wir dachten weder an unsere Sicherheit noch fürchteten wir den Tod.

Wir hatten keine Gewehre, keine *sjamboks,* kein Tränengas und keine Panzerwagen, doch wir hatten gelernt, wie man Molotow-Cocktails herstellt. Die Orgie der Gewalt, der Zerstörung und des Tötens hielt unvermindert an.

Wir folgten den Mobs, die im Getto Brände legten und plünderten. Die Läden der Inder und die Schlachtereien der Chinesen, von denen jeder glaubte, sie seien reich geworden, weil sie die Ärmsten der Armen betrogen und übervorteilt hatten, waren das Ziel. Eine der chinesischen Familien – die, für die ich einmal gearbeitet hatte – besaß mehrere Läden auf der 12th Avenue. Die Chinesen waren am ersten Tag des Aufstands geflohen und hatten ihre drei Bluthunde hinter dem hohen Drahtzaun zurückgelassen. Die bewachten den Besitz. Als unsere Meute, angeführt von einigen arbeitslosen Männern und einer Handvoll *tsotsis,* vor dem Grundstück ankam, wurde erst einmal wegen der Hunde Kriegsrat gehalten. »Ich habe diese Hunde jeden Tag gefüttert und sie gebadet«, sagte einer der Männer, der offenbar nach mir bei dem Chinesen gearbeitet hatte. »Sie lieben Fleisch.« Ein Stück Fleisch wurde herangeschafft, mit Gift bestreut und über den Zaun geworfen. Die Hunde, die wahrscheinlich seit der Flucht ihrer Besitzer nicht mehr gefüttert worden waren, stürzten sich begierig darauf. Die Menge jubelte. Noch während die Hunde winselten und qualvoll verreckten, wurde ein Loch in den Zaun geschnitten und das Gelände »erobert«. Die *tsotsis,* die mit Macheten bewaffnet waren, hackten dann auf die Hunde ein, bis nur noch blutige Pfützen übrigblieben.

»Ich wünschte, der Chinamann wäre hier«, sagte einer von ihnen mit boshafter Sanftheit.

Für einen Augenblick wurde mir die Sinnlosigkeit dessen bewußt, was wir da trieben. Doch meine Zweifel schwanden schnell. Die Genugtuung darüber, daß sich die schwarze Unterschicht, wenn auch nur mit Plünderungen, endlich für das entschädigen konnte, was ihr so lange verweigert worden war, erstickte jeden Anflug von Skrupel im Keim. Ich machte also mit – bis durchdrang, daß Armeelastwagen in unsere Richtung unterwegs waren. Der Mob floh aufgescheucht. Da wir uns noch nichts von der Beute geholt hatten, blieben einige meiner Freunde und ich zurück.

Minuten später verließen dann auch wir den Schauplatz der »Rache« und zerrten unsere Beute hinterher. Auf dem Heimweg trafen wir eine andere Gruppe Plünderer – hauptsächlich Frauen und Mädchen – die einen der Inder beraubt hatte. Alle waren glücklich. Jeder hatte sich Vorräte beschafft, die eine Weile reichen würden. Ich schaute in die Gesichter um mich herum. In jedem einzelnen las ich Not, Haß, blinde Wut.

Das sind also die Schöpfer der Revolution, sagte ich mir und dachte an den Film *Eine Geschichte zweier Städte*, (nach dem Roman von Charles Dickens). Hätte die Armee Alexandra nicht eingekesselt, wäre es auch hier – wie bei der französischen Revolution – zu einem Massaker gegen die Unterdrücker gekommen. Ich sah die Guillotine und das Tribunal aus schwarzen Untermenschen, die Weiße aburteilten, vor meinem geistigen Auge.

Doch die Wirklichkeit bestand aus kleinen Triumphen armer Menschen, die endlich einmal mit vollen Händen aus den Geschäften nach Hause gehen konnten.

»Dieses Paraffinfaß wird für die nächste Woche reichen.«

»Und dieser Sack mit Maismehl reicht ewig.«

»Ich weiß gar nicht, wo ich das viele Fleisch aufheben soll«, beschwerte sich einer, der ein ganzes Schaf über der Schulter trug. »Wir haben nicht mal einen Waschtrog, wo wir es in Eis legen könnten.«

»Geh doch einfach in einen Laden, der Waschtröge verkauft und nimm dir einen«, riet ihm ein anderer.

»Ich habe jetzt genug Kerzen, um ganz Alexandra anzünden zu können.«

»Und ich genug Coca-Cola, um mich darin zu ersäufen.«

»Meine kleinen Schwestern werden nicht mehr vor Hunger schreien müssen, ich habe endlich genug Milchpulver.«

»Die Ratten werden sich wünschen, sie wären niemals in unsere Hütte gekommen. Dieser Sack Rattengift reicht für alle.«

Als wir die 12th Avenue hinuntergingen, hallte irgendwo ein Schrei: »Die Armee kommt! Die Armee kommt!«

Schüsse krachten. Flaschen mit Tränengas flogen wie Hagelkörner in die Menge. Die Leute ließen ihre Beutestücke fallen und flohen in wilder Hast. Sie suchten irgendwo Deckung. Einige der Mädchen, darunter auch zwei aus unserem Hof, hatten die Orientierung verloren und irrten hustend und würgend durch den Nebel aus Tränengas.

»Rennt hierhin! Rennt dorthin!« riefen die Leute ihnen zu. Ich hielt mein Hemd unter einen Wasserhahn und band es mir vor Mund und Nase, um mich gegen das Gas zu schützen. Wieder peitschten Schüsse. Wieder flogen Gasflaschen. Ich rannte in eine der Baracken aus Blech und Plastik.

»Warum macht ihr das bloß?« murmelte der Mieter, ein weißhaariger, alter Mann. Seine Beine waren deformiert, sein Buckel ganz krumm. »Ihr wißt doch, daß die Polizei euch alle töten wird.«

»Es sind Hunger und Haß und Wut, *Ntate* (Vater)«, antwortete ich und versuchte durch das schmutzige Fenster auf die vom Gas vernebelte Straße zu sehen.

»Sie werden euch alle töten«, wiederholte er. »Yeah, das ist es, was die Weißen wirklich wollen – uns alle töten.«

»Wir werden auch einige von ihnen töten, *Ntate*«, sagte ich, und versuchte, irgend etwas auf der Straße zu erkennen.

»Was ist es überhaupt, wofür ihr Kinder kämpft?«

»Wir wollen frei sein, *Ntate*«, erwiderte ich. »Wir kämpfen, so daß Sie, ich und jeder andere Schwarze in diesem Land – ob Mann, ob Frau, ob Kind – ein Leben in Würde führen kann.«

»Das ist unmöglich.« Der Alte schüttelte den Kopf. »Die Weißen werden immer an der Macht bleiben. Der Friedenskampf ist tot.«

»Er ist mit uns wiedergeboren worden, *Ntate*. Wir haben die Flamme der Befreiung aufgenommen und marschieren zum Sieg.«

»Das ist nicht möglich, glaub es mir. Ihr solltet euer junges Leben nicht für etwas opfern, was unmöglich ist.«

»Es *wird* Freiheit geben in Südafrika, *Ntate*«, versprach ich feierlich. »Das Land der Freiheit wird geboren werden und wir, die Jungen, werden dabei helfen. Im Kampf für den Frieden und die Freiheit zu sterben ist kein Opfer, weil ein Leben ohne Frieden und Freiheit nicht lebenswert ist. Wir haben zu lange unter der Knute des Weißen Mannes gelitten, *Ntate*, es ist Zeit, daß wir die Ketten sprengen.«

Ich hatte den Blick vom Fenster abgewandt, und als ich wieder durch die schmutzige Scheibe lugte, sah ich ein Bild des Schreckens.

»Gibt es außer dem Weg durch das Tor einen anderen aus dem Hof?« fragte ich den alten Mann mit zitternder Stimme.

»Ja, warum?«

»Die Polizei schleppt gerade ein Mädchen aus unserem Hof weg, das ich kenne. Ich bin nicht sicher, aber ich glaube, es ist tot. Das Kleid ist ganz blutig.«

Der Alte erstarrte vor Schreck. »Oh, Gott! Oh, Gott!« rief er. »Wohin ist es mit uns gekommen? Was tun sie uns an?«

»Wie komme ich hier raus?« fragte ich noch einmal. »Ich muß zu den Eltern der Kleinen, damit sie sich um sie kümmern können. Vielleicht ist sie ja auch nur verhaftet worden . . .«

Er verriet mir, daß der Zaun nahe den Aborten eine schmale Öffnung hatte, von der aus man auf die 11th Avenue kam. Und er trug mir auf, sehr vorsichtig zu sein.

Als ich in der Hütte von Mashudu – so hieß das Mädchen – ankam, fand ich die Familie schon in tiefer Trauer. Die Nachricht hatte sie schon erreicht. Das zwölfjährige Mädchen war tot.

Am nächsten Tag gingen die Eltern zur Polizeistation und baten um Herausgabe der Leiche, damit sie Mashudu beerdigen konnten. Sie mußten den Leichnam freikaufen.

Mashudu wurde am Sonntag begraben. Der Himmel war bewölkt. Es regnete leicht. Und obwohl nach den Notstandsgesetzen jede Versammlung von mehr als drei Menschen im Freien verboten war – sogar, wenn eine Familie ihre Liebsten begraben wollte – nahmen Hunderte an der Beerdigung teil. Wir trugen den kleinen, braunen Sarg auf unseren Schultern und sangen afrikanische Freiheitslieder. Als der Sarg in das Grab gesenkt wurde, sprach der Priester:

»Auf ihr, wie auf Hunderten schwarzer Kinder, die sterben mußten, seit dieser Alptraum begann, ruhte die Hoffnung auf ein besseres Afrika. Gib uns die Stärke und den Mut, oh Herr, über unsere Feinde, unsere Unterdrücker zu siegen. Laß den Tod dieses Kindes und den der anderen nicht vergeblich gewesen sein. Laß aus all dem vergossenen Blut Unschuldiger ein neues Südafrika entstehen. Ein Südafrika, in dem wir in Frieden leben können. Wenn Du ihre Seele zu Dir nimmst, allmächtiger Gott, dann schicke uns die Waffen, damit wir den Kampf gegen die Ungerechtigkeit wieder aufnehmen und ihn weiterführen können, bis alle Afrikaner befreit sind . . .«

Wie ich so an dem Grab stand, kam es mir in den Sinn, daß es ja durchaus auch ich hätte sein können, der da lag oder eine meiner Schwestern, mein Bruder. Haß und Wut gegen dieses System stiegen wieder in mir hoch. Warum hatten sie sie getötet, warum nur? Ich fragte mich das immer wieder. Sie war so jung, so lebensfroh und hatte zu so großen Hoffnungen berechtigt. Als wir klein waren, hatten wir oft mit anderen Kindern »Vater und Mutter« gespielt. Ich hatte sie »meine Frau« genannt. Nun war sie tot – ihr Leben ausgelöscht von der Kugel eines weißen Soldaten.

Tränen liefen mir übers Gesicht. Ich fragte mich, wie das Leben weitergehen sollte. Als die Menge der Trauernden das *Nkosi Sikelel'i Afrika* anstimmte, hörte ich, wie Mashudus Bruder feierlich gelobte: »Dafür werden sie mir bezahlen! Ich werde meine Schwester rächen!« Nach der Beerdigung schloß ich mich in die Schlafkammer unserer Hütte ein und grübelte. Ich hatte an etwas zu zweifeln begonnen, woran ich mich so lange hoffnungsvoll geklammert hatte: daß die Lehren Mahatma Gandhis in Südafrika das erreichen könnten, was die Martin Luther Kings für die Schwarzen in Amerika erreicht hatten.

Nein! Die Befreiung des schwarzen Mannes von der Apartheid konnte nur mit dem Gewehrlauf und dem Kolben durchgesetzt werden und mußte mit Strömen von Blut bezahlt werden. Die Doktrin der Gewaltlosigkeit, des passiven Widerstandes, hatte keine Chance gegen die Buren. Wir würden um unsere Freiheit kämpfen, den Weißen Mann bekämpfen, sein Blut vergießen, ihn auf dem Schlachtfeld besiegen müssen. Hatte ich den Mut, ein anderes menschliches Wesen zu töten? fragte ich mich. Mein Gewissen ließ nie eine Antwort auf diese Frage zu.

43   Die Rebellion gewann an Intensität. Täglich wurden schwarze Schüler bei Zusammenstößen mit der Polizei getötet. In den Gettos brach die Anarchie aus. Die Regierung fuhr fort, den Weißen zu versichern, daß die Lage in den Townships unter Kontrolle sei und daß es nur eine Frage der Zeit sei, bis die Ordnung wieder völlig hergestellt wäre. Die Regierung schürte den Irrglauben, daß sich hinter den Schüleraufständen die ANC verberge und daß der Aufruhr der Jugendlichen lediglich ein Vorwand sei. Denn sobald die kommunistischen Agitatoren aufgespürt, verurteilt und gehängt wären, würden

sich die Schwarzen wieder in die friedliche, gesetzestreue, unterwürfige Masse verwandeln, an die die Weißen gewöhnt seien.

Um diese Lüge zu stützen, flog Premierminister Vorster nach Deutschland und traf dort US-Außenminister Kissinger, obwohl die Progressive Partei (heute Progressive Bundespartei) Vorster davon abgeraten und ihm statt dessen ein Gespräch mit den echten Vertretern der schwarzen Bewegung vorgeschlagen hatte, um über eine baldige Beendigung der Unruhen zu verhandeln.

Alexandra blieb weiterhin von einem Kordon aus Armeelastwagen und Soldaten gegen die Weiße Außenwelt abgesperrt. Nur diejenigen schwarzen Männer und Frauen, deren Arbeitskraft für die Weißen unabdingbar erforderlich war, durften das Township – nach scharfen Kontrollen – verlassen und wieder betreten. Seit dem Ausbruch der Rebellion hatte ich die Tennis-Ranch nicht mehr besuchen können. Ohne Kontakt zu meinen weißen Bekannten begann ich wieder, alle Weißen zu hassen. Warum unternahmen die liberalen Weißen nichts, um das Abschlachten unschuldiger schwarzer Kinder zu unterbinden? Warum verlangten sie keine öffentlichen Untersuchungen über den brutalen und wahllosen Einsatz von Gewalt durch die Polizei? Warum übten sie auf ihre Parlamentsabgeordneten keinen Druck aus, um beispielsweise Bestimmungen über die Bantu-Erziehung außer Kraft zu setzen?

Das »laute« Schweigen der weißen Wählerschaft machte aus gemäßigten Schwarzen radikale Schwarze, und aus radikalen Schwarzen revolutionäre Schwarze. Täglich vernahm man Gerüchte, wonach ein Aufstand der schwarzen Massen im ganzen Land zu erwarten war und wonach die ANC Untergrundarmeen aufbaute, um das Regime zu stürzen. Die Straßen würden bald rot sein von Blut. Das Blut der Weißen würde fließen.

In meinem Freundeskreis wurde viel darüber diskutiert, ob wir nicht das Land verlassen und uns dem revolutionären Flügel der ANC *umkhonto We Siwze* anschließen sollten, um dann mit Panzerabwehrwaffen und Granaten bewaffnet zurückzukehren und den Weißen den Garaus zu machen. Jetzt, da sich herausgestellt hatte, daß ein gewaltloser Widerstand zu nichts führte, war auch ich bereit zu kämpfen. Je mehr Schwarze von Polizisten getötet wurden, desto militanter wurde ich. Südafrika wird bald frei sein, schwor ich mir, und *ich* werde helfen, es zu befreien.

Um mehr über den revolutionären Untergrund zu erfahren, besuchte ich Mr. Ngwenya, einen Mann, der in unserem Hof wohnte. Er kam aus Rhodesien (heute Zimbabwe), wo Robert Mugabe und Joshua Nkomo einen Guerilla-Krieg führten, um die weiße Minderheitenregierung von Ian Smith zu stürzen. Einige von Ngwenyas Angehörigen waren Friedenskämpfer der Patriotischen Front. Wir führten ein langes Gespräch, und ich erklärte ihm, auch ich wolle ein Friedenskämpfer werden.

»Um ganz ehrlich zu sein«, sagte er, »ich kann mir dich nicht mit einem Gewehr vorstellen und schon gar nicht, daß du irgendjemanden töten könntest. Dafür magst du Tennis und Bücher viel zu sehr. Ein Guerilla-Kämpfer wird nur der, der der Waffe alles opfert.«

»Das will ich auch gern tun«, sagte ich, »um der Apartheid ein Ende zu bereiten.«

»Selbst wenn du alles opfern würdest, und ich bezweifle gar nicht, daß du das willst«, meinte er, »glaube ich nicht, daß der Guerilla-Kampf etwas für dich ist. Bist du denn bereit, Tennis und Bücher zu opfern? Du weißt doch, es gibt keine Tennisplätze und keine Büchereien im Urwald. Nur Dickicht und Sümpfe. Im Guerilla-Training lernst du nicht, mit deinem weißen Tennispartner gut Freund zu werden. Da lernst du, ihn zu töten. Wenn du unter Beschuß liegst, bleibt keine Zeit, davon zu träumen, eines Tages nach Amerika zu gehen. Kannst du dir ein solches Leben für dich vorstellen?«

Während wir redeten, war Tränengas durch das Loch in der Tür und durch die Fensterritzen gekrochen. Mrs. Ngwenya, die die ganze Zeit neben dem Kohleofen gesessen und geflickt hatte, war aufgestanden. Sie nahm einige nasse Lappen, weckte ihr sechs Monate altes Baby und betupfte vorsichtig Mund und Nase des Säuglings. Das war die einzige Möglichkeit, die Wirkungen des Tränengases zu mildern.

»Jede Nacht dasselbe, seit die Aufstände begonnen haben«, sagte Mrs. Ngwenya bitter und machte sich daran, ihre anderen vier Kinder – im Alter von drei bis zehn Jahren – zu wecken. Ich wußte, daß in diesen Nächten niemand es wagen konnte zu schlafen, weil die Polizei das Getto nachts regelmäßig mit Tränengas einnebelte, um die Schwarzen von den Straßen fernzuhalten. Die Methode wirkte. Doch die schwarzen Familien zahlten einen hohen Preis, besonders die Kinder. Es hatte bereits mehrere Tränengas-Opfer gegeben. Kinder, die an dem Gas erstickt waren.

Als ich mich verabschiedete, sagte Mr. Ngwenya: »Es gibt in der Friedensbewegung aber auch einen Platz für Leute mit deinem Verstand. Nur müßt ihr an einer anderen Front kämpfen. Ärzte und Rechtsanwälte werden gebraucht, um Verwundete zu pflegen, politische Gefangene zu verteidigen und den Massen den Frieden nahezubringen. Auch Schriftsteller werden gebraucht, um der ganzen Welt zu erzählen, worum es in diesem Kampf geht. Du siehst also, ein Gewehr reicht nicht aus, um gegen die Apartheid vorzugehen. Denk darüber nach, ob und wie du deine Talente in unserem Kampf einsetzen willst.«

Die brutale Gewalt der Polizei war so beständig und rücksichtslos eingesetzt worden, daß die Rebellion sich zerschlagen hatte, als der August ins Land zog. Nur eine Handvoll Widerstandsnester blieb. Hunderte von schwarzen Kirchenmännern, Journalisten, Bürgerrechtskämpfern, Lehrern, Anwälten, Studenten, Schülern und alle, die subversiver Handlungen verdächtig waren, waren verhaftet und ohne Prozeß ins Gefängnis geworden worden. Wenn die offiziellen Zahlen stimmten, hatten in den vier Monaten der Gewalttätigkeiten 400 Menschen ihr Leben gelassen. Aus dem Untergrund hingegen wurde verlautbart, die Zahl der Todesopfer sei doppelt so hoch.

Die Führer der Schwarzen Bewegung saßen im Gefängnis. Marionetten der Weißen nahmen ihren Platz ein und verhandelten mit der Regierung. Nach einigen dieser Treffen wurde bekanntgegeben, daß für schwarze Schulen die Verpflichtung nicht länger bindend sei, in Afrikaans zu unterrichten. Doch statt einen ersten Schritt in Richtung auf eine Besserung der Bildungssituation zu tun, wurden halbherzige Kompromisse geschlossen. Die verhaßte Sprache blieb im Lehrplan. »Die Zukunft Südafrikas ist auf eine totale Afrikanisierung ausgerichtet. Deshalb ist es zu jedermanns Bestem, diese Sprache zu beherrschen«, hieß es offiziell.

Nachdem es der Regierung mit ihrer militärischen Übermacht gelungen war, die verschiedenen Schwarzen-Bewegungen auszuschalten, ordnete sie an, daß die schwarzen Schulen wieder geöffnet werden sollten. Doch nur wenige Schulgebäude hatten die Rebellion überstanden. Und noch weniger Schüler kamen zurück. Etliche waren getötet worden, viele waren aus dem Land geflohen, viele saßen in Gefängnissen und viele hatten einfach Angst vor der Polizei, die auch sie noch verhaften könnte.

Ich ging zurück. Doch es war mir unmöglich, da weiterzumachen, wo wir vor mehr als zwei Monaten aufgehört hatten. Die Freude am Lernen war mir vergangen. Ich dachte wie die meisten meiner Mitschüler: welchen Sinn hatte das alles, nachdem sich nichts geändert hatte und die Bantu-Erziehung immer noch in Kraft war.

Von den wenigen, die zurückgekommen waren, gingen die meisten bald wieder und suchten sich Arbeit. Und die Lehrer? Manche von ihnen hatten der Polizei als Spitzel gedient und die Namen unserer Anführer verraten. »Nach wiederholten Drohungen der Polizei, alle Schüler zu verhaften und zu töten – auch die, die nichts mit dem Aufstand zu tun hatten –«, versuchte sich ein Lehrer herauszureden, »haben wir ihnen eine Liste der Anführer gegeben. Aber wir haben es getan, um ein Blutbad zu vermeiden. Könnt ihr das wirklich Verrat nennen? War es so nicht besser? Ist es nicht besser, daß einige von euch im Gefängnis sitzen, als daß ihr alle tot wärt?«

Wir hätten es damals vorgezogen, tot zu sein.

44   Die Wiedereröffnung der Schulen hatte auch einige der Notstandsbestimmungen außer Kraft gesetzt. Schwarze durften das Getto wieder verlassen und in Weiße Gebiete fahren. Zum ersten Mal seit zwei Monaten konnte ich Barrets Ranch wieder besuchen.

»Mein Gott«, rief Wilfried, als er mich sah. »Schaut her, wer da ist! Mark! Du lebst also noch!«

Sie hatten sich Sorgen um mich gemacht. Und obwohl sie von Gewalt, Verhaftungen und Revolten in den Townships gehört hatten, hatten sie keine Ahnung, was wirklich geschehen war. Die Weißen Zeitungen hatten, genauso wie der Rundfunk, ausschließlich von der Regierung zensierte Berichte gebracht. Und da war dann von der Zerstörung von Regierungsbesitz durch Schwarze die Rede gewesen, von Einschüchterungsversuchen schwarzer Aufständischer gegenüber schwarzen Arbeitern und von Morden an schwarzen Polizisten, Bürgermeistern und anderen Kollaborateuren des Systems.

Die Zeitungen hatten offensichtlich die Lüge geglaubt, daß kommunistische Agitatoren hinter den Unruhen stünden und die Regierung deshalb aufgefordert, noch härter durchzugreifen. Die ANC, hatten sie behauptet, sei eine von Anarchisten unterwanderte Bewegung, die

die Beziehung zur schwarzen Bevölkerung völlig verloren habe. Denn die, hatte es weiter geheißen, sei mit ihren Lebensbedingungen voll und ganz zufrieden. Eine Lüge hatte sich an die andere geschlossen. Kein Wunder also, daß die liberalen Weißen nicht eingegriffen hatten. Denn niemand hatte auch nur den Schimmer einer Ahnung, was tatsächlich passiert und worum es wirklich gegangen war.

Wilfried gab mir Gelegenheit, am Abend in der Bar vor seinen Freunden über die Geschehnisse zu berichten. Ich tat es rückhaltlos.

»Aber warum habt ihr eure eigenen Schulen und Krankenhäuser niedergebrannt? Warum habt ihr eure eigenen Leute und nicht uns ermordet?« fragte Hans, wie Wilfried ein Deutscher. »Das war doch absolut sinnlos!«

»Zunächst einmal«, erwiderte ich, »war es die Polizei, die mehr getötet hat. Zweitens hat die Armee unsere Gettos abgeriegelt – wir konnten gar nicht heraus. Wir konnten weder euer Eigentum zerstören noch konnten wir euch töten, obwohl das genau das war, was wir alle nur zu gern getan hätten. Deshalb sind heute, bis zu dem Zeitpunkt, wo wir Wege ersonnen haben, euch zu packen, die Symbole der Unterdrückung und die Verräter das Ziel unseres Hasses und unserer Wut.«

Alle starrten mich an. Für einen Augenblick glaubte ich, ich sei zu weit gegangen.

»War Afrikaans der einzige Grund für die Aufstände?« fragte St. Croix, ein englischer Liberaler.

»Was wir Schüler am 16. Juni getan haben, war kein Aufstand«, sagte ich. »Wir haben spontan gegen ein Erziehungssystem rebelliert, das dazu angelegt ist, uns zu Sklaven zu machen. Und das ist nicht das einzige, was nicht stimmt in diesem Land. Afrikaans war nur der Funke, der eine Zeitbombe auslöste, die all die Jahre über schon tickte, in denen wir Schwarze als ›Bürger vierter Klasse‹ leben mußten. Wir schwarzen Jugendlichen fühlen die gleiche Bitterkeit, den gleichen Haß und die gleiche Wut wie unsere Eltern. Doch anders als sie, sind wir nicht gewillt, ständig die andere Wange hinzuhalten, zu lächeln und ›Ja, *baas*‹ und ›Ja, missis‹ zu sagen, während auf unserer Menschenwürde herumgetrampelt wird. Uns ist klargeworden, daß wir unsere Freiheit nie bekommen werden, wenn wir darauf warten, daß der Weiße Mann seine Meinung ändert. Wir müssen für unsere Rechte kämpfen.«

»Was du da sagst, widerspricht dem, was ich gesehen habe und jeden Tag in der Firma höre«, warf Siegfried ein, ein Deutscher, der im Management einer großen deutschen Elektronikfirma in Johannesburg arbeitete. »Ich treffe häufig gebildete und glückliche Schwarze, die mir begeistert schildern, wie sehr sich die Bedingungen in den Townships verbessert haben. Sie zeigen mir auch Bilder ihrer Häuser, mit Swimming pools und Doppelgaragen, mit Rasenflächen und mit Blumenbeeten vor der Tür. Einige dieser Häuser sind geschmackvoller als die vieler Weißer. Woher soll dann all diese Wut und all die Bitterkeit kommen?«

»Sie haben gerade die gehobene schwarze Mittelklasse beschrieben«, erwiderte ich, »eine verschwindende Minderheit, deren Aussichten sich nicht wesentlich von denen der Weißen unterscheiden. Tatsache aber ist, daß die Mehrheit der Schwarzen der Unterschicht angehört. Sie lebt in Baracken und Lehmhütten. Sie läuft barfuß auf ungepflasterten Straßen und tritt auf Steine und in Glasscherben. Ihre Babys sterben an Unterernährung, und daß überhaupt wer heranwächst, ist ein Wunder. Die Schwarzen müssen für Schule und Krankenhaus bezahlen. Sie leben in ständiger Angst, gegen die Paßgesetze zu verstoßen und in die noch ärmeren Stammesreservate abgeschoben zu werden. Ihr Lebensweg erzählt eine ganz andere Geschichte über die Apartheid. Und bitte, nennen Sie die Gettos nicht Townships.«

Ich machte eine Pause. Viele der Weißen schüttelten ungläubig den Kopf. Die ganze Zeit, die ich geredet hatte, hatte ich vergessen, daß ich zu Weißen sprach. Aber wahrscheinlich war dies die einzige Gelegenheit in meinem Leben, weißen Südafrikanern etwas über das tatsächliche Leben der Schwarzen zu berichten. Das machte mir Mut.

»Was ist es denn, was die schwarze Unterschicht will?« fragte ein Afrikaner mit stoppeligem, rotem Bart, der einen schmuddeligen Arbeitsanzug trug. Er war Vormann bei Barrets, der Firma, die die Tennisplätze baute. Zu seinen Obliegenheiten gehörte es, die Masse der schwarzen Arbeitskräfte zu überwachen, die mit einem Hungerlohn abgespeist wurde.

»Um es so einfach wie möglich zu sagen: Wir wollen frei sein«, erklärte ich. »Wir wollen im Land unserer Geburt als menschliche Wesen behandelt werden. Und das gegenwärtige System verweigert uns dieses Recht.«

»Also muß es weg?« fragte er mit einem bösen Grinsen.

»Ja.«

»Und was soll seinen Platz einnehmen?«

»Eine Demokratie.«

»Haben wir die nicht bereits?«

»Nein.«

»Also wollt ihr – ein Mann eine Stimme?«

»Ja.«

»Um dann über uns Weiße zu regieren, ist es das? Um *uns* dann zu Sklaven zu machen?«

»Nein«, sagte ich. »Wir Schwarzen sind nicht im mindesten daran interessiert, euch zu Sklaven zu machen. Wir wollen nur ein Land, in dem nicht Rasse und Hautfarbe bestimmen, ob man einen Platz an der Sonne bekommt. Wir wollen ein Südafrika, in dem jeder – schwarz, farbig, weiß oder indisch – vor dem Gesetz gleich ist und gleich behandelt wird. Wir wollen mit allen in Frieden leben als eine geeinte Nation.«

»Seit wann wollen die Schwarzen friedlich neben den Weißen leben?« fragte er. »Ihr seid unsere Erzfeinde. Gott hat uns so erschaffen. Seit Jahrhunderten versuchen wir, euch zu zivilisieren, euch vom Heidentum zum Christentum zu bekehren. Und wie habt ihr reagiert? Ihr habt uns abgeschlachtet und unsere Missionare aufgefressen. Seit den Tagen von Jan Riebeck suchen eure blutrünstigen Häuptlinge uns auszulöschen, uns ›in die See zurückzutreiben‹, wie ihr so gerne sagt. Warum also sollten wir uns nicht verteidigen? Warum dürfen wir nicht dafür kämpfen, unsere weiße Kultur zu erhalten? Gott hatte eine Aufgabe für uns, als er uns hierherschickte, lange bevor die Schwarzen aus Zentralafrika ankamen. Und es ist Sein Wille, daß wir überleben, daß wir die Flamme der westlichen Zivilisation hochhalten in diesem dunklen Kontinent, der von den Religionen des Antichrist beherrscht wird. Und Gott hat uns die Apartheid gegeben als einen Weg, unser Überleben als rein christliche Rasse zu sichern. Ich jedenfalls möchte keine farbigen Enkelkinder.«

Er war zornig. Ich konnte es spüren. Und ich war sicher, wenn wir allein gewesen wären, hätte er dem »frechen Kaffern« eine Lektion erteilt. Aber ich war nicht bereit, seine Behauptungen zu erdulden.

»Wir Schwarzen haben nicht die geringste Absicht, eure Rasse wieder ›in die See zu treiben‹«, sagte ich und wog nun jedes Wort sorgfältig ab. »Südafrika ist so sehr unser Land wie eures. Wir können und müssen lernen, zusammen zu leben. Wir brauchen einander, nicht als Herr und Sklave, sondern als Gleichgestellte. Es ist Raum für alle in diesem schönen Land.«

Um mich herum hörte ich zustimmendes Gemurmel. Ich schaute aus dem Fenster. Die Nacht war hereingebrochen. Meine Augen suchten die Gesichter um mich herum ab. Auf vielen fand ich ein verwirrtes Lächeln, das zu sagen schien: »Das ist die Wahrheit. Wir stimmen zu. Aber warum hat er sie uns erzählt?«

Kaum daß die Schulen wieder geöffnet hatten, begannen Polizei und Armee-Einheiten, Razzien in den Klassenzimmern zu veranstalten und Schüler zu verhaften. Jeder war verdächtig. Da bald klar war, daß wir überall sicherer waren als in der Schule, gingen wir nicht mehr hin. Doch die Hütten, in denen Schüler wohnten, wurden ebenfalls durchsucht. Also verbrachte ich den ganzen Tag auf Barrets Ranch, spielte Tennis und las soviel wie möglich, um einigermaßen mit dem Lehrplan mitzuhalten, damit ich nicht zu viel versäumt hätte, wenn ich den Schulbesuch wieder aufnehmen würde.

An einem Donnerstag hielt ein nicht mehr ganz neuer Volkswagen nahe dem Eingang zur Ranch. Ein braunhaariger Weißer mit Brille stieg aus. Er war teuer gekleidet und trug einen brandneuen Tennis-Dreß, der sehr eng saß. In einer Hand hielt er eine Sporttasche, in der anderen drei Head-Schläger aus der Arthur-Ashe-Serie.

»Hullo«, sagte er mit deutschem Akzent. »Bist du Mark?«

»Ja«, sagte ich und stand auf.

»Ich bin Helmut. Wilfried hat mir schon viel von dir erzählt. Ich bin gerade dem Club beigetreten und hoffe, täglich spielen zu können. Vielleicht können wir hin und wieder gemeinsam trainieren. Ich lebe in Hillbrow und kann dich gern nach Hause fahren, wenn es sich so ergibt.«

»Natürlich können wir zusammen spielen«, sagte ich. »Aber ich bin kein besonders guter Spieler.« Nach seiner Kleidung, den drei teuren Schlägern und seinem durchtrainierten Körper nach zu urteilen, mußte Helmut ein Berufsspieler sein.

Wir setzten uns. Er erzählte mir, daß er aus einer kleinen Stadt in Deutschland käme, aber nun bereits seit einigen Monaten für eine deutsche Firma in Südafrika tätig sei. Eigentlich sei er gekommen, um zu bleiben. Aber nun, da er den Alltag der Apartheid erlebt habe, bezweifle er, daß Südafrika das richtige Land für ihn sei.

Als er begann, über Rassentrennung zu reden, wurde ich sofort wachsam. War er ein Geheimagent von BOSS (Büro für Staatssicherheit)?

»Sobald mein Vertrag abläuft«, fuhr er fort, »werde ich nach Deutschland zurückkehren. Ich kann nicht in einem Land leben, in dem solch grausame rassistische Gesetze, die die Leute unterjochen, in Kraft sind.«

Irgendwie schien er es ehrlich zu meinen. Deshalb beschloß ich, das Risiko einzugehen, mit ihm ebenfalls offen über die Rassentrennung zu reden. Ich schilderte ihm kurz mein Leben, meine Überzeugungen und meine Träume.

»Mach weiter mit dem Tennisspielen und dem Lernen«, sagte er eindringlich. »Dann *wirst* du eines Tages nach Amerika kommen. Wenn es irgend etwas gibt, was ich für dich tun kann – Bücher, Geld, was auch immer – laß es mich wissen und wir werden darüber reden.«

Wieder einmal hatte ich einen Weißen getroffen, der nicht ins Schema paßte. Wie viele seiner Art gab es wohl da draußen? Warum trafen die meisten Schwarzen sie niemals? Wir beschlossen, nach dem Mittagessen Tennis zu spielen. Nach den ersten Ballwechseln mußte ich feststellen, daß Helmut ein Anfänger war. Nach dem Spiel, das er 6 : 0, 6 : 0 verlor, sagte er: »Du bist ein viel besserer Spieler als ich. Ganz gewiß kannst du nicht davon profitieren, mich zum Partner zu haben. Willst du trotzdem, daß wir weiterhin zusammen spielen?«

Ich konnte es nicht fassen. Hier war ein Weißer, der mich allen Ernstes *fragte*, anstatt mir zu befehlen.

»Und wenn du magst«, sagte er begeistert, »können wir irgendwann auch in Ellis Park spielen oder auf einem der Plätze in der Stadt.«

»Aber das ist gegen das Gesetz«, wandte ich ein.

»Zum Teufel mit dem Gesetz«, entgegnete er. »Ich tue, was mir paßt. Ich glaube nicht an die Gesetze der Apartheid, das habe ich dir doch gesagt. Hast du Angst?«

»Nein.«

Helmut setzte seine Pläne durch. Wir spielten auf den »Nur für Weiße«-Tennisplätzen in der Stadt. Jedesmal wenn wir das taten, starrten uns weiße Leute an, als wären wir Außerirdische. Deshalb achteten wir darauf, nie zweimal hintereinander auf ein- und denselben

Weißen Platz zu gehen. Jedesmal, wenn wir auf der Suche nach einem Platz durch die City fuhren, hatte ich das Gefühl, wir würden verfolgt. Ich erzählte Helmut von meiner Befürchtung.

»Sollen sie uns doch verfolgen«, sagte er lässig. »Was haben wir denn schon verbrochen?«

Ja, was hatten wir eigentlich verbrochen? Ich wurde leichtsinniger und fragte mich nicht mehr so häufig, was passieren könnte, wenn ... Einmal fuhren wir nach dem Spiel durch Hillbrow und suchten ein Restaurant, in dem wir zusammen essen konnten. Es gab keines.

»Wir bedienen hier keine zwei Hautfarben.«

»Kaffern und weiße Leute können hier nicht zusammen essen.«

Diese Bemerkung brachte Helmut in Rage und er reagierte damit, daß er beide Restaurantbesitzer beschimpfte. Die wiederum lächelten beide nur, griffen zum Telefonhörer und drohten, die Polizei anzurufen, wenn wir nicht sofort verschwänden.

»Eines Tages werden diese Hundesöhne bekommen, was sie verdienen«, sagte Helmut.

Die Schwarzen, die mich mit Helmut Tennis spielen sahen, hielten mich bald für einen »Onkel Tom«. Und das erst recht, als sie mich auf dem Vordersitz in seinem Auto sahen. Manchmal fuhr Helmut mich sogar nach Hause. Ohne Genehmigung.

Mein Problem waren bald nicht nur meine schwarzen Feinde, sondern auch meine schwarzen Freunde: durch den Umgang mit meinen weißen Bekannten wurde ich für sie zum Verräter der Sache. Sie drohten, mich genauso fertigzumachen wie schwarze Spitzel, Polizisten und andere Kollaborateure des Systems.

Das war eine schwierige Situation für mich. Sollte ich meine Verbindung zu den Weißen abbrechen, um mein Leben zu retten? Oder sollte ich es riskieren, weil ich daran glaubte, daß eben nicht alle Weißen Rassisten sind, die man hassen und vernichten muß?

45 Und dann, eines Tages in der Morgendämmerung, stiegen wieder Rauchwolken über dem Getto auf. Das Bellen von Gewehrfeuer war zu hören, Armee-Hubschrauber kreisten über dem Township, und Panzerwagen, so ging das Gerücht, hatten Alexandra umzingelt.

»Es ist die Wiederkehr des 16. Juni«, sagte jemand.

Alle nickten.

Aus einem der Höfe, die wir als Abkürzung zwischen der 12th und 13th Avenue benutzen, kamen ein paar Jungen, die Kartons mit Fischdosen, Säcke mit Zucker, Maismehl, Mehl und Malz sowie Brotlaibe schleppten. Ich wußte sofort, daß es die Rationen waren, die die Regierung nach einem neuen Wohlfahrtsprogramm an ältere ausgeben wollte, die krank waren und niemanden hatten, der für sie sorgte.

»Ist das das Zeug aus dem Stadion?« fragte ich einen der Plünderer.

»Ja, und da ist noch viel mehr, Mann. Da ist alles voll von diesem Zeug.«

»Wie habt ihr es geschafft, da rein zu kommen?« Der Raum, in dem die Lebensmittel aufbewahrt wurden, war so gut gesichert wie eine Festung. Während der ganzen Zeit der Unruhen im vorigen Jahr hatten die Leute versucht, ihn aufzubrechen. Es war ihnen nicht gelungen.

»Jemand hat einen Bus gestohlen und ihn in die Mauer gerammt.«

»Wo war die Polizei?«

»Die versuchte gerade, das Feuer in der Schule der Farbigen zu löschen.«

Die farbigen Schüler Alexandras hatten sich bis zu dem Tag geweigert, sich an dem Schul-Boykott, den wir gezwungenermaßen durchhielten, zu beteiligen. Sie behaupteten, daß ihr Unterricht in Ordnung sei.

Ihre Erziehung war etwas besser als unsere und machte sie, nach den Indern und Chinesen, zu Bürgern »dritter Klasse«. Ich war schadenfroh, denn ich hoffte, daß das Feuer sie dazu bringen würde, sich unserem Kampf anzuschließen.

»Was ist denn mit der Bücherei geschehen?« fragte ich.

»Wen kümmern Bücher, wenn es soviel freies Essen gibt?«

»Sind die Bücher noch da?« Sie hatten wundervolle Klassiker, wie ich bei einem Besuch herausgefunden hatte.

»Sie sind nicht nur da, Bruder, sie brennen auch«, kam die Antwort. »Jemand hielt es für eine verdammt gute Idee, alle Spuren der Bantu-Erziehung und der Weißen Unterdrückung anzuzünden.«

»Aber diese Bücher haben doch gar nichts mit der Bantu-Erziehung zu tun«, wandte ich ein. Vor meinem geistigen Auge sah ich, wie die Flammen all die Dickens', Stevensons, Zolas, Doyles und Shakespeares erfaßten, die von den Liberalen gestiftet worden waren, die den Stand der schwarzen Erziehung anheben wollten.

»Wie lange brennt es schon?«

»Seit der Morgendämmerung«, war die Antwort. »Als wir gingen, brannte der gesamte Westflügel.«

Ich rannte zu der brennenden Bücherei. Ich glaubte, vielleicht doch noch ein paar der wertvollen Bücher retten zu können. Einige Blocks vor der Schule traf ich eine Gruppe von Männern, Frauen und Kindern, die Beute aus dem Wohlfahrtsbüro abschleppten. Als ich mich dem brennenden Gebäude näherte, war ich wütend. Warum verbrannten sie gerade das, was uns hätte lehren können, an die Zukunft zu glauben? Das, was uns beibrachte, für unser Recht zu kämpfen, ein Leben in Freiheit und Würde führen zu können?

Der Platz war leer. Der Bus stand noch so da, wie ihn jemand in die Mauer gefahren hatte. Er brannte. Eine Meute Straßenhunde balgte sich um eine zertretene Sardinenbüchse. Ich lief hinüber zur Schule und suchte das, was einmal die Bücherei gewesen war. Hier war das Feuer fast erloschen. Der Boden war noch immer warm. Meine Füße brannten, obwohl ich sie in Wasser getaucht hatte. Ich warf die Metallregale um, weil ich sehen wollte, ob nicht vielleicht doch ein paar Bücher den Flammen entgangen waren. Mein Herz sank, als überall verkohlte Bücher herunterfielen. Ich wollte schon gehen, aber dann sagte ich mir, daß ich alle Regale nach unbeschadeten Büchern absuchen müsse. Und dann fand ich sie: Ein ganzes Regal voll, die vom Feuer verschont worden waren.

Überglücklich stapelte ich sie und trug Stapel für Stapel zu einem Graben hinter dem Gebäude. Ich hörte zwar das Brummen von Motoren, schenkte ihm aber keine Beachtung, bis es näher kam und ich, als ich gerade in der Bücherei war, Armeelastwagen sah, die ins Stadion einfuhren. Weiße Soldaten in Tarnanzügen sprangen herunter. Sie hatten Maschinenpistolen in der Hand. Einige gingen zu dem Bus und drei kamen auf die Schule zu.

Nur keine Panik, sagte ich mir. Ich kletterte aus einem Fenster und kroch in den Graben – zu den Büchern. Warum bin ich bloß hierhergekommen? fragte ich mich. War es nicht eine Ironie des Schicksals, daß gerade meine Liebe zu den Büchern, die den Traum von einem besseren Leben genährt hatte, nun alles zerstören würde?

»*Hier die kaffir kinders is mal* (Die Kaffernkinder sind verrückt)«, sagte eine tiefe Stimme, direkt neben mir. »*Kyk net wan doen hulle met boeke, onse geld* (Schau dir nur an, was sie mit den Büchern gemacht haben, von unserem Geld)!«

»Ich hoffe nur, daß die Regierung ihnen keine neue Bücherei baut«, sagte ein anderer zwischen kräftigen Flüchen. »Das geschähe diesen Hundesöhnen recht. Wenn sie wüßten, welche Leiden ihre schwarzen Brüder und Schwestern im übrigen Afrika erdulden müssen, wären sie dankbar dafür, daß wir ihnen überhaupt Schulen geben. Sie sind die Schwarzen, die am besten behandelt werden in der ganzen Welt.«

Ich wagte nicht, mich zu rühren. Wenn sie mich entdeckten, würden sie mich abknallen, ohne auch nur zweimal hinzuschauen.

Ich mußte wohl eine halbe Stunde in dem Graben gehockt haben, als ich den Lastwagen abfahren hörte. Aber waren es auch alle? Ich wartete ab. Es war ja immerhin möglich, daß sie Posten zurückgelassen hatten. Erst als ich eine lange Zeit nichts Verdächtiges gehört hatte, kroch ich auf dem Bauch weiter. Der Graben führte aus dem Stadion heraus, von der Schule weg. Die Bücher ließ ich liegen. Ich würde sie später holen.

Zu Hause fand ein Gelage statt. Es gab Sardinen und Brot.

»Hast du das Zeug aus dem Wohlfahrtsbüro?« fragte ich meine Mutter.

»Ja«, sagte sie. »Ich kam gerade von Granny zurück, als ich sah, wie Leute in das Gebäude eindrangen. Da hab ich mich ihnen angeschlossen. Nun haben wir erstmal für eine Weile genug zu essen.«

»Ich komme auch gerade von dort«, erklärte ich.

Sie fragte, ob ich den Bus gesehen hätte.

»Ja.«

An diesem Nachmittag holte ich zusammen mit meinem Bruder die Bücher aus ihrem Versteck und nahm sie mit nach Hause.

46   Dann begegnete ich endlich auch André Zietsmann. Blond und gut gebaut, bewegte er sich auf dem Tennisplatz so graziös wie eine Katze. André war einer von Südafrikas aufsteigenden Tennisstars. Mit 24 hatte er bereits Dutzende wichtiger Meisterschaften gewonnen, am Turnier in Wimbledon und an den US-Open teilgenommen.

Wir begannen, uns ganz offen an Samstagmorgen in Ellis Park oder auf irgendeinem privaten Tennisplatz in den Vororten zu treffen, wo er

Tennisstunden gab. Wir waren uns beide des Risikos bewußt, das wir eingingen, wenn wir in einer Weißen Gegend miteinander spielten. Doch wir sprachen nie darüber.

Wie Wilfried und seine Freunde auf der Ranch, schien sich auch André der Gesellschaft, in der er lebte, bewußt zu sein. Und im Gegensatz zu vielen anderen Südafrikanern aus alteingesessenen Familien war er bereit, über die Rassenproblematik zu reden. Solche Themen waren zwischen Schwarz und Weiß in diesem Land normalerweise tabu. Genauso tabu war es auch, sich mit den Vornamen anzusprechen. Aber André bestand darauf. Er erzählte mir, daß er während seines Studiums in Amerika in dieser Beziehung bekehrt worden sei.

»Zuerst«, sagte er, »war ich ganz erschrocken, daß Schwarze und Weiße in einem Haus lebten, wie ich es in New York und Washington sah. In den USA gibt es keine Rassentrennung wie hier. Schwarze dürfen wählen und können gewählt werden. Sie haben da Gesetze, die besagen, daß Schwarze und Weiße dieselben Rechte haben, daß beide von Gott geschaffen sind und deshalb nicht nach Hautfarbe, sondern nach Verdiensten beurteilt werden müssen.«

»Du meinst«, sagte ich ungläubig, »daß es in Amerika nicht ein einziges Apartheid-Gesetz gibt? Keine Paßgesetze? Keine Zuzugsgesetze?«

»Die Amerikaner kennen keine solchen Gesetze«, erklärte André. »Sie hatten früher so etwas ähnliches. In ihren Südstaaten. Doch seit Dr. Martin Luther King hat sich das geändert.«

André fuhr mich sogar zur Haltestelle für den schwarzen Bus. Und ich saß neben ihm auf dem Vordersitz. Das gehörte sich nicht für Schwarze in Johannesburg. Nicht nur ich, auch er könnte Schwierigkeiten bekommen. Aber er bestand darauf, daß ich vorn saß. Worauf ich dann allerdings bestand, war, auf den Rücksitz zu gehen, wenn wir, wie meist, noch auf einem Parkplatz warteten, bis mein Bus kam.

»Versuch einmal, dir vorzustellen«, sagte er und kurbelte die Scheiben seines Volvo hoch, »ganz Johannesburg – das heißt mit Alexandra, Soweto und all den anderen schwarzen Gettos – wäre eine einzige große Stadt. Eine Stadt ohne *Group Areas Act,* der Weißen und Schwarzen Bezirke zuweist, in denen sie leben dürfen. Wo jeder leben kann, wo er will, neben und mit wem er will. So ist es in den meisten Städten in den USA.«

Ich schüttelte den Kopf. Ich konnte es nicht glauben. Ich versuchte mir auszumalen, was passieren würde, wenn Schwarze plötzlich in »rein Weiße« Bezirke zögen. Die meisten Weißen in Südafrika würden eher einen Krieg anfangen oder sterben, als einen Schwarzen als Nachbarn zu akzeptieren.

»Wie bist du in einer solchen Gesellschaft zurechtgekommen?« fragte ich André.

Er lachte. »Zuerst fand ich es unfaßbar. Ich habe nichts verstanden. Ich konnte es nicht glauben. Ich hatte 18 Jahre in Südafrika gelebt, war von einem schwarzen Kindermädchen erzogen und von schwarzen Dienern betreut worden. Alle nannten mich *baas* oder Master und waren jedem meiner Wünsche nachgekommen. Kein Schwarzer hatte mir jemals widersprochen. Ich hatte Eltern, die mich in eine »Nur Weiße«-Schule schickten, in der ich als Teil meiner Erziehung gelernt hatte, über Schwarze zu herrschen. Ich hatte Tennis- und Klavierstunden, lernte Rugby, Cricket und Tanzen zu einer Zeit, da schwarze Familien hungern mußten, um ihrem Kind eine Fibel zu kaufen. Ich hatte eine Regierung, die mir jedes Recht gab, die mir Überlegenheit zuschrieb und Macht über die Schwarzen. Mir war erzählt worden, daß mir das alles zustand, weil Gott euch damit, uns zu dienen, für die Sünden eures Vorvaters Ham bestrafe.

Dies war also meine Welt, meine Realität. Und mit 18 wurde ich in eine Welt gestoßen, in der alles anders war. Schwarze waren auf meiner Schule, saßen in meiner Klasse und hörten auf dieselben Lehrer, von denen ebenfalls einige schwarz waren. Ich aß mit ihnen, teilte mit ihnen die Unterkünfte, traf sie in der Bücherei und überall auf dem Universitätsgelände. Ich war erschreckt und fürchtete mich. Keiner nannte mich *baas*, keiner nannte mich *Master*.

In den Sportmannschaften waren viele Schwarze – und was für Athleten! Im Basketball, beim Boxen oder beim American Football konnte sie kein Weißer schlagen. Doch was mich zunächst am meisten schockierte, waren die Parties: Da fand ich regelmäßig Schwarz neben Weiß. Man verabredete sich sogar mit einem schwarzen Mädchen, ohne daß das Gesetz eingegriffen hätte. Ja, es gibt Mischehen, aus denen Kinder hervorgehen, und diese Kinder gelten nicht als ›farbig‹.«

Mir schwirrte der Kopf. Ich hatte Andre mit offenem Mund zugehört und gar nicht mehr auf unsere Umgebung geachtet. Ich versuchte, die amerikanische Gesellschaft, so wie André sie beschrieben hatte, mit der südafrikanischen zu vergleichen. Es war unmöglich.

47   Meine Familie erlebte wieder einmal harte Zeiten. Meine Mutter hatte einen ihrer Jobs verloren, und mein Vater war zum wiederholten Male arbeitslos. Wir hungerten und es gab kein Geld, um die Polizei zu bestechen. Ich versuchte, Arbeit zu bekommen. Doch ich hatte Schwierigkeiten. Die meisten hielten mich für »zu gebildet«, um als Gärtner, als Botenjunge, als Teller- oder Autowäscher zu arbeiten. Ich hatte die Sünde begangen, eine bessere Schulbildung zu haben, als die meisten Leute, denen ich meine Dienste anbot.

»Hier ist kein Platz für einen Eingeborenen wie dich«, war die übliche Antwort der Weißen. »Wenn wir dich anstellen, könnte es Ärger mit den anderen Schwarzen geben. Wir wollen keine Meuterei. Dies ist ein friedliches Land.«

Andere, die mich vielleicht genommen hätten, schreckten zurück, weil ich keine Arbeitserlaubnis hatte. Die wiederum konnte ich nicht bekommen, weil ich dazu einen Paß gebraucht hätte. Da jedoch die Pässe meiner Eltern immer noch nicht in Ordnung waren, und die Familie weiterhin illegal in Alexandra lebte, hatte ich keine Chance.

Ich besprach die Situation mit André und er versprach, sich zu erkundigen, was ich tun könnte. Er wollte auch versuchen, meiner Familie zu helfen.

»Warum arbeitest du nicht bei mir im Sportartikelgeschäft?« fragte er an einem Samstagmorgen nach dem Training, als er mich wie üblich zur Haltestelle fuhr.

»Aber ich habe doch keine Arbeitserlaubnis.«

»Das stört mich doch nicht«, meinte er.

Ich dachte darüber nach. Das Risiko war für ihn zu groß. »Ich möchte unser Tennis-Training nicht gefährden«, sagte ich. »Aber trotzdem vielen Dank für dein Angebot.«

Am nächsten Samstag gab er mir 50 Rand und eine Tüte voller Tennissachen: Sweater, Shorts, Socken, Hemden und Trainingsanzüge und – einen nagelneuen, teuren Tennisschläger.

Ich war ganz verlegen. »Ich zahle dir das Geld zurück, sobald ich einen Job habe.«

»Mach dir deshalb mal keine Sorgen«, sagte er, »ich bin froh, dir helfen zu können.« Dann fügte er scherzend hinzu: »Wir Weißen haben alles und ihr habt nichts. Also müssen wenigstens ein paar von uns den Versuch machen, das ein wenig auszugleichen. Wie sollten wir denn sonst nachts noch ruhig schlafen?«

Von dem Geld kaufte meine Mutter Lebensmittel und Medizin für meine kranken Schwestern. Die Tennissachen teilte ich mit meinem Bruder und meinen Schwestern. Dann fand Mutter einen neuen Job, so daß die größte Not erst einmal wieder vorbei war.

Das Training mit André verbesserte mein Tennis erheblich. Ich ging zwar immer noch auf die Tennis Ranch, um mit Helmut zu spielen, doch von ihm konnte ich nichts lernen. Meine Samstagmorgen-Treffen mit André hatten mich bald zum besten Spieler von Alexandra gemacht. Und ich schlug viele sehr gute Spieler, die gegen unsere Schulmannschaft antraten und gewann zum zweiten Mal die Meisterschaft.

Obwohl ich insgesamt ein halbes Schuljahr verloren hatte, schaffte ich die Versetzung ins letzte Vorbereitungsjahr zur Universitätsreife als einer der Klassenbesten. Im Januar 1977, drei Monate nach meinem 17. Geburtstag, begann ich mein letztes Schuljahr. Simba Quix, für die ich während der Weihnachtsferien gearbeitet hatte, erneuerte mein Stipendium. Und ich war sicher, auch das Schlußexamen zu schaffen. Schon jetzt hatte man mir allerdings mitgeteilt, daß es keine Rolle spielen würde, ob ich die Prüfung ablegte oder nicht – man würde mich auf jeden Fall in die Firma übernehmen. Sie boten den Schwarzen alle Chancen. Schon jetzt gab es zwei schwarze Distrikt-Manager.

»Und wir zahlen ihnen dasselbe wie den Weißen«, beteuerte Mr. Wilde. »In unserer Firma gibt es keine Apartheid mehr.«

Ich überlegte ernsthaft, das Angebot anzunehmen. Meine Mutter, meine Großmutter und alle meine Onkel und Tanten rieten mir zu.

»Mit deinem Köpfchen«, sagte Onkel Piet, »wirst du wie ein König bezahlt werden. Und dann kannst du der Familie so ein Haus bauen, wie sie in Dube stehen – Häuser mit elektrischem Licht, mit Swimmingpool, Tennisplatz und einem Garten.« Die Mehrheit der Schwarzen, die in Dube lebte, einem vornehmen Teil von Soweto, gehörte zur gehobenen Mittelklasse. Sie hatte auf vielen Gebieten ähnliche Aussichten wie die Weißen. Und viele von ihnen waren in der lokalen und in der Schwarzen Politik engagiert. Manchmal zog die Regierung sie sogar zu Beratungen heran, wenn es um Schwarze Themen ging. Einige von ihnen waren sogar Bürgermeister und Stadtverordnete – in Schwarzen Gemeinden natürlich. Die meisten von ihnen waren konservativ und hatten sich aus den Unruhen herausgehalten. Sie glaubten nicht daran, daß man die Apartheid-Politik auf diesem Wege beenden könnte. Einer ihrer prominentesten Führer, so war in einer Zeitung zu lesen gewesen, hatte sogar gesagt, er sei nicht überzeugt davon, daß die Schwarzen das Wahlrecht wirklich wollten.

Häuser wie die in Dube wurden immer den Touristen gezeigt, die nach Südafrika kamen.

»Seht doch, wie gut unsere Eingeborenen hier leben!« erzählte ein Regierungsbeamter dann der staunenden Menge. Und Busladungen voller verwirrter Amerikaner, Japaner und Europäer fragten sich, wieso es in einem Land wie diesem wohl zu Unruhen kommen konnte. Zumal sie auch noch zu hören bekamen: »Nicht einmal unsere Weißen leben so gut.«

Die meisten Touristen wunderten sich dann sicherlich zu recht, was denn an der Apartheid-Politik so schlecht sei für die Schwarzen.

Onkel Piet und der Rest meiner Verwandten hätten zu gern so wie diese Schwarzen gelebt. Und in mir sahen sie das einzige Mitglied der Familie, das diese Sehnsucht für sie verwirklichen konnte.

»Möchtest du nicht mein Elend beenden, Kind?« fragte Granny. »Ich habe all diese Jahre gearbeitet und ich bin müde. Nur du kannst mich jetzt noch glücklich machen. Nimm den Simba-Job, wenn du die Schule beendet hast, Kind. Versprich mir, daß du das tust.«

»Wenn du diese Arbeit annimmst, haben sich all die Jahre gelohnt, in denen du verprügelt worden bist, weil du keine Bücher hattest«, meinte Tante Bushy.

»Du weißt, daß ich mein Leben jetzt Gott geweiht habe«, stimmte auch Onkel Cheeks ein, der kürzlich aus dem Gefängnis gekommen war. »Ich lese die Heilige Schrift jeden Tag und Gott spricht zu mir in jeder Stunde. Du, so sagte Er mir, bist erwählt, die Familie aus dem Land der Armut und der Erniedrigungen herauszuführen. Handle also nicht gegen Gottes Willen, Neffe. Nimm den Job, wenn du die Schule beendet hast, und das Manna wird täglich vom Himmel fallen. Wir alle werden zu essen haben.«

Mein Vater bestand darauf, daß ich bei Simba Quix arbeite. Er bestand darauf, daß ich das Geld zurückzahlte, das er in mich »investiert« hatte. Er wollte, daß ich von nun an für ihn sorgte.

Das alles sprach dafür, tatsächlich für diese Firma zu arbeiten. Doch in meinem Innersten wußte ich, daß ich mit nichts zufrieden und glücklich sein würde, bevor ich nicht die Freiheit einer Gesellschaft – wie Amerika sie bot – kennengelernt hatte. Ja, ich könnte den Job annehmen, schnell in eine Manager-Position aufrücken und viel, viel Geld verdienen. Ja, auf diese Art könnte ich viel erreichen, »jemand werden« in der schwarzen Gesellschaft. Und ich könnte mich vielleicht sogar rühmen, es trotz der Apartheid geschafft zu haben. Doch würde es mir irgendetwas bedeuten, solange mich der Gedanke verfolgte, daß ich trotz allem nicht frei war, daß ich im Land meiner Geburt ein Aussätziger blieb, ein Kaffer? Daß ich auch dann nicht denken und fühlen und mich bewegen durfte, wie ich wollte? Ich würde dann auch einen Paß haben und beobachten müssen, wie schwarze Frauen und Männer ihres Rechts, in Würde und Menschlichkeit zu leben, beraubt wurden.

Etwas in mir sagte, daß ich so niemals glücklich werden würde. Ich mußte Südafrika verlassen. Irgendwie mußte es mir gelingen, nach Amerika zu kommen. In das Land, in dem ich hoffte, meine Freiheit zu finden.

Aber wie kommt jemand aus Alexandra nach Amerika?

48 Am 12. September 1977 trugen die Zeitungen die Überschrift:

STEVEN BIKO
STARB IN
POLIZEI-GEWAHRSAM

Die Welt war schockiert. In den Gettos kochte die Wut. Der stimmgewaltige und charismatische Führer der *Black Consciousness*-Bewegung – die sich in den späten 6oer Jahren gegründet hatte und aus schwarzen, farbigen und indischen Studenten bestand, die es sich zum Ziel gesetzt hatten, für ein Ende der Apartheid zu kämpfen – war von der Regierung für immer zum Schweigen gebracht worden.

Als man ihn am 16. August wegen Verstoßes gegen ein »Terrorismus-Gesetz« verhaftet hatte, war er ein kräftiger, 33jähriger Mann gewesen. Er war lebensfroh und gab alles für den Kampf gegen die Apartheid. Sein mysteriöser Tod ließ die Schwarzen ahnen, daß er von der südafrikanischen Polizei kaltblütig ermordet worden war. Es gab Gerüchte, die besagten, daß man ihn während der Verhöre gefoltert habe, daß man ihm in einer Polizeistation in Durban den Schädel eingeschlagen habe und daß er auf dem Transport nach Johannesburg, wo er weiter verhört werden sollte, an einer Gehirnblutung gestorben sei. Ein weißer Arzt hatte ihn vor der 200-Meilen-Fahrt noch untersucht und für transportfähig befunden. Splitternackt war er auf die Ladefläche eines Polizeiwagens gelegt worden und auf dem Weg nach Johannesburg gestorben.

Die Presse verlangte eine genaue Untersuchung der Geschehnisse. Die Oppositionsführer im Parlament forderten die strafrechtliche Verfolgung derer, die mit Bikos Tod in Verbindung gebracht wurden. Die Vereinigten Staaten und weitere westliche Nationen verlangten die sofortige Abschaffung der drakonischen Sicherheits-Gesetze in Südafrika, die eine Verhaftung ohne vorherige Anhörung und Haftprüfung gestatteten. Und die Mitglieder der *Black Consciousness*-Bewegung schworen, den Kampf fortzusetzen.

Die Regierung griff daraufhin ohne zu zögern scharf durch. Als ich am 19. Oktober die Zeitung aufschlug, war nicht nur die *Black Consciousness*-Bewegung, sondern auch noch eine Reihe anderer gewaltfreier Vereinigungen wie das *Christian Institute* verboten worden. Allen wurde vorgeworfen, sie wollten die Apartheid mit Waffengewalt abschaffen und seien kommunistisch unterwandert.

Die mit einer Auflage von 200 000 Exemplaren größte Schwarze Tageszeitung, die *World,* wurde geschlossen, ihr Chefredakteur Percy Qoboza verhaftet. Dutzende schwarzer Führer landeten in Gefängnissen und sogar auch einige prominente weiße Gegner der Apartheid: Beyers Naude vom *Christian Institute* ebenso wie Donald Woods, der Chefredakteur des *East London Dispatch,* der ein enger Freund Bikos gewesen war.

In Alexandra gehörte das Bild von Armeelastwagen wieder zum Alltag. Den Behörden wurde im Umgang mit der schwarzen Bevölkerung zusätzliche Macht eingeräumt, als hätten sie nicht ohnehin schon alle Macht besessen. Herrschten sie doch absolut über das schwarze Leben, von der Geburt bis zum Tod. Versammlungen von mehr als drei Menschen unter freiem Himmel wurden wieder verboten. Und wie unter den Notstandsgesetzen der Soweto-Zeit, galt das sogar für Beerdigungen. Es wurden »Pläne zur Ermordung Weißer aufgedeckt«. Und die, die daran beteiligt gewesen sein sollten, wurden wie gehabt ohne Anhörung ins Gefängnis gesperrt und gefoltert. Truppen wurden abgestellt, um die Eingänge zu den weißen Vororten zu schützen. Die Zahl der schwarzen Spitzel im Getto stieg an. Ich hörte täglich Geschichten von Nachbarn, die Nachbarn angezeigt hatten. Eine Massenhysterie setzte im Township ein.

Ich nahm an Versammlungen teil, bei denen schwarze Jugendliche nach Wegen suchten, sich mit Maschinenpistolen und Granaten auszurüsten, um im Namen der »Befreiungsfront« weiße Kindergärten, Schulen und Einkaufszentren zu stürmen. Ich war verwirrt, ich war hoffnungslos. Mir fehlte der Mut, nur daran zu denken, einen weißen Kindergarten zu stürmen. Dennoch mußte ich Wege finden, mit der Wut und dem Haß fertigzuwerden, die sich von Tag zu Tag verstärkten.

Und immer wieder flüchtete ich zu Büchern und zum Tennis. Beides half mir, die Besinnung wiederzufinden. Ich weiß, daß ich dabei meine Brüder und Schwestern verriet, die da auf den Straßen starben. Dadurch, daß ich an meine eigene Sicherheit und meine eigenen Interessen dachte, hatte ich mich, ohne es zu wissen, geschweige denn es zu wollen, auf die Seite der Apartheid gestellt.

Dennoch war ich mehr denn je überzeugt davon, daß es unnütz war, ja, sogar dem Selbstmord gleichkäme, gegen Kugeln und Gummiknüppel mit Steinen anzugehen. Gepanzerten Mannschaftswagen nur ein »*Amandla! Awethu!*« entgegenzubrüllen und die hocherhobenen Fäuste im Black-Power-Salut zu ballen. Da wollte ich lieber daran glauben, daß es andere Wege gab, die Apartheid zu beseitigen. Wie aber meine Waffen aussehen würden, wußte ich nicht.

49 An einem Samstagmorgen, als wir Ellis Park nach einer Tennisstunde verließen, fragte mich Helmut, ob ich nicht an der SAB *(South African Breweries)*-Open teilnehmen wolle. Das war das Turnier, das Arthur Ashe 1973 fast gewonnen hätte. Es fand in der letzten November- und ersten Dezemberwoche statt und zog, dafür sorgte in erster Linie sein Impressario Owen Williams, immer die Topspieler an. Williams hatte auch die US-Open so erfolgreich geleitet, daß die Amerikaner ihn drängten, nach Amerika zu kommen und alle Turniere zu veranstalten. Doch er hatte das Angebot abgelehnt.

In diesem Jahr war es Williams gelungen, das wohl prominenteste Teilnehmerfeld zusammen zu bekommen. Alle US Tennis-Asse hatten zugesagt, und da auch Arthur Ashe und Evonne Goolagong (heute Cawley) antraten, war das Turnier auch für schwarze Spieler geöffnet worden. Doch selbst die besten unter uns wären nicht einmal gut genug gewesen, um in diesem Feld auch nur ein Qualifikationsspiel zu bestreiten. Deshalb fand ein Mini-Turnier für Amateure und Profis (in der Mehrheit weiße Südafrikaner) statt, deren Punktzahl nicht zur Qualifikationsrunde ausreichte.

Nein, zu diesen Opferlämmern wollte ich nicht gehören. Und ganz abgesehen davon war 1977 ein Jahr, in dem S.A.L.T.U. vom Internationalen Tennisverband unter Beschuß genommen worden war und seine Türen auch Schwarzen öffnen sollte. Einige internationale Tennisverbände hatten bereits beschlossen, im Davis- oder Federation-Cup nicht gegen südafrikanische Teams anzutreten. Andere waren sogar so weit gegangen, weiße südafrikanische Spieler von Turnieren auszuschließen, die in ihrem Land stattfanden. Südafrika war auch aus den olympischen Wettbewerben verbannt worden.

Die schwarzen Sportler im ganzen Land hatten sich wegen der Isolation ins Fäustchen gelacht. Vielleicht, so hatten wir geglaubt, würden die Weißen nun endlich die Apartheid im Sport aufheben. Als dann die Isolierung zugenommen und weiße Sportler ihr Heimatland verlassen hatten, um englische oder amerikanische Staatsbürger zu werden, hatten die Behörden einige Bestimmungen liberalisiert: so gab es nun schon seit langem in den Stadien Tribünen, die von Schwarz und Weiß gleichermaßen genutzt wurden, gab es »gemischte« Profi-Turniere und es waren in die Nationalmannschaft einige schwarze Spieler aufgenommen worden, als »Beweis der Anti-Apartheid-Politik im Sport«. Uns Schwarzen bedeutete das gar nichts. Es war und blieb Flickwerk.

Aus diesem Grund hatte der Schwarze Tennisverband – wohlwissend, daß der Weiße unter Druck stand – sich geweigert, schwarze Spieler für die SAB-Open anzumelden. Er bestand vielmehr auf seiner schon so oft geäußerten Forderung, daß die Zusammenarbeit sofort und auf allen Ebenen stattfinden müsse und sich nicht auf ein Turnier beschränken dürfe.

»Aber das ist ja unmöglich!« schrien die weißen Tennis-Offiziellen. »Auf jeden Fall nicht sofort. Das verstößt doch gegen das Gesetz!«

»Dann ändert das Gesetz!« hatten die Schwarzen daraufhin bestanden.

»Wir sind keine Politiker«, hatten die Weißen entgegengesetzt. »Man darf Sport nicht mit Politik verwechseln.«

»Dann rechnet auch nicht damit, daß unsere Spieler antreten, nur damit ihr vor der Welt das Gesicht wahren könnt«, war das letzte Wort der Schwarzen gewesen.

Nun suchten die Weißen, da die Internationale Vereinigung angekündigt hatte, Beobachter zu schicken, dringend nach »Vorzeige-Schwarzen«. Und Peter Murphy, der Direktor von Ellis Park, hatte Helmut gebeten, mich zu überreden.

»An den SAB-Open teilnehmen?« fragte ich lachend. »Das kann doch nur ein Witz sein! Soll ich vielleicht gegen Stan Smith oder Jimmy Connors antreten?«

»Es gibt da Wege«, erklärte Helmut. »Du kannst in der Qualifikationsrunde teilnehmen. Und wenn du gewinnst, findest du dich vielleicht in der ersten Runde mit Stan Smith auf dem Platz.«

Ich mußte lachen.

»Ich meine es ernst«, sagte Helmut. »Sag ja und dann reden wir gleich mit Peter Murphy.«

Mir fiel die Entscheidung des Schwarzen Tennisvereins ein, dem ich ja angehörte. »Ich möchte mich nicht von den Weißen benutzen lassen«, sagte ich.

»Aber«, gab Helmut zu bedenken, »*du* bist es schließlich, der sich immer beschwert, wie selten er die Möglichkeit hat, gegen wirklich gute Spieler anzutreten. Und was ist aus deinem Traum geworden, den US-Tennisverband wegen eines Tennis-Stipendiums anzusprechen? Hier könntest du viele Amerikaner treffen, die dir helfen könnten. Dies ist eine Gelegenheit, wie du sie nur einmal im Leben bekommst. Ja, es mag durchaus sein, daß die Weißen dich benutzen wollen. Aber es ist doch zu deinem eigenen Vorteil!«

Nach einiger Überlegung sagte ich zu und begann zwei Wochen vor Turnierbeginn mit einem harten Trainingsprogramm. Wilfried und Scaramouche machten mich fit. Abends war ich total kaputt, doch morgens nach dem ersten Hahnenschrei war ich bereits wieder unterwegs zur Tennis-Ranch.

Auch André arbeitete mit mir. Zweimal wöchentlich trafen wir uns morgens in Ellis Park. Er spielte natürlich auch im Turnier und er hatte – ganz im Gegensatz zu mir – gute Chancen.

Sobald meine Teilnahme bekannt wurde, forderte mich der Schwarze Tennisverband auf, sofort zurückzutreten, andernfalls würde ich auf Lebenszeit ausgeschlossen werden. Ich bekam auch anonyme Briefe. Ich war in der Zwickmühle und suchte Rat bei Scaramouche. Er sagte, ich solle antreten.

»Aber«, wandte ich ein, »jedesmal, wenn wir antreten, werden wir vom Platz gefegt. Ich bin einfach zu schlecht. Es ist jetzt vier Jahre her, daß Arthur Ashe erstmals hier spielte, und welche Fortschritte haben wir gemacht?«

»Das mag stimmen«, sagte Scaramouche, »doch das Verhalten der weißen Spieler und der Öffentlichkeit hat sich verändert. Es ist nur eine Frage der Zeit, bis die Rassentrennung im Sport aufgehoben ist.«

»Und was ist mit dem Argument, daß es keinen normalen Sport in einer anomalen Gesellschaft geben kann?«

»So einfach kann man das nicht sagen«, bekam ich zur Antwort. »Wenn du dir die Geschichte der Schwarzen in Amerika anschaust, wirst du sehen, daß die Rassentrennung zuerst auf sportlichem Gebiet aufgehoben wurde.«

Die Paarungen für die Qualifikationsrunde wurden bekanntgegeben. Ich sollte gegen Abe Segal spielen. Gegen Abe Segal, der in den 50er Jahren Südafrikas bester Einzel- und Doppelspieler gewesen war. Abe Segal, der in Wimbledon gewonnen hatte. Obwohl er nicht mehr der Jüngste war, hatte ich gegen ihn nicht die Spur einer Chance. Mein erstes Qualifikationsspiel würde auch mein letztes sein. Ich, ein unerfahrener schwarzer Tennisspieler griff nach den Sternen? Wenn ich nach einer Möglichkeit suchte, jetzt noch auszusteigen – hier war sie. Ich würde mich zum Narren machen, wenn ich mit einem früheren Wimbledon-Sieger auf den Platz ging. Ich mußte nur zum Telefon greifen und Owen Williams sagen: »Ich trete zurück.« Ich war allein in der Bar auf der Ranch. Wilfried gab eine Trainerstunde. Ich beschloß, ihm so schnell wie möglich zu sagen, daß ich nicht antreten würde.

Wilfried sagte, diese Entscheidung müsse ich allein treffen. Wenn ich aber wirklich den brennenden Wunsch hätte, mit einem Tennis-

Stipendium nach Amerika zu gehen, sähe er hier meine einzige Möglichkeit, Sponsoren zu finden. Ich rief Owen Williams dennoch an. Er hatte Verständnis für meine Lage. Gleichzeitig aber gab er zu bedenken, daß es gewiß keine Schande sei, gegen jemanden wie Abe Segal zu verlieren. Die anonymen Morddrohungen hielt er für einen Bluff. »Und die Drohung des Schwarzen Tennisverbandes, dich auf Lebenszeit auszuschließen, könnte sich für dich als größter Glücksfall erweisen«, meinte er. »Wenn sie dich feuern, werde ich dafür sorgen, daß dich ein Weißer Club aufnimmt. Und du kennst doch den Unterschied zwischen einem Schwarzen und einem Weißen Verband, oder?«

»Sie benutzen mich doch, hab ich recht?«

»Ja, in gewisser Weise schon«, gab er zu. »Doch laß mich dir eines sagen: Die Zukunft des schwarzen Tennis liegt in den Händen der Weißen, wie immer du es auch drehst und wendest. Die Weißen werden nachgeben müssen. Es wird nur in kleinen Schritten vorangehen, doch ihr Schwarzen müßt auch etwas dafür tun. Ich bin der erste, der zugibt, daß vieles im Argen liegt. Doch irgendwo müssen wir anfangen.«

Owen Williams hatte mich überzeugt. Trotz der 24-Stunden-Bedenkzeit, die ich mir noch erbat, wußte ich in dieser Sekunde schon: ich würde spielen.

50   Meine Familie konnte mich nicht zu dem Spiel in Ellis Park begleiten. Doch meine Mutter sprach einige Gebete für mich. Meine Schwestern wünschten mir alles Gute, und George versprach, am Nachmittag vorbeizuschauen. Er verdiente sich samstagmorgens Geld als Golfjunge in einem weißen Vorort. Die Stimmung im Stadion war gut. Eine ungewöhnlich große Zahl Schwarzer war gekommen. Einige kannte ich, sie spielten in Soweto und Pretoria. Auch vier Offizielle des Schwarzen Tennisverbands saßen auf der Tribüne. Sie waren gewiß nicht nur hier, um meine Niederlage zu erleben. Immerhin traten bei diesem Turnier Weltklassespieler an wie Stan Smith, Roscoe Tanner, John Newcombe, Bob Hewitt und Bob Lutz.

Natürlich unterlag ich Segal. Eindeutig: 2:6 und 3:6. Nach dem Spiel schlug Segal mir auf die Schulter und tröstete mich: »Das war ein gutes Match. Viel Glück beim nächsten Mal!«

Obwohl ich ausgeschieden war, ging ich an jedem Turniertag ins Stadion. Die Spitzenspieler suchten immer Trainingspartner. Frew Macmillan, Peter Fleming und Fred McNair gaben mir diese Gelegenheit. Und selbst wenn sie sich nur aufwärmen wollten, lernte ich doch bei jedem dieser Spiele etwas.

Und dann las ich es in der Zeitung: »Schwarzer Tennis Spieler auf Lebenszeit aus dem Verband ausgestoßen« lautete die kleine Notiz auf der Sportseite. Der Schwarze Tennisverband hatte seine Drohung also wahrgemacht. Und William Owens versprach mir, sich sofort nach dem Turnier um einen Weißen Club zu bemühen, der mich aufnehmen würde.

Aber noch lief das Turnier. Ich fuhr auch am nächsten Tag nach Ellis Park. Wilfried wollte auch da sein. Als ich ihn suchte, traf ich auf einem der Plätze Stan Smith und Bob Lutz, die besten Doppelspieler, die auch im Einzel hervorragend waren. Stan Smith, der große, schlanke Amerikaner mit den blonden Haaren bewegte sich über den Platz wie eine Gazelle. Bob Lutz beherrschte exzellente Grundlinienschläge. Stan Smith stand im Einzel im Viertelfinale des Turniers und das Doppel Smith/Lutz galt als Favorit.

Als Bob Lutz den Platz verließ, fragte mich Stan Smith, der mich vorher schon bemerkt hatte, ob ich »ein paar Bälle schlagen« wollte. Und ob ich wollte! Ich schaffte es sogar, einige der harten Schläge, die er servierte, zurückzubekommen. Ich war im siebenten Himmel. Vor allem, als er begann, mich zu coachen.

Gerade als wir das Spiel beendeten, kam eine blonde, schlanke Frau auf uns zu. Ich erkannte sie sofort: es war Marjorie Gengler, die Frau von Stan Smith. Stan gab Autogramme und lud mich dann ein, mit ihm und seiner Frau in der *Players' Lounge* zu essen, zu der Schwarzen der Zutritt verboten war. Die Smiths fragten mich nach meiner Familie, nach der Schule und dem Leben im Getto. Vieles, was ich ihnen erzählte, muß sie schockiert haben. Doch sie fragten immer weiter. Da saß ich nun – ich der Kaffern Boy – in einem Raum, in dem Südafrikas Reiche mit den Weltklassespielern zusammenkamen. Ich hatte nichts zu verlieren. Warum sollte ich die beiden nicht fragen, ob sie mir helfen könnten, an ein Tennis-Stipendium zu kommen?

Die Smiths luden mich ein, am nächsten Tag wiederzukommen.

Als sich der Tag näherte, an dem die beiden in die USA zurückkehrten, war ich sehr traurig. Stan versprach mir, sich bei seinem ehemaligen Tennis-Trainer George Toley für mich zu verwenden. Ich würde bestimmt von ihm hören. Ich bedankte mich bei ihm.

»Was machst du jetzt, nach dem Turnier?« fragte Stan.

»Ich darf nicht mehr im Schwarzen Tennisverband spielen«, erklärte ich, »also werde ich wohl ausprobieren müssen, ob sich die Rassenschranken wirklich gelockert haben und ob mich ein Weißer Verein aufnimmt. Wenn nicht, werde ich weiter auf der Ranch trainieren.«

»Gibt es irgendwelche Turniere, die du spielen könntest?«

»Nein, keine Ahnung«, sagte ich. Da fiel mir etwas ein. »Doch, da ist eine Turnierserie. Der *Sugar Circuit*. Er beginnt sofort nach dem SAB. Die Spiele werden in den Küstenstädten abgehalten: in Durban, Port Elisabeth, East London, Bloemfontein und Kapstadt. Vor dem Boykott haben immer auch einige schwarze Spieler daran teilgenommen.«

Arthur Ashe hatte 1973 darauf bestanden, daß der *Sugar Circuit* in die »gemischt-rassigen« Turniere eingeschlossen würde. Seitdem galt er als idealer Trainingsboden für künftige Tennis-Profis.

»Wie meldet man sich da an?« fragte Stan.

Ich wußte es nicht.

Doch Owen Williams kannte alle Einzelheiten. Er meinte, obwohl die Anmeldefrist bereits abgelaufen sei, könne man noch an allen Spielen teilnehmen.

»Wie viele willst du spielen?« fragte Stan.

Ich wußte nicht, wie mir geschah. Er meldete mich für Port Elisabeth und Kapstadt an, zahlte die Gebühren – 600 Rand – und wollte auch alle anderen Ausgaben bestreiten.

51 Die Vorbereitungen für meine Trips nach Port Elisabeth und Kapstadt übernahm Geoffrey Montsisi, der Direktor des BTF, der einzige aus dem Schwarzen Verband, der mich noch unterstützte. Die Neuigkeit, daß Stan Smith mich sponsorte, sprach sich schnell herum. Wieder wurde ich als Verräter beschimpft.

»Gib nichts drauf«, sagte Mr. Montsisi. »Ich habe alles für deine Reise fertig, du fliegst vom Jan Smuts Flughafen. In Port Elisabeth wohnst du in einem Hotel in der Nähe der Tennisplätze. Es gehört zu einer internationalen Hotelkette, die die Apartheid nicht praktiziert. Und in Kapstadt wirst du privat wohnen.«

An einem Sonntag, zwei Wochen vor Weihnachten, saß ich zum ersten Mal in meinem Leben in einem Flugzeug. Während des zweistündigen Fluges vom Jan Smuts Flughafen in Johannesburg nach Port Elisabeth starrte ich unablässig aus dem Fenster. Die Schönheit Südafrikas schlug mich in ihren Bann.

Ich war der einzige Schwarze an Bord und fühlte mich unwohl. In meiner Reihe saß eine weiße Frau in mittleren Jahren. Jedesmal, wenn sich unsere Blicke kreuzten, lächelte sie. Ich wünschte mir, es wären andere Schwarze im Flugzeug, Leute, mit denen ich reden könnte, denen ich sagen könnte, wie nervös ich war und wie ich mich trotzdem über den Flug freute.

Plötzlich spürte ich etwas, was mich zutiefst erschreckte. Ich mußte auf die Toilette. Gab es hier überhaupt Toiletten für Schwarze? Bis Port Elisabeth brauchten wir noch gut eine Stunde. Ich glaubte nicht, daß ich es noch so lange aushalten könnte.

Eine der sechs Stewardessen – alle weiß – hatte, als ich an Bord gegangen war, gelächelt und gesagt: »Willkommen an Bord, Sir. Wir hoffen, Sie haben einen guten Flug!«

Jetzt endlich wagte ich, sie anzusprechen.

»Entschuldigen Sie, Miss«, stammelte ich verlegen. »Ich würde gern die Toilette benutzen.«

»Hinten im Flugzeug gibt es Toiletten, Sir.«

Ich wandte den Kopf und sah tatsächlich zwei sich gegenüberliegende Toiletten. Ich wollte gerade aufstehen, als ich aus jeder eine weiße Frau kommen sah. Ich ließ mich schnell wieder in meinen Sitz fallen. Die Stewardeß war gegangen. Minuten später kam sie zurück.

»Entschuldigen Sie, Miss. Sind das die beiden einzigen Toiletten?«

»Ja.«

»Die einzigen?« fragte ich ungläubig noch ein zweites Mal.

»Ja. Sind sie denn beide besetzt?«

»Ich weiß es nicht«, sagte ich.

Sie ging nach hinten, schaute sich die beiden Türen an und kam zurück.

»Sie sind beide frei, Sir.«

»Haben Sie vielen Dank«, sagte ich.

Wir gerieten in ein Schlechtwettergebiet. Ich stolperte, als ich mich durch den Gang zum hinteren Ende des Flugzeugs schob.

»Der Captain bittet Sie, sich anzuschnallen«, sagte eine der Stewardessen. Ich drehte mich um und wollte wieder zu meinem Sitz.

»Sie können zur Toilette gehen, Sir. Das ist lediglich eine Vorsichtsmaßnahme.«

Ich erreichte die Toiletten und starrte die Türen an. Auf beiden stand »frei«. Welche durfte ich benutzen? Ich erinnerte mich an diesen Vorfall vor vielen Jahren, als Granny mich beschworen hatte, niemals in die falsche Telefonzelle zu gehen. »Sogar Blinde erkennen die richtige«, hatte sie gesagt. Und sie hatte niemals einen Schwarzen in die falsche gehen sehen – »selbst dann nicht, wenn es um Leben und Tod ging«. Ich benutzte die linke. Als ich zu meinem Platz zurückkam, sprach mich die Frau, die in meiner Reihe saß, zum ersten Mal an.

»Sind Sie Tennisspieler?«

»Ja, Madam«, antwortete ich.

»Aus Übersee?«

»Nein, Madam«, erwiderte ich, »aus diesem Land.«

Sie schien überrascht zu sein. »Woher denn?«

»Johannesburg.«

»Sie müssen gut sein, wenn Sie fliegen dürfen. Und diese vielen Schläger! Sind Sie Berufsspieler?«

»Nein, Madam, ich gehe noch zur Schule.«

»Wo? In Soweto?«

»Nein, in Tembisa, in der Nähe von Kempton Park.«

Wir unterhielten uns über Tennis. Sie sagte, sie sei einige Male in Wimbledon gewesen. Sie erzählte mir, daß sie selbst eine überdurchschnittliche Club-Spielerin sei und daß ihre Familie, zu Hause in England, diesen Sport ausübe.

Als wir in Port Elisabeth ankamen, war schönes Wetter. Ich nahm ein Taxi zu dem Fünf-Sterne-Hotel, für das ich gebucht war. Etwa ein Dutzend der weißen Spieler wohnten auch dort. Es war wunderschön. Mein Zimmer sah aus wie die Schlafzimmer der Weißen, die meine Mutter putzte und die sie mir beschrieben hatte. Ich hätte rundherum glücklich sein müssen in diesem Märchenland.

Ich wurde wie ein König behandelt. Die Speisen wurden regelmäßig serviert und die Portionen waren riesig. Ich hatte ein großes Farbfernsehgerät auf dem Zimmer und auf dem Boden lagen schwere Perserteppiche. Ich entdeckte sogar eine Klingel für den Zimmerservice. Und ein Preisschild – 150 Rand die Woche. Mit den 150 Rand, die mein Zimmer gekostet hatte, wäre meine Familie vier Monate lang über die Runden gekommen. Ich hätte ohnehin gern bescheidener gelebt auf dieser Reise. Ich hätte gern auf alles verzichtet und das gesparte Geld nach Hause geschickt. Aber es war schon alles im voraus bezahlt.

Was mich ärgerlich machte: daß mich schwarze Männer und Frauen, die alt genug waren, meine Großeltern zu sein, »Master« und »Sir« nannten. Und das, obwohl ich sie gebeten hatte, mich als »mein Sohn« oder »mein Kind« anzusprechen.

»Wenn wir das täten, Sir, könnte es der *baas* vom Hotel erfahren. Und dann würden wir gefeuert.«

»Aber ich bin doch einer von euch.«

»Wir wollen unsere Jobs behalten.«

»Aber ich bin Südafrikaner.«

»Wir wollen unsere Jobs behalten.«

Viele der weißen Südafrikaner, die ich bei den Mahlzeiten im Hotel-Restaurant traf, hielten mich für einen schwarzen Amerikaner. Sie waren höflich, respektvoll und behandelten mich wie einen Menschen. Ich ließ mir nichts anmerken. Auch einige amerikanische Spieler wohnten im Hotel. Ich stellte mich ihnen vor und erzählte von meiner Bekanntschaft mit Stan Smith. Sie waren beeindruckt und trainierten mit mir.

Am Eröffnungstag zog ich ein Freilos. Es ging ein ziemlicher Wind. Ich übte einige Zeit und schaute mir Port Elisabeth an. Als ich zurückkam, hatte sich der Wind gelegt, doch alle Plätze waren besetzt. Deshalb beschloß ich, hinunter zum Indischen Ozean zu gehen und mich an den weißen Strand in die Sonne zu legen. Aber ich konnte nicht. Der Strand mit dem wunderschön feinen, weißen Sand war »Nur für Weiße«. Der Strand für Schwarze, erzählte mir jemand, sei steinig und schmutzig und läge ungefähr drei Meilen entfernt. Auch die indischen und »Farbigen-Strände«, die näher und besser waren, durfte ich nicht besuchen. Den Abend verbrachte ich auf meinem Zimmer, sah staatlich kontrolliertes Fernsehen und schrieb einen Brief nach Hause.

Am nächsten Morgen war wieder Wind aufgekommen. Mein Gegner, ein weißer Südafrikaner, der in der Nähe von Port Elisabeth aufgewachsen war, war daran gewöhnt. Er gewann in zwei glatten

Sätzen. Im Doppel spielte ich mit einem südafrikanischen Nachwuchsspieler aus Kapstadt. Wir gewannen in der ersten Runde und verloren in der zweiten in drei Sätzen. Aus dem Turnier ausgeschieden und nicht in der Lage, die schwarzen Gettos von Port Elisabeth zu besuchen, fuhr ich nach Kapstadt. Ich hoffte, mir diese Stadt, die als eine der schönsten Südafrikas beschrieben wurde, in Ruhe anschauen und mich akklimatisieren zu können. Vor allem wollte ich die Gettos von Guguletu und Nyanga besuchen, die in den Unruhen von 1976/77 eine große Rolle gespielt hatten.

Der Diplomat aus dem Transkei, bei dem mich Mr. Montsisi untergebracht hatte, holte mich am Flughafen ab. Er lebte mit seiner Frau und drei Töchtern in einem Penthouse, von dem aus man einen traumhaft schönen Blick über Kapstadt hatte.

Kapstadt war als liberale Stadt bekannt, als die Heimat der Farbigen. Sie war eine der wenigen Städte Südafrikas, in der die Schwarzen in der Minderheit waren. Seit 1682, als Jan Van Riebeeck mit seinen Männern, den ersten Weißen, sich in Südafrika angesiedelt hatte und ohne Frauen gekommen war, galt Kapstadt als liberal. Doch Liberalismus, so fand ich schnell heraus, gab es nur zwischen Weißen und Farbigen. Schwarze schloß er nicht ein. Für sie galt die Apartheid – wie überall.

Ich hoffte, in Kapstadt besser abzuschneiden als in Port Elisabeth. Deshalb begann ich auch sofort mein Trainingsprogramm. Und dann verstauchte ich mir beim Joggen mein Fußgelenk. Am nächsten Tag war es so angeschwollen, daß ich kaum noch in den Schuh paßte. In zwei Tagen mußte ich mein erstes Spiel bestreiten. Ich wollte spielen, damit ich meinen Kritikern keine Angriffsfläche böte. Sie sollten nicht sagen können, »in Port Elisabeth und in Kapstadt hat er glatt verloren – einmal benutzte er den Wind als Ausrede und einmal ein verstauchtes Fußgelenk ...«

Ich trat an und verlor 0:6, 0:6. Wegen der Verletzung mußte ich auch aus dem Doppel ausscheiden. Ich fühlte mich entsetzlich, sah schon, wie Stan einen anonymen Brief erhielt, in dem ihm das klägliche Versagen seines Schützlings mitgeteilt wurde.

Als ich niedergeschlagen von diesem Turnier zurückkam, begann ich einen Teilzeitjob für die BTF. Er wurde nicht bezahlt. Ich nahm ihn nur, weil ich helfen wollte, den Jungen und Mädchen im Getto das Spiel beizubringen. Die Erfahrungen des *Sugar Circuit* hatten mich gelehrt, daß es sinnlos war, weiterhin gegen Weiße zu spielen, die erfahrener und soviel besser waren als ich. Da ich aber vom Schwarzen Verband auf Lebenszeit ausgeschlossen war, mußte ich jetzt versuchen, einen Weißen Club zu finden. Wilfried, André und Scaramouche unterstützten mich dabei.

Ich beschloß, es im Wanderers Club zu versuchen, einem der renommiertesten und exklusivsten südafrikanischen Clubs.

An einem sonnigen Montagmorgen nahm ich den Schwarzen Bus nach Rosebank. Der Club lag etwa eine Meile vom Haus der Smiths entfernt.

»Zum Wanderers Club, bitte«, sagte ich dem Fahrer und gab ihm die 15 Cents. Er gab mir ein abgefahrenes Ticket, was gegen die Vorschriften der Busgesellschaft verstieß.

»Irgendwie müssen wir doch Geld machen, Bruder«, sagte er. »Der Weiße Mann zahlt nicht genug.«

»Ich verstehe das, Bruder«, erwiderte ich und ging weiter.

Als ich am Wanderers Club ankam, war ich in guter Stimmung. Beim zweiten Versuch kam ich dann auch in das Büro von Mr. Ferguson, dem Club-Manager. Er kannte meine Misere. Owen Williams hatte ihm von mir erzählt.

»Oh ja«, sagte er. »Du bist der junge Mann, der am SAB-Cup teilgenommen hat. Setz dich bitte. Wie war der *Circuit*? Stan ist ein netter Mensch! Machst du Fortschritte?«

Ich beantwortete seine Fragen.

»Mir wurde gesagt, daß du Mitglied in unserem Club werden möchtest.«

»Ja, Sir. Ich brauche den Wettbewerb.«

»Du weißt aber schon, daß du der erste Schwarze bist, der sich um eine Mitgliedschaft bemüht?«

»Ja, Sir. Ich hoffe, ich bin qualifiziert.«

»Darüber gibt es keinen Zweifel. Ich selbst sähe dich gern als Mitglied. Es ist wirklich an der Zeit, daß wir Spieler wie dich aufnehmen. Aber ich kann diese Entscheidung nicht allein treffen. Ich muß diesen Fall im nächsten Monat bei der Vollversammlung des Komitees vortragen. Doch selbst wenn du akzeptiert wirst, gibt es Hindernisse, die nicht über Nacht überwunden werden können.«

»Welche, Sir?«

Und dann hörte ich die alte Geschichte: Die Gesetze der Regierung verlangten, daß, wenn Schwarze in einem Weißen Club spielten, separate Duschräume, Umkleideräume, Restaurants und Toiletten gebaut werden müßten. Und Mr. Ferguson war sicher, daß kein Komitee die Tausende von Rands, die diese Einrichtungen kosteten, bewilligen würden, nur um einem einzigen Spieler zu dienen.

»Ich verstehe, Sir.«

Und dann bot er mir an, für den Club Turniere zu spielen. Dabei würde ich allerdings die Personal-Toiletten benutzen und mit dem Personal essen müssen.

»Ich werde darüber nachdenken, Sir.«

52   »Es ist nicht wahr! Es darf nicht wahr sein!« murmelte ich immer wieder vor mich hin und zerknüllte eine Ausgabe der *World*. Die Ergebnisse unserer Schlußprüfung wurden bekanntgegeben. Mein Name war nicht dabei. Das konnte nur eines bedeuten: Ich hatte nicht bestanden. In all meinen Schuljahren hatte ich mich – abgesehen von dem Jahr, in dem ich den besonders großen Ärger mit meinem Vater hatte – immer nur fragen müssen, ob ich wohl als erster oder zweiter durchgekommen war. Daß ich bestehen würde, hatte niemals auch nur im mindesten in Frage gestanden. Und jetzt, in meinem letzten und wichtigsten Schuljahr, sollte ich durchgefallen sein.

Es war schon später Nachmittag. Es gab keine Möglichkeit mehr, nach Tembisa zu kommen, um den Direktor zu fragen, ob man meinen Namen nur vergessen hatte. War ich nicht einer der besten Schüler? Wie konnte ich denn da durchgefallen sein?

»Da muß ein Fehler vorliegen, Kind«, sagte meine Mutter mit zittriger Stimme. »Worin könntest du denn versagt haben?«

»Aber mein Name steht nicht in der Zeitung, Mama.«

»Ich glaube immer noch, daß da ein Fehler vorliegt«, meinte sie.

»Ich werde das morgen feststellen.«

Ich nahm den ersten Bus nach Tembisa. Viele meiner Klassenkameraden warteten bereits vor der Tür zum Direktionszimmer. Alle hatten die gestrige Zeitung in der Hand, waren wie ich gekommen, um gegen die Ergebnisse der Prüfung zu protestieren.

Der Direktor und einige unserer Lehrer waren genauso fassungslos wie wir. »Wir haben bei keinem von euch, ausgegangen von den Ergebnissen der beiden letzten Jahre, erwartet, daß er durchfallen würde«, sagte der Direktor. »Doch als die Ergebnisse aus Pretoria kamen, stellten wir fest, daß es doch so war.«

»Sie haben uns durchfallen lassen«, brüllte einer meiner Mitschüler, »weil sie nicht wollen, daß wir zur Universität gehen. Diese verdammten Buren haben Angst, daß wir den Kampf noch in die Universitäten tragen. Das ist die Rache für Soweto.«

Der Direktor zeigte uns die Computerausdrucke aus Pretoria. Ich hatte einen »third class pass«, der nicht zum Studium berechtigte. Und durchgefallen war ich in Tsonga, meiner Muttersprache! In allen anderen Fächern hatte ich A- und B-Noten. Doch weil ich an meiner Muttersprache gescheitert war, »was mehr Tragweite hat«, hatte ich versagt.

»Aber Sir!« wandte ich ein. »Selbst wenn man das bedenkt, liegt mein Notendurchschnitt höher, als er für einen »second class pass« erforderlich wäre!«

Das wußte der Direktor bereits und er hatte auch schon in aller Namen Beschwerde gegen die Prüfungsresultate eingereicht. »Vielleicht ist das ein Computerfehler«, räumte er ein. »Ich bin sicher, daß wir in ein, zwei Wochen mehr wissen.«

Völlig benommen fuhr ich wieder nach Hause. Was sollte ich mit einem »third class pass« anfangen? Damit konnte ich nicht einmal eine schwarze Universität besuchen, geschweige denn eine amerikanische. Meine Zukunft sah düster aus. Warum war das ausgerechnet jetzt passiert? Meine ganzen Hoffnungen hingen jetzt daran, daß sich das ganze als Computerfehler herausstellen würde.

Die Antwort des Bantu-Erziehungsministeriums kam. Jawohl, ich war in Tsonga durchgefallen. Aber in Anbetracht meiner ansonsten guten Noten, revidierte man das Ergebnis und gab mir einen »second class pass«. Eine schwarze Universität konnte ich auch damit nicht besuchen – ich hatte schließlich in meiner Muttersprache versagt.

In dieser Woche kam endlich ein Brief von Stan Smith:

Lieber Mark,
Margie und ich sind wieder heil zu Hause angekommen. Wir haben Deinen Brief schon vor einiger Zeit bekommen.
Ich habe mit George Toley, meinem Trainer bei U.S.C. Kontakt

aufgenommen und er ist bereit, Dir zu helfen. Er wird beim NCAA-Turnier in Georgia die Trainer verschiedener Universitätsmannschaften ansprechen. Er wird sich dann selbst mit Dir in Verbindung setzen. Ich bin in der nächsten Zeit viel unterwegs. Wenn Du mich dringend erreichen mußt, schreib bitte an die Adresse in Washington.

Melde Dich bitte. Liebe Grüße von Margie. Wir erwarten unser erstes Kind irgendwann im Juli. Paß auf Dich auf.
Dein Freund

Stanley R. Smith

Dieser Brief war eine große Beruhigung. Für einen Augenblick vergaß ich meine Sorgen wegen der Prüfungsergebnisse. Ich setzte mich sofort hin und antwortete. Ich schrieb Stan und Margie, daß ich die Prüfung bestanden hätte. Auf das Ergebnis wies ich allerdings lieber nicht hin.

Meine Mutter war beunruhigt. Sie fragte, was ich denn nun zu tun gedenke, da ich die Schule abgeschlossen hatte.

»Nimmst du den Job von Simba Quix an?«

»Nein«, antwortete ich.

»Was willst du dann tun? Oder kannst du mit einem ›second class pass‹ studieren?«

»Nein«, erwiderte ich.

»Was also willst du tun?«

»Ich warte, bis ich etwas aus Amerika höre.«

»Du träumst also immer noch davon«, seufzte sie. »Aber wie kommst du mit einem ›second class pass‹ an eine amerikanische Universität?«

»Sie werden mich nehmen.«

»Wenn ich du wäre, würde ich aufhören zu träumen, und arbeiten.«

»Ich habe keinen Paß«, gab ich als Entschuldigung an.

»Dann laß dir einen ausstellen.«

»Uns fehlt die Erlaubnis, in Alexandra zu leben«, sagte ich. »Und unsere anderen Papiere sind auch nicht in Ordnung. Wie soll ich da einen Paß bekommen?«

»Sie werden dir einen geben«, behauptete meine Mutter.

Diese Hoffnung konnte ich nun wirklich nicht teilen. Anfang Februar wußte ich immer noch nicht, was ich tun sollte. Ich verbrachte die Tage auf der Ranch, spielte Tennis und hoffte jeden Tag auf einen

Brief von Stan oder von George Toley. Hoffte, daß sie mir schrieben, daß eine amerikanische Universität bereit sei, mir ein Tennis-Stipendium zu geben. Dann brauchte ich weder einen Paß noch einen Job. Ich würde endlich meinen Wunsch verwirklichen können, ein Profi-Spieler zu werden.

Fast alle hielten mich für einen Spinner. Wilfried und Scaramouche räumten mir zwar eine geringe Chance auf das Stipendium ein, drängten mich aber gleichzeitig, mich um einen Job zu kümmern. Nach Möglichkeit um einen, der mir Zeit zum Training ließ. Obwohl ich nicht Mitglied in einem Weißen Club werden konnte, durfte ich doch weiter bei Turnieren antreten. Ich spielte in dreien, in denen ich mich ganz ordentlich schlug. Die Behörden wußten davon, versuchten aber nicht, das zu unterbinden.

Bei einem dieser Turniere stellte mich André dem Trainer der südafrikanischen Jugend-Nationalmannschaft vor. Keith Brebnor hatte Weltklassespieler wie Johan Kriek, Kevin Curren, Rosalyn Fairbanks, Robbie Venter, Derek Segal, Ilana Koss, Derek Tarr, Christo Steyn und Rory Chapell ausgebildet. Einige der Spieler, die er trainiert hatte, waren von amerikanischen Universitäten für ein Tennis-Stipendium akzeptiert worden. André überredete Keith, mich mit seiner Mannschaft trainieren zu lassen.

Ich war der erste Schwarze, dem das gestattet war. Von nun an nahm ich jeden Samstagmorgen in Ellis Park am Training teil. Und erlebte erstmals, wie aufregend und raffiniert Tennis sein kann – wenn man die richtige Ausrüstung hatte, gepflegte Plätze benutzen konnte und einen so qualifizierten Trainer hatte. Die Truppe aus einem Dutzend Jungen und Mädchen wurde von Keith und seinem Assistenten gedrillt. Vorhand, Rückhand, Volleys, korrekter Service, Lobs, alles wurde mit Präzision und Kraft geübt. Nichts von all dem gab es im Schwarzen Tennis.

Als einziger schwarzer Spieler unter all diesen Tennis Cracks war ich anfangs sehr gehemmt und spielte ausgesprochen schlecht. Doch die weißen Spieler nahmen mir die Scheu. Sie sprachen mit mir, lachten und rissen Witze. Ich begann, mich wohl zu fühlen, was dazu führte, daß ich bald auch besser spielte. Diese acht Wochen glichen den Trainingsverlust von Jahren aus.

Einige der Spieler luden mich an Wochentagen zu sich nach Hause ein. Die meisten hatten ihre eigenen Plätze. Und wieder lernte ich etwas über ihre Ängste und Hemmungen uns gegenüber. Einer fragte mich: »Wie sollen wir mit euch Schwarzen leben, wenn ihr uns haßt?«

Ich gab zu bedenken, daß, solange der Kontakt zwischen Weiß und Schwarz vom Gesetz reglementiert werde, auch solche Vorurteile bestehen bleiben würden. Schwarze würden die Motive der Weißen weiterhin anzweifeln und Weiße die der Schwarzen. Die Schwarzen würden weiter Weiße hassen und die Weißen würden weiter Schwarze fürchten.

Nach diesem Lehrgang trennten sich unsere Wege. Keith empfahl mir dringend, weiter gegen erstklassige Spieler anzutreten. »Der Konkurrenzdruck an amerikanischen Universitäten ist verdammt hoch«, sagte er. »Du mußt gut gerüstet sein.«

»Wird irgend jemand aus der Mannschaft in den nächsten Monaten hier sein?«

»Nein«, sagte Keith. »Die meisten werden an Junioren-Turnieren in Europa oder Amerika teilnehmen.«

»Kann ich mitkommen?«

Er lächelte. »Hast du 3000 Rand?«

Die hatte ich natürlich nicht.

»Müssen die Spieler diese Reisen selbst bezahlen?«

»Ja, ihre Eltern tun es.«

Meinen Vater würde es knapp ein Jahrzehnt kosten, soviel Geld zu verdienen.

53   Eines Tages wurde ich verhaftet, weil ich mich nach der Sperrstunde in einer Weißen Gegend aufgehalten und keinen Paß hatte. Ich sagte den Beamten – einem schwarzen und einem weißen – daß ich Schüler sei. Glücklicherweise hatte ich einige Bücher mit dem Stempel meiner früheren Schule bei mir, und so ließ mich die Polizei wieder laufen. Vorher mußte ich allerdings noch versprechen, mir einen Paß zu besorgen.

»Du bist jetzt 18«, sagte der schwarze Offizier, »du solltest schon seit zwei Jahren einen Paß haben.«

Also plante ich, mir einen Paß zu besorgen, obwohl ich den Gedanken haßte, immer und überall einen Paß mit mir herumzutragen. Im Paßbüro wurde ich von einem jungen Schwarzen befragt. Sein Job schien ihm Spaß zu machen. Er genoß es, seine eigenen Brüder durch die Hölle gehen zu lassen.

»Ich bin gekommen, um einen Paß zu beantragen«, sagte ich. Ich trug meinen besten Sonntagsanzug.

»Dein Name?« fragte er, lehnte sich bequem im Sessel zurück, schwang seine Füße mit den gewienerten Schuhen auf den Tisch und spielte mit einem silbernen Kugelschreiber. Er hatte alle Manieren des weißen *baas* angenommen.

Ich nannte meinen Namen.

»Wie alt bist du?«

»18.«

»Wer sind deine Eltern?«

»Wo wohnst du?«

»Aus welchem Stamm kommst du?«

Er schrieb alle meine Antworten auf einen Block.

»Welche Schulen hast du besucht?«

»Wer waren deine Direktoren?«

Ich wurde von Frage zu Frage gereizter.

»Bist du schon mal verhaftet worden?«

»Nein.«

»Wie lange leben deine Eltern schon in Alexandra?«

»25 Jahre.«

»Immer mit der gleichen Adresse?«

»Wir sind ein paarmal umgezogen.«

»Wo arbeitet dein Vater?«

»Germiston.«

»Wie lange arbeitet er da schon?«

Ich versuchte, die einzelnen Abschnitte zusammenzuzählen.

»Wo arbeitet deine Mutter?«

»Ferndale.«

»Was arbeitet sie?«

»Wo haben deine Eltern geheiratet?«

Ich fragte, wie er das meine.

»Ich will wissen, sind sie im Standesamt getraut worden, *lobola*, oder wie?«

»Mein Vater zahlte mit Vieh für meine Mutter, und später bekamen die beiden eine Heiratsurkunde vom Heiratsgericht.«

»Dann geht es um *lobola*«, befand mein Befrager und notierte auch das. Dann stand er auf, sagte, ich solle draußen warten und er würde mich wieder rufen. Ich wartete eine halbe Stunde.

»Da gibt es ernsthafte Probleme«, sagte er und wühlte in einem Papierstoß.

»Was für Probleme?«

»In der Akte deiner Eltern steht, daß sie keine Erlaubnis haben, in Alexandra zu wohnen«. Seine Stimme hatte einen bedeutungsvollen Tonfall.

»Aber meine Eltern leben seit mehr als 20 Jahren zusammen und ich habe einen Bruder und fünf Schwestern.«

»Das heißt gar nichts. Sie leben trotzdem illegal hier.«

»Und was bedeutet das?«

»Es heißt, daß wir keine Paß-Formulare ausfüllen können.«

»Was wollen Sie?« fragte ich. »Welche Papiere kann ich Ihnen noch bringen?«

Ich hatte Bescheinigungen von meinen Schuldirektoren, meine Geburtsurkunde, die Pässe meiner Eltern, Mietquittungen, meine Taufbescheinigung, lauter Papiere, von denen mir gesagt worden war, daß ich sie brauche, um einen Paß zu beantragen.

»Deine Eltern müssen eine Erlaubnis haben.«

»Aber dieses Büro weigert sich, ihnen eine auszustellen.«

»Dann müssen deine Eltern mit dir herkommen.«

»Meine Mutter kann kommen, aber mein Vater kann es sich nicht leisten, einen Tag von der Arbeit wegzubleiben. Es würde ihn seinen Job kosten.«

»Er muß herkommen.«

»Ist das alles?«

»Das ist alles«, sagte er. »Und vergiß nicht, alle nötigen Papiere mitzubringen.«

»Welche?« fragte ich noch einmal.

»Sei nicht so verdammt frech«, schimpfte er. »Du weißt doch, daß du keinen Brief von deinem Arbeitgeber hast.«

»Aber ich arbeite nicht«, sagte ich.

»Wozu brauchst du dann einen Paß?«

»Ich brauche einen Paß, um mir Arbeit zu suchen.«

»Finde erst mal einen Job, dann kannst du einen Paß beantragen.«

»Aber ohne Paß kann ich mir keine Arbeit suchen.«

»Das ist dein Problem«, sagte er und ging zur Tür. »Der Nächste!«

brüllte er in die lange Reihe derer, die draußen darauf warteten, einen Paß zu beantragen.

Wo sollte ich nach Arbeit suchen? Und wollte ich überhaupt einen Job? Bei Simba Quix wollte ich jedenfalls garantiert nicht arbeiten. Isando war zu weit weg. Außerdem bestand die Gefahr, daß dort von mir verlangt werden würde, daß meine Eltern nach Tembisa zögen, nur damit ich in Isando arbeiten dürfte. Denn eine Bestimmung der Zuzugsgesetze lautete, daß Schwarze sich nur in den Städten Arbeit suchen durften, in denen sie, beziehungsweise ihre Familien wohnten. Wenn jemand in Johannesburg lebte, mußte er auch in Johannesburg arbeiten. Wollte er aber einen Job in Pretoria, mußte er eine Sondererlaubnis aufweisen, und die war schwer zu bekommen.

Einer der Gründe, weshalb ich nicht außerhalb von Johannesburg arbeiten wollte, waren die langen Fahrzeiten. Nach Isando zu kommen dauerte fünf Stunden und das wiederum würde bedeuten, daß ich unter der Woche nicht Tennis spielen könnte. Das konnte ich mir nicht leisten. Ich mußte regelmäßig trainieren.

Sehnsüchtig wartete ich auf Post aus Amerika. George und meine Schwestern hatten Anweisung, täglich nach dem Postboten Ausschau zu halten. Denn für die 20 Haushalte in unserem Hof gab es nur einen Gemeinschaftsbriefkasten, und da konnte leicht jemand meinen Brief klauen. Doch weder von Stan Smith noch von George Toley kam eine Nachricht. Ich begann zu verzweifeln. Vielleicht gehörte mein Traum, nach Amerika zu gehen, zu denen, die nicht wahr werden sollten. Und außerdem, wer war ich denn, daß ich mir einbildete, ausgerechnet ich könnte nach Amerika gelangen? Die Tatsache, daß ich aus dem Schwarzen Tennisbund ausgeschlossen worden war, hatte dafür gesorgt, daß ich kaum noch Freunde hatte. Die Leute gingen mir auffallend aus dem Weg. Und die Drohungen der militanten Schwarzen, ich solle endlich aufhören, mich ständig bei den Weißen herumzutreiben, hatten in letzter Zeit wieder zugenommen. Ich rechnete jeden Tag damit, zum Krüppel geschlagen zu werden. Meine Beziehung zu meinem Vater hatte ebenfalls einen neuen Tiefpunkt erreicht. Er verstand einfach nicht, warum ich nicht arbeitete.

»Glaubst du denn, daß deine Mutter und ich dich all die Jahre durchgefüttert haben, damit du ein Faulenzer wirst?« fragte er eines

Tages. »Warum, glaubst du, haben wir gehungert, um dich zur Schule schicken zu können? Such dir einen Job oder du fliegst raus. Ich kann nicht auch noch ein bärtiges Kind durchfüttern.«

Ein paar Tage später, als ich vom Tennis kam, mußte ich feststellen, daß mein Vater in seiner Wut über mich einige meiner Bücher verbrannt hatte.

»Eigentlich hat er deine Tennisschläger gesucht«, erklärte mir mein Bruder George.

Es hatte keinen Sinn, mit meinem Vater darüber zu streiten, warum ich tat, was ich tat. In gewisser Weise hatte er sogar recht. Ich mußte mir Arbeit suchen.

»Warum arbeitest du nicht, mein Kind, und hilfst mir, deinem Bruder und deinen Schwestern die Schule zu ermöglichen?« fragte auch meine Mutter.

Ich schaute sie an. Sie sah erschöpft aus. Kein Wunder, sie arbeitete ja auch wie ein Maulesel für die Weißen. Sie wusch und bügelte für sie, badete und fütterte ihre Kinder, putzte, jätete Unkraut und kümmerte sich um alle Arbeiten, die sonst noch anfielen. Selbst wenn sie krank war, schleppte sie sich zur Arbeit, und sogar wenn meine Geschwister krank waren, ging sie mit schlechtem Gewissen. »Wir müssen ja schließlich essen«, pflegte sie zu sagen. »Und die Kinder brauchen Schulgeld und Bücher. Außerdem muß die Miete bezahlt werden und es muß Geld im Haus sein, damit wir die Polizei bestechen können.« Vor einiger Zeit war festgestellt worden, daß meine Mutter zuckerkrank war. Die Ärzte hatten ihr aufgetragen, sie solle streng Diät essen, nicht zu hart arbeiten und sich nicht zuviel sorgen. Kein Zweifel, sie litt, doch sie ließ den Mut nicht sinken. »Jede Mutter würde das, was ich tue, auch für ihre Kinder tun und noch viel mehr«, war die Bemerkung, mit der sie alle Schmerzen abschüttelte und jede Last trug.

Ich begann Schuldgefühle zu entwickeln. Vielleicht war ich wirklich zu egoistisch gewesen und hatte zuviel an mich und an mein Tennis gedacht. Wenn ich Geld verdiente, würde ich meiner Mutter helfen können. Ich könnte ihr etwas von der Last abnehmen und ihr etwas von dem zurückzahlen, was sie für mich auf sich genommen hatte. Ich könnte dafür sorgen, daß sie es für den Rest ihres Lebens ein wenig besser hatte.

Ich brachte meinen Tennisschläger zu André ins Sportgeschäft und erwähnte, daß ich einen Job suchte.

»Der Laden geht nicht gerade glänzend«, sagte er, »aber ich könnte Hilfe gebrauchen ... Nein, warte mal, da fällt mir etwas ein. Es gibt da vielleicht einen Job, bei dem du das fünffache von dem verdienen kannst, was ich dir zahlen könnte. Mein Vater ist im Aufsichtsrat von Barclays Bank. Ich kann ihn fragen, ob er dir nicht Arbeit in einer der Zweigstellen in Johannesburg verschaffen kann. Du hast doch die Zulassungsurkunde zur Universität, oder?«

»Ja.«

»Na wunderbar. Dann gibt es keine Probleme. Ich weiß nämlich von meinem Vater, daß Barclays auch in die Townships ausgeweitet werden soll. Du mit deinem Köpfchen könntest doch glatt Manager einer solchen Filiale werden. Und du verdienst dabei an die 500 Rand im Monat – soviel wie die Weißen. Soll ich mit meinem Vater reden?«

»Ich wäre dir sehr dankbar.«

»Barclays Bank vertritt die Politik, die Rassen nicht zu diskriminieren. Sie lassen Schwarze mit Weißen zusammenarbeiten und bieten ihnen die gleichen Aufstiegschancen. Ich glaube, ein solcher Job könnte dir so gut gefallen, daß du Amerika vergißt und gar nicht mehr dort hin willst«, sagte er lachend.

Ich erzählte ihm von meinem Paß-Problem.

»Mach dir da mal keine Sorgen«, beruhigte er mich, »das kriegen wir schon hin.«

Ein paar Wochen später klemmte ich mir meine Zeugnisse und die Empfehlungsschreiben meines Direktors und meiner Lehrer unter den Arm und ging zu einem Vorstellungsgespräch in die Zentrale von Barclays Bank in Johannesburg. Der Personalchef war recht angetan von meinen Zeugnissen, und ganz besonders von den Englischkenntnissen, die ich hatte.

»Ihr exzellentes Englisch wird Ihnen sehr helfen in der Bank«, erklärte er. »Und natürlich auch die Tatsache, daß sie fließend Afrikaans sprechen und hervorragend in Mathematik sind. Barclays Bank hat ein neues Programm, qualifizierte Schwarze für Managerpositionen in allen Zweigen des Bankfachs auszubilden. Bei Ihren Talenten sind Ihren Aufstiegschancen keine Grenzen gesetzt. Ich glaube, Sie haben eine gute Wahl getroffen. Sie werden Karriere machen.«

Ich weiß nicht, wieviel von dem, was er mir da versprach, geschickte Öffentlichkeitsarbeit war oder wie stark Andrés Vater Einfluß darauf genommen hatte. Aber was es auch war, ich war hocherfreut. Endlich hatte ich einen Job. Einen Job bei einer Gesellschaft, die Rassenschranken abbaute. Bei einer Gesellschaft, die Chancen nicht nach Hautfarbe zuteil werden ließ, sondern nach Können. Bei diesem Arbeitgeber, das wußte ich nun, würde ich nicht den unwürdigen Bedingungen und rassischen Vorurteilen ausgesetzt sein, die mich an jedem anderen Arbeitsplatz erwartet hätten. Und gleichzeitig würde ich mehr verdienen, als ich mir jemals zu erträumen gewagt hätte. Man hatte mir ein Anfangsgehalt von fast 300 Rand zugesichert, und damit konnte ich leicht noch meine Eltern und Geschwister unterstützen. Vielleicht hatte André ja recht. Vielleicht wäre die Arbeit für Barclays Bank tatsächlich besser, als nach Amerika zu gehen.

Der Personalchef gab mir einen Brief mit den Dokumenten, die ich für das Paßbüro benötigte. Nachdem der junge schwarze Mann, der bei meinem letzten Besuch so unfreundlich gewesen war, die Papiere gelesen hatte, händigte er mir widerwillig die Formulare aus, die ich brauchte, um einen Paß zu beantragen. Gleich darauf wurden mir Fingerabdrücke abgenommen, und ein Muster davon ging an die Behörden in Pretoria. Dort wanderten die Abdrücke in den Computer, um festzustellen, ob ich irgendwann, irgendwo, irgendein Verbrechen begangen hatte und registriert worden war. Der Computer hielt auch die politischen Aktivitäten von Schwarzen minutiös fest. Schließlich bekam ich noch mehr Papiere, die ich zum Hauptbüro auf der Albert Street mitnehmen sollte, in einem ziemlich heruntergekommenen Bezirk von Johannesburg.

Die Büros öffneten um zehn. Doch ich ging schon um sechs. Als ich ankam, standen schon Hunderte von Menschen wartend vor der Tür. Männer und Frauen, die einen Paß brauchten, eine Arbeitserlaubnis oder die Genehmigung, in einem anderen Bezirk zu leben, zu heiraten oder in ein anderes Getto zu ziehen. Viele standen jeden Tag in der Schlange und hofften, daß ein weißer *baas* oder eine weiße Missis, die ins Büro kamen und billige Arbeitskräfte suchten, ihnen einen Job als Gärtner oder Küchenmädchen geben würden – ohne Papiere. Sie wagten es nicht, ohne eine Arbeit wegzugehen, denn sonst könnte es ihnen bei der nächsten Razzia leicht passieren, ins Stammesgebiet abgeschoben zu werden.

In den Augen der meisten sah ich Angst, Hoffnungslosigkeit und Verzweiflung. Die Leute drängelten und schubsten sich gegenseitig zur Seite, um möglichst weit vorn zu stehen, wenn das Büro geöffnet wurde. Hochmütige schwarze Polizisten hielten die Menge mit ihren *sjamboks* und wüsten Beschimpfungen in Schach.

Um zehn Uhr gingen die Türen auf. Die Menschenschlange bewegte sich nur langsam vorwärts. Ich sprach mit einem arbeitslosen Mann in einem schwarzen Anzug. Er hieß Bra Modise und lebte in Soweto. Seit einem Monat kam er täglich her, hatte aber bisher keinen Erfolg gehabt. Nachdem er von der höheren Schule abgegangen war, hatte er für eine Erschließungsfirma gearbeitet, die dann aber pleite gemacht hatte. Jetzt brauchte er die Erlaubnis, sich um einen neuen Job bemühen zu dürfen.

Er berichtete mir von seinen Erfahrungen. »Da drinnen«, sagte er, »gibt es einen Schreibtisch neben dem anderen. Und du, Junge, mußt an jedem anstehen. Und wenn du kein Afrikaans verstehst, bist du aufgeschmissen. Denn hinter jedem Schreibtisch sitzt ein eingebildeter Afrikaner, der nur an eines glaubt: an die Apartheid. Und das zeigt er dir auch – jeder von ihnen. Sie erniedrigen dich bis zu einem Punkt, an dem du selbst glaubst, kein menschliches Wesen zu sein. Sie berauben dich deiner Würde und du kannst verdammt nochmal nichts dagegen tun. Du kannst wütend werden, aber es hilft nichts. Sie wissen, daß sie dich in der Hand haben. Denn du bist es, der den ›Paß für die Existenz‹ braucht – nicht sie.«

Er zündete sich seine halbgerauchte Zigarette wieder an und blies nachdenklich Rauchwolken gen Himmel. Inzwischen hatte sich die Schlange so weit vorwärts bewegt, daß wir am Eingang des Gebäudes angekommen waren. Bra Modise mußte zu einem Büro am anderen Ende. Ich mußte bei den Schreibtischen anfangen.

Dort saßen schwarze und weiße Beamte, die uns Schwarze gleich unfreundlich und schroff behandelten. Alle mußten die intimsten Fragen über ihr Leben und das ihrer Eltern beantworten. Ellenlange Formulare wurden ausgefüllt und dann Punkt für Punkt dem Zentralcomputer eingefüttert. Wer eine Frage nicht korrekt beantworten konnte, wurde von schwarzen Wachmännern aus der Reihe geholt. So sagten die meisten nur noch »Ja, *baas*« oder »Ja, Missis«, auch wenn sie gar nicht verstanden hatten, worum es überhaupt ging. Sie wußten, daß hier die Leute saßen, die ihre ganze Zukunft mit einem einzigen Federstrich zunichte machen konnten. Viele der Antragsteller wurden weggeschickt, weil angeblich Papiere fehlten. Papiere, die diese schwarzen Männer und Frauen nicht bekommen konnten, weil die

Bürokraten sie ihnen verweigerten. Glücklicherweise war ich mit allen Dokumenten und Zertifikaten ausgerüstet, die sie von mir verlangen konnten. Aber das schien einige der schwarzen und weißen Behördenangestellten erst recht zu verstimmen. Denn natürlich kassierten sie auch gern Bestechungsgelder.

Nachdem ich die lange Reihe von Schreibtischen abgeklappert hatte, mußte ich zur ärztlichen Untersuchung in einen der Räume am anderen Ende des Gebäudes. Ein Schwarzer, der neben mir in der neuen Warteschlange stand, sagte: »Das hier ist die Hölle, Bruder. Du solltest beten, daß du nicht zweimal hierher mußt! Verlier bloß niemals deinen Paß. Von denen, die hier öfter sind, sollen welche verrückt geworden sein. Andere, erzählt man, hätten sich das Leben genommen, nur um nicht nochmal hierherkommen zu müssen.«

Die Untersuchung fand in einem großen Raum statt. Wir waren etwa 30 Männer an der Zahl, die zur gleichen Zeit dort standen. Die meisten meiner Leidensgenossen waren Wanderarbeiter. Man befahl uns, den Oberkörper freizumachen, unsere Sachen auf den Boden zu legen und uns am Röntgengerät anzustellen. Einige der Wanderarbeiter hatten Läuse und wurden von den schwarzen Wachen, die angeekelt überall herumstanden, zuerst einmal zur Entlausung geschickt. Ich nahm mich zusammen, um meine Wut über das arrogante Verhalten der Wachen nicht zu zeigen und befolgte ordnungsgemäß jeden Befehl, um nicht Anstoß zu erregen. Ein schwarzer Mann in einem weißen Kittel kam zu mir, riß meinen rechten Arm zurück und schmierte mir oberhalb des Ellenbogens irgendeine ätzende Salbe auf die Haut.

»Der Nächste!« brüllte ein Weißer in ebenfalls einem weißen Kittel. Er meinte mich. Er hielt eine Nadel in der Hand und jagte sie mir, ohne weiter hinzuschauen, auf den Punkt, wo die Salbe war. Schmerz durchschoß meinen Arm, als der Einstich zu bluten begann. Der Arm wurde schlaff. Ich ging weiter zum Röntgengerät. Ein Schwarzer in einem weißen Kittel schubste mich auf eine Plattform und schnauzte: »Einatmen!«

Meine Brust wurde geröntgt, dann mußte ich mein Bündel aufheben und zum anderen Ende des Raumes, wo ein Schwarzer und ein Weißer, beide in weißen Kitteln, hinter einem Tisch saßen. Ich fragte mich noch, worum es diesmal wohl ging, als der Schwarze den muskulösen Mann, der vor mir dran war, anbrüllte:

»*Vula!* (aufmachen)«

Der Wanderarbeiter öffnete seine Hose und zeigte seine Genitalien vor. Der Weiße starrte eine Weile lang darauf und sagte dann: »Okay, der Nächste!« Ich war an der Reihe. Ich war auch okay. Leute mit Geschlechtskrankheiten bekamen keinen Paß.

Diese nervenzerreißende Probe dauerte den ganzen Tag. Ich mußte hierhin, ich mußte dorthin und überall, wo ich hin mußte, wurde ich behandelt wie der letzte Dreck. Am Abend, als ich den nagelneuen Paß in der Hand, zur Haltestelle für den schwarzen Bus hastete, kochte ich vor Wut. Ich hätte jemanden umbringen können. Der Paß enthielt meine Fingerabdrücke, ein Foto, meine Adresse, die meines Arbeitgebers, Alter, Haar- und Augenfarbe, Größe, Stammeszugehörigkeit – jedes Detail, das die Polizei verlangte. Und ich mußte das verfluchte Ding von diesem Augenblick an zu jeder Tages- und Nachtstunde bei mir tragen.

Wie konnten wir Schwarze es nur zulassen, daß die Weißen uns das antaten – daß sie uns erniedrigten und auf uns rumtrampelten? Warum schlugen wir nicht zurück? Der Paß erinnerte mich immer an den Platz, der mir in Südafrika zugewiesen war. Selbst ein guter Job bei Barclays konnte mir da nicht helfen. Ich war nicht frei. Falls ich doch noch eine Möglichkeit bekäme, nach Amerika zu gehen, würde ich sie wahrnehmen – das schwor ich mir.

Es kam aber kein Angebot. So begann ich in der Barclays-Bank-Zweigstelle in der Eloff Street zu arbeiten. Der Filialleiter war ein angenehmer, sehr liberaler Afrikaner. Als er mich »an Bord« willkommen hieß, sagte er mir, daß ich zunächst in die Buchhaltung käme und dort Akten bearbeiten solle.

In dieser Abteilung gab es fast ausschließlich indische und farbige Frauen, und eine von ihnen wurde abgestellt, um mir die Grundbegriffe meiner neuen Tätigkeit beizubringen. Nach wenigen Tagen schon beherrschte ich alle Rechenmaschinen und konnte damit arbeiten. Die Bank schloß um drei und wir in der Buchhaltung arbeiteten bis um vier. Manchmal nahm ich meinen Tennisschläger mit ins Büro und ging nach Feierabend direkt zu einer Trainerstunde mit André zu den Plätzen in Ellis Park, oder ich spielte auch mit einem der anderen jungen Weißen, mit denen ich mich angefreundet hatte.

Am Ende des Monats bekam ich meinen ersten Gehaltsscheck:

wundervolle 295 Rand! Ich konnte es gar nicht fassen, daß ich auf Anhieb tatsächlich gut und gerne das fünffache dessen verdiente, was meine Eltern zusammen hatten. Ich eröffnete sofort ein Spar- und Gehaltskonto. Danach kaufte ich mir einen neuen Anzug, zahlte die Schulgebühren für George und meine Schwestern und besorgte ihnen Bücher. Danach hatte ich immer noch Geld übrig. Von nun an aßen wir gut und meine Mutter träumte schon davon, neue Möbel zu kaufen.

»Ich verdiene ja nun keine Millionen, Mama«, sagte ich und lachte. »Wir werden die Sachen nach und nach kaufen. Aber erst einmal muß ich etwas sparen.«

»Wir können doch alles auf Raten kaufen«, schlug meine Mutter vor. »Oh, danke Gott, daß Er dir diesen Job gegeben hat! Nun können dein Vater und ich uns darauf freuen, daß wir eines Tages vielleicht auch in einem kleinen Haus wohnen können. Ich bin so glücklich, Kind! Dies ist der glücklichste Tag meines Lebens! Nun können dein Bruder und deine Schwestern zur Universität gehen und Ärzte oder Lehrer werden.«

Der Zweigstellenleiter teilte mir mit, ich hätte so gute Fortschritte gemacht, daß er mich bereits jetzt für den Eignungstest im Schulungszentrum der Bank vorgeschlagen habe. Erzielte man gute Ergebnisse, konnte man einige Sprossen auf der Erfolgsleiter überspringen. Ich bestand alle Tests und man sagte mir eine große »Bank-Karriere« voraus. Mein Gehalt wurde sofort um 40 Rand erhöht. Meine Mutter meinte, ich solle Gott für alles danken und der Kirche eine Spende geben. Das tat ich dann auch, aber mehr ihr zu Gefallen. George und meine Schwestern mußten nun auch nicht länger in Lumpen herumlaufen und zum ersten Mal konnten wir uns einen Weihnachtsbaum leisten. Meine Mutter sprach immer wieder davon, daß wir uns eine Genehmigung holen sollten, um in eines der Streichholzschachtel-Häuser in Tembisa umzuziehen, die ihr so gut gefielen. Ich war aus zwei Gründen dagegen: Erstens wäre ich dann zu weit weg von Johannesburg und vor allem von meinen heißgeliebten Tennisplätzen, und zweitens wurde bei den Häusern darauf geachtet, daß die Bewohner eines Bezirks auch immer aus einem Stamm kamen. Die Behörden wollten so selbst über die Nachbarschaft bestimmen. Zusätzlich zur Rassentrennung kam es hier also noch zu der Trennung nach Stämmen.

»Aber diese Häuser sind besser als alle, die es in Alexandra gibt«, bettelte meine Mutter.

»Ich habe ja nichts dagegen und helfe euch gerne, wenn ihr nach Tembisa wollt«, sagte ich. »Aber ich bleibe in Alexandra.«

»Alexandra wird doch zerstört.«

»Oh, es wird lange dauern, bis es völlig zerstört ist.«

»Aber die Familie sollte doch zusammenbleiben, Kind!«

»Ich komme euch gern besuchen.«

Keiner zog um. Ich spielte an den Wochenenden noch immer bei Weißen Tennis-Turnieren. Mein Spiel hatte sich sehr verbessert. Während eines langen Wochenendes im April fand in Ellis Park ein Profi-Turnier statt. Ich nahm daran teil. Spieler wie Björn Borg, Roscoe Tanner, Guillermo Vilas und Yannick Noah waren gemeldet. Ich hatte gelesen, wie Arthur Ashe Noah als Elfjährigen in Yaoundé, Kamerun, »entdeckt« und den französischen Tennisverband auf ihn aufmerksam gemacht hatte. Und der hatte Noah nach Nizza geholt, wo er eine renommierte Tennis-Schule besuchen durfte. Danach hatte Yannick Noah nur ein paar Jahre gebraucht, um zu einem der hellsten Sterne am Tennishimmel zu werden. Vielleicht würde mir das auch gelingen, wenn Stan es schaffte, mich nach Amerika zu holen ...

In diesem Turnier zu spielen, war ein weiterer Meilenstein meiner Tennis-Karriere. Obwohl ich schon in der Qualifikationsrunde gegen einen weißen Südafrikaner unterlag, durfte ich mit Lennart Bergelin, dem Trainer von Björn Borg, an einem Wohltätigkeitsspiel teilnehmen.

Nach Turnierende, arbeitete ich dann wieder in der Bank und hoffte weiterhin, bald etwas von Stan Smith oder von George Toley zu hören. Eines Abends, Anfang Mai, erwarteten meine beiden jüngsten Schwestern mich bereits am Hoftor. »Der Briefträger hat uns zwei Briefe für dich gegeben!« jubelten sie. »Sie sind aus Amerika! Mama hat sie!«

Ich war so glücklich, daß ich jeder der beiden Kleinen 50 Cents in die Hand drückte. Tatsächlich warteten zwei Briefe auf mich. Der eine war ein normaler von George Toley, der andere war ein dicker, brauner Umschlag von der Princeton-Universität. George Toley schrieb:

Lieber Mark!

Stan hat mir von Dir und Deinem Wunsch nach einem Tennisstipen-dium an einer amerikanischen Universität erzählt. Unglücklicherweise sind diese Stipendien bei U.S.C. schon vergeben. Doch ich bin gerade bei einem Turnier in Georgia und habe die Trainer anderer Universi-täts-Mannschaften auf dieses Thema angesprochen. Einige haben ange-deutet, daß sie sich mit Dir in Verbindung setzen wollen, sobald sie wieder an ihren Hochschulen sind.

Laß mich bitte wissen, ob ich sonst etwas für dich tun kann. Viel Glück ...

Mit zitternden Fingern und klopfendem Herzen öffnete ich den dicken Umschlag von Princeton. Er enthielt verschiedene Broschüren und Prospekte. Das war die schönste Schule, die ich je gesehen hatte! Außerdem fand ich noch ein Aufnahmeformular und einen handge-schriebenen Brief von Dick Benjamin, dem Tennis-Trainer der Uni-versität. Lang konnte ich mich nicht von den Bildern im Prospekt lösen. Viele große und schöne Gebäude sah ich da, und Bäume, und riesige Blumenbeete waren verteilt über das ganze Gelände. Es gab große Labors, Theater, Studentenunterkünfte, einen Swimming pool von olympischen Ausmaßen und Trainingsräume. Die Tennisbro-schüre zeigte das Princeton-Team – lauter Weiße – und die erstklassi-gen Plätze und Hallen. Das Tennisprogramm war lang und ich sah, daß die Mannschaft an Turnieren in den gesamten USA teilnahm.

Was ich aber kaum fassen konnte waren die Fotos, die weiße Studenten beim Essen und Spazierengehen mit schwarzen zeigten. Das, was André mir erzählt hatte, war also wirklich wahr.

»Was ist nun, Johannes?« weckte mich meine Mutter aus meinen Träumen. »Was steht in den Briefen?«

»Das werde ich gleich wissen«, sagte ich. Dann las ich Dick Benja-mins Brief:

Lieber Mark,

ich habe George Toley beim NCAA-Turnier getroffen und er hat mir von Ihnen erzählt. Es hörte sich an, als seien Sie ein interessanter junger Mann. Deshalb habe ich ein Aufnahmeformular beigelegt, das Sie bitte ausfüllen und an mich zurückschicken. Princeton vergibt zwar leider keine Sport-Stipendien, doch viele unserer Spieler werden, sofern sie bedürftig sind, unterstützt.

Es ist durchaus möglich, daß Princeton auch Ihre sämtlichen Ausla-
gen übernimmt, sofern Sie den Anforderungen gerecht werden. Also
schicken Sie mir bitte die nötigen Informationen so schnell wie möglich.
Denn auch wir haben einen Aufnahmeschluß ...

Ich las den Brief dreimal. Ich glaubte zu träumen. Doch ich hatte
richtig gelesen. Ich setzte mich sofort hin, schrieb den verlangten
Lebenslauf und füllte das Formular aus. Ich listete die Besitztümer
meiner Eltern auf – das heißt, zunächst einmal das, was wir *nicht*
hatten. Wir besaßen kein Land, kein Auto und uns gehörte nicht
einmal die Hütte, in der wir wohnten. Was wir hatten, war auch nicht
viel: der Wert unserer Möbel lag bei etwa 200 Rand (zu der Zeit 150
Dollar), und der Jahresverdienst beider Elternteile lag bei etwa 700
Rand. Und das Schulgeld für Princeton war fast 10 000 Dollar!

Am nächsten Tag rief ich von der Bank aus meinen ehemaligen
Direktor aus Tembisa und den von der höheren Schule in Alexandra an
und bat sie um Empfehlungsschreiben, wie ich sie auch von Wilfried
und Owen Williams erbat. Danach schrieb ich einen Brief an Stan und
bat auch ihn, ein Empfehlungsschreiben an die Princeton-Universität
zu schicken. Ich wartete.

In den folgenden Wochen kamen etwa 40 dicke, braune Umschläge
aus Amerika. Universitäten aus Illinois, New York, Louisiana, India-
na, Wisconsin, Florida, South-Carolina, Georgia, Washington und
einem Dutzend weiterer Bundesstaaten, schickten mir Prospekte und
Aufnahmeformulare. Und jeder dicke, braune Umschlag enthielt zudem einen persönlichen Brief des jeweiligen Tennis-Trainers der Universität. Ich konnte nicht alle beantworten. Da ich jedoch noch nichts
weiter von Princeton gehört hatte, entschied ich mich, alle die Universitäten anzuschreiben, deren Prospekte und Lehrplan mir gefielen.
Dann berichtete ich Stan in einem Brief ausführlich über die Universitäten. Im Getto und in der Bank sprach ich allerdings mit niemandem
über meine Pläne. Das hatte ich auch meiner Mutter und meinen
Geschwistern verboten. Ich hatte Angst, daß jemand die Behörden
unterrichten würde, und die sahen es gar nicht gern, daß jemand das
Land verließ, um in Übersee zu studieren.

Ich plante, meinen Job in dem Moment aufzugeben, in dem mir ein
Stipendium gewährt würde. Und ich machte mir auch schon Gedanken darüber, wovon ich das Flugticket bezahlen und wie ich mir einen

Reisepaß besorgen sollte. Die Regierung würde sicherlich versuchen, mir einen Paß zu verweigern – schließlich war ich bei den Schüler- und Studentenunruhen dabei gewesen. Überhaupt war vielen Schwarzen schon die Ausreisegenehmigung verwehrt worden, meist aus Gründen, die sich die Behörden aus den Fingern sogen.

Einer der Gründe, weshalb die Südafrikanische Regierung Schwarze äußerst ungern in die USA ausreisen ließ, lag im Verhalten der amerikanischen Regierung. Als Präsident Carter 1976, Monate nach den Schülerunruhen von Soweto, ins Amt gekommen war, hatte er die Verteidigung der Menschenrechte zu einem der Hauptpunkte seiner Außenpolitik erklärt und die Südafrikanische Regierung wegen ihrer Apartheid-Politik und der vielen Toten von Soweto angeklagt. Carter hatte sogar angedroht, Handelsrestriktionen gegen Südafrika zu verhängen.

Das Verhalten der Carter-Administration gegen unsere Regierung war nicht ohne Folgen geblieben. Die Südafrikaner hatten sich das Wohlwollen der mächtigen USA nicht völlig verscherzen wollen und einige der Beschränkungen gelockert. Allerdings waren es in erster Linie kosmetische Veränderungen gewesen, die die Regierung vorgenommen hatte. Den Schwarzen halfen sie so gut wie nicht.

Da nach den Unruhen von 1976/77 viele schwarze Schüler und Studenten in die USA geflohen waren, hatten die Amerikaner über die Apartheid-Politik Informationen aus erster Hand und so die Südafrikanische Regierung und ihre Propaganda-Maschine mühelos durchschaut.

Da auch ich Schwierigkeiten befürchtete, machte ich Pläne, meine einflußreichen weißen Freunde von meinem Vorhaben zu informieren. Damit sie, falls man mir einen Reisepaß verweigern sollte, eingreifen könnten. Nacheinander sprach ich mit Wilfried, Owen Williams, André und einigen anderen. Und natürlich hielt ich Stan die ganze Zeit über schriftlich auf dem laufenden.

Ungefähr einen Monat nachdem ich meine Bewerbung für Princeton abgeschickt hatte, kam die Antwort. Ja, hieß es, es sei so gut wie sicher, daß die Universität für meine Studiengebühren, Unterkunft und Verpflegung aufkommen werde. Das Studium selbst könne im Herbst 1979 beginnen. Jetzt solle ich bitte noch beiliegendes Formular ausfüllen und schnell zurückschicken . . .

Ich traute meinen Augen nicht! Endlich hatte ich meine Fahrkarte nach Amerika – meinen Paß in die Freiheit! Ich tanzte durch die Hütte, umarmte alle und schickte meinen Bruder los, Coca-Cola und Plätzchen für alle zu holen.

»Also hat sich dein Traum tatsächlich erfüllt!« sagte meine Mutter. Sie schwankte zwischen Freude und Trauer. Wir schrieben Mai 1978 und im Herbst 1979 würde ich in Amerika sein. Das war noch gut ein Jahr – eine lange Zeit!

»Wer wird mir denn dann helfen, deine Geschwister durch die Schule zu bringen?« fragte meine Mutter.

»Nun hör auf, Mama! Ich arbeite doch noch ein ganzes Jahr lang!« sagte ich. »Und in dieser Zeit werde ich soviel beiseite legen, daß sie alle über die Schulzeit kommen. Außerdem werde ich ja nur vier Jahre lang weg sein. Und wenn ich dann zurückkomme, bin ich ein Tennisstar und werde nicht nur in der Lage sein, dir zu helfen, sondern auch anderen Schwarzen in diesem Land!«

Eine meiner Schwestern hatte sich nicht an mein Verbot gehalten und einer ihrer Freundinnen verraten: »Mein Bruder Johannes geht bald nach Amerika!« Die Neuigkeit hatte sich wie ein Lauffeuer in Alexandra verbreitet, und schon drohten mir einige, sie würden alles tun, um meine Amerikareise zu verhindern. Jedesmal, wenn ich jetzt in einer weißen Gegend Tennis spielte, fühlte ich mich verfolgt. Und öfter als früher wurde ich jetzt von Polizisten auf der Straße angehalten und nach meinen Papieren gefragt. Glücklicherweise war mein Paß in Ordnung. Dennoch wünschte ich mir, ich könnte lieber gestern als heute aus diesem Land heraus und müßte nicht noch ein ganzes Jahr lang warten. In einem Jahr konnte so viel passieren …

Obwohl es meine militanten schwarzen Feinde sicherlich besänftigt und der Polizei jeden Vorwand genommen hätte, mich eventuell zu verhaften, konnte ich es mir nicht leisten, meine Verbindung zu meinen weißen Tennispartnern zu lösen. Ich konnte ganz einfach nicht auf das Training verzichten, wenn ich den Anforderungen des amerikanischen Tennis gewachsen sein wollte! Also führte ich mein Leben, wie ich es in den letzten Jahren geführt hatte, fort und hoffte, daß alles gutgehen würde.

Immer noch kamen dicke, braune Umschläge aus Amerika. Etwa zwei pro Woche. Und dann erhielt ich, im Juni, den Brief eines Tennis-Trainers aus Gaffney in Süd-Carolina. Professor Killion vom Limestone College hatte mir folgende paar Zeilen geschrieben:

Lieber Mark.

George Toley hat mir von Ihnen erzählt. Ich würde mich freuen, wenn Sie in diesem Herbst (September) schon in mein Team kommen könnten. Ich biete Ihnen ein volles Tennis-Stipendium, das Studiengebühren, Bücher, Unterkunft und Verpflegung einschließt. Das ganze hat einen Wert von etwa 6000 Dollar pro Jahr. Alles, was Sie tun müssen, ist, den beigelegten Vertrag unterschreiben und sich darauf vorbereiten, am 18. September hier zu sein. Wir sind zwar nur ein kleines College, aber viele meiner Spieler sind sehr gut und ich bin sicher, daß Sie viel von ihnen lernen werden ...

In meinem Kopf drehte sich alles. Konnte das wahr sein? Konnte das wirklich wahr sein? In zwei Monaten schon könnte ich im Gelobten Land sein! Einige Tage lang behielt ich diese Neuigkeit für mich – aus Angst, daß doch noch etwas schiefgehen könnte.

Als ich dann meiner Mutter und meinen Geschwistern davon erzählte – mein Vater war noch nicht zu Hause – jubelten alle vor Freude. Meine Schwestern umarmten und küßten mich. Meine Mutter dankte Gott.

Als ich Wilfried von dieser Entwicklung berichtete, war er außer sich vor Freude. Und selbst die Weißen auf der Tennis Ranch, die mich bislang mit Distanz behandelt hatten, gratulierten mir. Am liebsten hätte ich diese frohe Botschaft auch meinen früheren Freunden im Getto und meinen ehemaligen Direktoren und Lehrern gebracht. Doch meine Mutter warnte mich:

»Das ist nicht der richtige Zeitpunkt, Johannes. Irgendwer könnte versuchen, es doch noch zu verhindern. Warte bis zum letzten Moment. Warte, bis du ganz sicher bist, daß nichts mehr dazwischen kommen kann.«

Natürlich nahm ich das Stipendium von Limestone an.

Ich erzählte es Mr. Montsisi vom Schwarzen Tennis-Verband und er versprach mir, das Geheimnis für sich zu behalten.

»Ich wußte immer, daß du es schaffen würdest«, sagte er.

Owen und Jennifer Williams versprachen, mir in jeder Beziehung zu helfen. Deshalb erzählte ich ihnen, daß ich wegen meines Reisepasses Schwierigkeiten befürchtete. Sie sagten, ich solle mir keine Sorgen machen und wiesen Mr. Montsisi an, mir bei den Vorbereitungen behilflich zu sein. Es wurde beschlossen, daß ich ein paar Tage vor dem

18. September nach Amerika fliegen sollte, damit ich mich in dem fremden Land noch ein wenig eingewöhnen konnte, bevor das Studium begann.

»Amerika ist eine andere Welt«, sagte Owens und zog an seiner langen Zigarre. Aber ich glaube, du wirst keine Schwierigkeiten haben, dich dort einzugewöhnen. Du hast ja auf der Ranch und bei den Weißen Turnieren schon Erfahrungen gesammelt. Trotzdem, wenn ich du wäre, würde ich vorher noch so viel wie möglich über das amerikanische Gesellschaftssystem lesen. Im US-Konsulat in Johannesburg findest du Literatur darüber.«

Von nun an verbrachte ich meine Mittagspausen im Konsulat, das nur ein paar Blocks von der Bank entfernt war. Ich las Broschüren, Bücher und Magazine und zum ersten Mal auch die amerikanische Verfassung. Die Unabhängigkeitserklärung las ich natürlich auch und besonders ihre Präambel berührte mich. Ich kopierte sie und las sie immer wieder. Wie sehr ich mir wünschte, daß wir Südafrikaner auch ein solches Dokument hätten – doch statt dessen hatten wir Dokumente, die es uns verboten zu wählen und uns als dem Weißen Mann unterlegen einstuften. Mein Leben würde sich völlig ändern in Amerika! Endlich wäre ich frei!

Ende Juni bekam ich Post vom Limestone College: sie enthielt die Zulassungserklärung, ein Schreiben von der Bethel Baptist Kirche in Gaffney, die mich in ihrer Gemeinde willkommen hieß und ein Glückwunschschreiben des Tennis-Trainers. Einige Tage später bekam ich einen Brief von Stan Smith, den Professor Killion von der Entwicklung der Dinge unterrichtet hatte. Stan bot an, mir bei der Beschaffung meines Visums behilflich zu sein. Mit all diesen Unterlagen und den Empfehlungsschreiben meiner früheren Schulen und einflußreichen weißen Freunde, gingen Mr. Montsisi und ich zum Innenministerium in Pretoria, um meinen Reisepaß zu beantragen.

Mehr als zwei Stunden lang mußte ich nun die Fragen eines Weißen über mich ergehen lassen, der mein Dossier vor sich liegen hatte.

»Warum wollen Sie in den USA studieren?« fragte er. »Gibt es denn in diesem Land keine Universitäten?«

»In diesem Land gibt es keine ›Tennis-Universitäten‹«, erwiderte ich.

»Ich habe noch nie von ›Tennis-Universitäten‹ gehört«, meinte er eisig.

Ich hielt lieber den Mund.

»Du benutzt dieses Tennis-Ding als Ausrede, Junge.« Er schaute mir direkt in die Augen. »Ich kenne euch Schwarze. Ihr verlaßt das Land und erzählt den Amerikanern Lügen über Südafrika. Ist Apartheid schlecht, Junge?«

»Nein, Sir.«

»Lebst du gern in Südafrika?«

»Ja, sehr gern.«

»Warum willst du dann weggehen?«

»Wegen des Tennis, Sir. Wenn es hier Schwarze Tennis-Universitäten gäbe, würde ich bleiben.«

»Wirst du nach dem Studium zurückkommen?«

»Ich würde nirgends anders leben wollen, Sir«, sagte ich. »Südafrika ist meine Heimat. Wenn ich das Studium beendet habe, komme ich zurück, um unter meinen Landsleuten zu arbeiten.«

»Weißt du, wie lange es dauert, bis ein Reisepaß ausgestellt ist?« Ich nickte.

»Wir werden deinen nicht vor November ausstellen können. Es gibt eine Menge Unterlagen, die du uns noch bringen mußt.«

»Das Studium beginnt aber schon im September, Sir!«

»Ich weiß das«, sagte er, »aber in diesem Land gibt es Gesetze, die wir zu befolgen haben.«

»Kann ich bitte kurz mit dem Mann sprechen, der mich begleitet, Sir?« Mr. Montsisi war angewiesen worden, draußen zu warten.

»Na klar«, sagte der Weiße. »Sag ihm, er kann hereinkommen. Ich werde euch beiden dann erklären, wie wir das hier handhaben.«

Offensichtlich wollten die südafrikanischen Behörden mich nicht gehen lassen. Aber warum nicht? Wußten sie, daß ich bei den Schülerprotesten dabeigewesen war? Wußten sie, daß ich das Gesetz brach und mit Weißen Tennis spielte? Mr. Montsisi bat, daß man bei mir doch bitte eine Ausnahme machen und mir den Reisepaß schneller ausstellen solle. Doch der Weiße war nicht zu erweichen. Wir waren ganz geknickt, als wir das Innenministerium verließen. Als wir Owen erzählten, was geschehen war, tätigte er ein paar Telefonate. Er rief auch Stan Smith in Amerika an. Stan schlug vor, wir sollten Kontakt mit der amerikanischen Botschaft in Pretoria aufnehmen. Die Botschaft gab mir auch sofort einen Termin. Ich bekam mein Visum, noch bevor ich meinen Reisepaß hatte.

Mit dem Visum und einigen anderen Papieren, die man mir in der Botschaft gegeben hatte, gingen wir zurück ins Innenministerium. Der gleiche Paßbeamte versucht nun, mir weitere Steine in den Weg zu legen. Hatte ich die Summe, die ich für den Reisepaß hinterlegen mußte? Hatte ich ein Flugticket? Nun ergriff Mr. Montsisi das Wort für mich und sagte, wir würden bald wiederkommen.

Ich hatte weder die 400 Rand für den Reisepaß, noch die 1600 Rand für das Ticket. Mr. Montsisi sprach mehrere Mitglieder des Schwarzen Tennis-Verbandes an und bat um ihre Unterstützung. Alf Chambers, ein weißer Multimillionär aus dem Förderverein, bot 1200 Rand an. Ich kaufte das Ticket. Dann gingen wir zurück ins Paßamt. Diesmal wurden keine weiteren Forderungen gestellt. In zwei Wochen sollten wir wiederkommen, hieß es, und meinen Reisepaß abholen. Am 15. August hatte ich dann meinen Paß in die Freiheit. In der selben Woche kündigte ich meinen Job in der Bank. Ich wollte die letzten Wochen vor dem Abflug nutzen, um Tennis zu spielen, mich auf die Reise vorzubereiten und mich von meiner Familie und meinen Freunden zu verabschieden.

54   Am 16. September 1978 war die ganze Familie um vier Uhr früh auf den Beinen, um mir beim Packen zuzuschauen. Meine Mutter, mein Vater, mein Bruder und meine fünf Schwestern. Nachdem ich 18 Jahre lang das Leben eines »viertklassigen« Bürgers geführt hatte, sollte ich mich heute in eine andere, bessere Welt aufmachen. Ich hatte meine Fesseln gesprengt.

Schon in wenigen Stunden würde ich durch die Wolken fliegen und über dem weiten Ozean sein, auf dem Weg in mein Gelobtes Land. Dort hoffte ich die Freiheit zu finden und die Gelegenheit zu haben, meine Träume zu verwirklichen. Als erster Schwarzer verließ ich Südafrika mit einem Tennis-Stipendium in der Tasche.

Ich schaute mich noch einmal um in der engen Küche, die von einer halb heruntergebrannten Kerze beleuchtet war. Dem Blick der Menschen um mich herum wich ich aus. Ich konnte den Ausdruck von Furcht und Qual auf ihren Gesichtern nicht ertragen. Ihnen war klar, daß ich jetzt tatsächlich gehen würde. Wie vielen Menschen in Südafrika war auch meinen Angehörigen der Gedanke unfaßbar, daß ich nach

Amerika ging, um zu studieren und Tennis zu spielen. Es kam ihnen unwirklich vor.

Ich schaute auf meine Armbanduhr, die ich mir von meinem letzten Gehalt gekauft hatte. Ich küßte meine Mutter. Tränen traten in ihre Augen, rollten über ihre Wangen. Sie machte nicht den Versuch, sie zu trocknen.

»Weine nicht, Mama«, sagte ich und unterdrückte meine eigenen Tränen. »Bitte, weine nicht. Ich bin bald wieder da. Ich bin doch nur für vier Jahre weg.«

»Das sind Freudentränen, mein Kind«, sagte sie. Ich bin so glücklich, daß Gott dir die Möglichkeit gegeben hat, etwas aus dir zu machen, aus deinem Leben. Vergeude es nicht, Johannes.«

»Das werde ich nicht, Mama«, versprach ich, »das werde ich nicht.« Dann küßte ich meinen Bruder George. Auch er weinte. Ich küßte meine Schwestern. Sie weinten ebenfalls. Mein Vater kam aus der Schlafkammer und stellte sich hinter die anderen an die Wand. Ich ging zu ihm und küßte sein ausgemergeltes Gesicht. Er ließ es geschehen.

Unbeweglich stand er da. Seine Miene verriet, daß es ihm wohl schwerfiel zu begreifen, daß ich wirklich fortging. So weit fortging. Ich, sein Sohn, sein Erstgeborener, sein eigen Fleisch und Blut, der Sohn, von dem er sich immer gewünscht hatte, er solle so werden wie er selbst, und der so ganz anders geworden war. Und dieser Sohn ließ ihn nun zurück – alt, ausgezehrt, leidend, hiflos, hoffnungslos und voll Angst vor der Zukunft.

Als ich ihn noch einmal küßte und ihn umarmte, sah ich zum ersten Mal in meinem Leben auch Tränen in seinen Augen. Er verstand, daß ich ihn liebte, trotz all des Widerstands, den ich ihm entgegengesetzt hatte.

»Paß auf dich auf, Sohn«, sagte er leise.

»Das werde ich, Papa.«

Nun strömten Tränen über sein hohlwangiges Gesicht. Nach 18 Jahren sah ich ihn wirklich einmal weinen. Er liebte mich also doch.

Auch ich weinte. Er tat mir leid, ich tat mir leid, meine Familie tat mir leid, ganz Südafrika tat mir leid. Warum tut uns die Apartheid das an? Warum läßt sie uns nicht die Möglichkeit, ein normales Leben zu führen? Warum hatte sie meinen Vater so hart gemacht, ihm verboten, seine Gefühle zu zeigen? Mein Abschied hatte eine Barriere eingerissen, die mich 18 Jahre lang von meinem Vater getrennt hatte.

»Schreib uns oft«, sagte mein Vater und wandte sich ab, um seinen Overall anzuziehen und sich für die Arbeit fertigzumachen.

»Das werde ich, Papa«, rief ich ihm nach.

Ich ging zu meinen Taschen und steckte den Reisepaß und andere Dokumente ein. Meine Mutter kam herüber zu mir und sagte:

»Wo auch immer du bist in dieser Welt, Kind, habe immer Zuversicht und Hoffnung. Glaube immer an die Macht Gottes und verleugne Ihn niemals. Vertraue Ihm immer, mit deinem ganzen Herzen und mit aller Kraft. Dann wird Er dich führen auf all deinen Wegen. Er allein hat dies alles möglich gemacht.«

Ich nickte. Langsam kroch die Dämmerung herauf. Das Auto, das mich zum Jan Smuts Flughafen bringen sollte, mußte bald kommen. Ich umarmte meinen Bruder und meine Schwestern noch einmal. Trauer erfaßte mich, weil ich sie zurücklassen mußte. Sie gehörten so sehr zu meinem Leben. Ich umarmte sie diesmal fester. Wahrscheinlich würde ich sie jahrelang nicht sehen. Wie sehr würde ich mich dann verändert haben? Wie sehr würden sie sich verändert haben? Und wie sehr würde sich Südafrika verändert haben?

Meine Gedanken gingen zurück zu den wenigen schönen Stunden und zu den vielen schweren Tagen, die wir zusammen verbracht hatten. Ich hatte sie heranwachsen sehen, hatte versucht, sie zu beschützen, wenn auch manchmal vergeblich. Als ich begann, in der Bank zu arbeiten, war ihr Leben etwas leichter geworden. Aber jetzt mußte ich sie verlassen, das Unbekannte allein erobern und Freiheit und Frieden suchen in einem neuen Land. Die Suche nach einem neuen Leben, anders als der Alptraum, den ich 18 Jahre lang gelebt hatte, begann.

Tief in mir spürte ich, daß ich Südafrika oder Alexandra niemals wirklich verlassen würde. Ich gehörte zu Alexandra. Ich war Teil Südafrikas. Ich bin ein Teil dessen, was Alan Paton als »ein tragischschönes Land« beschrieben hat.

Da klopfte es laut an der Tür. Diesmal war es nicht die Polizei, obwohl auch das leicht möglich gewesen wäre. Es war ein Mann aus unserer Straße, der angeboten hatte, mich zum Flughafen zu bringen. Er hatte es abgelehnt, Geld dafür zu nehmen. Er war noch nie am Flughafen gewesen und wußte nicht einmal, wie man hinkam. Doch er hatte sich eine Karte besorgt und mir versichert, wir würden rechtzeitig da sein. Wenige Schwarze, so hatte er mir am Vorabend erzählt, waren jemals am Flughafen gewesen, und noch weniger hätten jemals ein Flugzeug auf der Erde gesehen, gar nicht zu reden davon, wie wenige eines bestiegen hatten.

Das Auto war zu klein, als daß jemand von der Familie hätte mitfahren können.

»Ich hoffe, Sie verstehen das?« fragte der Mann meine Mutter entschuldigend.

»Das verstehen wir«, meinte sie. »Wir bleiben hier, *murena*. Johannes ist in Gottes Hand. Doch bitte, warten Sie, bis sein Flugzeug abgehoben hat. Seien Sie unsere Augen.«

»Ich werde bleiben«, versprach der Mann.

George und meine Schwestern begannen wieder zu weinen. Der Abschied war gekommen.

»Na, kommt schon, nicht weinen«, sagte ich mit einem ermunternden Lächeln und kämpfte meine eigenen Tränen nieder. »Ihr seid doch große Jungen und Mädchen. Keine Tränen. Ihr wißt doch, ich komme bald zurück. Ich gehe nur für ein paar Jahre weg. Ich schreibe euch auch Briefe und schicke Postkarten aus New York, Los Angeles, San Francisco und Chicago.«

Ich würde ihnen schreiben. Aber würden sie meine Briefe auch erhalten? Irgend jemand hatte mir erzählt, daß »das System« Briefe von Angehörigen, die »frech« geworden und nach Übersee gegangen waren, verschwinden ließ. Ich wußte nicht, ob »das System« wirklich existierte, doch ich hatte so viele Schwarze darüber reden hören, daß ich es fest glaubte.

Ich spürte, daß meine Familie ebenfalls wußte, das ich gehen mußte, obwohl sie nicht verstand, warum ich es tat. Aber irgendwann würden sie es bestimmt begreifen.

»Beeil dich«, forderte mich der Mann auf, »die Taschen sind schon im Wagen. Du weißt doch, daß wir den Weg nicht kennen.«

Ich küßte meinen Bruder und meine Schwestern zum letzten Mal. Meine beiden jüngsten Schwestern klammerten sich an mich und wollten nicht wieder loslassen. Meine Mutter und Florah nahmen sie auf den Arm. Ich küßte meine Mutter nicht. Ich brachte es nicht fertig. Ein paar Sekunden lang starrte ich meinen Bruder an, der nun vierzehn war. In ihm konnte ich mich selbst wiedererkennen. Ich wünschte, ich könnte ihn mitnehmen, könnte sie alle mitnehmen. Aber ganz besonders ihn, denn ich wußte ja, was ihm bevorstand. Wie würde er mit der

Furcht, der Frustration fertigwerden, die jeden schwarzen Jugendlichen erwartete?

Als ich ging, sagte ich ihm, er solle tapfer sein, an sich glauben, sich Ziele setzen und sich unter allen Umständen bemühen, diese Ziele zu erreichen. Ich sagte ihm, er solle nie zulassen, daß der Weiße Mann ihm seine Menschlichkeit nimmt. Er solle kämpfen, hartnäckig sein, Geduld haben und die Hoffnung nie aufgeben. Und er solle auf unsere kranke Mutter aufpassen, auf unsere Schwestern und auf unseren Vater, den er – das fühlte ich – genauso zu hassen begann, wie ich ihn gehaßt hatte.

»Vergib Papa«, bat ich George. »Tief drinnen ist er ein guter und liebender Vater. Versuch, ihn zu verstehen. Er hat ein so schweres Leben gehabt.«

Ich stieg in das Auto. Meine jüngste Schwester wollte mit einsteigen. Meine Mutter hielt sie zurück. Linah begann laut zu heulen.

»Er wird bald wieder da sein«, sagte meine Mutter, um sie zu beruhigen.

Bald? fragte ich mich.

Als das Auto den Hof verließ und die holprige Straße hinunterfuhr, drehte ich mich um und warf einen letzten Blick auf meine Familie, die da in einer Reihe stand und mir im Licht der aufgehenden Sonne nachwinkte.

Josef Martin Bauer
So weit die Füße tragen
Roman.
31. Auflage, 424 Seiten, Geb., DM 24,–.

Der ergreifende Bericht einer Flucht vom Ostkap Sibiriens nach Westen. Ein Welterfolg!

Edith Biewend
Als noch die Stürme tobten...
Letta – Aus dem Reich der Kindheit ins Großdeutsche Reich. Zwei Romane in einem Band. 576 Seiten, Geb., DM 29,80.

„Ein Stück deutscher Geschichte. Unheroisch, spannend, unverblümt."
Die Welt

„.... ohne Spur von Ressentiment wird aus ihrer Kindheit in Deutschland ein Stück ungemein lebendige, menschliche Vergangenheitsbewältigung."
LIT

„Dann geht einem eine Ahnung auf vom totalitären System und den darin Eingezwängten."
Rheinische Post

Hans W. Stoermer
Wo ist dein Bruder Kain?
Roman. Vorwort von Herbert Rosendorfer.
224 Seiten, Geb., DM 34,–.

Mit einem perfekt inszenierten Identitätswechsel als wohlsituierter Bürger und leitender Angestellter wollte sich Dr. T. seiner Vergangenheit als Oberscharführer entziehen und gerät dennoch zufällig an einen Überlebenden seiner Opfer. Dieser handelt auf die für ihn einzig mögliche Art und Weise – Abels Rache an seinem Bruder, dem Mörder.

Mit autobiographischem Hintergrund schildert der Verfasser die Entwicklungen und Verstrickungen zu diesem Fall. Er behandelt eines der wichtigsten zeitgeschichtlichen Themen im Rahmen einer fesselnden Handlung mit dramatischer Authentizität.

Preisänderungen vorbehalten.

Ehrenwirth Verlag München

Marion
Gräfin Dönhoff
im dtv

Namen die keiner mehr nennt
Ostpreußen –
Menschen und Geschichte

»Dieses Buch unterscheidet sich
höchst wohltuend von vielen senti-
mentalen Traktaten über die verlorenen Ostgebiete... Natürlich
spürt man, daß die Gräfin Dönhoff
mit allen Fasern ihres Herzens an
dem Land hängt, in das ihre Vorfahren vor 700 Jahren gekommen
waren... Aber sie weiß auch, daß
diese 700 Jahre deutscher Kultur in
Ostpreußen unwiederbringlich verloren sind – verloren durch deutsche
Schuld.« (Nordd. Rundfunk)
dtv 247

Weit ist der Weg nach Osten
Berichte und Betrachtungen aus
fünf Jahrzehnten

Von der Ära Stalins bis zu der
Gorbatschows, von der starren
Unbeweglichkeit des sowjetischen
Systems bis zu »Glasnost« und
»Perestrojka« hat Gräfin Dönhoff
die Beziehungen der Bundesrepu-
blik zur UdSSR und ihren Satelliten-
staaten mit ihren Kommentaren
begleitet. Sie hat, aus der Beobach-
ter-Position heraus, Veränderungen
wahrgenommen, die eine Reaktion
des Westens, eine Neueinstellung
seiner Politik möglich gemacht
hätten: Stalins Tod etwa oder die
Ereignisse in Ungarn, Jugoslawien,
Polen, der Führungswechsel in
Ost-Berlin und nicht zuletzt der
in Moskau selbst. dtv 10971

Der südafrikanische Teufelskreis
Reportagen und Analysen aus
drei Jahrzehnten

Gibt es einen Ausweg aus dem Teufelskreis, in den Südafrika geraten
ist? Oder kommt es am Kap der einst
guten Hoffnung unvermeidlich zu
einer Katastrophe? Marion Gräfin
Dönhoff versucht in Reportagen
und Analysen von 1960 bis heute
eine Antwort auf diese Fragen zu
geben. Sie charakterisiert die gegenwärtige Situation in Südafrika, setzt
jedoch auch heute noch auf vernünftige Einsicht auf beiden Seiten.
dtv 11110

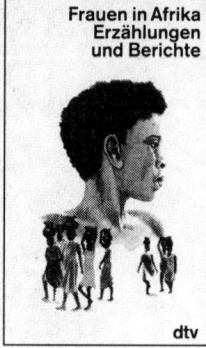

Afrika

Asit Datta:
Welthandel und
Welthunger
dtv 10317

Dorothea Razumovsky/
Elisabeth Wätjen:
Kinder und Gewalt in
Südafrika
dtv 10870

Mark Mathabane:
Kaffern Boy
Ein Leben in der
Apartheit
dtv 10913

Peter Scholl-Latour:
Mord am großen Fluß
Ein Vierteljahrhundert
afrikanische
Unabhängigkeit
dtv 11058

Marion Gräfin Dönhoff:
Der südafrikanische
Teufelskreis
Reportagen und
Analysen
dtv 11110

Frauen in Afrika /
Erzählungen
Herausgegeben von
Irmgard Ackermann
dtv 10777

J.M. Coetzee:
Warten auf die
Barbaren
Roman
dtv 10729

J.M. Coetzee:
Leben und Zeit des
Michael K.
Roman
dtv 10928

Ernst Jünger:
Afrikanische Spiele
Roman
dtv/Klett-Cotta 10688

Wole Soyinka:
Die Ausleger
Roman
dtv 10726

Antonio Lobo Antunes:
Der Judaskuß
Roman
dtv 11120

Doris Lessing:
Kinder der Gewalt
Romanzyklus in fünf
Bänden
dtv Kassette 59004

Band 1:
Martha Quest
dtv 10446

Band 2:
Eine richtige Ehe
dtv 10612

Band 3:
Sturmzeichen
dtv 10784

Band 4:
Landumschlossen
dtv 10876

Band 5:
Die viertorige Stadt
dtv 11075

Alle fünf Bände
sind auch
einzeln erhältlich.

Auslands-
berichte

**Klaus Bednarz:
Mein Moskau**

NOTIZEN AUS DER
SOWJETUNION

dtv
Zeitgeschichte

Der Fall Italien
Dauerkrise einer schwierigen
Demokratie
Von Theodor Wieser und Frederic Spotts

dtv
Sachbuch